泰山学者工程专项经费资助
教育部人文社科基地重大项目“两宋时期易学流衍与哲学发展”（16JJD720011）
前期成果

主编　林忠军

历代易学名著整理与研究丛书

童溪易传导读

［宋］王宗传 著　姜颖 导读

责任编辑：董　巍
责任印刷：李未圻

图书在版编目（CIP）数据

童溪易传导读 /（宋）王宗传著；姜颖导读. --北京：华龄出版社，2019.9

ISBN 978-7-5169-1468-7

Ⅰ.①童… Ⅱ.①宋… ②姜… Ⅲ.①《周易》—研究 Ⅳ.①B221.5

中国版本图书馆CIP数据核字(2019)第202833号

书　　名：童溪易传导读
作　　者：（宋）王宗传 著　姜颖 导读

出 版 人：胡福君
出版发行：华龄出版社
地　　址：北京市东城区安定门外大街甲 57 号　邮　编：100011
电　　话：010-58122241　传　真：010-58122264
网　　址：http://www.hualingpress.com

印　　刷：鸿博昊天科技有限公司
版　　次：2020 年 2 月第 1 版　2020 年 4 月第 1 次印刷
开　　本：710×1000　1/16　印　张：29
字　　数：333 千字
定　　价：88.00 元

总 序

《周易》本为卜筮之书。然而生活在春秋末的孔子，从卜筮入手，以“观亓（其）德义”为宗旨，首次把《周易》纳入学术视野，以儒家独特的语言和思维对《周易》文本成书、主要概念、符号系统、卦爻辞、筮法和治易的方法等系列问题进行了系统的解说和阐发，从而实现了《周易》话语的转变，由卜筮解释转向德性的解释，以德占取代了筮占，《周易》由原来卜筮之书变成了一部内涵了博大精深内容的儒家哲学著作。《易传》成书是《周易》儒学化的重要标志。《易传》虽然未必是孔子亲作，但它与《论语》一样，代表孔子的思想。就解《易》方法而言，《易传》偏重义理兼顾象数。所谓象数方法，即以象数解易。《周易》有一套独特的阴阳符号系统，这套符号系统就是卦爻象。按照《系辞》解说，卦爻符号不仅是人们用于占筮的标记，也是系辞的重要依据，即《周易》成书，先有卦爻符号，后有文辞，文辞依易象符号而作，这就是所谓的“观象系辞”。既然卦爻辞本于卦象，表达卦象的意义，那么理解和诠释卦爻辞，则必须揭示文辞背后的易象符号、探寻象辞之间的联系。这就是所谓的“观象玩辞”。所谓义理方法，即以义理解《易》，是用现成的儒家理念解说《周易》文辞，或借《周易》文辞阐发出儒家的人文精神。依《系辞》之见，与天地合德的圣人之意，深奥玄妙，用语言无法穷尽，故圣人用模拟世界万物而画出的阴阳符号可以尽意，即所谓“立象尽意”。此“意”是“立象”之根本，“象”以“意”而立，以象尽意是《周易》解释的终极目标。由于《易传》本身包含这两种解易的思路与方法，形成了易学史上象数和义理两大不同的治《易》之路向与方法。

汉儒易学解释，以探求《周易》文本固有意义为目标，运用训诂兼顾象数方法解释《周易》。就其象数而言，他们以《易传》所提出的“观象系辞”和“观象玩辞”为据，笃信《周易》中每一句话、每一个字并非圣人随意而作，皆源于象。这是汉儒所理解的“观象系辞”。既然《周易》文本是“观象系辞”，那么，联系训诂，以象解释《易》的每一句话每一个字，成为他们易学解释的诉求，即他们所理解的“观象玩辞”。然而，《周易》作者并非以“辞”“象”一一对应而作易文本，即用已有的卦象不可能融通易辞。为了化解易文本与解释者之间的矛盾，他们极力张扬象数符号在卦爻辞形成中的主导作用，最大限度地挖掘、开显《周易》文辞背后的象数，不遗余力地探求其卦爻辞与卦爻象之间的内在联系。他们除了继承以《易传》象数解易之方法外，又多发明象数：或根据推演《说卦传》现成的八卦之象，以增加象的数量，即所谓的“以象生象”；或改变取象的方法，如互体法、卦变法、纳甲法、爻辰法、升降法、旁通法、爻体法、消息法等皆是取象常用的方法，如王弼所言“互体不足，遂及卦变，变又不足，推致五行，一失其原，巧愈弥甚”（《周易略例·明象》），即所谓的“象外生象”。若数之不足，则又取五行之数、九宫之数、纳甲之数、历律之数等，即求数于《易》外。

与此相反，以魏晋王弼为代表的玄学易，从《易传》“立象尽意”出发，关注的是《周易》文本的意义（或称义理），认为象本于意，辞本于象。故卦爻辞的作用在于说明卦象，卦象的价值在于它彰显《周易》的意义，解释《周易》的目的不是揭示系辞根据，更不是解说《周易》的文字意思，而是通过解读易辞，把握卦爻象符号，最终追求圣人之意。宋儒虽然解释易学所用的资料不同于王弼，王弼以老庄解《易》，宋儒以儒学释《易》，但是无论在解释其目标，还是解释的方法，与王弼一脉相承。即他们不同意汉儒把揭示文辞背后的象数符号和解释文字意义作为易学解释的目的，反对过分夸大象数在《周易》文本中的作用。在他们看来，这样做的结果不但不能解释出文本所包含的意义，反而掩盖或者背离了易作者的思想。宋儒将玄学易的意象关系转换为理象关系，认为理是无形的、抽象的，是宇宙之本。从先后言之，先有理后有象，有象而后有数。理和象的关系又是不分离的，二者是显微、体用、动静的关系。因理无形，故可因象以明理，假象显义。“理见乎辞，可由辞观象”，有象后有数，可以由象知数。故得其义象数在其中矣。基于此，宋儒在恢复儒学道统的背景下，提倡以理解《易》，以心解《易》，以史证《易》，其旨开显易学当中的圣人之道。当然，宋儒反对汉儒象数，不是不讲象数，相反，而是把象数置于义理之下，以象数作为工具，阐发义理。宋儒的象数，不是汉儒的象数，其内容主要指图书之学、先天后天之学、太极图之学等。元明易学主要沿袭了两宋易学传统，则属于“宋易”；清代易学重训诂与考证，则以恢复汉易为旨归，故属于“汉易”。

素有“五经之首”“大道之原”之称的《周易》，经过历代学者的阐释，在与其他文化的碰撞中融合、发展与完善，形成了博大精深、气势恢宏的易学文化之流，对中国古代政治、哲学、思想文化、科技、宗教、民俗、民族心理和价值取向等的形成与发展，产生了重大作用。

不仅如此，它以其独特的魅力深深地影响了东亚、东南亚乃至整个华人世界，成为世界文化不可或缺的重要组成部分。时至今日，易学中的三才之道、变通趋时、阴阳交感、居中守位、自强厚德、进德修业等思想观点在现代的管理学、生态学、伦理学等具有重要的学术价值。

为了深入开展对古代经典的学术研究，弘扬中国传统的优秀文化，以服务于当下多元化经济发展和新文化建构的需求，我们以历史发展为线索，着眼于象数、义理、训诂三个层面及其易学特色和影响力，从《四库全书》和《续修四库全书》等典籍中选择了 15 种易学名著为整理和研究对象，邀请国内几十位著名的易学专家组成学术团队，保证了此丛书水平达到预期效果和按时完成。对于这些经典加以整理和研究。每一本易学名著由“导读”和“校勘”两部分构成。“导读”，是总论性质的文字，既有一般常识介绍，又有一定学术性。内容方面，在陈述古人易学观点的同时，重点反映当今包括自己成果在内的研究成就。“校勘”是选用最好的版本作为底本，参照其他版本对易学名著进行点校和校勘，力求尊重文本，不随意改字，文字确有不同者和错误者，以“注”的形式处理。力图通过对这些易学名著的整理与导读，客观地再现易学发展的全貌，为学术研究者和广大易学爱好者提供参考。

华龄出版社社领导高度关注本丛书的出版，从选题立项到出版，给予大力支持；诸位编辑在丛书策划、出版推进和编辑等方面付出了艰辛劳动，在此一并谢忱！

林忠军于山东大学

2018 年 4 月

目 录

导 读

王宗传是南宋学者，一生精研《周易》，将易学视为性命之学，提出深刻独到的思想。《福建通志》记载：“教授王先生宗传以上舍登进士及第，历广东韶州教授，学问该博，尤精于《易》。”王宗传反对支离庞杂的象数解《易》理论，力求通过阐明易学中贯通整体的形上本体，进而建构心性本体理论以心解《易》。这在易学史上有其独特之处，并具有开创性意义。以下从文献的角度对王宗传的生平著作及影响略作考释，并对其主要学术思想进行初步的阐述。

一、王宗传生平、著述

王宗传，字景孟，号童溪，福建宁德八都乡童溪人。其生卒年限不详，当生活在南宋之中期。淳熙八年（1181 年）上舍登第，后任韶州教授，学问广博，精于易学，著《童溪易传》三十卷。

记载王宗传的生平事迹史料较少，通过这些史料我们只可推断出其生平的概略。《丛书集成续编》（第 34 册，史部学林）中《福建通志》记载王宗传求学于方岩时的学侣曰：“方岩学侣：王先生粹然。王粹然，黄岩人，与王方岩同学，父公乂，字治表，淡薄无为，所嗜好惟嗜书，积数千卷，由是得尽读诸经传子史百家言，下至轩岐医学之书靡不通晓。”王宗传在自序中，将《易》与《本草》并提：“夫岂知《本草》误，误人命；注《易》误，误人心。”应是熟读《易》与《本草》后，所发之感。清乾隆四十六年（1781年）卢建其等人修撰《宁德县志》卷七《人物志》引其《自赞》：“二十一年太学，晚年方得一官。三十二卷《易》书，自谓无愧三圣。何事穷能到骨，只缘气要冲冠。童溪已办钩竿，一任兴来临水，兴罢看山。”王宗传在易著《童溪易传》中两次提到“加我之年”一词，其序云：“虽然，抑尝思之，加我之年，亦行甫及矣。”“岁在辛丑，蒙恩赐第还乡。加我之年，兹惟其时，日月逾迈，不敢不勉。噫！此续传之所由作也。淳熙八年冬十月二十有四日丁丑，宗传谨识。”台湾师范大学周汝芬在其硕士论文《宋儒王宗传〈易〉学研究》中认为：王宗传的“加我之年”与孔子所谓“加我数年，五十以学《易》”这段话有关联性，且上文亦自云老年得官，他在淳熙八年（1181年）登第时，应该是五十岁左右，后任韶州教授。我们可以推断，他的学习经历应该是先与王粹然同学于方岩王公乂，然后入太学。在太学研《易》大约二十一年，进士及第，然后任韶州教授。关于各段经历的具体时间，可以从五十岁左右登第于1181年，进行推算。王宗传在登第前在临安太学二十一年，可推测他应该在绍兴三十年（1160年）左右入太学，当时王宗传三十岁左右。王宗传不会三十岁才开始读书，那么，王宗传求学方岩的经历，应在他三十岁之前。先在地方求学，后入临安太学，然后登第——这符合当时的科举制度。以此还可推算，王宗传当生于南宋建立（1127年）前后。其卒年尚不可考。《八闽通志》载宋代赵汝腾（？-1261）有作《宁德县学先贤祠堂记》一文中记载，淳祐十二年（1252年）重建宁德邑学时，王宗传被祀于宁德邑学之祠中。

关于王宗传的籍贯，冯椅《厚斋易学》误以为王宗传是临安人。元代董真卿在《周易会通》中亦误以为王宗传是临安人，很可能王宗传在临安上了二十一年太学，所以，被误传为临安人。至清代，朱彝尊《经义考》作了更正，指出，王宗传是宁德人。《童溪易传》中，其友林焞为宁德人，而林焞言“余与童溪生同方，学同学，同及辛丑第”。四库馆臣采纳了籍贯宁德的观点。关于王宗传的同学、好友：林焞、王粹然、阮元肤（《童溪易传》中提及），目前还没有查到相关资料。王宗传被列入《宋元学案补遗》中，与陆九渊的高足“慈湖同调”，四库馆臣亦将其与慈湖并提，影响后世。

二、《童溪易传》的撰写、刻印及版本流传

王宗传传世著述只有一部《童溪易传》。该书之完成可分为两阶段说明，第一阶段为王宗传在太学期间至淳熙五年（1178 年）前所作，范围涵盖传世本前二十六卷，内容为解释《周易》上、下经，包含《彖传》《大象传》《小象传》《乾文言》《坤文言》等；后四卷在第二阶段完成，始于淳熙八年（1181 年），正值王宗传中进士，其序自云于《系辞》《序卦》《杂卦》未暇，心中慊然，若有所负，惆怅于自己的注《易》事业未竟。因此，第二阶段又完成了对《系辞》的解读。王宗传对《系辞》的诠释非常详细，占据了全书相当多的篇幅，可能注解完《系辞》，王宗传自觉已经全尽《周易》之旨，无愧于三圣，所以放弃了对《说卦》《序卦》《杂卦》的解读，只是抄录了此三篇传文附于其书之后。

《童溪易传》原名为《童溪王先生易传》，至今主要流传四个版本。

下文逐一介绍：

第一是国家图书馆藏南宋开禧元年刊本，简称宋刊本。浙江图书馆的张素梅对这个版本的《童溪易传》的刻印情况做了较为详细的介绍："开禧更元，刘日新将以《童溪易传》覆后世，是书撰于孝宗朝(1163年)，刊于宁宗朝(1195年)，此其付梓时所序也。"并谓："《童溪易传》的刻本据叶德辉《书林清话》卷三《宋私宅家塾刻书》一节谓：'建安刘日新宅，开禧更元刻王宗传《童溪易传》三十卷，见《天禄琳琅后编》卷二。'"(《〈童溪王先生易传〉考析》，《图书馆理论与实践》2005年）再检《天禄琳琅后编》，的确著录了此书。王宗传的好友林焞在序中说："既第之三年，教授曲江，越二年而书成。大书其影曰三十卷之《易》书，自谓无愧三圣，其笃于自信者欤！公姓王，讳宗传，字景孟。世谓天下王景孟则其人也。开禧更元，族子駉客武陵，以书来曰刘君日新将以《童溪易传》覆天下。"即淳熙十三年（1186年），王宗传完成《童溪易传》，开禧元年（1205年）付于刘日新刻印。国家图书馆藏该刻印本的《童溪王先生易传》，几经名家递藏，印记琳琅，十分丰富：明代曾经俞贞木、秦汴、唐寅、贺万祚、毛晋之子毛褒五大名家收藏，入清后又先后为揆叙、徐乾学两名家收藏。然后，进入宫廷，成为宫廷藏书，因此，留有几颗玉玺大印"五福五代堂宝""八徵耄念之宝""太上皇帝之宝""乾隆御览之宝"，即皇家藏书的标志。"天禄继鉴"则是天禄琳琅后期藏书标志。此书后来流出宫廷，又归香港陈清华所藏，有"祁阳陈澄中藏书记"为证。该本应在清末出现分散，沈阳辽宁省图书馆藏的部分可能在溥仪离京时，被带去的。至于其他部分流散的具体情况，尚未考察。宋刊本三十卷被分散收藏在我国的三处：北京国家图书馆藏二十二卷（1-14、18-22、28-

30）、沈阳辽宁图书馆藏六卷（15-17、25-27）、台湾“故宫博物院”图书文献处藏二卷（23-24）。周汝芬认为这三处藏书“无重复之卷，总合亦为三十卷，就其书之格式与残卷之数，此三卷为同一本书无疑。”北京图书馆出版社“中华再造善本工程”刊发了影印本《童溪王先生易传》，但该本只有国家图书馆藏的二十二卷，地方藏本未收录其中。

第二是清初《通志堂经解》本《童溪易传》三十卷。该本在校订宋刊本的基础上而成，并有同治重刊本与江苏广陵书社影印本。

第三个是《文渊阁四库全书》本《童溪易传》三十卷，有上海古籍出版社印本，中国书店《中国古代易学丛书》和上海古籍出版社的《四库易学丛刊》的影印本，台湾商务印书馆的影印本。四库本《童溪易传》是目前比较容易查阅的版本。该本应该是以宋刊本为底本校对而成的，杭州师范大学张天杰教授在整理、点校《童溪易传》时认为，四库本“校订较为精良，然而未出校记”。

第四个版本是《四库全书荟要》本《童溪易传》三十卷，吉林出版集团影印。此本应该是在四库本基础上进一步勘误，部分卷末有四库馆臣的校记，此版本发行量不多。

此外，还有天一阁文物保管所藏明抄本《童溪易传》与《文津阁四库全书》本，均为三十卷。

据此，现存诸本《童溪易传》皆为三十卷，一些古人的记载亦言《童溪易传》为三十卷，彭元瑞《天禄琳琅数目后编》(《童溪易传》)，“前二十六卷，上、下经；后四卷，《系辞》上、下。”焦竑《国史经籍志》、陆心源《仪顾堂题跋》、丁仁《八千卷楼书目》等也有记载《童溪易传》为三十卷。但传世文献中也有记载《童溪易传》为三十二卷，如南宋冯椅《厚斋易学》、胡一桂《周易启蒙翼传》、董真卿《周易会通》等。

《易传》三十二卷，题童溪王先生。淳熙丙午林焞序。王宗传字景孟，临安人，由太学上舍免省。童溪其自号云。(《厚斋易学》附录二)

《王童溪易传》，三十二卷，名宗传，字景孟，馔童溪，其自号。淳熙丙午林焞序。由太学上舍免省，临安人。(《周易启蒙翼传》中篇)

宗传字景孟，临安人，太学上舍。《易传》三十二卷，淳熙丙午，林焞作序。(《周易会通》)

张天杰教授认为:“可能在南宋后期也有流传过该书的抄本，即先成书的上、下二经部分原为三十卷，后成书的《系辞》上、下篇部分原为二卷，合起来即三十二卷。”但在刻印时，三十二卷被合为三十卷。这种推论符合《童溪易传》中记录的，王宗传序“岁在戊戌，予著《易传》计三十卷。其于《系辞》《序卦》《杂卦》未暇也，然早夜思之，慊然于中，若有所负，盖以谓勤苦述著，未及终篇，不得为全书故也。越三载，岁在辛丑，蒙恩赐第还乡。加我之年，兹惟其时，日月逾迈，不敢不勉。噫！此续传之所由作也。”而王宗传的好友林焞收到书信得知“刘君日新将以《童溪易传》膏馥天下”时称:“大书其影曰三十卷之《易》书，自谓无愧三圣，其笃于自信者欤！”可以确定，王宗传撰写《童溪易传》时是完成了三十二卷，而在刻印时，对卷数作了调整，变为三十卷。张素梅也认为:“《童溪易传》原为三十二卷。但现存宋刻本，却是三十卷，可能是刻书时合为三十卷了。”

三、王宗传的易学思想

王宗传治学严谨，在《自序》中，他写自己“予不敏，一经之教，奉以周旋有日矣，然学愈久而心愈杂，故虽疲神剔思于此，非不勤且至也，而未尝敢下轻议之笔。”从其友人林焞所作《序》中可以知道，“公性能酒饮，已辄论《易》。”林焞竭力褒扬王宗传的品格，对他的学识和品德给予了很高的评价。

（一）学界对《童溪易传》的研究，及其学派归属的争论

《童溪易传》是义理易学，这一特点非常突出，在学界已是共识。但是其具体的学派归属还存在争议。

将《童溪易传》归为玄学解《易》。宋代都絜《易变体义》言：

又多引老庄之辞，以释文、周之经，则又王弼、韩康伯之流弊，一变而为王宗传、杨简者矣。

将《童溪易传》归为心学易，甚至近禅学。此观点对后世影响较大。

自汉以来，以老庄说《易》者自魏王弼，以心性说《易》者自王宗传及简。宗传淳熙中进士，简乾道中进士，皆孝宗时人也。顾王宗传人微言轻，其书仅存，不为学者所诵习。简则为象山弟子之冠，如朱门之有黄榦，又历官中外，政绩卓有可观，在南宋为名臣，尤足以笼罩一世，故至于明季，其说大行。（《杨氏易传提要》）

四库馆臣将王宗传与杨简并提，列为南宋以心学说《易》的开创者。此评价对后世学者影响深远。

宗传之说大概祧梁孟而宗王弼，故其书惟凭心悟、力斥象数之至。譬于误注本草之杀人，焞《序》述宗传之论有“性本无说”“圣人本无言”之语，不免涉于异学，与杨简《慈湖易传》宗旨相同。盖弼《易》祖尚元虚以阐发义理，汉学至是而始变。宋儒扫除古法，实从是萌芽。然胡、程祖其义理而归诸人事，故似浅近而醇实；宗传及简祖其元虚而索诸性天，故似高深而幻窅。

明万历以后，动以心学说《易》，流别于此二人。(《童溪易传提要》)

四库馆臣认为，王弼改汉儒以象数解读《易》书的古法，变为以玄学解《易》，开创义理易学的先河，宋儒沿袭王弼义理易学的解《易》方法，发展为胡瑗、程颐的以理解《易》，至南宋，王宗传、杨简演变为以心解《易》。最终，四库馆臣做出如是论断：王宗传与杨简都是过分发挥心性之说，并贬斥象数之学，将易学引入“异学”。与四库馆臣的观点相似，吕绍刚先生在《周易辞典》中介绍言：

王宗传与杨简宗旨相同。王弼祖尚玄虚以阐发义理，程颐祖其义理而归诸人事，故似浅近而醇实。宗传及杨简实为南宋初以心性说《易》之祖。

将《童溪易传》归为程子理学易一脉。清陆心源《仪顾堂题跋》认为，《童溪易传》引程颐易说最多，所以，归其为程氏理学一脉；又因其多次征引史事，与杨万里史事易学亦比较接近。

其（王宗传）说主义理而斥象数；征人事而远天道。引程伊川之说最多，盖程氏学也。胡安定、司马温公、苏东坡、朱子、张横渠、周濂溪六家之言亦时见征引。龚涂甫、耿南仲则偶一及之耳。或征引史事证成其义。于杨诚斋《易传》相近，非杨慈湖《易传》比也。

将《童溪易传》归为以禅解《易》。

数者，《易》之本，主数太过，使魏伯阳陈抟之说窜而相杂，而《易》入于道家；理者，《易》之蕴，主理太过，使王宗传、杨简之说，溢而旁出而《易》入于释氏。(《御纂周易折中》)

王弼之清言，流为杨简、王宗传辈，至以狂禅乱圣典。(《周易义象合纂序》)

学也者，知非易则非心，非心则非易。易则吉，非易则“凶悔吝”云云，则其说主于学《易》以检心，非如杨简、王宗传等引《易》以归心学，引心学以归禅学，务屏弃象数，离绝事物，遁于恍惚窅冥，以为不传之秘也。是固不得谓以心言《易》为攀龙之失矣。（《周易易简说提要》）

梦得老而归田，躭心二氏，书中所述，多提唱释、老之旨。沈作喆、王宗传、杨简等之以禅说《易》，实萌芽于此，殊不可以立训。（《岩下放言提要》）

然皆参以佛氏，如称“西域之有迦文，犹中国之有羲、文、周、孔”云云，谬妄非一。钊虽多所刊削，欲灭其迹，而能润饰其字句，究不能改易其宗旨。盖于王宗传、沈作喆之说，又变本加厉矣。（《周易感义》）

还有，清末叶昌炽认为宋代易学分为三派：程子《易传》、朱子《本义》务在阐明义理，尚近笃实；至刘天民、邵康节之《易》则道家之《易》也；杨慈湖、王童溪之《易》则释氏之《易》也。

上世纪90年代，《童溪易传》再次被学界发掘，其学派归属，仍然不能形成一致意见。康云山《南宋心学易研究》（高雄师范大学博士论文，1994年），此论文论述南宋心学易学之发展，并以陆九渊、杨简、王宗传三人的易学思想为南宋心学易之代表。徐志锐先生认为：“南宋时期，以心说《易》始于王宗传。”（《宋明易学概论》，1997年）陈明彪《王龙溪心学易研究》（台湾师范大学硕士论文，2002年）认为，王宗传分两阶段解《易》，第一阶段完成前二十六卷，在诠解经文时，主要是从理学之立场解《易》，阐发“天人一本”的思想；及第之后，第二阶段，论述《系辞》，主要以心学为立场出发，认为王宗传《易》

是用以发明人心之妙用。笔者《〈童溪易传〉研究》(山东大学博士论文，2009年)认为，《童溪易传》是南宋理学易向心学易转型的一个代表作，归为心学易学。王宗传在解释《系辞》“自‘知周乎万物’以至‘君子之道鲜矣’”一段中，明确界定“《易》则性命之学也”。后来笔者又陆续发表数篇小文:《从“随时从道”到随吾心之“正”——试论《童溪易传》以心解《易》的基本理路》(《周易研究》2009年)、《论王宗传的易学观》(《周易研究》2010年)、《再论王宗传心学易思想——兼与程颐理学易思想比较》(《天府新论》2013年)、《论王宗传易学对王弼之学的继承》(《周易研究》2014年)，试图阐释王宗传的易学思想的脉络、学术传承，以及窥探南宋心学易与王弼玄学易、程氏理学易的理论渊源及发展。贺广如《王宗传〈易〉学新议》(收录于《第四届中国经学国际学术研讨会》，2011年)认为，《童溪易传》当属程氏理学易一脉，针对《总目》对《童溪易传》之评论，并提出三个质疑:其一，对于《总目》将杨简与王宗传二人同归心学，并涉与异学之说有所质疑，认为王宗传的思想当较近于程伊川“性即理”或朱子“心统性情”之说，并以《总目》所言之王宗传涉于异学为一大谬误。其二，对于《总目》言:“宗传及简祖其元虚，而索诸性天，故似高深而幻窅”提出反对意见。第三，《总目》提出因为王宗传“人为言轻”而不被后世重视，但作者认为王宗传非为心学《易》一派才是主因。赖贵三教授指导的周汝芬硕士论文《宋儒王宗传〈易〉学研究》(台湾师范大学硕士论文，2011年)，与贺广如教授的研究取向相近。该论文比较详细地考述了王宗传的生平，梳理王氏易学的理论思想渊源，探析《童溪易传》的思想。何俊《再论洛学向心学的转化——〈童溪易传〉对〈伊川易传〉的延异》(《中国哲学史》2018年)认为，“把《童溪易传》视为对程颐的理学思想以及解《易》传统的遵循，则又过于简单了。”“从马一浮对五书的排序推测，他似乎是将《童溪易传》视为调和理学与心学的著作。”何俊认为，“不能径将《童溪易传》归属于心学一系，直接视同于《慈湖易传》，而只宜视为洛学向心学的过渡。”

（二）《童溪易传》的主要学术思想

四库馆臣在关于《童溪易传》的《提要》中言："考沈作喆作《寓简》第一卷，多谈易理，大抵以佛氏为宗。作喆为绍兴五年进士，其作《寓简》在淳熙元年，正与宗传同时，然则以禅言《易》起于南宋之初。”与王宗传同时期的沈作喆有以禅解《易》，并言“以禅言《易》起于南宋之初”。可见，王宗传所处的南宋正经历着思想的变革，即心性理论大兴。

1. 宋代理学家重心性的特点

第一，理学中的心性之说是与天道贯通的，人之所以能够解读建构关于天道的认知，是因为人具有充足的心性资源。理学家对天地、阴阳、四时、五行等的传统宇宙架构并没有真正放弃，如《太极图说》分析宇宙生成与结构，《皇极经世》演化宇宙历史年表。对纷繁复杂的宇宙天地、日月山河的理解，只有在“道”的终极处才能做出真正的说明，而这个“道”或“理”又是内在于人“心”的。“将知识与思想推至终极本原处，追问知识与思想之合理性依据，这当然是宋代士大夫的一个思考时尚，而另一个相当突出的思考时尚，则是将终极本原的合理性依据，由外在的天地宇宙转向内在的心灵人性。……那个时代，这两种思考时尚与当时重建思想秩序的紧张交融，刺激了宋代士大夫中被后来学者称之为‘内转’或‘内在超越’的思路，而这种思路正是宋代理学形成的基础。”（葛兆光《中国思想史》）所谓的

“内转”或“内在超越”正是重心性之学。周敦颐所谓的“寂然”的“心”、邵雍的“不动”的“性”、张载的“包着心性识”的“知”都是“内在的超越”，这里的心性已成为周子、邵子和张子理论的重要组成部分。因此，与天道贯通的特点使得理学家的心性之说可以与阐述天道周流的经典《周易》联系在一起。

第二，心性展现为本体之心或称为心体，这个心的概念是发端于传统儒学，而非佛教。“生之所以谓性，以及生之条理、生之理谓性，是指对人的生命价值的关怀，因生作为人的本性或本质特征，是人的一切活动、价值的基础。”（张立文《宋明理学心性论》）宋儒通过对人的本体之心的肯定，建立人的道德生命的终极价值的根基。宋代理学心性论是对先秦心性论的继承和发展，批判佛教脱离儒家伦理而论心性，是“心性哲理与心性伦理相结合”（蔡方鹿《宋明理学心性论》）。这体现在理学家将至高的心性之理与孔孟的思想结合，将道德伦理上推至天地之理。道德之心进而上升为创化万物的本源头。

第三，通过道德主体的工夫修养，将道德本体化，从而融合了主客之间的界限。这也是对先秦儒学的再次肯定。宋儒的道德本体并没有否定宇宙本体，而是通过道德本体来印证先人对宇宙本体的体验。这种体验需要道德具有与自然法则一样的合理性与永恒性。道德既是自我的超越，又是宇宙在于人的实现。心性是宇宙万事万物的根据，又呈现为现实的万事万物，这便是天道性命的贯通，也是中国哲学天人合一的传统命题的一个展现形式。

2. 王宗传的易学观

周子言：“士希贤，贤希圣，圣希天。”宋代士人以追求圣人境界、天人境界为道德理想，而成圣的理论前提是人自身先天地具有足够的成圣资源，由此，为确保这个前提，有必要对心性论做出充分的论说。在此论说的过程中，大多儒者选择了以《周易》作为其理论建构的根基。南宋韶州教授王宗传的《童溪易传》就是一例。王宗传是一位有独到见解的易学家，他高扬心性之学，遵循儒家立场，确立“正人心”的学术旨归，阐释了人的道德生命的超越根据。

关于传统易学之象、数、理、占，王宗传承认象数是易学不可或缺的一部分。并以象数解卦爻辞，在解临卦“至于八月，有凶”时，王宗传认为，盖阳生于复、长于临，阴生于姤、长于遯。遯者，临之反也。其在月建，则自子至未，凡八月而二阴长，君子之道实于此时而消焉，故曰“有凶”。《易》因爻象论变化，因变化论神，因神论人，因人论德行。《易》道无非象，舍象不可言《易》。《易》之数取于天地之数，以为大衍之数。所谓天地之数者，一、三、五、七、九，此天数五也，积而二十有五；二、四、六、八、十，此地数五也，积而为三十。合二十有五与三十，是为五十有五。是五十有五数也，运之于天地万物之间，固足以成变化而行鬼神也，在天地之数的基础上以作《易》，并发展出大衍之数。

关于象数和《易》理的关系，王宗传认为，《易》理，运行而不穷；《易》数，始则有终，终则有始，亦运行而不穷。数生于理，理寓于数，数之所生，理之所在也。意之所寓，不可以言尽，而可以形容求之，就是以象来尽意。因此，《易》之理是以象和数来展现的。舍掉数，不可以言《易》，舍掉象也不可以言《易》。

王宗传也并不否定蓍龟之法，蓍龟是能知吉凶的神物，圣人以此神物斋戒致敬，以神明神物之德，虽由于圣人而兴是神物之德，但德乃神物之固有。圣人兴蓍龟，无非是假蓍龟之神以发明人心之神，引导人反求诸己，体察天地的变化吉凶，以及变化吉凶背后，运乎阴阳而又莫知其然的本体。

通过对《易》之象数理占的解读，我们可以看出王宗传认为，包括人、蓍龟等在内的天地万物是有关联的。这种关联性，又具有一体性。凡蒙生育者，都全尽的具有天赋予的本性，故自资始流行之后，性有刚柔缓急之不齐，命有长短大小之或异，莫不各得其正，不亏其全，是谓之“各正性命”。在《易》中体现为，乾、坤，万物之父母，所以具备元、亨、利、贞四德。自乾、坤而下，若屯、随、无妄、革，能具其大体，而不能尽其全用；又其次，则有具三德者，若离、咸、萃、兑、涣、小过；有具二德者，若大有、蛊、渐、大畜、升、困、中孚；有具一德者，若蒙、师、小畜、履、泰、谦、噬嗑、贲、复、大过、震、丰、节、既济、未济。因此，性能得其正，推而见于事为之际，可以达到无适而不正，因为，“其本在我”。“元、亨、利、贞”四德本具于人，人要做的事情就是将其外推，真正能将其推而行之的，就是君子。

因为天人的一体性，实现了人的完满性，因此，人对自身的道德应该自信。

夫君子，以自信为本。不能自信，而汲汲焉以求人之我信，则末矣。世之庸人浅夫，中无所得，人之见信则以为喜，或不之信则歉然也。夫岂知君子有自信之学也哉？

王宗传在解释中孚时，特别强调人的道德自信，通过天人感通，人能确信自身的本性高可应天，微能及物。此道德自信也是圣人作《易》所要扶翼的人道。挺立人道，人才能直立在天地间，与天地相参。

昔者，尝闻圣人建立之极也，扶翼人道以配天地。人道既植，和气乃通，周流磅礴，不失一物，济济有序，远近若一，用能与天地相为无穷也。盖自去古渐远，人伪日滋，分三才而裂之不已也。

人有此自身道德的自信，才有向外推而行之的可能。也就是说，自身的道德本体是人道德践行的根基。《易》是性命之书，圣人本天地以作《易》，旨在发明人心之妙用，点醒人心中具备的完满的价值根源，基于此，推性命以成大业。

研究《易》的目标也因此变得明朗。王宗传认为:“君子得之于天者，与人同也。所以辅其天，与人异也。既有以得于天，而无以辅其天，弃天也。学问之道无他，辅吾之天也。”学问之求，在于开显、开发人自身具备的道德资源，并将其推而行之。

关于王宗传的学术传承，没有直接的文献记载，从《童溪易传》文本可以查到王宗传多次引用孔子、孟子、扬雄、王弼、张载、程颐、朱震的思想。其中，王宗传赞王弼为知《易》者，而对程颐易学的文字引用最多。

3. 王宗传的思想渊源及思想特征

四库馆臣认为王宗传易学宗王弼易学，从《童溪易传》的论述中可见其论不虚。王宗传引用王弼之言约15处，并赞叹王弼为知《易》之人。在解大壮卦九三爻时，王宗传说:“王辅嗣曰:‘义苟合顺，何必坤乃为牛；义苟应健，何必乾乃为马。而或者定马于乾，按文责卦，有马无乾，则伪说滋蔓，难可纪也。’辅嗣此言，不可谓不知《易》也。”又《论语·阳货第十七》载:“子曰:‘予欲无言。’子贡曰:‘子如不言，则小何述焉？’子曰：‘天何言哉？四时行焉，百物生焉，天何言哉？’”王弼曰:“圣人体无，无又不可以训，故不说也，老子是有者，故恒言无所不足。”(《王弼集校释》下册）王宗传承王弼之论而认为，圣人体证天道之不言之教，效法天道，德合自然。《易》书正是圣人本天地而作，体现了圣人对天地之化的体证。夫“何言”之教，其在圣门如子贡者犹有所未悟，那么圣人以神道设教而天下服，而天下所服者有两种：有知而服之者，有不知而服之者。民日迁善而不知为之者，此不知而服之者也；如七十子之服孔子也，此知而服之者也。子贡曰：“子如不言，小子何述焉？”此一子贡也；又曰：“夫子之言性与天道，不可得而闻也。”此又一子贡也。另外，关于“神无方而易无体”，王宗传解释为：

万物之生，虽同于负阴而抱阳也，而有万不同，则至不一也，曲而成之则亦与为不一，故无一物之或遗。昼夜之道，阖辟往来无一毫之间，而《易》之为《易》，无所偏滞，通乎此道故也。通乎此道，则无乎不知，故知幽明、知死生、知鬼神，初无二知也。如此，则尽天地之妙用，穷阴阳之奥机。无在而无不在，故曰“神无方”；无为而无不为，故曰“易无体”。

“无在”“无为”确似是王弼的思想理论，因此，四库馆臣认为，王宗传“祖尚玄虚，索诸性天”，追求万物变化背后的本体。

王宗传《童溪易传》直接引用程颐易学达120多处，其学明显受到理学的影响但又有不同。一方面，与二程相似，王宗传也承认世界的一体性，以理来一而贯之，进而以理来贯通天人。因此，王宗传反复提及理。王宗传认为：

夫至理，纯乎天而已矣，故天全是理，为造化之主。地配天也，日月、四时、鬼神皆分任其造化之职者也。大人全尽是理，则亦天而已矣。

是理也，天得之而尊以位乎上，地得之而卑以位乎下，人得之则参天地以位乎中，而三才之为三才，吾不知所以异矣。

是理之见夫日用，未尝一日息也，虽与天地同其广大可也。

但另一方面，程颐理学主张推天道明人事，“求之性情，固是切于身，然一草一木皆有理，须是察”。可以说程颐的思路是由外往内推。但王宗传则不然，王宗传认为，圣人本天地以作《易》，非有他也，故所以发明人心之妙用。心是酬酢万物之君，因此要在心上作工夫。

夫无思无为、寂然而不动、感而遂通天下之故者，易也。圣人以此著卦六爻，洗去夫心之累，则是心也扩然而大公。易即吾心也，吾心即易也。用能退藏于密，而不穷之用默存于我焉。

综上，王宗传先确定了人心在理论上含具完整的理，因此，在工夫上，人心自然之理则端赖于自身的自觉、自省、自反，不助，发明本心之妙用，让完满的本体之心自然呈现。《易》之作，正是为了使人洗去负累，发明本心。这与程颐追求天理的路径是相反的。

王宗传与杨简被四库馆臣并提，但并未查出两人在现实中有何交集。就学术思想，亦有差别。杨简师从陆象山，具有深厚的心学理论功底，杨简将易学著作命名《己易》，并多处以佛学的比喻方法阐释易学思想。但《童溪易传》的行文不像杨简那样带有佛学的痕迹，其文有两处与佛教有关，第一处为：蜀人之浮屠者曰：“四爻之刚，虽同为木，然或为杨，或为栋。栋负众榱，则材之强者也；杨为早凋，则木之弱者也。盖大过本末皆弱，二近于本，五近于末，故均为木之弱也。”

第二处为：世之单人匹夫，行一介之行，以佛氏之寂灭、老氏之空虚，往往自信其说，至于老死而不知悔者，类皆如此。

此二涉及佛教处并无佛学思想，而且可以看出，王宗传似有排斥佛氏、老氏之意。但王宗传的“易即吾心也，吾心即易”一段确相似于杨简的"《易》者，己也，非有他也。以《易》为书，不以《易》为己，不可也。以《易》为天地之变化，不以《易》为己之变化，不可也。天地，我之天地；变化，我之变化，非他物也。私者裂之，私者自小也。"另外，王宗传与杨简都推崇孟子的心性说。但这些相似之处都不足以说明两人的思想有直接的关联，甚至有可能只是凸显出了当时的一种学术动态和趋向。

（三）《童溪易传》对后世的影响

王宗传好友林焞在序中说:"出其门者，十九青紫。"王宗传作为韶州教授，在当时，其学说在一定范围内有一定的影响。但笔者认为，对于目前的研究而言，王宗传只是体现了南宋易学思想的一个转型，我们可以从《童溪易传》厘析出先秦儒学在当时的发展、理学易向心学易转化的理路特征。《童溪易传》在后世并没有向四库馆臣所说的，开创以心解《易》的先河，因为王宗传之后并无传世文献专门阐发其易学思想，更没形成独立门派。不过，有多位易学家局部援引其注解文字，例如：俞琰《读易举要》《周易集注》，李简《学易记》，王申子《大易缉说》，熊良辅《周易本义集成》，蔡清《易经蒙引》，胡广《周易大全》，姜宝《周易传义补疑》，金贲亨《学易记》，清代程廷祚《大易择言》，胡世安《大易则通》，沈起元《周易孔义集说》，万斯同《石园文集》，王宏《周易筮述》，王懋竑《读书记疑》，晏斯盛《易翼说》，翟均廉《周易章句证异》等书，皆有引王宗传解《易》之文字。可知王氏之思想，亦非完全不受后人重视。《易翼说》引用：

王氏宗传曰：惟其动刚，故能德应乎乾，而成万物化育之功；惟其德方，故能不拂乎正，而顺万物性命之理。此坤之德所以能配天也。（卷六）

王氏宗传曰：豫之九四，天下由之以豫。故曰大有得，颐之上九，天下由之以颐，故曰大有庆。（卷七）

《周易章句证异》中，共有十六处引用《童溪易传》中的注解，如：

杨时、王宗传、俞炎同谓“脱桎梏而听之以往也。”（卷一）

朱震、苏轼、朱子、王宗传同陆希声“有孚，窒惕，中吉。”（卷一）

杨时、沈该、吕祖谦、李简、郑汝谐、王宗传、王申子同读可否之否。（卷一）

“乾知大始，坤作成物。”“大”……王宗传、李简作“太”。（卷七）

《周易折中》引用《童溪易传》词句达五十左右，如：

王氏宗传曰：所谓刑人者，正其法以示之，立其防束，晓其罪戾，而豫以禁之，使蒙蔽者知所戒惧，欲有所纵而不敢为，然后渐知善道，可得而化之也。当是时也，夫苟说其桎梏，而不豫以禁之，由过此以往，不可复制矣。故于发蒙之初，“用刑人”则以为利，“用说桎梏”则以为吝也。（卷一）

可见，王宗传在《童溪易传》中所做的训诂工作，以及对《周易》文本思想的理解还是得到了一部分易学家的肯定。近二三十年中，陆续有关于《童溪易传》的学术论文和专著出现，为我们学习、研究《童溪易传》，进而了解南宋易学提供了宝贵的资料。

（四）本次整理，以上海古籍出版社四库易学丛刊本《童溪易传》为底本，因为四库本校订比较精细。以宋刊本为校本，参考四库荟要本和张天杰点校本。

1. 全书使用简化字。汉字简化以国家文字委员会发布的《文字使用条例》《简化字总表》《第一批异体字整理表》为标准，以《辞海》和《汉语大字典》为依据。

2. 古体字、不规范的字和明显版刻混用字（如日、曰，己、巳、已等。）版刻误字一律改为规范简化字。

3. 通假字简化后一般保持不变。

4. 特定的某些字简化后易引起误解则不简化。如用于某些特定的人名、地名、书名、职官、封号、徽号等专有名词和约定俗成的词组保持不变。

5. 凡经文中被解释的或被音注的异字或古体字（如引用《尔雅》《说文》等训释某字异体字和古字），在同一卷中一律保留。

凡遇避讳字，如“玄”“恒”“贞”“谨”“洪”等，一律改回，不出校记。“发”与“髪”，一律改为“发”。“于”和“於”混用，一律改为“于”。“与”和“舆”，一律改为“与”。

最后，感谢赖贵三教授从台湾寄来相关资料，感谢张天杰教授赐予相关史料，赠送大作《童溪易传》（点校本），并及时赐予信息。完成博士论文已经十年，各种原因，拖延了点校工作，但是，学术之路上，越来越多的前辈、学长不断鞭策我前行。纵使学力疏浅，亦终于完成。敬请方家赐教！

姜　颖

2018 年 11 月于特拉维夫

提 要

臣等谨案：

《童溪易传》三十卷，宋王宗传撰。宗传字景孟，宁德人，淳熙八年进士，官韶州教授。董真卿以为临安人。朱彝尊《经义考》谓，是书前有宁德林焞序称，与宗传生同方、学同学、同及辛丑第，则云临安人者误矣。宗传之说大概祧梁孟而宗王弼，故其书惟凭心悟、力斥象数之弊。至譬于误注《本草》之杀人，焞序述宗传之论有“性本无说”“圣人本无言”之语，不免涉于异学，与杨简《慈湖易传》宗旨相同。盖弼《易》祖尚玄虚以阐发义理，汉学至是而始变。宋儒扫除古法，实从是萌芽。然胡、程祖其义理而归诸人事，故似浅近而醇实；宗传及简祖其玄虚而索诸性天，故似高深而幻窅。考沈作喆作《寓简》第一卷多谈易理，大抵以佛氏为宗。作喆为绍兴五年进士，其作《寓简》在淳熙元年，正与宗传同时，然则以禅言《易》起于南宋之初，特作喆无成书，宗传及简则各有成编，显阐别经耳。《春秋》之书事、《檀弓》之说礼，必谨其变之所始，录存是编，俾学者知明万历以后动，以心学说《易》流别于此二人，亦说《周礼》者存俞庭椿、邱葵意也。

乾隆四十五年十二月恭校上

总纂官：臣纪昀、臣陆锡熊、臣孙士毅

总校官：臣陆费

易传原序[1]

《易》不可以易言也，盖自汉魏以来，世之言《易》者特多于他经，而其失也比之言他经者亦多。此其故何也？易而言之之过也。夫人之情有所难乎此也，则必有所畏谨乎此，而后获免轻议乎此之失。苟惟有所易也，则将争奇竞巧而不知中庸之为至德，骋私任臆而不知正直之为王道。如是，则择焉不精、语焉不详，贸贸然不知朱紫苗莠之固有其辨，而吠声觇影之流始受其误矣。昔者，夫子盖尝致谨乎此也，观其言曰："加我数年，五十以学《易》，可以无大过矣。"夫学《易》而可以无易之过，此岂童心浅智者之所能为也。故圣如夫子亦曰，吾犹有待焉尔。圣人之心其不敢有所易，如此也。而客有注《易》与《本草》孰先之问，为陶隐居者，则告之曰《易》先。其说曰："注《易》误，不至杀人；《本草》误，人有不得其死者。"呜呼！自斯人不至杀人之言一发，而《易》之误自此始矣。世之轻议是经者，始纷纷矣。夫岂知《本草》误，误人命；注《易》误，误人心。人心一误，则形存性亡，为鬼蜮、为禽兽，将无所不至，其祸不亦惨于杀人矣乎？隐居之言曰《本草》误人，有不得其死者，殊不知注《易》误，人有不得其生者。可谓智乎？或曰：若之何，而可以无易之过，如吾圣人之学《易》矣乎？曰：窃尝闻之，纲一举而目张，领一挈而裘顺，

---

① 易传原序，宋刊本作"童溪王先生易传序"。

天下之有是物也，孰从而然欤？是故，有所谓形而上者之制乎命，而后，是物也得以肇其长短小大之形、吉凶消长之变。世之言《易》者，孰不曰舍是数不可以言《易》也，舍是象不可以言《易》也。而圣如夫子亦必曰，是数与象，《易》所不废也。然所以为是数与象者，或不知其说焉，则自一以往而有不可胜计之数，自形色貌象以往而有不可胜计之象，虽夫子亦末如之何矣。何也？圣人之于《易》，徒知据乎其会而已矣。据其会则凡憧憧于吾前者，莫吾也。圣人之于《易》也，徒知立乎其颠而已矣。立其颠，则凡纷纷乎吾下者，莫吾度也。然则是数也、是象也，不知务其所以然之说也，而可乎？夫苟舍是，而役役于不可胜计之地，此夫子所谓易之过也。然则，舍数与象不可以为《易》，而其过也，乃数与象也。则金石、草木所以为《本草》也，而其杀人也乃金石、草木也。天下同知《本草》误，误人命，而不知《易》误，误人心。吁！亦异哉？

余不敏，一经之教奉以周旋有日矣。然学愈久，而心愈杂。故虽疲神剔思于此，非不勤且至也，而未尝敢下轻议之笔。虽然，抑尝思之，加我之年，亦行甫及矣，进无用于时，退无补于身，不于此时也，而有所勉焉。岂其志欤？若夫所谓大过，亦不敢自谓果可无也，愿就有道而正焉。

王宗传谨述

性本无说、圣人本无言，童溪之论性然也。《易》，尽性书也，而何至于多言？我知之矣。六丁勅，易在天；三爻吞，易在人。天而人之，易其显乎？余与童溪生同方、学同学，同及辛丑第，知其出处最详。公性能酒饮，已辄论《易》。尝曰："吾远祖文中不善辨，为负苓者诎，使与我遇，当瞪目张胆，灭其苓而饥之曰：'尔不有于人，又何有于身？'"自是与人论[①]《易》不倦，而于二《系》为详。出其门者，十九青紫。既第之三年，教授曲江，越二年而书成。大书其影曰："三十卷之《易》书，自谓无愧三圣。"其笃于自信者欤！公姓王，讳宗传，字景孟。世谓天下王景孟，则其人也。开禧更元，族子驷客武陵，以书来，曰："刘君日新将以《童溪易传》膏馥天下后世。叔大夫父当序。"是以序。

儒林郎知衢州开化县主管劝农公事林焞炳叔

总校官：臣陆费墀

①论，宋刊本缺。

卷 一

发 题

易果何物邪[1]？闻诸夫子曰“生生之谓易”，又曰“易无体”，又曰“其为道也屡迁”，又曰“危者使平，易者使倾，其道甚大，百物不废，惧以终始，其要无咎，此之谓易之道也”。盖尝即是数语而兼味之。夫天下有生生不穷之理，随在随有，无所间断。在天地，则为变化；在事物，则为消息；在生民，则为日用；在圣贤，则为德业；在君子、小人，则为进退；在昼夜，则为晦明；在古今，则为往来新故之迭更也。是理也，相轧相推、有当有否，而吉凶以生。圣人悯斯人之流转于吉凶之域而莫知所避所就也，故告之以无危不平、无易不倾之说，而曰此物理之固然者，而莫之废也，人能终始以致其惧，则无咎矣。然则，易之为易，其大旨可知矣。程河南曰：“易，变易也，随时变易以从道也。”殆谓是欤！

乾下乾上 ䷀

乾：元、亨、利、贞。

---

① 邪，宋刊本作耶。

② 此处，《伊川易传》原文有“者”字。

③ 窃，宋刊本作“切”，下同。

程河南曰："'乾坤'，古无二字，作《易》[①]特立此二字，以明难明之道。"窃[②]原《易》之始作也，则亦本诸一奇一耦而已矣。天下之理，有动必有静，有刚必有柔，有屈必有伸，有消必有长，盖亦未有无对待而能不穷者。故曰"一阴一阳之谓道"，圣人得其说，据依之以为《易》，故一奇一耦立而阴阳兴，阴阳兴而动静、刚柔、屈伸、消长之理在是矣。然一奇未足以为天下之至健，而必三焉；一耦未足以为天下之至顺，而亦三焉。而后乾坤之材备，乾坤之材备，则凡出乎其中者，自此而不穷矣。是故乾坤相索，而六子以生，八卦相重，而万物之变已尽。《易》始乾坤、父母万物之义也。夫乾坤健顺之理，散在万物亦不特为天地而已也。而语天下之物，所谓至健至顺者，则天地是也。天惟至健，故其行不息；地惟至顺，故其德配天。此圣人之于乾坤，必推本天地而言焉。元、亨、利、贞，至健之目也。夫万物，以阳熙，以阴凝。元与亨，其德阳也；利与贞，其德阴也。絪缊以始之，草昧而已，此元也；至亨以极其高大，则草斯文、昧斯明，阳德之成也；肃杀以终之，揫敛而已，此利也；至贞以正其性命，则揫斯息、敛斯藏，阴德之成也。元而亨，出之序也；亨而利、利而贞，入之序也。出而入，入而出，循环不穷，迭为四序，此乾所以为天下之至健也。朱子发曰："乾具此四德，故为诸卦之首。"程明道曰："一德不具，不足谓之乾。"欲知圣人一言足以尽夫乾，曰"元、亨、利、贞"是矣。

初九，潜龙勿用。

八卦始作，三材之道具于三画；兼三材而两之，又六画而成卦。

① 此处，《伊川易传》原文有"者"字。

② 窃，宋刊本作"切"，下同。

《经》曰："立天之道曰阴与阳，立地之道曰柔与刚，立人之道曰仁与义。"是也。此乾所以有在天、在田、在人之别。五称"在天"，则知上为天之表，故曰"贵而无位"；三称"君子"，则知四为人之表，故曰"中不在人"；田，地之表也，而二称之，则知初之潜，又为地之下矣。自初至上，奇耦相间其位也，所谓"分阴分阳"是矣。九与六，或刚或柔，其爻也，所谓迭用刚柔是矣。九与六何以明爻？《经》曰："乾之策二百一十有六，坤之策百四十有四。"夫乾爻六，一爻之策三十有六，四九之积也，故乾用九。坤爻六，一爻之策二十有四，四六之积也，故坤用六。此大衍之法所以定阴阳之数也。然则乾用九、坤用六，是亦不得不用九、用六也。而诸儒纷纷之说皆过也。九，阳之纯；初，位之下也；纯阳，天德也。在下位，不可以有为也。初九之在乾也，德非不足也，位不足也，故有潜龙之象。程河南曰："理，无形也，必假象以明义。"龙之为物，其奋也、其蛰也，随乎时而已矣。又天类也，其神不测，而其功足以利泽万物，故以象乾道之变化，阳气之消长。其在人，则圣人之进退也，时乎潜也，则当蓄用以待用，夫苟强聒以求用，非知时者也，故曰"勿用"。

九二，见龙在田，利见大人。

五，阳位也，而居上卦之中，故为君之正位。二，阴位也，而居下卦之中，故为臣之正位。圣人之于天道，乾之六爻皆圣人也，而二以天德居之，圣人之为人臣者也。田，地之表也，耕稼之区也，斯人所资以生殖也，施泽不至，则斯人失所资矣。"见龙在田"，则阳气播于地上，以长育万物；圣人见于有道之世，以施泽万民也。二与五俱称大人者，以同德处相应之地。程河南曰："臣利见大德之君，以行其道；君亦利见大德之臣，以共成其功；天下利见大德之人，以被其泽。”是也乃若他爻，则德非不同也，位不同也。

九三，君子终日乾乾，夕惕若，厉，无咎。

安其危则必危，危其危则无危。此《易》之道也。九三处下卦之上，重刚而不中，可谓危矣。然间乎二乾之间，往来皆乾，是能尽乾乾之道也，故曰“君子终日乾乾”。然其所以乾乾者，何事也？惕然以危厉自警云尔。故又曰“夕惕若”，夕亦终日也。凡人之情，未有不谨于朝而弛于夕，君子不以隐显二其心，其视屋漏暗室无以异于十目十手[①]之严也，况日之夕而辄改其度乎？夫惟居常以危厉自警，则虽处危地而无危矣，故曰“无咎”。咎，过也。《经》曰：“无咎者，善补过也。”九三之重刚不中，此在《易》所谓过也。唯乾乾以自警，则其过可无也。《经》曰：“惧以终始，其要无咎。”九三有焉，三，下卦之终也，故乾之三则曰“终日”，坤之三则曰“有终”。

九四，或跃在渊，无咎。

跃，阳之性也；渊，阴之所也。九四以阳居阴，阳动而阴静，动静之无常也，故称“或”。或者，疑辞也。九四何疑乎？亦曰“重刚而不中”云尔。夫三以重刚不中而惕，乃能无咎。则四以重刚而不中而或，亦获免咎，固其所也。然虽跃矣，跃而不脱于渊，则吾之位分固未尝或离也。此《文言》谓其“非为邪”“非离群”，而爻谓其“无咎”。

九五，飞龙在天，利见大人。

九五以天德居天位，圣人之得志莫盛于斯也，故曰“飞龙在天”。夫龙之潜于初，见于二，虽屈伸之不同，然皆非其所也，必也在乎天，而后称焉。苏东坡曰：“飞者，龙之正行也。天者，龙之正处也。则

① 十目十手，宋刊本作“十手十目”。

九五，圣人之位可知矣。”当是时也，臣之于君、君之于臣、民之于上，各相利见，此二五所以独称“利见大人”。

上九，亢龙有悔。

《易》以中为贵，以不中为戒，诸卦皆然，况纯刚之乾乎？三与四“重刚而不中”，故惕与或，乃能无咎。上九，六阳已极，一阴将生，又非特不中而已也，故曰“亢龙有悔”。亢，极也，有过则有悔，事而至于有悔，则无及矣。惟圣人知进退存亡而不失其正，则不至于有悔焉。此前儒所以引尧老舜摄之事而证之。乾之六爻皆圣人也，宜无亢极之悔，而上九云尔者，以明危者使平、易者使倾之理，而示万世帝王之戒也。

用九，见群龙无首，吉。

九，天德也。天之德，刚健是也。夫刚健之德，用得其当，则吉；用不得其当，则凶。《传》曰：“天为刚德，犹不干时。”乾之六爻，自初至上皆九也。用得其当，则时潜则潜，时见则见，时跃则跃，时飞则飞，以至时行则与之偕行，时极则与之偕极，而无干时之愆，是之谓善用夫刚者。故曰：“见群龙无首，吉。”群龙即诸阳爻是也，无首谓时然则然，各循乎天，而无干时之愆也。程河南曰：“乾之动，无不时也。”又曰：“以刚为天下先，凶之道也。”然非用九，则六爻无首之吉何自而见之，不特此尔。《易》上、下二篇，凡一百九十二阳爻皆用九，实自乾来也。凡一百九十二阴爻皆用六，实自坤来也。用有当否，而吉凶从之矣。

《彖》曰：**大哉“乾元”，万物资始，乃统天。云行雨施，品物流形。大明终始，六位时成，时乘六龙以御天。乾道变化，各正性命，保合太和，乃“利贞”。首出庶物，万国咸宁。**

王辅嗣曰："彖者，统论一卦之体"。《经》曰："智者观其彖辞，则思过半矣。"即乾以推他卦，则元、亨、利、贞之类，乃具体而微之彖辞也，得吾夫子而后其义浸显，故释《彖》之文通谓之彖。"大哉'乾元'，万物资始，乃统天。"此释元也。夫莫众于万物，而所资以始者，谁乎？乾之元也。乾以元德为万物之所资始，而无一物之或吾舍焉，则其大可知矣，故以"大哉"赞之。天者，万物之祖也，然万物之所以祖天者，非祖天也，祖元也。天恃元故能祖物，则元之大益可知矣。故曰"乃统天"。"云行雨施，品物流形"此释亨也。谓乾既以元德始万物，而亨德继之也。夫始万物者，乾元也；生万物者，坤元也。然使乾元知始物而已，而生物之职则一付之坤，吾无与焉，则万物既生之后，亦未有能遂其生者矣，故夫"云行雨施"，乾元之余用也。乾元有余用，故始物者我也，育物者亦我也。物得所育，则遂其生矣。"品物流形"，则向之有始者，今焉各有品目流动迁，改得以极其高大也。"大明终始，六位时成，时乘六龙以御天。"此又即卦之初终与爻之用九，以推明元亨之用也。夫卦之初终，乃天道之终始，则见卦之六位，各以时成而不紊，故时潜则潜、时见则见、时跃则跃、时飞则飞，以至三之与时偕行、上之与时偕极，无非因时循理之谓也。乘此六爻之时以当天运，则乾元用九之道得矣，故曰"以御天"也。"乾道变化，各正性命。保合大和，乃利贞。"此释利与贞也。夫万物由资始以至于流形，而天道之运行见于发育者，举无愆忒，如此则变化之妙自有不知所以然而然者。凡蒙生育者，孰不各全其天哉？故自资始流形之后，性有刚柔缓急之不齐，命有长短大小之或异，莫不各得其正、不亏其全，是之谓"各正性命，保合大和"也。"保合大和"谓絪缊之气所以始万物者，至此而不散离也。程河南曰："天地之道，常久而不已者，保合大和也。”“乃利贞”者，谓性命之既正、大和之不亏，所以利且贞也。“首出庶物，万国咸宁。”此二语所以结一彖之文也。《说卦》曰“乾为首”，以其尊，无与敌也，故曰“首出庶物”。又曰“乾为君”，以其命无不听也，故曰“万国咸宁”。乾具是四德，而万物莫不服之也。谓圣人之体乾也，以德化为元气，而万民资此以生养，以膏泽为云雨，而万民自我以生殖，对时育物而无干时之愆，存神过化而有妙物之道，以民跻仁寿、俗入陶甄，则其“首出庶物，万国咸宁”，殆与天同尊矣。

《象》曰：天行健，君子以自强不息。

道外无器，器外无道。故《经》曰：“易者，像也。”又曰：“彖者，言乎其象也。”彖之所言者，卦之象也。彖所未言者，又于大象尽之。六爻之赞亦曰：象，易无非象故也。程河南曰：“至微者理也，至著者象也；体用一源，隐显无间。”天，乾之象也；健，乾之义也。夫周天三百六十五度有奇，一日行一度，一时周一方，一岁遍八极，终则有始，其行不息，如此其健也。夫孰使之然哉？自然而然也。自然，诚也。诚者，天之道也。君子之为君子，何容心哉？亦天而已矣。故曰“自强不息”，以言自强则不息也，犹之曰“至诚无息”。尧兢兢日行其道，舜业业日致其孝，自强也。周公戒成王以无逸，伊尹勉太甲以日新，非自强也，有以使之也？虽然，安而行之，利而行之，勉强而行之，及其成功一也。又乌知人之非天欤？

“潜龙勿用”，阳在下也。“见龙在田”，德施普也。“终日乾乾”，反复道也。“或跃在渊”，进无咎也。“飞龙在天”，大人造也。“亢龙有悔”，盈不可久也。用九，天德不可为首也。

此爻赞也。古文《易》以此爻赞连于《象》文，诸卦皆然，不独乾也。汉儒郑康成之徒散爻赞于逐卦爻下，独此乾卦存古文也，后人遂有“大象”“小象”之说。龙，变化物也。其所以潜而勿用者，以阳德之在下位故也。故夫时乎出潜离隐，则虽欲勿用，得乎？此“见龙在田”，德施所以不得不普也。然二德之施所以普者，亦恃有五也，若非应五，则吾独善之不暇，如普何？三与四在卦所谓中爻也。中爻，人道也，“终日乾乾”“或跃在渊”，求免乎人道之患而已矣，故二爻俱有无咎之辞。三在下卦之上，有止义，故曰“反复道也”，以言往来皆乾，造次必于是也。四在上卦之下，有进义，故曰“进无咎也”，以言吾之位分未尝敢离于此而进，夫何咎也？“飞龙在天”而曰“大人造也”，“造”之一辞有以见圣人之功用与天同焉。天何容心哉，圣人亦何容心哉。“不识不知，顺帝之则”而已矣。故“造”之一辞见圣人之功用即天也，而德施之普即付之二焉。夫中正之位，五是也，而犹不已，则亢而满矣。故“盈不可久也”。天下之理所可久者，中也，犹之注水于器也，中则正，满则覆，此物之固然者。有人焉而曰“吾弗顾其覆也”，而注之不已焉，此可久邪？上九之亢，盖酌水于器而不已，而弗顾其覆之谓也，故爻谓之“有悔”，而夫子谓之“不可久也”。“用九”，时中之谓也，时潜则潜，时见则见，时跃则跃，时飞则飞，三则与时偕行，上则与时偕极。昧夫此者，非有不及时之失，则有先时之过。不及时，狷者之为也；先时，狂者之为也。凡《易》之道，于狷者则吝之，于狂者则戒其有悔，不知有悔则凶矣。故“亢龙有悔”，则曰“盈不可久也”。“用九”则曰“天德不可为首也”，“不可”之一辞，以言乾之六爻皆圣人也，宜无不知时之失，特详缓其辞，以善其戒，所以待圣人者，厚矣。

卷 二

《文言》曰:“元”者,善之长也;“亨”者,嘉之会也;“利”者,义之和也;“贞”者,事之干也。君子体仁足以长人,嘉会足以合礼,利物足以和义,贞固足以干事。君子行此四德者,故曰:“乾,元、亨、利、贞。”

诸卦有彖有象,而乾坤则加以文言,易之蕴在乾坤故也。乾之文言视坤又加详焉,坤效法于乾,而乾者坤之倡故也。四德六爻未易以一彖一象尽之,故文言所以言彖象之未言也。彖释“元亨利贞”有及于万物,以言元亨利贞之在物也。文言释“元亨利贞”有及于君子,以言元亨利贞之在我也。以在我言之,则元者,此性之始也。孟子曰性无不善。禀受之初,万善咸备,夫以万善之多而咸备于一性之微,方其初也,虽其菁英未甚发见,而生长于方寸之内者已纷纷焉肇其端矣。故曰:“‘元’者,善之长也。”长,生长也。亨也者,此性之明也。始生之性至此而明,则众美于焉而咸会矣,谓菁英发见于此时也。故曰:“‘亨’者,嘉之会也。”于元曰“善”,于亨曰“嘉”,始生之性而至于亨,则善为有加故也。利者,此性之用也。利,宜也;义,亦宜也。益之《象》曰:“君子以见善则迁,有过则改。”而九卦论益亦曰“益以兴利”。盖利于性者,无过乎善;害于性者,莫大于过。迁善而改过,非善之所宜然乎?故曰:“‘利’者,义之和也。”曰“和”云者，不悖于义之谓也。故孟子如此说，故曰："天下之言性也，则故而已矣，故者，以利为本。"贞者，此性之体也。夫性得其正，则推而见于事为之际，无适而不正，其本在我故也。夫"元亨利贞"其在我者如此，孰能推而行之？君子也。故以君子继之。"体仁足以长人"，则推吾此性之善，能仁已，而又能仁人也。长人者，吾知其体仁于己而已，初无不仁之举以害于人，而人自长育于吾仁之中，故曰"足以长人"。若家至而长之，则有不足者矣。夫子语颜渊曰"一日克己复礼，天下归仁"是也。"嘉会足以合礼"，则此性之中众美咸会，而动容周旋之际，虽非有意求合于礼，自然与礼合矣。不然，则窘束迫促而无容与之态，此非盛德者之事，而不足以合礼矣。"利物足以和义"，说者多以义者刻制之具，非利以和之，徒义也。此苏明允之意也。窃谓利物者，顺适物理而行之也。君子尽吾此性之用，顺适物理，则其于己也见善必迁、有过必改，其于人也遏恶扬善、以顺天之休命。如此，则与义不悖矣，故曰"足以和义"。义者，时措之宜也。"贞固足以干事"者，夫贞则固，不贞则不固也。固则万物不能摇，物之所以不能我摇者，以正胜之也。在我之性以贞而固，万事胶扰于吾前，而吾恢恢若运之掌矣。所谓能定而后能应也，故曰"足以干事"。张横渠曰："天下之理得，元也；会而通，亨也；说诸心，利也；一天下之动，贞也。"夫天之与我以此性也，惟君子为能推而行之，行此四德，则天在我矣。故终之曰："君子行此四德者，故曰'乾，元、亨、利、贞'。"

初九曰："潜龙勿用。"何谓也？子曰："龙德而隐者也。不易乎世，不成乎名；遯世无闷，不见是而无闷；乐则行之，忧则违之，确乎其不可拔，潜龙也。"

初九之隐也，吾非无意于斯世也，特其所守以天、不以人，故曰

"不易乎世"，谓守其道，不随世而变也。吾非假隐以媒禄也，何恤乎名之成不成？故曰"不成乎名"，谓晦其行，不求闻于时也。"遯世而无闷"，穷亦乐也；"不见是而无闷"，举世非之不加沮也。梁鸿之隐，作五噫之歌；贾谊之迁，赋吊湘之文。非无闷也，无他，其所养非龙德故也。"乐则行之"，见可而动也；"忧则违之"，知难而避也。行违视天故也。行违视天，而不以人参焉，则"富贵不能淫，贫贱不能移，威武不能屈"，故曰"确乎其不可拔，潜龙也"。

九二曰："见龙在田，利见大人。"何谓也？子曰："龙德而正中也。庸言之信，庸行之谨，闲邪存其诚，善世而不伐，德博而化。《易》曰'见龙在田，利见大人'，君德也。"

"庸言之信，庸行之谨，闲邪存其诚，善世而不伐，德博而化。"此正九二正中之德也。昔者夫子尝有言曰："中庸之德，其至矣乎！民鲜久矣。"九二之于庸言庸行，但知谨信而止尔。积而至于德博而化，此中庸之至德也。原其所以然，则亦不忽于细微故也。吾尝论之矣。正中之德无他事也，如日必作、夜必息、暑必絺、寒必裘，顺吾常而已矣。吾常之不顺，则必作意于此，作意于此则易弃矣，非正中之德也。邪者，诚之贼也。邪之不闲，不能存是诚也。诚之不存，善世不能不伐也。善世不能不伐，则累于心者未必决去也。夫[1]累于心者未能决去，吾见其小耳，何博之云？吾见其有所系矣，何化之云？若夫德博而化，则天地之大即吾之德也，天地之运即吾德之所不穷也。原其初，则亦自庸言庸行中出也。《中庸》曰"夫妇之愚，可以与知""夫妇之不肖，可以能行"，所谓庸言庸行也。孟子知此说而曰"大而化之之谓圣"，其初亦不外于可欲之善、有诸己之信。夫子亦以"入则孝，

① 夫，宋刊本作"天"。

出则悌，谨而信”为弟子者之职业，以言舍是则不可与入德矣。二与五均大人也，宜无不同之德。在五则德与位称，在二则位不足而德有余也，故曰“君德也”，以言虽非君位，君之德也。颜氏子择乎中庸，得一善则服膺拳拳而弗失，“为邦”之问，夫子告之以四代事业，君德也。

九三曰[①]**：“君子终日乾乾，夕惕若，厉，无咎。”何谓也？子曰：“君子进德修业。忠信所以进德也；修辞立其诚，所以居业也。知至至之，可与几也；知终终之，可与存义也。是故，居上位而不骄，在下位而不忧，故乾乾因其时而惕，虽危无咎矣。”**

君子之于德业，未尝废进修。乾之三与四特曰“进德修业”者，处惕、或之地尤不可以舍是故也。德何由进？忠信所以进德也。《传》曰：“忠，德之正也；信，德之固也。”既正且固，则内有所主，而德自此进矣。业何由修？修辞立其诚者，所以修业也。业修矣，故可居。夫两言之，则曰忠信；一言之，则曰诚而已。德与业非二事，诚与忠信亦非二物也。诚在内，修辞以立之，则形见于外。上焉足以取信于君，下焉足以取信于人，君臣之间交孚而无疑，则大臣之业可得而居有之矣。《太甲》之三篇、周公之《鸱鸮》，此古之大臣修辞立诚以居业之实也。“知至至之”，此主进德而言也。始焉，知德之可至，吾之进之必欲极其至也，非知几者，安能如此？故曰“可与几也”。谓其知有可至之理，故从而至之也。“知终终之”，此主居业而言也。终焉，知业之可终，吾之居之必欲保其终也，非能守义者，安能如此？故曰“可与存义也”，谓其知有可终之理，故从而终之也。程河南曰：“知至至之，致知也，所谓‘始条理者，智之事也’；知终终之，力行也，

① 曰，宋刊本缺“曰”字。

所谓‘终条理者，圣之事也’：此学之终始也。”三在下卦之上，故曰“在上位”；犹未离乎下体也，故曰“在下位”。不骄不忧，此学力也，学力既至，则知处上处下之道。骄忧两无，而恐惧独存焉，故曰“乾乾因其时而惕，虽危无咎矣”。

九四曰：“或跃在渊，无咎。”何谓也？子曰：“上下无常，非为邪也；进退无恒[①]，非离群也。君子进德修业，欲及时也，故无咎。”

九，阳也，而居上；四，阴也，而居下。故曰：“上下无常。”九，阳也，而主进；四，阴也，而主退。故又曰：“进退无常。”夫处人臣之位，上下宜其有常也，今也上下无常，则疑于作为回邪矣。进退宜其有常也，今也进退无常，则疑于离去群匹矣。然九四之跃，虽跃矣，而不脱于渊，则人臣之位分，吾未尝或踰焉，以此知其不为邪、不离群也。既非为邪、又非离群，何为是之不宁也？亦曰“进德修业，欲及时”云尔，此所以不遑宁居，而有上下进退之劳焉。程河南曰：“君子之顺时，犹影之随形，可离非道也。”恒，即常也。《恒》之卦曰“恒，久也”，恒、常初无异义。

九五曰：“飞龙在天，利见大人。”何谓也？子曰：“同声相应，同气相求。水流湿，火就燥，云从龙，风从虎，圣人作而万物观。本乎天者亲上，本乎地者亲下，则各从其类也。”

大凡心之同者，则诚意交孚而其声斯同；德之同者；则惟馨发闻而其气斯同。“同声相应，同气相求”，以言二、五心德之同也。水者，阴中之物，而其流湿则下与阴同；火者，阳中之物，而其就燥则上与阳会。“水流湿，火就燥”，凡以致精神之运，以言二、五之所以同心也。龙者，东方之畜，而云从之，则物赖其泽；虎者，西方之兽，而

① 恒，宋刊本作“常”。

风从之，则物被其威。“云从龙，风从虎”，凡以致仁义之化，以言二、五之所以同德也。是故聚精会神而昭彻四海，怀仁附义而生成庶类，此圣人作兴，而万物之所以咸睹欤！五，天位也，而曰“飞龙在天”，此本乎天者也。二上应五。故曰“亲上”。二，地位也，而曰“见龙在田”，此本乎地者也。五下应二，故曰“亲下”。《文言》推广“利见大人”之义，于万物则言“睹”，于二、五则言“亲”。亲如父子、如鱼水，睹则拭目观瞻而已，言各有旨也。夫九五，大德之君也，固欲得大德之臣而任之；九二，大德之臣也，必欲得大德之君而事之。上与下交相亲，故曰“则各从其类也”。程河南曰：“五以龙德升尊位，人之类莫不归仰，况同德乎？上应于下，下从于上。”又曰：“乾之二、五，则圣人既出，上下相见，共成其事。”

上九曰：“亢龙有悔。”何谓也？子曰：“贵而无位，高而无民，贤人在下位而无辅，是以动而有悔也。”

生杀予夺之权已擅于五，故曰“贵而无位”；讴歌狱讼之心已归于五，故曰“而高无民”；同心同德之佐又已应于五，故曰“贤人在下位而无辅”。《经》曰“圣人大宝曰位”，位可无乎？《书》曰“后非民罔以辟四方”，民可无乎？又曰“后非贤不乂”，辅可无乎？无此三者，有悔必矣。其曰“是以动而有悔也”，以言无动而非悔也。

“潜龙勿用”，下也；“见龙在田”，时舍也；“终日乾乾”，行事也；“或跃在渊”，自试也；“飞龙在天”，上治也；“亢龙有悔”，穷之灾也；乾元“用九”，天下治也。“潜龙勿用”，阳气潜藏；“见龙在田”，天下文明；“终日乾乾”，与时偕行；“或跃在渊”，乾道乃革；“飞龙在天”，乃位乎天德；“亢龙有悔”，与[1]时偕极；乾元“用九”，乃见天则。

①“与”后面的经传文字，宋刊本缺，四库本应该是根据《周易》原文补缺。

……而圣人之大宝亦曰位，互文以见义也。[①]

乾元者，始而亨者也；利贞者，性情也。乾始能以美利利天下，不言所利，大矣哉！大哉乾乎！刚健中正，纯粹精也；六爻发挥，旁通情也；时乘六龙，以御天也；云行雨施，天下平也。

文言之于四德也，首章以人分而释之，此章以天道合而论之。其分也，以言其先后之有序；其合也，以言其功用之不分，各有所指也。“乾元者，始而亨者也”，谓始物者乾元也，而亨物者亦乾元也。万物自有始之后，其所以日长月化、形迁如流者，孰使之然欤？乾元实为之也。人知始物元也，而不知亨物亦乾元也。故以“始而亨”一归之于乾元，此有以见“元”与“亨”功用之不分也。“利贞者，性情也”，谓利得其正，则情无非性矣。程河南曰：“亭毒化育，皆利也。不有其功，常久而不已者，皆贞也。”夫动而生物者，乾之情也，所谓“亭毒化育”之利也；正而不变者，乾之性也，所谓不有其功、常久而不已之贞也。利万物也以贞，则是性其情也。王辅嗣曰：“不性其情，何以久行其正？”故曰“利贞者，性情也”，此有以见利与贞功用之不分也。夫利物而得其正者，又谁欤？亦乾元也。故于“利贞者，性情也”之后，又继之以“乾始能以美利利天下，不言所利，大矣哉”。“乾始”，元也；“美利”，亨也。“亨者，嘉之会”，美亦嘉故也。“利天下”，利也；不言所利，贞也。所谓不有其功、常久而不已者也。故赞之曰“大矣哉”。大亦元也，此又有以见“元亨利贞”功用之不分也。自“大哉乾乎”以下，又广言四德之余旨，以明乾之所以大。故又先赞之曰“大哉乾乎”，乾惟大哉，故“刚健中正，纯粹精也”，不可以一德名也。“六爻发挥，旁通情也”，不可以一义求也。“时乘六龙，以

① 仅存此句，各本皆同。

御天也”，不可以一用尽也。“云行雨施，天下平也”，不可以一方拘也。夫刚，乾之体也；健，乾之用也。刚故不变，健故不息。一气之运动，无非时中也；自然之天理，无不顺正也。所谓纯者，专一而不杂也，可以卦画见之。夫八卦皆纯也，奚独乾欤？曰六子阴阳杂也，而坤又嫌于无阳也，故称龙焉，则所谓纯一不杂者，莫乾若也。乾有是纯一不杂之德，故禀之于已，则为粹，贷之于物，则为精。刚不干时，乾之粹也；精气为物，乾之精也。扬子云曰“天精天粹，万物作类”是也。乾之德如此其不一也，故悉而数之曰“刚健中正，纯粹精也”。乾有不一之德，六爻自初至上，其所以发而挥之者果何事欤？亦曰不外乎是德云尔。是德也，发而挥之于六爻之间，故初之勿用，则养其刚；三之乾乾，则行其健；二、五中也；而三与四之重刚，又警其不中；三、五正也，而上之有悔，又欲其不失正。“乾元用九”，则其纯也。“天德不可为首”，则其粹也。以至万物资始于乾元，则其精也。乾之难见之情无所不通如此。然则干之情其所以旁而通之者，即乾之六爻也；其所以发而挥之者，又即乾之不一之德也。岂有他哉？故既言乾之德，而继之以“六爻发挥，旁通情也”。六爻既以发挥，则知时潜、时见、时跃、时飞与夫时行、时极，各乘其时而不紊，乘此六爻之时以当天运，此“乾元用九”所以“乃见天则”也，故又继之以“时乘六龙，以御天也”。六气顺序，则乾之功用博矣，故以“云行雨施，天下平也”终焉。“云行雨施”，天之泽也，而所以为云为雨者，乾元之余用也。夫乾元之大也，为万物之所资始，则云行雨施而天下均被其泽者，乃其余事耳，故曰“云行雨施，天下平也”。乾之德，不可以一德名；乾之用，不可以一用尽；乾之爻，不可以一义求；乾之泽，不可以一方拘。其曰“大哉乾乎”，信乎其大也。

君子以成德为行，日可见之行也。潜之为言也，隐而未见，行而未成，是以君子弗用也。

行之于德，如影之随形，不可以强无之也，特因其所处如何耳。时方隐伏，则虽有是德而无是行，乃若出潜离隐，则以是德为是行也，犹之植木于幽暗之地，表未始不存，而影未始可见，何也？隐使然也。若夫大明方中，无有欺蔽，向之植于幽暗者，举而移之显明之地，则表立而影随矣。此君子之道所以不可诬也。德之在我，患[1]未成尔。行未成，非所虑也。德既成，则推此以为行，乃其余事尔。所谓“日可见”，虽欲俄顷少蔽之，不可得也。初云“龙德而隐”，德非不足也，位不足也。夫君子之心，不敢以天之所予我者自私久矣。今也，吾身“隐而未见”，则吾心之所欲施者亦未见其可也，故曰“行而未成”。“行而未成”，则“不成乎名”矣，此时也，非我志也。然则如之何？曰：与其有干时之愆，无宁隐居以求其志也，故曰：“是以君子弗用也。”

君子学以聚之，问以辨之，宽以居之，仁以行之。《易》曰“见龙在田，利见大人”，君德也。

君子得之于天者，与人同也。所以辅其天，与人异也。既有以得于天，而无以辅其天，弃天也。学问之道无他，辅吾之天也。吾之天既有余地，则宽居仁行，何往而不暇？所谓“君德”如此而已。子曰“吾十有五而志于学”，又曰“我非生而知之者，好古敏以求之也”，自夫十有五以往，良知良能之外何事非学？前言往行未际于耳目，艰难险阻未经于履历，此非学不可。“学以聚之”，则所得富矣。所得既富，不问以辨之，则孰为得、孰为失、孰为是、孰为非，则懵然矣，故继之以问辨也。学聚问辨，其德成矣。九二出潜离隐，则以成德为行，

① 患，宋刊本作“愚”。

此其时也，故又继之以宽居仁行。“宽以居之”，涵养是德于己也；“仁以行之”，推行是德于人也。君子将以推是德于人，而在己者无雍容涵养之素，则事至而应亦有所不给矣。故“宽以居之”，所以涵养是德也。至于“仁以行之”，则德施普矣。前章言“庸言之信，庸行之谨”，学问之力也；“闲邪存其诚，善世而不伐，德博而化”，涵养之功也。二之“见龙在田”，而生养之利无不被，非由学问先自涵养，何以至此？

九三重刚而不中，上不在天，下不在田，故乾乾因其时而惕，虽危无咎矣。九四重刚而不中，上不在天，下不在田，中不在人，故或之。或之者，疑之也，故无咎。

子曰“过犹不及”，以言过与不及皆非中也。九三重刚而不中，过乎中也，下乘九二、初九之刚，故曰重刚而不中。九四重刚而不中，不及乎中也，上乘九五、上九之刚，故亦曰重刚而不中。《易》以中为贵，以不中为戒，故三与四均致意于此。“上不在天”，谓非五也；“下不在田”，谓非二也。而四处人物之表，近君之地，谓之“中不在人”，又不得为九三也。三既惕矣，四乌得而不或邪？昔魏征[①]谓王仲淹曰：“圣人有忧乎？”曰：“天下皆忧，吾独得不忧。”问疑，曰：“天下皆疑，吾独得不疑。”若三之惕，则不得不忧矣；四之或，则不得不疑矣。《经》曰：“作《易》者，其有忧患乎？是故其辞危。”乾之九三、九四是也。三与四处危疑之地，故其辞亦危，何危乎？当是时也，上有尧舜则揖逊之事兴，上有桀纣则汤武之变成，讵胜言哉？故居此地者，皆当因时进德修业，而勿忘惕或之念，夫然后得俱免无咎。

夫大人者，与天地合其德，与日月合其明，与四时合其序，与鬼

① 征，宋刊本作“证”。

神合其吉凶。先天而天弗违，后天而奉天时，天且不违，而况于人乎！况于鬼神乎！

至理无乎不在，在天地，则为覆载之德；在日月，则为昼夜之明；在四时，则为寒暑之序；在鬼神，则为祸盈福谦之吉凶。均一理也。一理所在，以心契之，故无往而不合，无往而不合，则大矣。故天地以无私为德，日月以无私为明，四时以无私为序，鬼神以无私为吉凶，而大人则以无私为心，以此无私合彼无私，宜其大也。夫至理，纯乎天而已矣，故天全是理，为造化之主。地配天也，日月、四时、鬼神皆分任其造化之职者也。大人全尽是理，则亦天而已矣。故“先天而天弗违”，大人即天也；“后天而奉天时”，天即大人也，吾不知其分焉。虽然，“后天而奉天时”，犹有天在也，“先天而天弗违”，则大人之外无别有天矣，故终之曰：“天且弗违，而况于人！乎况于鬼神乎！”言人与鬼神相与晦明，于大人之天之中而不自知也。夫始于无所不合，无所弗违，所谓大人造化也以此。

亢之为言也，知进而不知退，知存而不知亡，知得而不知丧，其唯圣人乎！知进退存亡而不失其正者，其唯圣人乎！

无危不平，无易不倾，易之理也。故有进必有退，有存必有亡，有得必有丧，知其一，不知其二，过矣，此上九之所以亢也。“其唯圣人乎！知进退存亡而不失其正者，其唯圣人乎！”此广言六爻用九之道，以终文言一篇之意。乾之六爻皆圣人也，故知进退存亡而不失其正。如初之潜，则知以退为正也；二之见，则知以进为正也；四之进退无常，则知进而又知退矣；三之在上不骄、在下不忧，则知存而又知亡矣；五之下见二，则知退托以求助，而不敢保其存也。凡此皆不失其正也。上九亦圣人也，宜无失正之举，容有不知乎此而至于亢者，

《易》之示戒深矣！夫自亢言之，则有进有退、有存有亡、有得有丧；自圣人言之，则虽有进退存亡，而实无得丧于其间也。何也？谓其因时顺天，而吾无容心故也，故言“知进退存亡”而不及于得丧焉。终始两言“其唯圣人乎”，深叹上九之不失其正也。夫不失正，则不失圣矣。

卷　三

坤上坤下 ䷁

坤：元，亨，利牝马之贞。君子有攸往，先迷，后得主，利。西南得朋，东北丧朋，安贞吉。

程河南曰："'坤，元，亨，利，牝马之贞。''利'字不连'牝马'为义，如云'利牝马之贞'，则坤只有三德。"大抵四德具乃谓之乾，德配乾乃谓之坤。坤云四德同于乾，而贞体则或异者，乾以刚固为贞，坤则柔顺而已，故有取于牝马之贞。盖牝马柔顺，故能承顺乎人。坤以柔顺，故能承顺乎天。夫乾为马，以其健于行也。若乾行而坤止，则无以共成其化育之功矣。故坤亦取诸马，而又取其牝马者，以谓不牝则不顺，非马则不能往应于乾，相为无穷故也。夫坤以柔顺为贞，故能往应于乾。君子之进为于世也，夫岂专恃吾有能行之才欤？必也待人君命焉而后承，驾焉而后骋，以务合坤之德而已，故继之以"君子有攸往"，谓其以承顺为行，则无干时冒上之愆，而有所往也。"先迷"，谓其行也阴或先阳，则迷谬而失正。"后得主，利"，谓阳倡而阴从之，则得主而利也。"得主"，犹曰得君也。为坤之主也，谁乎？曰：乾也。坤得乾以为主，有顺利而无迷谬，非能自后，宁至是乎？上六"其道穷也"，先迷也。六三"或从王事，无成有终"，后得主利也。自西至南，阴位也，而坤位西南之维，故曰“得朋”，谓其类皆阴也，得其朋类，相与以赞成生育之功也。自北至东，阳方也，而东北之维，艮实位焉，此万物成终成始之地也，阴之类于此绝矣，故曰“丧朋”。然乾元于此资始，则坤元以资生应之，未有乾行而坤止也，故生育之功又肇于此焉。则虽丧也，乃所以为得也，故《彖》有“乃终有庆”之说。大抵坤之为德，以后顺为贵。得朋以赞成生育之功，后顺也；丧朋以往应于乾，而肇生育之功，亦后顺也。此之谓得主而利也，故终之曰“安贞吉”，谓牝马之贞，坤之贞也。安于此而不变，则无先阳之迷，故吉也。

《彖》曰：**至哉坤元！万物资生，乃顺承天。坤厚载物，德合无疆。含弘光大，品物咸亨。“牝马”地类，行地无疆，柔顺利贞。君子攸行，“先迷”失道，后顺得常。“西南得朋”，乃与类行。“东北丧朋”，乃终有庆。“安贞”之吉，应地无疆。**

乾称父，坤称母。父道尚尊，尊故大；母道尚亲，亲故至。此大与至之别也，故曰“大哉乾元”“至哉坤元”。万物资始于乾而有气，则资生于坤而有形。乾动而坤随，乾授而坤受，是故乾始而坤生，顺而承之，不敢违也，故曰“乃顺承天”。乾元之既始乎物也，其功用未已也，又有以资而育之，“云行雨施”是也。则坤元之于物也，亦岂特生之而已哉？又有以宅其生而使之辑宁泮涣、自适自遂而后已，是故“坤厚载物”，宅其生也；“含弘光大”，则又辑宁泮涣其生也。此乾坤功用之不穷也。夫其所积不厚，则其所载者无力。举天下之物吾所生也，又吾所载也，此岂无力者能之乎？故曰“坤厚载物”，以谓，不如是则其德不能配天矣。无疆，天之无疆也；“德合无疆”，地之无疆也。以此无疆合彼无疆，非厚能致然邪？“含弘光大”，以言其德之无疆也。

夫万物尽生于我，而或有流离迫促之态而不能自适自遂焉，则其责又在我矣。故坤之为德也，必有以容之使不流，有以舒之使不迫。容之使不流，辑宁其生也，所谓“含弘”也；舒之使不迫，泮涣其生也，所谓“光大”也。含弘，德之器也；光大，德之化也。凡此皆“无疆”之谓也，万物于此虽欲不自适自遂，得乎？故曰“品物咸亨”。取诸牝马者，以其地类也。地，阴德也，故牝马其类也。牝马柔顺而亦健于行，则能往应于乾，故曰“行地无疆”，谓之“行地无疆”，则无疆之德地固有焉，此所以“德合无疆”也。夫牝马之行地无疆也，以其柔而利贞也。君子之有行也，舍是其可乎？故“柔顺利贞，君子攸行”，亦犹乾之《文言》释“元亨利贞”，又继之以“君子行此四德者”。《易》之取象明义，凡以为君子设故也。先何为而迷邪？以其失坤顺之道也。牝鸡之晨，密云不雨，此先迷也。后何为而顺邪？以其得坤道之常也。君倡臣和，男行女随，此后顺也。“得常”，所谓得主而利也。“西南得朋，以君子言之，仕进之初也，初贵引类，故泰之初有拔茅之征，与类行也。“东北丧朋”，得君之终也，终贵道行，故大畜之上有“何天之衢，亨”，终有庆也。朱子发曰：“得君者，臣之庆；得亲者，子之庆；得夫者，妇之庆。”夫[①]不有其功，常久而不已经者，贞也。坤以柔顺为贞，安于贞而不变，此地道所以为无穷也，故曰“安贞之吉，应地无疆”。君子之有行，亦务合于坤德，安于贞而已。夫天有是无疆也，而坤以厚德合之，故为地之无疆；地有是无疆也，而君子以安贞之吉应之，则又为君子之无疆矣。

《象》曰：地势坤，君子以厚德载物。

天其运乎？故乾之象以“天行”言。地其处乎？故坤之象以“地

① 夫，宋刊本作“天”。

势”言。行则贵其不息，势则贵其所积之厚而不输尔载也。子思子曰：“地以一撮土之多，及其广大，载华岳而不重[①]，振河海而不泄。”盖言所积之厚然也。夫德之在我，我所固有，君子固无以异于人也。然语其任天下之重者，则类非猥[②]薄者之所能胜也。是必积累之素见于平日之所养，而后能然尔。鼎之九四“鼎折足，覆公餗”，夫子曰：“德薄而位尊，知小而谋大，力小而任重，鲜不及矣。”德非厚德故也。

初六，履霜，坚冰至。

《象》曰：履霜坚冰，阴始凝也。驯致其道，至“坚冰”也。

乾之初九，一阳在下，其曰“潜龙勿用”者，惧其伤也。坤之初六，一阴在下，其曰“履霜，坚冰至”者，防其长也。惧其伤，爱之也；防其长，忌之也。夫阴阳，天地之道，消长往来，为昼夜、为寒暑、为古今，一息不停也。圣人何容心于其间，而有所爱、有所忌也哉？张横渠曰：“《易》为君子谋，不为小人谋。”惟《易》为君子谋也，故阳。君子道也，则必委曲爱护，惟恐其或伤也。惟《易》不为小人谋也，故阴，小人道也，则思杜其渐、防其微，惟恐其遂长也。夫涓涓不遏，将成江河；毫末不去，将寻斧柯。阴气始凝，霜也。凝而不已，则其至坚冰也必矣。此无他，驯致之故也。惟见微虑早之君子，知天下有所谓必至之理，故谨其辨于履霜之初，则驯致之祸亦或几乎熄矣。郑荘公之宠弟不用祭[③]仲蔓草之谏，而待其自毙，遂至于同气交兵，子母相失。噫！此无他，昧履霜早辨之戒也。

六二，直方大，不习无不利。

《象》曰：六二之动，直以方也。“不习无不利”，地道光也。

① 重，宋刊本作“动”。
② 猥，宋刊本作“环”。
③ 祭，宋刊本作“蔡”。

坤六爻，惟二为尽地道，何者？以顺德居正位，顺之至也。故循理而行，无所容伪，直也；隆杀厚薄，各当夫物，方也；直方故大，大则能配天矣。此坤德之自然也。夫天下之理本诸自然者，则其功顺成，初无所待，“不习无不利”也。六二之动，直以方也，以承天而时行见之。行其所无事，六二之直也；时措之宜，六二之方也。夫习而后利者有之矣，然其利有限也。六二直方之德根诸所性，乾动而坤随，德与天合，岂有所限之利哉？此地道之所以光也。光者，“六二”之所不可掩者，所谓“大”也。程河南曰：“不习谓自然，在坤道则莫之为而为也，在圣人则从容中道。”或曰：乾之二、五以同德相应，坤之二、五亦同德也，何以无相应之义？曰：程河南曰：“二，坤之主，故不取五应，不以君道处五也。”

六三，含章可贞，或从王事，无成有终。

《象》曰：“含章可贞”，以时发也。“或从王事”，知[①]光大也。

邵康节曰：“阳知其始，而亨[②]其成；阴效其法，而终其劳。”夫效其法而终其劳，坤之六三是也。三，阳也，而明于内；六，阴也，而晦于外，含章也。六三非正也，居下位之尊，当静晦之时，而有含章之智，亦可谓之“贞”矣。然含章不发，非不发也，发于从事之间，而若未尝发焉尔。故继之曰“或从王事”，而《象》曰“以时发也”。曰“时”云者，义所当为，吾必为之，但含晦其美，不敢居其成功也。然则不知“含章”不可谓正，含章不以时而发可谓之正乎？亦不可也。“无成有终”，谓不敢居其成功，惟后顺以终其劳尔。夫时晦而晦，非不尽忠也；时发而发，非好从事也。故晦而不发，非智也；发而不晦，

① 宋刊本作“智”。

② 亨，通志堂本作“享”，《皇极经世》亦作“享”。

亦非智也。智也者，晦其所发、发而必晦之谓也。故赞之曰智光大也，古之人所以无智名勇功者以此。后世君子身处高位，以含晦为心，则或至于拱默无营；以强聒为事，则或至于矜伐而取忌。由六三言之，何暗如之！

六四，括囊，无咎，无誉。

《象》曰："括囊，无咎"，慎不害也。

乾九四曰"乾道乃革"，则坤六四亦坤道乃革之时也。以周正考之，建酉之月革秋而为冬，则六四是也。当是时也，阴气既凝，万物归根，小人道盛而君子不利，故曰"括囊"。括囊，谨密以远害也。知所以远害，则宠辱不至，故曰"无咎""无誉"。韩退之所谓"刀锯不加，车服不维"是也。苏东坡曰："咎与誉，人所不能免也。出乎咎必入乎誉，脱乎誉必丽乎咎，咎所以致罪，誉所以致疑也，甚矣！无咎无誉之难也。"然当是时也，誉亦所以致疑，则誉亦咎也。故《象》曰："括囊，无咎，谨不害也。"《太玄[1]》以驯准坤，而次六有曰"囊失[2]括，珍宝泄"，此则不知谨密而致害也。

六五，黄裳元吉。

《象》曰："黄裳元吉"，文在中也。

《易》中以六居五，盖半矣，莫非君也。在泰、在大有之类，则为谦顺之君；在离、在未济之类，则为文明之君；在豫、在恒之类，则为暗弱之君。惟坤也，五虽君位，坤实臣道，故不取君义，但微婉其辞而致之意，曰"黄裳元吉"。夫黄，中色也；裳，下饰也。惟中也，故通达为臣之理而不可失；惟下也，故谨守为臣之分而不可踰。如此，

---

① 各本因避讳作"元"，今改回"玄"，下同。

② 各本作"夫"，《太玄》作"失"，今改为"失"。

则中有所养，外无所越，吉孰大焉？程河南曰："黄裳既元吉，则居尊为天下大凶可知。"又曰："在坤则阴居尊位。阴者，臣道也，妇道也。臣居尊位，羿、莽是也。妇居尊位，女娲、武氏是也。非常之变，不可言也，故有'黄裳元吉'之戒而不盡言也。""文在中也"，谓积至美，所养既厚，则能谨守其分，六三、六五皆阴外而阳内，故三曰"含章"，五曰"文在中也"。

上六，龙战于野，其血玄黄。

《象》曰："龙战于野"，其道穷也。

阴道驯致于初，至五而盛矣，至上则其道不得不穷。盖六阴极于亥，至子而一阳来。上六，亥也，乾位亥前，正阴阳交战之地，故《说卦》曰"战乎乾"，以言阴阳胜负之机实决于此时也。夫阴，小人之道，不可以过盛而与阳敌，故于六阴之极而称"龙"焉，存阳道也。存阳道者，存君子也。在剥之上，五阴既盛，一阳虽存凛凛乎其危也。而上九侈言之曰"硕果不食"，又曰"君子得舆"，以言：天道不可以一日而无阳，天下不可以一日而无君子。故邵康节曰："夫《易》圣人长君子、消小人之道也。及其长也，辟之于未然；及其消也，阖之于已然。一消一长，一阖一辟，浑然无迹，非天下之至神，其孰能与于此。"上六在一卦之外，阴既失所，而阳未正其位，故曰"战于野"。当是时也，以强弱较之，阴既盛而阳犹微；以时势论之，阳当信而阴已屈。俱不能无伤，故曰"其血玄黄"。

用六，利永贞。

《象》曰：用六，"永贞"，以大终也。

乾之用九，用得其当则吉，用不得其当则凶。惟坤亦然，故用六之利，在于永贞，而已。永贞，谓久其贞也。《象》以安贞为吉，则用六以永贞为利，可知也。夫坤之德所以能配天者，以其久于其贞也。贞则大，大则能配天矣。故曰："用六永贞，以大终也。"或曰：二之"直方"、三之"含章"、四之"括囊"、五之"黄裳"是皆善用夫六者，谓之永贞可也，阴道驯致于初而穷于上，得为永贞矣乎？曰：阴与阳循环无端，不有所始则不有所终，不有所终则亦不有所始，《易》之道然也。惟君子见微而虑远，于履霜则知坚冰之必至，于龙战则识阴道之已穷，亦如乾之勿用于初而不可以久于上也，夫是之谓"永贞"。

《文言》曰：**坤至柔而动也刚，至静而德方，后得主而有常，含万物而化光，坤道其顺乎！承天而时行。**

乾之《文言》，首释"元亨利贞"之四德甚详且明也，至于末章"乾元者，始而亨也"以下之文，则间引释《彖》数语而参错之。今坤之《文言》，其于四德则疑若未始释之也，亦间用释《彖》文义而兼足之，其文莫适为先后，与乾《文言》末章大略相似。圣人文章体制变化不一如此，盖不如是，则不谓之"文言"故也。然即"坤至柔而动也刚，至静而德方"二语以观之，则坤之四德亦昭然而默存矣。夫至柔至静，则坤元所谓"至哉"也。其动也刚，则亨与利在其中矣。所谓"德方"，则其正也。天下之理不至其至，则变通宰制之权不属诸我。至柔至静，此坤之所以至其至也。柔至而动刚，静至而"德方"，亦其理之必至也。惟其动刚，故能德应乎乾，而成万物化育之功；惟其德方，故能不拂乎正，而顺万物性命之理。此坤之德所以能配天也。"后得主而有常"，则申后顺得常之义。"含万物而化光"，则申"含弘光大，品物咸亨"之义。圣人赞坤至此，间用释《彖》文义而兼足之，莫适为先后也，岂固为是异同邪？申之者，确之也。

积善之家必有余庆，积不善之家必有余殃。臣弑其君，子弑其父，

非一朝一夕之故，其所由来者渐矣，由辩之不早辩也！《易》曰“履霜，坚冰至”，盖言顺也。

善人之于善也，力其所积而不必其所可必，小人之于不善也亦然。圣人之于善人也，原其所积而必其所可必，其于不善人也亦然。盖君子之心，知尽其在我者而已，故不以小善为无益而弗为，及其积也不已，则报效也亦不已；小人之心知任其在我者而已，故不以小恶为无伤而弗去，及其积也不已，则其报效也亦不已，此必至之理。《易》者，进君子而退小人之具，故阳为善而阴为恶，阳为君而阴为臣。坤之初六，一阴始凝，象取“履霜”谓不善之积实基于此时也。苟不于此时辨其萌芽，去其渐长，则凡天下所谓弑父与君之大恶无所不至矣，此必至之余殃也。原其所以然，亦以积小而大，由微而著，事势之顺成也，故曰“盖言顺也”。朱子发曰：“先儒常以乾坤论之，谓君子之道有时而消，于是有坤化阳灭者矣。然而复出为震者，余庆之不亡也。小人之道有时而消，于是有阳息阴尽者矣。然而姤极生巽者，余殃犹在也。”

直其正也，方其义也。君子敬以直内，义以方外，敬义立而德不孤。“直方大，不习无不利”，则不疑其所行也。

直者何？正是也。方者何？义是也。夫循理而行，无所容伪之谓“正”，直也者，正而无伪也；隆杀厚薄各当夫物之谓“义”，方也者，义之所当然也。“君子敬以直内”，则所谓正而无伪者存诸我矣。如是，则内有所主，虽一毫人欲不能入吾舍，心正而意诚也。“义以方外”，则所谓义所当然者当夫物矣，如是，则外得其宜，虽起居出入未踰吾闲，国治而天下平也。夫学力不至，则内外间断。君子之学“合内外”之谓也。主敬以直吾内，则敬立矣；行义以方吾外，则义立矣。敬义既立，则物我无异，而天下归仁矣。此德之所以不孤也。不孤，所谓“大”也。知有内而不知有外，知主敬而不知行义，非不孤之德也。君子之德大而不孤，则性与用一物也，用与性一源也，所谓行其所，无事而不失乎时措之宜者，虽属之我，而不知所以然而然也。如是，则行之事物之际，殆如履吾室中，庸何纤芥之疑乎？或问：既曰直其正也，不曰正以直内，而曰“敬以直内”，何也？曰：“正”云者，有静意也；“敬”云者，有活意也。六二，正也；欲发明六二之动，故又曰“敬”，而正在其中矣。

阴虽有美，含之以从王事，弗敢成也。地道也，妻道也，臣道也。地道无成而代有终也。

坤之六二，以顺德而处正位，六爻所谓尽地之道者，莫二若也，故曰“地道光也”。而三之“无成有终”亦曰“地道”，何哉？曰：地道以处下得中为正。三，下卦之成也。圣人惧其以成功自居，故为之戒云，而以臣道、妻道兼言之，所以示戒也详矣。三之章、五之文，《文言》释之，或曰“有美”，或曰“美在其中”，文与章皆美物也。“阴虽有美，含之以从王事”，非有美而不发也，发之于从事之间，而若未尝发云尔。夫发之于从事之间，而若未尝发，非不发其美也，不暴其美故也。有美焉而不暴，则吾知惟王事之从而已尔，吾知代天之功以终其劳而已尔，所谓成功，吾何有焉？此六二之智所以光大也。晋武之平吴也，王濬每进见，陈其功伐之劳，范通[1]谓曰：“卿功则美矣，然卿所以居美者未尽善也。”濬曰：“何谓也？”通曰：“卿旋旆之日，角巾私第，口不言平吴之事。若有问者，辄曰：‘圣主之德，群帅之力，老夫何力之有焉！’如斯，颜子之不伐，龚遂之雅对，何以过

① 范通，原为“王通”，据《晋书》改回。

之？”噫！此坤六二光大之智也，濬何足以语此？

天地变化，草木蕃；天地闭，贤人隐。《易》曰：“括囊，无咎，无誉。”盖言谨也。

六二、六四皆以柔处柔，顺之至也。然二则居下履正，尽坤之道；而四则坤道乃革之时，视二为失位也。夫以至顺之德处失位之地，当是时也，何不用吾顺乎？曰顺乎时而已矣，故曰“天地闭，贤人隐”。然必先之以“天地变化，草木蕃”者，以言天地变化，草木亦蕃，而况于贤人乎？天地闭塞，贤人亦隐，而况于草木乎？互文以见义也。虽然，后世之隐有二：概有避咎而隐者，有好名而隐者。避咎而隐者，志于无咎，而反有誉；好名而隐者，耻于无誉，而反有咎。谷口郑子真耕于岩穴之下，而名振于京师，此志于无咎，而反有誉，所谓避咎之隐者也。梁鸿作五噫之歌，而时君恶之，此耻于无誉，而反有咎，所谓好名之隐者也。然则六四爻赞既曰“括囊，无咎，谨不害也”，于此又曰“‘括囊，无咎，无誉。’盖言谨也”，岂不为好名者设邪？

君子黄中通理，正位居体，美在其中，而畅于四支[①]，发于事业，美之至也。

君臣上下，固有不易之理，亦有不易之位。中无所养而于理不通者，则虽冒昧窃位，而有陨越之祸，不顾也，况欲身安道隆、功著名显，其可得乎？惟夫所养之至，富贵利欲不足以动其心，故虽蹑高显、系众望，曾无欣艳于其间，若诗人所谓“公孙硕肤，赤舄几几”是也。夫黄中，美在其中也；德美存其中，则为臣之理岂有不通晓者乎？于理既通，则能正为臣之位，而不失居下之体矣，凡此皆“美在其中”

① 支，宋刊本作“肢”。

而然也。存诸中者既不可诬，则形诸外者亦不可掩，故其生①色也畅于四肢，无非粹然盛德之容；其成务也发于事业，无非犁然当于人心者。此非所养之至，讵至是邪？故又终之曰“美之至也”。尽乎此者，求之古人，则周公其人也。

阴疑于阳必战，为其嫌于无阳也，故称龙焉；犹未离其类也，故称血焉。夫玄黄者，天地之杂也，天玄而地黄。

天下之理不可以有所极也，有所极则有亏，苟有所极而曾无所亏之处，则不可常矣。故阴阳之相推相荡，而相与为无穷也，知道者未尝不曰“此理之固然也”，而圣人特假是以为隐恶扬善、进君子退小人之说焉，则其所寄之旨亦微矣。张横渠曰：“及其消也，阖之于未然②。”谓阴也。夫坤之上六之阴，阳不疑其轧已也，则必不至于战；至于战者，阳之不得已也，亦阴之不肯已也。不肯已者与其不得已者，骈然而作敌焉，此亦理势之所必至也。而圣人则曰：“天道不可一日而无阳，天下不可一日而无君子。”故称龙于盛阴之时者，存阳道也，当此之时，不可以无阳故也。夫苟无阳，此圣人之所嫌也。张横渠曰：“及其长也，辟之于未然。”③则称龙于此时之谓也。大抵《易》于嫌疑之地，圣人必深致其意焉。乾之九四言“或跃在渊”，而不称龙者，为其嫌于近五也；坤之上六言“龙战于野”，而必称龙者，为其嫌于无阳也。然九四之“或”自疑也；上六之“疑”，阳疑之也。自疑，自省也；人疑之，则不知自省矣。此君子小人之辨也。《系辞》曰“方以类聚”，乾曰“各从其类”，谓阴阳各有其类也。今也阴阳纷争，雌雄未决，均不免于或伤，故曰“犹未离其类也，故称血焉”。又曰：“夫玄

① 生，宋刊本作“声”。
② 未然，四库本作“已然”，此处引文自张横渠，疑误，当出自邵雍《观物外篇》。
③ 此处当出自邵雍《观物外篇》。

黄者，天地之杂也，天玄而地黄。”若已离其类而无杂揉之伤，则阳道反正而无事矣。此光武勇于大敌之后，所以投戈而息马也。

卷　四

震下坎上 ䷂

屯：元，亨，利，贞。勿用有攸往，利建侯。

《彖》曰：屯，刚柔始交而难生，动乎险中，大亨贞。雷雨之动满盈，天造草昧，宜建侯而不宁。

乾、坤之后继之以屯与蒙者，《经》曰："有天地，而后万物生焉。盈天地之间者惟万物。""屯者，盈也。屯者，物之始生也。初生必蒙，故受之以蒙。""蒙者，物之穉也。"此夫子序卦之旨也。而愚之意则曰：继天地以用事者长子也，其次则坎，又其次则艮，此三男相继以效其劳于天造草昧之日，辟天荒，理地脉，发初性，而尽开物成务之道也。故震之一阳实继于乾坤之后，当天地玄黄、雌雄既决之后，而以贵下贱，为屯之初九也。故屯之下体震而上体坎，蒙之下体坎而上体艮也。三男相继以效其劳，不亦有序矣乎？屯之初九曰"利建侯"，蒙之九二曰"子克家"，盖谓是也。元、亨、利、贞，乾、坤之四德也。乾、坤，万物之父母也，故具此四德。自乾、坤而下，若屯、随、无妄、革，能具其大体，而不能尽其全用，则闵子、颜渊之于圣人具体而微之谓也。又其次，则有具三德者，若离、咸、萃、兑、涣、小过。有具二德者，若大有、蛊、渐、大畜、升、困、中孚。有具一德者，若蒙、师、小畜、履、泰、谦、噬嗑、贲、复、大过、震、丰、节、既济、未济，则子游、子夏、子张，得圣人之一体之谓也。方屯之时，难未亨也，所谓天造草昧者也。当此之时，未亨之难必期于大亨，故曰“元亨”。夫有一言足以当天地万物之心，曰“正”是也。则所以已天下之难者，正也。故未亨之难而期于大亨，非利于正不可也。“勿用有攸往者”，非无所往也，当往而往，往而不在我故也。夫往而不在我，而奚在乎？曰：在乎正而已矣。初九谓“盘桓”，则欲其当往而往也。所谓志行正也，则往不在我，而在正也。解，坎下震上，屯之反也，其曰“无所往，其来复吉。有攸往，夙吉”。夫既曰“无所往”也，未几而又曰“有攸往”者，何也？天地之解已在此时故也。然则，方屯之时，所谓“有攸往”也，则勿用焉，而惟正之是卜可也。侯者，共理之人也。当屯难之时，民思其主，而欲以吾之一身济焉，难矣！故又利在“建侯”。乾坤一索而得震，而震之一阳用事于群阴之下，是为初爻，故曰“刚柔始交”。坎，水也。水善陷，故曰“难生”，又曰“险”也。动乎险中，谓初九也。初九以阳德居阳位，正也，此大亨之道也。朱子发曰：“安乎险与动乎险而不正，皆非济屯之道。”震为雷，坎为雨，雷以泄阴阳之怒气，雨以播阴阳之膏泽，所谓雷雨之动也，动谓震也，满盈谓雷雨之动充足乎宇宙也，雷雨之动充足宇宙，则无一物不蒙其功，诚异乎屯膏未光之施也。夫天造之初，草创冥昧，既难以吾之一身济焉，则众建诸侯宜矣！瓜分棋布之势既连属于宇内，则虽有强暴，谁与为乱哉？然既建侯以翼已，而未始忘乎险难，故又曰“不宁”，则又安不忘危、存不忘亡之戒也。

《象》曰：云雷，屯。君子以经纶。

《彖》取雷雨、《象》取云雷者，以言既雨则非屯象矣，故雷雨作则为解、云雷屯则为屯也。夫措之天下则为事业，蕴之吾心则为经纶，当理乱解纷之时而经纶之无素焉，则欲亨屯也难矣！故致谋缔虑，屯结乎吾中，若云雷之欲雨而未雨焉，此则屯之象也。

初九，盘桓，利居贞，利建侯。

《象》曰：**虽盘桓，志行正也。以贵下贱，大得民也。**

九以天德居下位，亨屯之主，圣人之拔闾阎者也，故行止动静尽彖之德。“盘桓，利居贞”，即《彖》所谓“元，亨，利，贞，勿用有攸往”也。庖丁之解牛也，曰“每至于族，吾见其难为，怵然为戒，视为止，行为迟”，此所谓“盘桓”也。盘桓即《象》所谓经纶也。使初九无行正之志，则不待当往而往矣。所谓行正之志，何也？曰：行一不义、杀一不辜而得天下，不为也。能居是正，则能行是正矣。“建侯”为民建也。“建侯”以为民，则吾知有民而已，又安知有己也哉！故贵与贱所不必辨也，此盛德事也。阳贵而阴贱，阳少而阴众，阳为君而阴为民。初九,一阳处三阴之下，故曰“以贵下贱，大得民”也。

六二，屯如邅如，乘马班如，匪寇，婚媾，女子贞，不字，十年乃字。

《象》曰：**六二之难，乘刚也。“十年乃字”，反常也。**

君子守道不回，不苟合而失正。六二，正也。当屯之时，欲上应于五而未果，下乘初九之刚而不与合。欲上应于五而未果，“屯如邅如”也；下乘初九之刚而不与之合，“乘马班如，匪寇，婚媾，女子贞，不字”也。屯邅，不进之谓也。初九动乎险中，马之象也。下马曰“班”，与马异处，欲行而止之谓也。二与五，阴阳之正也，而居相应之地。时方屯难，莫与之合。初非吾耦而二与之迫焉，则以寇目之，未暇论初之德如何也。夫二既以寇目初，岂与之为婚媾乎？此女子之贞而忠臣之义也。字，育也。女子以正为德，以字为功，若失德而有功，宁贞而不字也。若夫屯极必通，数极复始，而正应乃获，故曰“十年乃字”。十，谓数之极也。夫天下不常治，亦不常乱，乱极必治，不字终字，事势有所反也，故又曰“反常也”。若屈突通尽节于隋而为唐忠臣，则六二所谓“不字”而得乎“反常”之道也。

六三，即鹿无虞，惟入于林中，君子几不如舍，往吝。

《象》曰：**“即鹿无虞”，以从禽也。君子舍之，往吝穷也。**

《传》曰“秦失其鹿，天下竞逐”。六三当屯之时，所谓竞逐之夫也。汉高祖语诸将曰：“诸君知猎乎？逐兽者，狗也；指踪者，人也。”坎为隐伏，五以一阳伏于众阴之中，鹿之象也。夫初九所以大得民者，建侯以翼己故也，用能作于闾阎，而为亨屯之主。六三居不以正，动而无应，犹之“即鹿”也，志在得禽，而无指踪之人也，所谓“无虞”也。虞人，山林之导也。入于林而无其导焉，徒往也。上六处一卦之外而非其应也，故有“入于林”而“无虞”之象。君子则不然，与其往取穷吝而无所获也，殆不如舍旃而安于屯，居贞以待时，而无妄动之失。夫惟有所不动，动必获矣，则初九是也。几，殆也。

六四，乘马班如，求婚媾，往吉，无不利。

《象》曰：**求而往，明也。**

昔孔子之取虞人也，取非其招而不往，而孟子亦以不待招而往谓之枉己。四与初居相应之地，不即应之，亦曰“乘马班如”者，待招而往故也。初之以贵下贱，有求婚媾之礼；故四之往应于初，亦有乘马之象。于时为屯，故亦不免于“班如”焉。夫婚媾之道，不待求而往，枉己也，蒙之六三所谓“不有躬，无攸利”是也。求而不往，亦不谓智，成汤之三聘伊尹也，尹乃幡然而改曰“我岂若使是君为尧舜之君”。幡然之改，尹之明也。夫蒙之三“不有躬，无攸利”，则屯之六四“求”而“往吉，无不利”，宜矣。

九五，屯其膏，小贞吉，大贞凶。

《象》曰：“屯其膏”，施未光也。

当屯难之时，居坎险之位，则五，其致屯之主也。夫九五之刚，中正非有失德也。特以膏泽不下而德“施未光”，民心未归而思乱者众，故屯难不得不生于此时也。坎为雨，故称膏。当屯之时，故曰“屯其膏”。夫出纳之吝谓之有司，则屯其膏者，特有司之事尔，故小者之职以屯膏为正，则吉。云行雨施，天下平也，此大君之体天也，故大君之道以屯膏为正，则凶。《传》曰：“长国家而务财用，必自小人矣。彼为善之小人，而使之为国家，灾害并至。”所谓“灾害并至”，其屯也哉！

上六，乘马班如，泣血涟如。

《象》曰：“泣血涟如”，何可长也。

上六乘九五之势而居屯之极，故亦曰“乘马班如”。夫能使五之施泽“未光”而致此屯难者，皆上六阴蔽之力也。屯极至此，《易》穷则变，上六之伤，可胜既邪？故曰“泣血涟如”。坎为加忧，为心病，为血卦，故屯之极备此象也。“何可长也”者，谓乘君之势而相与以成是屯，屯极矣，居此高位，其能久乎？汤武一出，而飞廉、恶来之诛不可逭也。

坎下艮上 ䷃

蒙：亨，匪我求童蒙，童蒙求我。初筮告，再三渎，渎则不告。利贞。

《彖》曰：蒙，山下有险，险而止，蒙。蒙亨，以亨行，时中也。

“匪我求童蒙，童蒙求我”，志应也。“初筮告”，以刚中也；“再三渎，渎则不告”，渎蒙也。蒙以养正，圣功也。

蒙，合艮、坎而成体。艮，止也，而为山。坎，险也，而为水。山下有险，遇险而止，昧其所适，蒙之义也。人性本明，一发其机则矢去川决，而蒙者亨矣，亦“乾元者，始而亨也”之义。夫蒙之能亨者，以亨道而行也。所谓亨道，“时中”是也。《中庸》曰：“喜怒哀乐之未发谓之中，发而皆中节谓之和。”又曰：“君子之中庸，君子而时中。”夫喜怒哀乐未发，故为蒙，及其既发而又皆中乎节，此以亨道而行也，所谓“时中”也。六五为蒙之主，而九二则发其蒙也。五，艮体，艮，少男也，故曰“童蒙”。我，谓二也，居相应之地，有刚中之德。五，实资之以发其蒙。故曰：“匪我求童蒙，童蒙求我。”谓五有顺巽之志，以下应于二，然后二从而应之也。盖其尊德乐道，不如是不可与有为也。韩退之《师说》有曰：“古之学者必有师，师者所以决疑而辨惑也。”发蒙之道而曰“筮”云者，所以决其疑也。占筮以诚敬为本，不诚未有能动故也。故“初筮”则告之。告之云何？告之以吾刚中之德而已尔。曰“刚中”云者，即君子之时中也。以吾之刚中而亨彼之亨，此以性觉性之道也。若夫筮以决疑也，而有再三之渎，则诚意亡矣，故以“不告”告之。孟子曰：“教亦多术矣，予不屑之教诲也者，是亦教诲之而已矣。”此以“不告”告之之谓也。夫天之予我以此性也，正而已矣。自正之外，无他事也。当蒙之初，务养吾正，则用力寡而成功多，正之体不摇，而正之用日长而日益矣，此作圣之功也。故曰“利贞”，谓当蒙之初，所利者，“养正”也。程河南曰：“未发谓之蒙，以纯一未发之蒙而养其正，乃作圣之功也。发而后禁，则扞格而难胜。养正以蒙，学之至善也。”朱子发曰：“学未至于圣，未足谓之成德。故夫子十有五而志于学，至于七十而从心所欲不踰矩，则蒙以养正，作圣之功也。”

《象》曰：山下出泉，蒙。君子以果行育德。

艮，山也，而在上；坎，水也，而在下。蒙之《象》也，不曰“山下有水”，又不曰“山下有险”，而曰“山下出泉”云者，夫“山下有险”，《彖》既言之矣，《象》者所以言《彖》之未言也。泉者，水之源，所谓纯一而不杂者是矣。泉之始出于山下也，以况则蒙之欲亨而未亨之象，故不取“山下有水”之义。孟子曰：“源泉混混，不舍昼夜，盈科而后进，放乎四海，有本者如是。”混混，蒙也。不舍昼夜，则所蒙者亨矣。至于盈科而后进，则所蓄厚矣。君子以是果行而育德。德者，行之源也。所谓“果行”者，以亨行也，不舍昼夜之谓也；所谓“育德”者，以养正也，盈科而后进之谓也。孟子养气之说曰“行有不慊于心则馁矣”，此君子行欲其果也。又曰“配义与道，无是馁也”，此君子德欲其育也。

初六，发蒙，利用刑人，用说桎梏，以往吝。

《象》曰：“利用刑人”，以正法也。

《传》曰“禁于未发之谓豫”，《书》曰“制官刑，儆于有位”“用训于蒙士”，以六居初，阴暗而未明，所谓蒙士也。欲发其蒙，不于此时而豫以禁之，不可也，故曰“利用刑人”，而《象》曰“以正法也”。夫所谓“刑人”者，非必杀戮之也，正其法以示之，立其防束，晓其罪戾，而豫以禁之，使蒙蔽者知所戒惧，欲有所纵而不敢为，然后渐知善道，可得而化之也。当是时也，夫苟说其桎梏，而不豫以禁之，则过此以往，不可复制矣。虽有善教，何由而入乎？故于发蒙之初，“用刑人”则以为利，“用说桎梏”则以为吝也。噬嗑亦明罚勑法之卦也，初九“屦校灭趾，无咎”，《象》曰“屦校灭趾，不行也”。夫当噬嗑之初，“屦校灭趾”而使之不行，乃能无咎；则当发蒙之初，“用说桎梏”而纵之使往，能无吝乎？桎梏与校，皆刑具也。程河南曰：“或疑发蒙之初，遽用刑人，无乃不教而诛乎？不知立法制刑乃所以教也。盖后之论刑者，不复知教化在其中矣。”

九二，包蒙吉，纳妇吉，子克家。

《象》曰：“子克家”，刚柔接也。

《传》曰：“以位则子君也，我臣也；以德则子事我也。”在蒙之时，则二与五是矣。故二之一爻，以二与五刚柔相接而兼发其义，曰“包蒙吉，纳妇吉，子克家”，即此三语，足以见二与五之懿也。夫二与五居相应之地，二有“包蒙”之德，故以刚接柔而蒙者资之；五有顺巽之德，故以柔接刚而二则纳之。顺巽之道，妇之道也。“匪我求童蒙”，故五之于二，不得不尽顺巽之道。“童蒙求我”，故二之于五，不得不扩包容之德。“包蒙吉”，此二之吉于五也；“纳妇吉”，此五之吉于二也。或曰：五，君也，而又有妇之象，何也？曰：泰之六五曰“帝乙归妹”，则亦下交于九二也，庸何嫌乎？说《易》者，不以象害意可也。坎与艮，皆乾之子也；二与五，相与以用事，则柔刚相接而家道成矣。故曰：“子克家，刚柔接也。”求之古人，则商之保衡、太甲，周之周公、成王是也。

六三，勿用取女，见金夫，不有躬，无攸利。

《象》曰：“勿用取女”，行不顺也。

夫昧其所适，至于丧躯失德者，所谓下愚之不移也。蒙不足以尽之，故此爻独不言蒙。且人之所恃以自立于世者，以其有廉耻之维在也。廉耻之维一或废缺，则无所不至矣。故蒙之六三阴迷妄动，而以

“勿用取女”为义焉。夫女之所以“勿用取”者，以其妄动故也。上九，其正应也。上九，艮体，艮止于上，而无下女之义。此六三以坎水之性趋下，而从二焉，见金夫也。金夫以利合也，以利而合，则丧躯失德矣，故曰“不有躬”。夫知以利合，而不知丧躯失德之为非利。甚矣！其惑也。故又曰“无攸利”，然则，上九正应也，而乃勿用取之者，以六三不能静以待上之求，而失足于二焉故也，故曰“勿用取女，行不顺也”。夫失德之女，人勿用取；失德之臣，君所不臣；失德之士，君子不友。其或取之、臣之、友之是亦蒙矣。

六四，困蒙，吝。

《象》曰：**困蒙之吝，独远实也。**

孟子曰：“一乡之善士，斯友一乡之善士；一国之善士，斯友一国之善士；天下之善士，斯友天下之善士。以友天下之善士为未足，又尚论古之人。读其书，诵其诗，不知其人，可乎？是以论其世也，是尚友也。”君子之学，求以亨吾蒙也，盖汲汲于此而后足以有立。六四以阴居阴，蒙昧无睹，曾无刚明之亲授以诱掖之，孔子所谓“困而不学”者，故曰“困蒙，吝”。吝者，虚空无得，歉然而不足也。阳为实，九二是也。二，发蒙之主。四，于初非应也，固不得因初以亲二，三以不正实间忌夫已也，又不得如五之应二，故曰“独远实”也。

六五，童蒙，吉。

《象》曰：**童蒙之吉，顺以巽也。**

不顺则不能从善，不巽则不能下贤。五虽君位，而以六居之，又艮体也，故称“童蒙”，童蒙尤不可以不资于人也，故虚中无我，而顺以巽，以下求于二，如是则优于天下矣。故吉也。太甲之于保衡也，拜首稽首曰：“予小子不明于德，自底不类，既往背师保之训，弗克于厥初，尚赖匡救之德，图惟厥终。”成王之于周公也，亦曰：“公明保予冲子，公称丕显德，以予小子扬文武烈。”夫二主，冲主也，志于亨蒙亦笃矣，其所以为是巽顺也，亦至矣。商周之所以隆也，有由哉！

上九，击蒙，不利为寇，利御寇。

《象》曰：**利用御寇，上下顺也。**

上九以阳刚之才处蒙之终，很然而不服，所谓蒙之极者，而不可告语者也。故至此不得已，当击而去之。夫所以击而去之者，务以已其寇暴之乱故也。寇去则止，若又击之不已，而寇自我作焉，则是为寇也。孟子曰：“古之为关者，将以御暴，今之为关者将以为暴。”夫关，一也，何古今之异欤？御之不已，而或至于生事造怨，则是为暴也。故蒙之初“发蒙，利用刑人”，而“用说桎梏”，则以为吝，上之“击蒙，利用御寇”，而为寇，则以为不利。上无过暴，下无不服，故曰“上下顺也”。程河南曰：“若舜之征有苗，周公之诛三监，御寇也；秦皇、汉武穷兵诛伐，为寇也。”

卷 五

乾下坎上 ䷄

需：有孚，光亨，贞吉，利涉大川。

《彖》曰：需，须也。险在前也，刚健而不陷，其义不困穷矣。“需，有孚，光亨，贞吉”，位乎天位，以正中也。“利涉大川”，往有功也。

有所济者，君子之才；有所待者，君子所以全其才。有是才矣，而不知所以全之，则或恃其在我者，而不知相其在彼者，鲜克有济矣。夫乾以刚健之才，运乎万物之上，则莫我或抗。今也，处乎坎险之下，前有险而未可逞，吾有才而未可恃，当是时也，能无待乎？此卦之所以为需。“需，须也”，有所待之谓也。至诚自信，全其在我而不拂其在彼者，此需之道也。惟能尽需之道则时行，乃行险不能陷，故需之九五位乎天位而有中正之德，以乾德之发用而不穷者，得位、得时如此也，此其为效，岂不光亨矣乎！故曰：“刚健而不陷，其义不困穷矣。”然则有孚者乃需之道，而有所须者，乃所以全其刚健之才者也。将以全其才也，而无至诚需时之心，则未有不轻进躁动而自置于陷败之地，其能免于困穷矣乎？需之刚健而不陷，故乾德之发用得位、得时而为需之九五，此所以谓其尽需之道，则曰“有孚”；谓其有不困穷之义，则曰“光亨”；谓其得位、得时而有正中之德，则又曰“贞吉”也。夫以刚健能济之才，而不陷于坎险，则排大难、定大患，何往而不利？故又曰“利涉大川，往有功也。”夫始焉有所须，未始有功也，知有孚而已矣；终焉有所往，未始不利也，故又继之以有功焉，则有孚者乃有功之本，而有功者又有孚之效也。噫！孚之时用大矣哉！

《象》曰：云上于天，需。君子以饮食宴乐。

《序卦》曰：“物稚，不可不养也，故受之以需。需者，饮食之道也。”则需云者，又有养物之义，此《象》所以有饮食宴乐之说，而九五亦曰需于酒食也。夫云上于天，欲雨之象也，故为万物之所需，何须乎？须此以养故也。物得所养，则得其生矣，故乐也。饮食者，所以养人也；宴乐者，所以乐其所养也。人君之于天下也，固非家至而饮食之也，亦非人人而宴乐之也，不过使之而各尽其耕凿之利云尔，此养天下之道也；又使之仰父俯子、嬉游顺适而无追胥劳扰之害云尔，此宴乐天下之道也。夫天下之心所以有待乎上者，盖亦不过乎此也。君子在上，有以慰适天下之望，而使之各尽其有生之乐焉，此则需之义也。

初九，需于郊，利用恒，无咎。

《象》曰：“需于郊”，不犯难行也；“利用恒，无咎”，未失常也。

天下之亨势有远近之不同，君子之处事亦随其势之所异。需之坎险在前，逼近则为泥，九三是也；渐近则为沙，九二是也；最远则为郊，初九是也。故迫近于难，则欲致其敬；渐近于难，则欲处以衍；最远于难，则欲其不失常也。夫处无事之地，则不可以越常而犯难。初于坎水为尤远，所谓无事之地也，故曰“需于郊”，而以安常守分为用者，乃其所利也。夫处无难之地，而不以犯难越常为行，而以安乐守分为用，庸何咎乎？或曰：需之险在前也，非无难之世，以初九刚明之才，岂无救世之志欤？曰：当需之时，位卑而时未可，患难未切于己，而不可以轻试于难；若以越常犯难为行，孟子所谓乡邻有斗被发缨冠而往救之惑也。

九二，需于沙，小有言，终吉。

《象》曰：“需于沙”，衍在中也。虽“小有言”，以吉终也。

沙视郊则去坎水为近矣，然未之溺也，故曰“需于沙”。沙，平衍之地也。九二以刚居中，故又曰“衍在中也”。故君子之济夫难也，岂务与之交相为敌欤？夷然以宽裕自处，亦还以宽裕处夫物，而期于吾不彼撄、彼不吾倾而已矣。夫如是，则始焉虽不免薄有所嫌、小有所疑；终焉释然祸去而难平矣。故曰：“小有言，终吉。”此君子之善济夫难也。昔诸吕之难亟矣，而陆贾乃从容于平、勃之间未尝少激其势也。俄而将相交欢，而左袒一呼，吕宗覆矣。若贾者，可与论需之终吉也。其能身位俱荣，宜哉！

九三，需于泥，致寇至。

《象》曰：“需于泥”，灾在外也。自我致寇，敬慎不败也。

泥视沙则去坎水为已迫矣，是与寇难相邻已不容发矣，故曰“需于泥，致寇至”。夫寇自外至，而九三处内外之交，而与之邻焉，亦势使然也。今而谓之“自我致寇”，何哉？曰：警之之辞也。夫祸难之至，苟以为时势之使然，而我无与焉，则或坐视其祸而不救者有矣，或知救之而不知敬戒之术，以致败也，亦有矣。韩文公守戒之说曰：“宅于山者，知猛兽之为害，则必高其柴援而外施陷井以待之；宅于都者，知穿窬之为盗，则必峻其垣墙而内固扃鐍以防之。此野人鄙夫之所及，非有过人之智而后能也。今之通都大邑，介于屈强之间，而不知为之备。噫！亦惑矣！”故曰：“自我致寇，敬慎不败也。”此圣人警九三之辞也。

六四，需于血，出自穴。

《象》曰："需于血"，顺以听也。

需之六爻，由初九、九二、九三言之，则在内者有以待乎外，何也？坎险在前故也。故初之"需于郊"、二之"需于沙"、三之"需于泥"，皆谓坎险之在前也。由六四、上六言之，则在上者有以待乎下，何也？三阳上进故也。故四之出自穴、上之入于穴，皆谓三阳之上进也。而五之中正，则又广言人君待天下之道也，是亦有以待天下也。夫三阳以刚健之才在下，而有待也亦久矣，至于六四则涉阴虚之地，而莫遏其进，如入无人之墟矣。故四之当是冲也，需其至而弗之入焉，则有伤矣。为四计者，莫若出其窟穴，而顺以听夫三阳之进；若安其位，而与阳角焉，所伤多矣。血，阴物也；穴，阴所也。皆谓四也。夫方三阳之需于下也，则指坎之地曰险、曰难、曰寇、曰灾；及至于四，而三阳有必济之势也，则如蹈无人之墟，而所谓曰险、曰难、曰寇、曰灾，咸无焉。圣人阖辟阴阳之旨，至是而益明矣。

九五，需于酒食，贞吉。

《象》曰："酒食"，"贞吉"，以正中也。

司马温公曰："有孚光亨，贞吉，人君所以待天下之道也。夫九五居中履正，以待天下之须。中则养天下而不过，而有以尽时措之宜；正则不有其功，常久而不已。"此人君待天下之道也。夫酒食，所以养人也，中正之君使天下皆足其量，无求而不获，如酒食之适其醉饱焉，此则需之义也。而苏东坡乃曰："九五以酒食待乾，乾必心服而为用"，陋哉！斯言也。

上六，入于穴，有不速之客三人来，敬之终吉。

《象》曰："不速之客"来，"敬之终吉"，虽不当位，未大失也。

"出自穴"谓当三阳之冲，失所安也；"入于穴"谓上与九三居相应之地，不拒其进，而初九、九二皆因之而前，不见伤焉，得所安也。夫在彼者，有所待而来；则在我者，亦必有以待其来。彼三阳者，有待而来亦久矣，故曰“不速之客”。彼既有待而来，而吾无以待之，则其失大矣！何谓？待之之道曰“敬之”而已矣。夫子戒司马牛曰：“君子敬而无失，与人恭而有礼，四海之内，皆兄弟也。”彼三人者，虽九三独吾应，而九二与初亦吾所不失其亲之人也，故居需之终而获吉焉。夫上六以阴居阴，当位也，《象》曰“不当位”，何也？曰：阳为客，阴为主，而且居一卦之上，是不当位也。不当位，则失阴阳上下之义矣。然敬则无失，以阴而为主于上，彼三阳者，吾能敬以待之，故曰“虽不当位，未大失也”。或曰：六四之顺以听也，则三客之来亦知敬之矣，而且与初九居相应之地，何为其“出自穴”不若上六之安？“需于血”不若上六之无所伤也？曰：三之应上也，三居先焉，而下二阳因之以进，故上得所安，而无所伤。初之应四也，初居后焉，而上二阳不因之以进，故四不得所安，而有所伤也。《经》曰：“凡《易》之情，近而不相得则凶，或害之，悔且吝。”此之谓也。

坎下乾上 ䷅

讼：有孚窒惕，中吉，终凶。利见大人，不利涉大川。

《**象**》**曰：讼，上刚下险，险而健，讼。讼，“有孚窒惕，中吉”，刚来而得中也。“终凶”，讼不可成也。利见大人，尚中正也。“不利涉大川”，入于渊也。**

凡讼必有能讼之才，亦必有兆讼之心。有是才而无是心，则讼何由而生？有是心而无是才，则讼何由而成？讼之成体，乾以刚居上，刚则健而不可屈，此能讼之才也；坎以险而居下，险则深而不可测，此兆讼之心也。以不可测之心而济之以不可屈之才，此所以讼也。故曰：“讼，上刚下险，险而健，讼。”此以卦才言之也。坎之九二之刚，实自乾来也，而居下体之中，是以成讼，则二其致讼之主也。夫以刚居中，则中实；中实，有孚也。天下之事无小大，皆不可以匪孚而讼之。匪孚尤不可也，讼而匪孚则妄而已矣，故讼以有孚为本。窒，塞也；惕，惧也。有孚而见窒，则不得已而讼。窒而不自惕，则是好讼也。二以一阳而居坎陷之中，故为窒。坎为加忧、为心病，故知惕。中吉者，夫刚未为凶德也，过刚则凶矣。故讼以刚得中为吉，以过刚为凶。“终凶”谓过乎刚也，上九之终其讼是矣。夫讼所以求直吾情也，吾情之既直，则亦可以已矣。而复不已，则其于人也，岂惟挤之罪罟之地而后已，而吾之为德也，亦不得为吉德矣，故曰“终凶，讼不可成也”。大人者，谓九五也。五居中履正，是能以中正之道听夫讼也，故为天下之所利见。夫天下之所争，惟中正可以已之，故讼之所尚者，中正而已。苏东坡曰：“夫使川为渊者，讼之过也。天下之难，未有不起于争，今又欲以争济之，是使相激为深而已。”朱子发曰：“刚险不相下，君子、小人不兼容，难始作矣。圣人见其讼也，戒之以中正，戒之以不可成，若济之以争，是以乱益乱，相激而为深矣。汉唐之乱，始于小人之为险，君子疾之已甚，其终至于君子、小人沦胥以败，而国遂亡。故曰‘不利涉大川，入于渊也。’”噫！圣人示戒之意亦深矣。

《象》曰：天与水违行，讼。君子以作事谋始。

天上运，水下注，天下之物，其行相违莫甚于此，故为讼之象。凡事终之不善，始之不善也。夫始善而终不善者有矣，未闻始不善而终善者也。故君子于作事之始，必也绝其争端、窒其乱源，使讼无由而生，是之谓“谋始”。孔子曰：“听讼，吾犹人也，必也使无讼乎。”

无讼之道，舍谋始不可也。

初六，不永所事，小有言，终吉。

《象》曰："不永所事"，讼不可长也。虽"小有言"，其辩明也。

讼以得中为吉，以终讼为凶，故于初而致其戒曰"不永所事"，而《象》曰"讼不可长也"。初六之才，柔而顺者也，非能讼也；然当讼之时，而亦有所不能已也，故曰"小有言"，谓得罪于四，而在我亦不能无言也。初六何以得罪于四乎？曰：初与四居相应之地，四下应初，疑二间已，又疑初之舍已而比二也。故当此之时，初六不得其平，而至于不能无言。然二与五两刚不相能，而二方且自下讼上，则亦何暇间四之应，而初亦何心以比二也？故"小有言"，而是非之辩如此其明也。其初亦非有罪者也，故曰"终吉"，以言初之于四，始虽不得无言，而终相得也。

九二，不克讼，归而逋。其邑人三百户，无眚。

《象》曰："不克讼"，归逋窜也。自下讼上，患至掇也。

九二、九五，在乾、在中孚则为同德；在讼则为不相能之两刚也。夫二、五之不敌故也，而二自下讼之义乎，故曰"不克讼"。"邑人三百户"，二之居有其资，比之"尺地莫非王土，一民莫非王臣"，奚翅于千万也，而二讼之，多见其不知量也。逋，窜也，避也；眚，祸也；掇，取也。二若反而安其在我，而避其为敌之地，则可以居有其资而无祸患矣。苟为自下讼上，而不知其为不义，则患之至也，乃其自取也。或曰：讼之九二，必与五讼乎？曰：凡恃己之才，不安其位分而怨天、逆天者，皆讼五之谓也。

六[①]三，食旧德，贞厉，终吉。或从王事，无成。

① 六，宋刊本缺。

《象》曰："食旧德"，从上吉也。

讼[1]者，刚健之事，而非柔顺者之所能为也，故初与三皆云"终吉"。然初之终吉，即其初而知其终之有是吉也；三之终吉，居其终而安享，是终吉也。夫三以柔顺之才而居下体之终，是能以素分自足也。何谓素分？从乎上者，己之素分也，谓本与上应故也，故曰"食旧德"。贞，固也；厉，危也。贞固以自守，而无九四、九二上下之交焉，则虽处危险之极，而终吉也。"或从王事，无成"者，夫讼生于其行之相违，而天下之争又起于矜功而伐能。三与上居相应之地，以柔而从刚，以下而从上，而不以成功自居，是能无讼也。故讼之六爻不言讼，惟三为然。夫一于守而不知义之所当，从介者之所为也；一于从而不知义之在所守，狥[2]夫人之所为也。而三则举无是也，故曰"食旧德"，又曰"或从王事，无成"，而《象》则曰"从上，吉也"，朱子发曰："窦婴之于田蚡，上下相激，至亡其身，不知六三之吉也。"

九四，不克讼，复即命渝。安贞吉。

《象》曰："复即命渝"，安贞不失也。

尊则无敌，无敌则义不可讼，二之于五是也。柔则不竞，不竞则无与为讼，四之于初是也。故二与四皆曰"不克讼"。四体刚履柔，虽有能讼之才，安于所止，是亦能反而归诸正邪，故曰"复即命渝"。命，正理也。赐不受命，则不知所谓正理矣。渝，变也。变前之为，则能安于正理矣。复而不变，变而不安，危也，于正理何有哉？夫讼，非吉德也。以知止为吉，吉则无失德矣。故《象》又曰："'复即命渝'，安贞不失也。"夫九二之"归而逋"，九四之复而渝，皆贵于知反

① 讼，宋刊本作"说"。
② 狥，宋刊本作"徇"。

者也，故圣人皆以“不克讼”戒之。戒之者，惧其恃夫刚也。然四有安贞之吉，而二无有焉，则知自下讼上者，圣人所深恶也。

九五，讼，元吉。

《象》曰：“讼，元吉。”以中正也。

得时措之宜之谓中，循天理之自然之谓正。《吕刑》曰“咸庶中正”，则中正之道，狱讼之所以恃也，尚矣。讼之九五，以天德居中履正，而听天下之讼，则天下莫不赴焉，故《彖》曰“利见大人”，而爻曰“元吉”。元吉，吉之大者也。夫九五之吉而大，天下之人见大人而利，舍中正其可乎？故利见大人，尚中正也，则知中正之道，人情之所同尚也。九五“元吉，以中正也”，则知中正之道，以之者九五也。舜语皋陶曰“刑期于无刑，民协于中”，中也；又曰“惟兹臣庶，罔或于予正”，正也。孟子以狱讼者不之尧之子而之舜，而曰“此天也”，而不知此中正也。

上九，或锡之鞶带，终朝三褫之。

《象》曰：以讼受服，亦不足敬也。

上九以刚之极处讼之终，此极己之刚而终夫讼者也。鞶带之为服者，不纯乎刚，亦不纯乎柔，而为中体之饰，六三之象也。三本应上而以素分自足，有从上之吉，无他志也。当此之时，诸爻方讼，而三实间于九二、九四之间，上九或疑其有上下之交也，故终其讼焉。夫以刚极而终夫讼，而三以柔顺不较应之，“或锡之鞶带也”，然“或锡之”，吾受之以为宜也。夫何愧受之？不以其道而以讼受焉，则虽得之，必失之，兹荣也，只所以为辱也。故三之从上，则未始或失乎吉，而上之以讼受服，则亦曰“不足敬”也。上九，乾之终也。乾为日，故曰终朝。自三至上，凡历三爻，“三褫”也。夫讼，逆德也。上九以极刚而终夫讼，而昧不可成之戒，圣人所以愧耻上九也，亦深矣！

坎下坤上 ䷆

师：贞丈人，吉，无咎。

《彖》曰：师，众也。贞，正也。能以众正，可以王矣。刚中而应，行险而顺，以此毒天下，而民从之，吉，又何咎矣。

师以一阳为众阴之主，居险难之地，用众之象也，此卦所以为师。夫用众之道，正而已矣。所谓止者，顺夫理也。用众而不顺夫理，则攘袭变诈之为也。以攘袭变诈为事，岂足以服人心哉！惟用众得其正，则足以服人心，而为天下之所归矣。故曰“能以众正，可以王矣”，谓王道上于正也。丈人者，尊严之称也，谓九二也。均是人也，人之所以畏服顺从之不暇者，必其尊严之人也。有是正矣，而又有尊严之人以行是正，此师所以吉而无咎也。“刚中而应”，谓二之于五也。“行险而顺”，合坎与坤而言也。夫九二以刚处中，中则刚而无过，有以上应夫五也。盖不杀者，帝王之本心；而命将行师者，帝王之所不得已。二而刚，则既足以除乱而解棼；刚而中，则吾君之心我实得之也。故曰：“刚中而应。”战，危事也，所谓“行险”也。夫驱天下于险难之地，而人不以为险难者，是在我者有以顺夫人故也。蹈危履险，而有以顺乎人，其孰不惟我之从乎？故曰：“以此毒天下，而民从之。”夫杀戮之惨、供亿之苦，劳民而费财，所以毒天下也。然杀人以安人，害除而利至，人孰不曰：“此所以安我也，此所以利我也？”故相率而从之不暇，此无他，有以顺之故也。夫我有以顺乎人，而人亦还以从乎我，此所以曰“吉又何咎矣”。司马温公曰：“毒之者，其志将以安之也，若针砭所以已疾也。”所谓“吉，无咎”者，师以功成为吉，以人心服从而莫之或违为无咎。

《象》曰：地中有水，师。君子以容民畜众。

散漫而不一者，水也，众之象也。翕受而无遗者，地也，君子之德也。吾尝谓用众非小人之事也。或曰：古今小人有才略者亦多矣，何其不能用众也？曰：能驱之而已矣，侥幸其功亦有之矣，语其以心服人则未也。故夫有翕受含洪之德，则平居暇日使之，自然有尊君死长之义，油然作于其心，而有不能自已者。一旦驱之死地，则捐躯効命，孰不为吾用也？故师之《象》曰："地中有水，师。君子以容民蓄众。"谓容之蓄之者，所以能用之故也。

初六，师出以律，否臧凶。

《象》曰："师出以律"，失律凶也。

程河南曰："初六，师之始也，故言师出之义，与行师之道也。"何谓行师之道？曰：号令详明是也。何谓师出之义？曰：兵出有名是也。兵出无名，号令不明，皆失律也，故于师之初而致是意焉。"否"，失律也；"臧"，善也，谓有功也。师不以律，虽有功亦凶，谓不合于道与义，而非王者之师也。齐桓公之伐楚也，楚人曰："君处北海，寡人处南海，风马牛不相及也，曷至是哉？"齐人曰："包茅不入，王祭不供，寡人是问。"此虽假义也，然亦几于有名矣。李广与程不识同时制军：广之军废刁斗、逐水草，自便而已；而不识则日夜持严、常若敌至。诸军乐广而苦程不识也，然不识未尝遇败也，而广虽以勇名，竟以勇败，此所谓失律也。

九二，在师中吉，无咎，王三锡命。

《象》曰："在师中吉"，承天宠也。"王三锡命"，怀万邦也。

夫居人臣之位而得专制其事者，其在《易》也，惟师之九二为然。

古者，人君当命将出师之日也，谋之于庙，遣之以礼，饯之于国门之外，敬而授之钺曰："阃外之事，将军制之，朕不敢与也。"故将军得以行其志，而后世乃以刑余监军，事从中覆，殊失古之义也。所谓行其志者，非专杀恣戮之谓也，时然则然，时止则止，或威或怀，而不失乎时中之义也。虽然，王者之师志于怀而已矣，威之者非吾心之得已也。然非有威之之具，则彼小人者罪恶既逞，欲其我怀，未也。师之九二"在师中吉"，所谓或威或怀而不失乎时中之义也。《象》曰"吉，无咎"，九二亦云，此正为二设也。夫吉，天也；无咎，人也。"在师中吉"，则有以得乎天也，故曰"承天宠也"。天且宠之，而况于人乎？其无咎宜矣。"王三锡命"，因天之宠也。夫功之多也，则其锡之也必不薄，王锡之命而至于三焉，则功之多可知矣，故曰"怀万邦也"。九二以怀万邦为功，而获王者三锡之命，则与血刃相屠结祸于斯人者有间矣。余故曰："不杀，帝王之本心，刚而中，则吾君之心，我实得之也。九二是也。"

六三，师或舆尸，凶。

《象》曰："师或舆尸"，大无功也。

昔昌国君乐毅为燕上将军，并护赵、楚、韩、魏之兵以伐齐，尽虏其财宝祭器，以输之燕，既而又下齐七十余城，皆郡县其地，以属之燕，功信伟矣。及田单反间既行，而骑劫代至，齐师遂转战逐燕，北至河上，尽复侵城，此师之六三所以"师或舆尸，凶"也。舆集众木而成也，故有众义。《说卦》曰坤[①]"为大舆"，众。尸，主也。"师或舆尸"，不一其所主也。夫师之权，专则有功；不专则致败。九二，师之主也，而六三复居其上，外柔懦而内刚很之人也。斯人而兼主军

① 坤，原作乾，按《周易·说卦》改。

制，岂不兼丧前功邪？故曰“大无功也”。晋以戴若思遥制祖逖，遂使黄河以南不旋踵而复陷于群胡，亦此意也。故六五复申其戒曰“长子帅师”，“弟子舆尸”，“凶”。《象》曰：“‘弟子舆尸’，使不当也。”

六四，师左次，无咎。

《象》曰：**左次无咎，未失常也。**

有决战之师，有持重之师。决战之师利于速战，不速战则非惟老师，而费财也。脱兔之机一失，则无复成功之可冀矣。持重之师利于退守，不退守则以肉饵虎，而宗社存亡之命一决于俄顷间矣。诸葛亮武侯崎岖自蜀中出，与司马宣王对垒，屯田之策非得已也。而巾帼之遗，其意正在速战也。辛佐治一杖节立军门，而魏师竟无战意，遂以不杀却敌人，此持重之师也。六四重阴，阴主静退，故曰“师左次”。左次，退舍也。左，亦阴也。退而有待，相时故也，故曰“无咎”。若宜进而退，则有咎矣。夫宜进而进，宜退而退，亦师之常也，故曰“未失常也”。程河南曰：“度不能胜，而全师以退，愈于覆败远矣。《易》发此义以示后世，其仁深矣。”

六五，田有禽，利执言，无咎。长子帅师，弟子舆尸，贞凶。

《象》曰：**“长子帅师”，以中行也。“弟子舆尸”，使不当也。**

九二处帅师之任，而征伐赏罚实自五出，故六五详言兴师任将之道，以示其戒。夫以六居五，柔暗之主也。柔则易以夺，暗则易以惑，居天下之利势，而征伐赏罚之权实自我出，何施而不可？然师出无名，事故不成，名其为贼，敌乃可服。师无故而兴焉，此柔暗之主之所轻，而王者之所重也。故曰：“田有禽，利执言，无咎。”用得其人，其功乃成；用失其当，前功反丧。帅师之任，无故而易置焉，此亦柔暗之主之所轻，而王者之所重也。故曰：“长子帅师，弟子舆尸，贞凶。”夫兴师以讨有罪，犹之田也。凡田狩之役，以有禽也害我苗稼，义当猎去。王者之师，亦曰“取彼凶残，我伐用张”云尔，此有名之师也，故曰“利执言”。《书》曰“奉辞伐罪”，谓辞在我故也，此之谓“执言”。夫苟得已而不已焉，非所利也。程河南曰：“秦皇、汉武皆穷山林以索禽兽者也，非田有禽也。”“长子”谓九二也，“弟子”谓六三也。夫当其可之谓中，二有刚中可用之才，而五用之，用得其当，故曰“以中行也”。三以过中不当之才，而五又用之，用失其当，故曰“使不当也”。命自君出，正也。用使不当，则虽正亦凶矣。司马温公曰：“举国家之众而委之一人，此安危之机、存亡之端，不可以不谨择其人，人君之职守也，故曰‘长子帅师，弟子舆尸，贞凶’者，虽正犹凶也。”

上六，大君有命，开国承家，小人勿用。

《象》曰：“**大君有命**”，**以正功也**。“**小人勿用**”，**必乱邦也**。

上六，师之终也，所谓师休之日，而论功行赏之秋也。夫用师之日不可以用非其人，而师休之日尤不可以用非其人也。师休之日而用非其人，则一乱去而一乱生矣。师何时而休邪？盖当师休之日，智者谋，力者角，人争售其所长，未必皆君子故也。乱略既平，海内一统，上有所命，而下莫不听，故于此时，得以称大君焉。功之多者，命之开国，以为诸侯；功之次者，命之承家，以为卿大夫。此所谓正功也。夫分茅胙土之任，不以付之非其人焉，此休师之道也。乃若小人之有功者，厚之以金帛，优之以禄位，不害其为赏功也。所以勿用之者，谓其必乱邦也。昔我太祖，当大业既定之后，语诸将曰：“君曹何不释去兵权，择良田美第、歌童舞女，以终天年？”诸将感泣而谢曰：“此陛下生死而肉骨也。”故二百年间，无小人挟勋跋扈之祸。夫语三代而下得御将之道，不动声色者，惟我太祖也，汉唐诸君不足与焉。

卷　六

坤下坎上 ䷇

比：吉，原筮，元，永贞，无咎。不宁方来，后夫凶。

《彖》曰：**比，吉也。比，辅也，下顺从也。“原筮，元，永贞，无咎”，以刚中也。“不宁方来”，上下应也。“后夫凶”，其道穷也。**

师以一阳居二位，众阴顺之于外，大将统军之象也，此卦之所以为师。比以一阳居五位，众阴顺之于内，大君朝诸侯之象也，此卦所以为比。比，有吉之道。凡物无所比者，不可以独存于天下，故比乃吉也。夫比之所以吉者，以其有所亲附也，故继之曰“比，附也”。比之所以有亲附者，以其上下顺而从之也，故又继之曰“下顺从也”，顺谓坤也。向使在上位而无辅，则为乾之亢而有悔矣，何吉之云？向使上下违行而不顺，则为讼之不亲矣，何辅之云？占筮之道，人之所取信也。《书》曰：“若卜筮，罔不是孚。”益曰：“未占有孚。”则占筮者，诚信之谓也。比之为道，以诚信为本，故曰“原筮”，谓推原吾之诚信以为比之道也。元，始也。永，终也。贞，不变之谓也。吾之诚信始终而不变，此比之道所以无咎也，故曰“以刚中也”。夫刚而中，则诚信之道充塞乎其内，又何终始之或变乎？尽此道者，九五是也。“不宁”谓未得其所以比也；“方来”谓无方而不来也。未得其所以比者，无方而不来，故曰“上下应也”。以爻言之，则居正应之地者二而已；以卦言之，则九五以一阳而五阴莫不比之。故谓之“上下应也”，亦犹小畜“柔得位而上下应之”、大有“柔得尊位大中而上下应之”之义。虽然，上六之后夫五非，果能应夫五也，故视下诸爻则其道为穷，谓独背夫五而不之应，势逆而不顺故也。夫当比之时，显比之主，若揭日月于上，自四而下皆面夫五而顺从之，上六独背夫五而后之，此迷悮失道而不知比之谓也，其能独存于天下乎？其凶宜矣！故上六又曰：“比之无首，凶。”东汉之隗嚣、李唐之李密、本朝之李煜是也。

《象》曰：**地上有水，比。先王以建万国、亲诸侯。**

呜呼！吾观比之象，而知君民相须之势不容发也。夫万物之所以比者，地也；然求其势之相比而无间然者，则莫水若也。《子夏传》曰“地得水而柔，水得地而流”是也。君民之势亦然。先王于是“建万国、亲诸侯”，使上下远近脉络相通，则君民之势交相比矣。盖国者，所以域民也；侯者，所以君国也。“建万国”，则君之所亲者，诸侯；而诸侯之所亲者，民。四方万里之远，不患其不相比也。或曰：后世罢诸侯而置守令，其与先王之势同乎？异乎？曰：后世之心，患诸侯之难制也，故守且令焉，而分茅胙土之恩薄矣。守令有过，则赐之一札，奔命而服罪之不暇，得保终更，则亦指日以求去，此易制之法也。然更易纷纷，官吏民情愈不相亲矣。

初六，有孚比之，无咎。有孚盈缶，终来有它，吉。

《象》曰：**比之初六，有它吉也。**

大凡位之卑者，则与之者必狭。交之浅者，则信之者必寡。六居比之初，所谓位之卑而交之浅也。以此比人，人谁比之？然有要道焉，修吾胸中之诚而已矣，故曰“有孚比之”。孟子曰：“不诚，未有能动者。”惟诚者则无上下之间，有所不比，比无不善矣，故曰“无咎”。缶之为器，朴陋而微贱者，然虚而能容，初六之象也。“有孚盈缶”，则又诚无不足者，不特有孚而已也。“终来有它，吉”者，吾诚之效也，孟子所谓“能动”也。夫阴之所比者，阳也。初六之于九五：近而承，不得为六四；远而应，不得为六二。然，至诚无上下之间，诚存于此，终应于彼，其亦效之必至者，故曰“有它吉也”，诚之可恃也，如此矣。

六二，比之自内，贞吉。

《象》曰：“比之自内”，不自失也。

子曰：“君子周而不比，小人比而不周。”《易》之有比，岂亦小人之道也？曰：所恶于比者，为其不正也。如比而得其正，则无恶于比矣。五，比之主也；二，其应也。阴阳各当其位，所谓正也。夫君臣上下相比以正，此所以吉也。“比之自内”者，夫正者，吾性之所自然而不变也，比而不失于吾性之自然者，故曰“自内”。凡相比之道而或失之伪为者，皆非自内也。

六三，比之匪人。

《象》曰：“比之匪人”，不亦伤乎。

以六居三，比之所谓不正人也，故曰“比之匪人”。夫相比之道，以正而吉也。比而不正，则伤败乃至，是自贻其祸之道也。三以不正间于二、四之间，圣人以匪人目之，亦惧夫二、四之或比之也。其曰“不亦伤乎”者，所以示戒于二、四也，亦明矣。唐之七司马皆世所称才，而柳子厚、刘禹锡尤其杰者，一失足于王叔文之门，蹉跌含恨以至于死者，昧“不亦伤乎”之戒故也。

六四，外比之，贞吉。

《象》曰：外比于贤，以从上也。

处于邪正之两间，则谁从？孰不曰从夫正而吉也。然己之不正，则亦未有能从夫正也。以六居四，盖正人也。己之既正，则所从者亦必正矣。故“外比于贤，以从上也”，则不内比于不贤之匪人，以舍下也，可知矣。若四者，所谓可与语上也欤？朱子发曰：“《易》曰‘东北丧朋，安贞吉’，六四之谓乎？”

九五，显比，王用三驱，失前禽，邑人不诫，吉。

《象》曰：**显比之吉，位正中也。舍逆取顺，失前禽也。“邑人不诫”，上使中也。**

九五居正中之位，则所以比天下之道亦正中也，道而正中则大公而不私也，故曰“显比”。阳为明，故称显。夫显明比道于天下，而天下宜无不比者，而或容有不吾比者，圣人亦未尝有心于求比之也，比之以不比而已，故以“王用三驱，失前禽”为喻。三驱，《礼》所谓天子不合围也。夫显此之道，顺则取之，逆则舍之，若三驱然，故前禽之失，以不比比之也。顺则取之，谓自四而下，皆顺夫五之谓也；逆则舍之，上六之后夫五是也，亦谓“失前禽”也。然以前禽为逆己而舍之，则近而顺乎己者，亦岂上之人有以诫语之而致然欤？故曰“邑人不诫，吉”。邑，近邑，谓近而比乎己者也。圣人之比天下，无远近亲疏之间：不以近夫己者而加亲，不以远夫己者而加疏。此显比之道也。“上使中也”者，夫近而顺于己者，虽非有以诫之，原其所以然者，亦非无自而然也。夫明中正之道于天下，而天下皆惟吾之中矣。《书》曰“皇建其有极”，又曰“凡厥庶民，惟皇作极”，此之谓也。

上六，比之无首，凶。

《象》曰：**“比之无首”，无所终也。**

知所比，而后能比人；有足比，然后能比于人。上六之后夫五，非知所比者也，以阴居上，又非有足比者也，故曰“比之无首”。一卦之上，所谓首也。在比而无为首之道，能无凶乎？故曰“无所终也”，谓比道之穷也。夫君子有终，以其谦也。上六以阴暗而乘五，逆道也，其无所终，宜矣。

乾下巽上 ☴

小畜：亨，密云不雨，自我西郊。

《彖》曰：**小畜，柔得位而上下应之，曰“小畜”。健而巽，刚中而志行，乃亨。“密云不雨”，尚往也。“自我西郊”，施未行也。**

昔者，常疑柔能制刚、弱能制强，而不知其所以能者何也。盖学《易》而至于小畜，而后得其说，喟然而叹曰：噫！此亦出于情投而势便也已矣。夫势便则事可顺成，情投则物莫吾忌。小畜云者，小者之有所畜也。畜者，止也，人臣有所止制之谓也。故其为卦也，则巽上而乾下；其为爻也，则六四以一阴位乎五阳之间，而且近五焉。乾之为物，刚而健者也，而巽则以顺巽之道行乎其上，刚而健者不吾忌焉，何也？是必有以得其情故也。四以一阴位乎五阳之间，而且近五焉，乾之三阳虽刚而健，乃居乎其下而不之辞焉，又何也？势使之然故也。情投而势便，故虽刚矣，而此有以入之，入之者为主，则受入者为客矣。此小者之有所畜也，故曰“柔得位而上下应之，曰小畜”。盖柔不得位，则受制于众刚之不暇矣，如制刚何？上下不应，则众刚之情俱不我协矣，又如制刚何？然则，昔者君子之为人臣也，所以汲汲于得位、得君云者，非有他也，盖曰“位卑而言高，罪也”，又曰“信而后谏，未信则以为谤已也”，为是故也。古之人有行之者，则魏郑公其人也，贾洛阳则疏矣，刘去华尤其疏者也。夫顷刻不离左右，握手入卧内，其尊宠何如也！以房、杜之元勋犹以直逊之也，则上下之情宁有或吾忌者，故魏郑公得以肆其志于太宗。贾生以疏贱少年，足迹方踵殿陛间，遽然痛哭流涕，惊人耳目，绛、灌辈讵能平哉？其见弃宜矣。去华以一介草茅，裂眦诵言，切齿宫阃，其视贾谊，抑又甚矣，曾何补于万一哉！此无他，是皆昧夫小畜之义故也。故小畜之义，必期于亨，不期于亨，俱无补也。“健而巽，刚中而志行，乃亨。”此又合二体与中爻而言小畜之所以亨也。夫乾，健也，而在内；巽，顺也，而在外；九二、九五，刚也，而在中。健而济之以巽，则施诸人也为易入；刚而不过乎中，则存诸我者无悻悻之态，而志自行矣。所谓志者，何也？孟子曰：“畜君何尤。畜君者，好君也。”君子之志，志于好君而已矣。君子之志行，此小畜之所以亨也。“密云不雨，自我西郊”，此又昧于“健而巽，刚中而志行”者之戒也。夫云行而雨施者，阴阳之气通也。密云不雨，则阴阳之气壅而不通矣。西郊，阴位也。“自我西郊”谓六四用事也。“不雨”之云，徒密于西郊，岂有他哉？阴阳之气不通故也。阴阳之气不通，则西郊之云徒知尚往而已，无惑乎其施之未行也。夫小畜之义，期于亨也。今西郊之云徒知尚往而已，则失健而巽、刚而中之义也。不雨之云徒密于西郊，则欲志之行，其可得乎？故曰“志未行也”。噫！此贾洛阳、刘去华之象也。

《象》曰：风行天上，小畜。君子以懿文德。

天下之物疾于行者，莫风若也。其所以疾于行者，以善入故也。惟善入故物莫能碍，莫能碍，故其行也虽欲不疾不可得也。故《易》以巽为风，又曰：“巽，入也。”天下之物，惟天为万物之上，惟其在万物之上为高且大，故举天下万物莫能踰于天。今也，风犹行乎其上，何也？盖善入故也。以天之高且大，而犹不碍于风，而风得以行其志焉。此小畜之象也。刚柔不偏之谓文，行于万物之间而无所忤之谓文，君子之畜夫君也，亦贵于有所入之尔。然德非文德，则健而不巽，刚而不中，其能有所入而使吾志之必行乎？故观风行天上之象，必以懿文德为本。何谓懿？曰：积小以至大、由微而至著之谓也。扬子云曰：“浸以光大，不亦懿乎。文德之发用，如风之行，无高不暨，无远不至，而物莫我御，盖亦发于细微而行于至著云尔。是之谓懿文德。”荆公曰：“小者之畜，其可以暴为之乎？懿文德，为之以不暴也。”

初九，复自道，何其咎，吉。

《象》曰：“复自道”，其义吉也。

初九之阳，动乎一卦之初，动之微也。当动之微，去道未远，制之使不愆于道，则用力寡而见功多，而无制之之劳矣，故曰“复自道”，如复之初九，所谓“不远复”是也。夫君子之畜夫君，必待其非心既形、举措既愆、去道既远，然后从而止制之，其能免咎乎？必也于方动之初制之，使不愆于道，则无制之之劳。君焉，不见非于其臣；臣焉，不见猜于其君，事君之义，了无所失矣。故曰“何其咎，吉”，而《象》又曰“其义吉也”，以言事君之义莫吉于此故也。孟子曰：“惟大人为能格君心之非。”小畜之初，动之微也，所谓心之非也。复而自道，其尽格心之业乎！杨中立曰：“六四，阴得位，为一卦之主，而初与之为应，受畜于四者也。”过未形而畜之，其复自道矣，又何咎之有？故其义吉也。

九二，牵复，吉。

《象》曰：“牵复”在中，亦不自失也。

九二视初九，则动已形矣，所谓动之微也亦既有间矣，虽然，未过乎中也。故君子于此牵而引之使复归诸中，而无过中之失。则在君，非惟无失也；而在人臣者，亦不自失也。夫以“牵复”而视初之“复自道”，则其制之之劳与逸亦岂不有间矣乎？伊尹之戒太甲也，而曰“若虞机张，往省括于度，则释”，又曰“钦厥止，率乃祖攸行”。夫曰“虞机”、曰“省括”、曰“钦厥止”、曰“率乃祖”，无非牵而复之使归之中也。然则纵欲如太甲而至于思庸，伊尹牵复之力益有劳矣。郭仲和曰：“不能辩之于早，至二尤艰矣，故牵而后复也。牵，勉强之义。”

九三，舆脱輹，夫妻反目。

《象》曰：“夫妻反目”，不能正室也。

初九，动之微也，其曰“复自道”，则制之之力无劳矣。九二，动之已形也，其曰“牵复”，则制之之力已劳矣。若乾至九三，行过乎中，而刚动之才已极矣，制之之力不亦劳甚矣乎！犹之舆也，其行也有輹，如欲制之使不行，非脱去其輹不可也。夫脱人之輹而制之使不行，则在我失之强聒，而在彼者易以怨憝，故虽以正相与也，而亦未有能正者矣。此六四用力以制九三之象也，故又有“夫妻反目”之嫌，而《象》曰“不能正室也”。夫制之于中不若制之于初，制之于终不若制之于中，人臣之有所畜制者，其劳逸难易之分，于此三爻尽之矣。

六四，有孚，血去，惕出无咎。

《象》曰：有孚惕出，上合志也。

小畜之成卦，在此一爻也。夫四以位则多惧，以才则至柔，以时则有所畜止之时也。禀至柔之才，处多惧之地，而任畜止之权，上下众刚环然而卜吾之举动焉。于斯时也，盖亦难矣！况脱三之辐，而常遭反目之嫌乎？其忧伤恐惧何如也！虽然，以势而论，则柔一而刚五，其不敌固也。以理而论，则君子以眇然之身而处上下之际，亦必有道矣。何也？即吾之诚意以感之，固也。吾之诚意既至，则金石可动，而况于人乎！故夫四之“血去，惕出”而无伤害恐惧之咎者，吾非恃夫有五也，吾恃夫有孚也。使吾非有孚，则位虽近五，而君之志或不我合焉，则位虽亲矣，而心之亲则未也，其能使吾之志必行乎？故《象》又曰“有孚惕出，上合志也”。但云“惕出”则“血去”可知，盖谓恐惧犹免，则伤害斯远矣，举轻以见重也。程河南曰：“以人君之威严，而微细之臣有能畜止其欲者，盖有孚信以感之故也。”或曰：小畜之为小畜者，六四也。四处近君之位，而以柔巽为畜止之道，小人邪？君子邪？曰：《易》虽以阳为君子、阴为小人，而上、下二篇所谓以六居四者凡三十二焉，未必皆小人也。若概以阴居阴而谓之小人，则凡为人臣者，必以阳居阳而概谓之君子，可乎？圣人于小畜之六四也，而曰有孚、曰无咎，于《大象》，又以“懿文德”为君子之事业，至上九也又从而戒之曰“君子征凶”，则四也者，非小人也。夫君子之所存，患无孚尔；苟有是孚，则时刚而刚，时柔而柔，亦将何所适而不可哉！但当有所止畜之时，上下皆刚，非以柔巽行乎其间不可。昔人有身不胜衣而能以全德终始者，则小畜之六四是也，而概以小人论之可乎？

九五，有孚挛如，富以其邻。

《象》曰：“有孚挛如”，不独富也。

六四“有孚”，而九五亦曰“有孚”，此四所以上合志也。而五则曰“挛如”，又曰“富以其邻”，不独富也。夫君臣之间所恃相与以无间者，曰诚而已。臣焉不有以信乎其君，君焉不有以信乎其臣，则有言而无从也，有谏而无听也。君子不能拱手以固宠，则惧伤惧谗，以求去之而已。人君不能悦雩以求益，则无陪无卿，而自用而已。今也不然，四以“有孚”而合五之志，五以“有孚”而挛四之邻，故四得五而无伤谗[①]之吝，而五亦得四而有其邻之富也，此小畜之所以亨也。以九居五，阳之纯者也。阳之纯则为充实，充实有孚也。以六居四，阴之纯者也。阴之纯则为谦虚，谦虚亦有孚者也。阳以阴为富，则阴亦以阳为富，故曰“富以其邻”“不独富也”，谓五与四皆以“有孚”相得，不独五有是也。成汤之于伊尹，桓公之于管仲，蜀先主之于诸葛孔明，皆能尽其义矣。

上九，既雨既处，尚德载，妇贞厉，月几望，君子征凶。

《象》曰：“既雨既处”，德积载也。“君子征凶”，有所疑也。

小畜之道，至上九成矣；君子之志，至此亦已行矣。始也，《彖》着“密云不雨”之戒者，惧其强聒以用事，而上下之情不协焉故也，故有“健而巽，刚中而志行，乃亨”之说。今也，畜道之于五，而君臣之志不谋而合，则凡君子之所欲言而欲施者，无不如志矣。故上九当畜道之成，而有“既雨”之象，谓阴阳之气至此而交畅矣。虽然，“密云不雨”，犹戒于尚往，其能无疑乎？故又戒之以“既处”，谓君子之于此时也，若犹有所往而未已，则嫌疑之不免矣。夫成天下之功易，处其成功难，若成天下之功而不处之焉，则天下之人皆能之，何必君子也。何也？才有余而德不足故也。惟君子当夫功之既成也，吾之处之若无功焉，此非所积所养之厚、不矜不伐而能至是邪？故曰“尚德载”，而《象》曰“德积载也”，言其德器之不薄，故能有所任载而无满盈之愆也。妇道以顺为正也，若愆于正则为厉。月遡日，以为明也。月至于望，则与日敌矣。何者？阴盛故也。故曰“妇贞厉，月几望”，此圣人为畜道既成之戒也，此所以终之曰“君子征凶有所疑也”。

① 谗，宋刊本、荟要本作“惧”。

兑下乾上 ䷉

履：履虎尾，不咥人，亨。

《**彖**》**曰：履，柔履刚也。说而应乎乾，是以“履虎尾，不咥人，亨”。刚中正，履帝位而不疚，光明也。**

履者何？《经》曰：“履，德之基也。”韩子曰：“德有凶有吉。”吉凶相辽，奚啻燕越。然皆自所履而始，故北首则燕、南辕则越，顾其所履如何耳。是以君子所履，常虞伤害，恐惧戒敬，不敢失足。《书》云“若蹈虎尾”是也，故履有取于“履虎尾”之义。履之成卦，在于六三，兑以少女柔弱之资而履乾之刚，故曰“柔履刚也”。夫以眇然柔弱之资而履乾之刚，尊卑小大之势至不侔，而刚不吾害者，何邪？盖有道也，说而应之，而不与之校是也。涉世之道，以和说为尚，以眇然之躯行之万物之间，物至众而已。至寡也，不以和说为行，而务与之忤焉，庸免患乎？故曰：“说而应乎乾，是以‘履虎尾，不咥人，亨’。”兑，悦也。初九、九二虽与九四、九五敌应，其体兑也，其性悦也。老子曰：“吾有大患，为吾有身。”噫！吾身岂能为吾患邪？特患不能行是身耳。吾身得所履，则亦何往而不服？又何身之为吾患邪？故曰：“亨，刚中正，履帝位而不疚，光明也。”此九五之所履也，又非柔履刚之谓也。夫涉世之大，莫大于应帝王故也。刚也，中也，正也，此九五所履之三德也。刚则所履之不息，中则所履之无过，正则所履之不变，以是三德而履帝位，庸有慊然之病乎？疚，病也，大抵有所慊于中，则行之于外也，亦必有所不足。今也，备是三德以履帝位，初无不足之慊，则履道之善莫盛于斯也，故曰“光明也”。《书》之称尧曰“聪明文思，光宅天下”，称舜曰“帝光天之下，至于海隅苍生”，谓以帝者之德履帝之位，故其效不得不如是光明故也。

《象》曰：上天下泽，履。君子以辩上下，定民志。

天下有自然之理，常寓于自然之分之中。《礼》曰“天高地下，万物散殊，而礼制行矣。”礼者，自然之理也。循理而行，不踰其节，则得其所履矣，故履亦礼也。上天下泽，有自然不易之分，故为履之象。天下之民，尊卑贵贱自有等差，然或至于卑踰尊、贱妨贵者，盖以上下之分不辩故也。是故，古者谨礼之君子为之立五常之教，制五品之爵，异士农工贾之业，使之车服、宫室、起居、饮食各有常分，则天下之民卑不踰尊、贱不妨贵，其所存蓄自有一定之志，可杀可辱而不可使为乱矣。

初九，素履，往无咎。

《象》曰：“素履”之往，独行愿也。

初九以刚明之德而居履之最下之位，而上无其应，所谓素贫贱者。夫素贫贱，则亦行乎贫贱而已矣。《中庸》曰：“君子素其位而行，不愿乎其外。”则履之初九是也。故曰“素履，往无咎”。夫上无其应，而吾之志愿则亦求其在我者而已矣，吾遑他念乎？故曰“独行愿也”。所谓“在下位，不援上”，初九有焉，孟子之“无官守”“言责”“进退”之“有余裕”是也。

九二，履道坦坦，幽人贞吉。

《象》曰：“幽人贞吉”，中不自乱也。

夫当履之时，进居中位，其视初九为得位矣。然上无其应，则亦与初九同也。九二之时，履坦坦之道，而不忘乎静，正而后吉也。苟为不然，则轻进躁动，失其所之，中心摇摇，与物交战，岂不失其中心所守者邪？故有“幽人贞吉”之戒，谓以幽静无欲之人而处此地，则行道之心不为利禄富贵之所萦乱，而后为得其正而吉也。孟子曰：

“居天下之广居，立天下之正位，行天下之大道。得志，与民由之；不得志，修身见于世。”又曰：“富贵不能淫，贫贱不能移，威武不能屈，此之谓大丈夫。”则履之九二是也。石守道曰：“九二以阳履阴，有幽人之象。”

六三，眇能视，跛能履，履虎尾，咥人，凶。武人为于大君。

《象》曰：“眇能视”，不足以有明也。“跛能履”，不足以与行也。咥人之凶，位不当也。“武人为于大君”，志刚也。

以全卦观之，则兑之柔弱履乾之刚，说应乎乾，则曰“履虎尾，不咥人，亨”。以六三一爻论之，则以六居三，刚很在内，阴暗在外，外无所见，很以待物，故不免涉世之害，而曰“履虎尾，咥人，凶”。卦与爻非固为异也，圣人不尽之意互相发明故尔，夫是之谓《易》。杨中立曰：“《易》中随时取义，固不同也。”夫眇者，非能视也，比之无目者，特一发之间耳。跛者，非能履也，比之无足者亦一发之间耳。然不可与未尝眇、未尝跛者并驾而争明，何也？眇能视，不足以有明故也；跛能履，不足以与行故也。此六三之才也。六三以此才而涉世，不量可否轻重，忤物必罹伤害，故曰“履虎尾，咥人，凶”，盖其所履之位不当故也。夫三，履之高位，而以阴柔履之，岂其所宜邪？故曰“位不当也”。九二以阳履阴，其才刚明，自处阴晦之地，乃幽人也。六三以阴履阳，内幽暗而外刚明，武人也。以武人而履三之高位，为一卦之主，为大君也。外无所见，很以待物，而不免涉世之害，昔人所谓盆成括是也。张横渠曰：“大君，为众爻之主也。武人者，刚而不德也。”

九四，履虎尾，愬愬，终吉。

《象》曰：“愬愬，终吉。”志行也。

《经》曰:“四多惧。”处多惧之地，而复以恐惧自处，所谓“愬愬”也。四处三阳之后，故亦曰“履虎尾”也。始也，“履虎尾”；终也，无忘其“愬愬”之戒。故曰“终吉”。夫九四之志，无忘其“愬愬”之戒，故“履虎尾”而“终吉”，此其志之所以行也，谓其能免涉世之患也。在卦德曰“履虎尾，不咥人，亨”，其九四之谓乎?

九五，夬履，贞厉。

《象》曰:“夬履，贞厉。”位正当也。

九五以刚中履帝位，刚则足以有决，中而且正，则其决也莫不当也矣。故曰“夬履”。夬，决也。夫涉世之大，莫大于应帝王。履以虎尾为喻，而九四所以无见咥之伤者，处多惧之地而不忘于“愬愬”故也。以九居五，其位固正当矣。刚中正之德既无不足之疚，然或不知以危惧自处，则刚有时而息，中有时而过，正有时而变矣。故居此正当之位，又当以危惧自处，则夫履之德终无疚病矣，故戒之以“贞厉”。厉，危也。夫当履虎尾之时，而危惧戒敬之心不可俄顷而弗置之念，而况于九五之位者乎?

上九，视履考祥，其旋元吉。

《象》曰:元吉在上，大有庆也。

上九以刚明之德处履道之成，涉世之患，吾知免矣，其惟此时乎?视履考祥者，凡吾平生所履历者，迎而距之，平心而熟视之，而善恶祸福之祥皆不逃乎吾之所考焉，故曰“视履考祥”。由是自反而仁，自反而有礼，则其所履之吉复自此始矣，故曰“其旋元吉”。夫以“元吉”而履诸上位，此岂“武人为于大君”之比哉?“其大有庆”，宜矣。

卷　七

乾下坤上 ䷊

泰：小往大来，吉，亨。

《彖》曰：“**泰：小往大来，吉，亨。**”**则是天地交而万物通也，上下交而其志同也**。**内阳而外阴，内健而外顺，内君子而外小人，君子道长、小人道消也**。

邵康节曰：“至哉！文王之作《易》也。其得天地之用乎！故乾、坤交而为泰，坎离交而为既济也。”夫天本居上，地本居下，而泰则乾下而坤上，此天地之用也。亦犹火本炎上，水本趋下，而既济则离下而坎上，此水火之用也。程河南曰：“易，变易也，随时变易以从道也。”其是之谓乎！学《易》者知随时从道之说，则天地之用得之矣。夫泰者，通也，天地之用交相通之谓也。天地之道不能有阳而无阴，人之道不能有君子而无小人。故泰、否二卦，阴阳适平，君子小人各相半焉。虽然，时乎泰通，则阳为主而阴为客，君子之势伸而小人之势屈，故小者不能以病大，往者不能以遏来，阴时出而佐阳，小人日听命于君子，此泰之道所以吉且亨也。故曰：“小往大来，吉，亨。”亨即泰也。关子明曰：“乾来内，坤往外，则君子辟，小人阖，故名之曰泰；反是，则名之曰否。作《易》者，其辟君子而通小人之阖也，故以君子名其卦。”以天地言之，乾来居内，天气之下降也；坤往居外，地气之上腾也。此天地之泰也。故曰："天地交而万物通也。"万物通，生理遂也。以君臣言之，二上应五而五下之，五下应二而二承之，此君臣之泰也。故曰："上下交而其志同也。"其志同，趋向一也。以天地人事而兼言之，"内阳而外阴"，则发生自我，而阴则顺承之；"内健而外顺"，则建立自我，而众则皆退而听之。此天下之泰也。故曰："内君子而外小人，君子道长、小人道消也。"夫内外，势也；消长，时也。势然则时亦然，时然则势亦然，此天理、人事所以无二道也。

《象》曰：**天地交泰，后以财成天地之道，辅相天地之宜，以左右民。**

朱子发曰："泰者，天地之交也。财成辅相，以人道交天地也。以左右民，立人道也。"夫天地之道，阴阳、四时是也。天地之宜，则春宜生、夏宜长、秋宜收、冬宜敛之类是也。财成其道，辅相其宜，则因天之时、用地之利，耕垦播殖、疏导粪溉，各有法制，以授之人，使之不失其利，以尽生养之道，此左右之也。司马温公曰："夫万物，生之者天也，成之者地也。天地能生成之，而不能治也。君者，所以治人而成天地之功也，非君则天地何以得其通乎？"此以人道交天地之谓也。

初九，拔茅茹，以其彙征，吉。

《象》曰：**拔茅征吉，志在外也。**

君子之行违，视时而已矣。时乎泰，则君子之道亦泰，故以其彙征；时乎否，则君子之道亦否，故以其彙贞。此否泰之初，皆有"拔茅茹"之象，而"以其彙征""以其彙贞"之随以异也。茅之为物，生于草野侧陋之地，然以洁白为质，君子在下之象也。茹云者，其根茹然而从，引类之象也。时乎泰亨，则君子之类莫不上进，故犹之茅也，其所谓茹然者，皆以类从也。故曰“以其彙征，吉”。彙，类也。征，进也。当是时，君子之类吉于上进故也。九二、九三乃初九之同类者也。阴来下阳，外有其应，故《象》曰“志在外也”。程河南曰：“君子之进，必以其类，不惟志在相先，乐于与善，实乃相赖以济。”

九二，包荒，用冯河，不遐遗。朋亡，得尚于中行。

《象》曰：“包荒”，“得尚于中行”，以光大也。

六五，泰之主也。九二以刚中之才居相应之地，所谓上下交而其志同者。故当君子道长之时，以天下人才为已任，而君子之类兼收而并用之，无有或遗之者。然亦非有所谓朋比者，一以大公为心，故能以刚中之德而上配夫六五柔中之主，以共成此泰亨之治。何也？初九之君子处草野侧陋之地，有茅茹之象，而九二则从而包之，故曰“包荒”。九三之君子，以刚健过中之才艰难以守正，而九二则从而用之，故曰“用冯河”。冯河云者，谓其历涉艰难之才也。荒者不包，历涉者不用，则有忌贤嫉能之失矣。岂能亲近群才，而与之同升乎？故曰“不遐遗”。荒者能包，历涉者能用，则有兼收并用之德，又岂牵于私昵而有朋比之嫌邪？故曰“朋亡”。如此则九二以刚中为行，得以上配夫柔中为行之主，此岂浅中狭褊者之所能与哉？故曰：“包荒，得尚于中行，以光大也。”谓其当君子道长之时，能以天下人才为已任，无所遗弃，无所朋比，一以大公为心，大臣之道不狭且陋如是也。《象》举“包荒”一语，而下文之义亦兼举矣，此亦省文之例也。昔者伯禹之宅百揆，传说之求俊乂，周公之举百工，皆以天下人才为已任者然也。下至李唐之世，房乔、杜如晦为相，如王、魏善谏则逊以直，英、卫善兵则济以文。夫王、魏二子其初亦皆疏仇之臣尔，英、卫二将又非所谓冯河越险之勇者也，皆得以行其志者，盖以房、杜为相故也。

九三，无平不陂，无往不复，艰贞无咎，勿恤其孚，于食有福。

《象》曰："无往不复"，天地际也。

呜呼！吾观诸泰至于九三，而知物理之变诚若循环然也。又知《易》之为君子谋也，何其深且至也！夫物极则反，天地之理也。九三，乾之极也，而当天地交际之地，在下者必升，在上者必降，则泰极而必否矣。夫何疑邪？故当是时也，为之戒曰：无有安平而不险陂者，谓泰道之无常也；无有往于外而不复于内者，谓三阴之必复也。平者陂而往者复，则泰反而为否矣，此物理之循环也。君子于此时，以刚健过中之才处天地交际之地，何修而可以保泰之福哉？曰：当泰之时，人情狃于久安而不知安之将危，人情惰于因循而不知时运之将往，而我乃不敢安逸，艰难守正，以人待天，以义胜命，如此则可以保其泰而无咎矣！故又戒之曰："艰贞无咎"，盖天人有交胜之理故也。夫上下之相与，不可以不孚，亦不可以必孚。三与上居相应之地，夫苟恤上之孚已也，则亦相胥而为否矣，又何"艰贞"之云乎？故又戒之曰"勿恤其孚，于食有福"。以言勿恤上之孚己，而艰以自守焉，则可以保泰而食有福矣。《易》之为君子谋也，又何其深且至也！夫阳降于下必复于上，阴升于上必复于下，往来升降之理有如循环如此，九三当天地交际之地，可不戒哉！故《象》又申其戒曰："无往不复，天地际也。"关子明曰："象生有定数，吉凶有前期，变而能通，故治乱有可易之理。"大哉人谟！其与天地终始乎！则九三之"艰贞""勿恤""有福"是也。

六四，翩翩不富，以其邻，不戒以孚。

《象》曰："翩翩不富"，皆失实也。不戒以孚，中心愿也。

夫泰之世，君子在内，小人在外。在内，则居中以制乎命；在外，则退聽乎我而不敢违。君子小人各安其所，此所以泰也。然阳必求阴，阴必求阳，阴阳之情也。上必应下，下必应上，上下之道也。三阳道长，相率而上，故三阴失实，各复于下。六四当三阴志于下复之初，故曰“翩翩不富，以其邻”。夫鸟之飞也，非能有志于高也，翩翩然回翔四顾，盖将卜物而即之焉尔。当泰之时，三阴志于下复以应乎阳也，非能应乎阳，以其久此泰也，应之者将以成否也。夫阳以得阴为富，阴亦以得阳为富，小畜六四曰“有孚惕出，上合志也”、九五“有孚挛如，不独富也”是也。今六四之应初九也，与其邻之六五、上六皆志于下应，而谓之“翩翩不富，以其邻”，则皆非以得阳为富也。非以得阳为富，则皆失其应阳之实矣，故曰“应之者将以成否也”。君子之借助于小人也，其始虽若顺适吾志，而未有深害遽患之可睹也；迨其终也，则小人为主、君子为客，为客者日负，为主者日胜，夫然后患害可见矣。此阴阳之所以易位，奸人之所以逞毒，夷狄之所以乱华[①]，而至于不可制也。否泰升降之理如此，吁！可畏也！原其初，盖亦本于阴阳之情，知相信而已，而无有致其戒于其间也。夫阴阳相求，上下相应，当通泰之时，徒知相与交通以尽吾心之所愿欲而已，曷尝致戒于其间而后为此相信也哉！迨夫三阳上升、三阴下复，则否泰又反其类矣，则所谓“不戒以孚”云者，非阴之罪也，乃阳之过也。故曰四与初居阴阳相应之地，而《易》则寓其旨于四，曰“不戒以孚”，责初九也。而九三之“艰贞无咎”则明以戒之曰“勿恤其孚”，又何有于上六之应也哉！张横渠曰：“《易》为君子谋，不为小人谋。”于此益可见矣。

六五，帝乙归妹，以祉元吉。

《象》曰：“以祉元吉”，中以行愿也。

---

① 夷狄之所以乱华，依据宋刊本补，原为空格，注“缺”。

程河南曰："阴阳之升降，乃时运之否泰，或交或散，理之常也。泰既过中，则时变矣。"故圣人于三之"艰贞"则曰"有福"，盖知戒则可保。至四，理必变也，故专言始终反复之道。五，泰之主也，则复言处泰之义。"帝乙归妹"，泰之义也。《书》曰"自汤至于帝乙"，则汤至帝乙，二王也。而《子夏传》乃曰："帝乙归妹，汤之归妹也。汤，一曰天乙。"京房亦载汤归妹之辞曰："无以天子之尊而乘诸侯，无以天子之富而骄诸侯。阴之从阳，女之从夫，天地之义也。往事尔夫，必以礼义。"则帝乙归妹，汤之归妹也。六五以柔德居君位，而下应于九二刚中之贤而顺从之，故有帝乙归妹之象。"以祉元吉"，谓当泰之时，去其骄泰之心，而以礼义往应乎二，于以受其祉福而且"元吉"也。《象》曰"以祉元吉，中以行愿也"，谓以柔中之德而行此志愿，以合乎下，故能受其祉福且"元吉"也。夫惟六五"中以行愿"，故九二"得尚于中行"矣，所谓上下交而其志同如此。

上六，城复于隍，勿用师，自邑告命，贞吝。

《象》曰："城复于隍"，其命乱也。

泰至上六，极矣。治极必乱、高极必危，理之常也。上六，坤之终也。坤之四积而至于上六，高而危，危而覆矣。故曰："城复于隍。"夫穴土以为隍，累土而高之以为城，亦犹治道积累以成泰也。今也当泰之极，将反于否，则前日所累之土复反于隍之象也。夫上失其道，民散久矣。当泰之极，习于晏安，而民心日离，思乱者众，当此之时，人谁我用哉？故曰"勿用师"。邑，亲近之地也。"自邑告命"，谓既不我用，方且从其亲近而告命之，则其所告命也，虽得其正而从之者亦鲜矣，故曰"贞吝"。夫令焉而莫不听、命焉而莫不从者，上下之心一也。今焉，上有命而下从之者鲜，则慢令而逆命者多矣，故《象》曰

"城复于隍，其命乱也"。

坤下乾上 ䷋

否：否之匪人，不利君子贞，大往小来。

《彖》曰："**否之匪人，不利君子贞，大往小来。" 则是天地不交而万物不通也，上下不交而天下无邦也。内阴而外阳，内柔而外刚，内小人而外君子，小人道长、君子道消也。**

呜呼！吾观否、泰二彖，君子小人之用心备见而无遗矣。夫君子小人之相为往来，固也。泰之《彖》特曰"小往大来，吉，亨"，而否之《彖》先之以"否之匪人，不利君子贞"而后继之以"大往小来"云者，我知之矣。夫君子之与小人，其道固异，其设心亦异久矣。君子得志，则使小人各安其所，吾之心未尝不利乎彼也。故小者既往，则大者必来，若天理之自然也。故泰直曰"小往大来，吉，亨"，初无他事也，故无他说也。若否则不然矣，彼小人者不与吾君子无龃龉不合之势，则君子必不引去，而小人亦未必果来也，故其设心必先有所不利乎我，而后君子尽去，彼得以自肆矣。故否曰"否之匪人，不利君子贞，大往小来"也。匪人，所谓非君子人也。人非君子，则平时与吾君子如枘凿之不相入者，正斯人也。匪人得志，则君子之道否塞而不行矣。夫正道之在天下，不可以一日无也。今也，吾君子之道否塞而不得行者，皆否之匪人不利乎贞是也。使小人而利君子之贞，则天下不否矣。盖小人之心，同乎已者则利之，异乎己者则不利也。所谓不利云者，非必害之也，彼此之势若枘凿然，而不相入故也。夫惟彼己之势既不相入，故大者往而小者来也。然则小人之心非不利吾君子也，不利吾君子之正也。使君子言非正言、行非正道，则彼固利之久矣。呜呼！此吾于否、泰二彖所以备见君子小人之用心也。《经》曰："否、泰，反其类也。"惟反其类，故《彖》之所言一切相反。以天地言之，乾往乎上而天气不下降，坤来乎下而地气不上腾，天地之不交如此，万物何由而通乎？此天地之否也，故曰"天地不交而万物不通也"。以君臣言之，三阳往居于外，各安其位于上，三阴来居于内，各安其位于下，此上下之不交如此，天下何由而有邦乎？此君臣之否也，故曰"上下不交而天下无邦也"。不云其志不同，而云天下无邦，何也？曰：时乎泰也，上下同志，非志于逸豫也，为民而已。《书》云："明王奉若天道，建邦设都。""不惟逸豫，惟以乱民。"当否之时，上下不交，则所谓邦者，未尝无也，然乱民之责属之谁乎？故有邦犹无邦也。曰"无邦"云者，甚之之辞也，犹诗人所谓"周余黎民，靡有孑遗"是也。以天理人事兼言之，"内阴而外阳"，则阴为主而阳为客，阴阳之易位也；"内柔而外刚"，则柔为主而刚为客，刚柔之易位也。犹《诗》"枝叶未有害，本实先拨"是也。不云"内顺而外健"，而云"内柔而外刚"，何也？曰：健顺以用言也，至否则君子之正道否塞而不行，非可以用言也，此天下之否也。故曰："内小人而外君子，小人道长、君子道消也。"原其所以致此者，无他也，"否之匪人，不利君子贞"而然尔。吁！彼小人者，真可畏也哉！

《象》曰：天地不交，否。君子以俭德避难，不可荣以禄。

否，君子道消之时也。圣人屡称"君子"云者，亦犹坤之上六"为其嫌于无阳，故称龙焉"之意也，所谓天道不可一日而无阳、天下不可一日而无君子是也。然吾观《易》之于君子，何其爱之之深而虑之之周也！盖于否之时见之矣。何也？《彖》曰"不利君子贞"，斯言也，以小人之吾忌也，吾独奈之何哉！故有"大往小来"之说，以言当此时也，吾不得不往以听其来也。至《象》又明告之曰“以俭德避难”，告之以斯言，尽之矣，又继之曰“不可荣以禄”，则爱之之深、虑之之周如是哉！故张横渠曰“《易》为君子谋”者，此也。夫“天地闭，贤人隐”，吾于此时，祈于无咎无誉足矣。若不避小人之锋而乃了然于人，曰“当斯世也，非我不可也”，则难不可逃矣，故当俭吾德，如天地之闭焉而后可。夫禄，仕人之所荣也，然有所可、有所不可，视时而已矣。当此时也，若干禄欲仕之心作于其中，有不能已者，则难亦何可避？此惟寂惟寞之人所以不免于投阁之祸也。

初六，拔茅茹，以其彙贞，吉，亨。

《象》曰：拔茅贞吉，志在君也。

程河南曰：“泰与否，皆取茅为象者，以群阳群阴同在下，有牵连之象也。泰之时，则以同征为吉；否之时，则以同贞为亨。始以‘内小人而外君子’为否之义，复以初六否而在下，为君子之道，《易》随时取义，大抵然也。”夫否之初六，虽有其应，然当此之时，上下隔绝而不通，故初六无上应之义，惟其以彙守吾正而已。彙，谓六二之类也。“吉，亨”，泰之时为然也，而初六以其类贞而亦吉且亨者，诎身以伸道，故无往而不吉，亦无往而不亨也。吉，谓免祸；亨，谓信道也。虽然，君臣之义不可废也。时方否塞，故以彙守正于下。若反否而为泰，则亦如初九之以彙征也。故初九之《象》曰“志在外也”，而初六之《象》亦曰“志在君也”，以言行止虽系于时，而君子之志于君，亦无往而不在也。

六二，包承，小人吉，大人否，亨。

《象》曰：“大人否，亨。”不乱群也。

六二处三阴之中，其质则阴柔也，其居则中正也。当否之时，小人欤？大人欤？小大之辨，不可以一言判也，故《易》于此两言之。或曰："小人吉，大人否，亨。"以言当此之时，处此之地，惟所择焉尔。在己之下者，包之初六是也。在己之上者，承之六三是也。当上下不交之时，五虽正应，无由而通，故取之左右以尽"包承"之义，此亦小人之常态也，故吉。乃若大人，则不然矣。拔之群流之中，此身虽否，不以非道而求合于众。吾无所弃，何以包为？吾无所忤，何以承为？此身虽否，而此道不否而亨也。又岂务为小人"包承"之事，以杂乱于群流之中而不自知也邪？夫大人之所为，其与小人固不可同日而语久矣。《易》于此特兼言之者，盖为否设故也。然则善处否者，非大人其孰能之？

六三，包羞。

《象》曰："包羞。"位不当也。

泰与否，时虽不同，而往来循环之理则一也。泰至九三，而否之形已兆于此时，故曰"无平不陂，无往不复"；否至六三，而泰之形亦兆于此时，则所谓"无平不陂，无往不复"，亦可知也。何也？此皆天地交际之地故也。然九三之在泰也，艰难以守正，而能食泰之福，君子不以为愧。六三以不中不正而居此地，不知时运将变而有不当位之羞矣。谓之"包羞"云者，以言未罹于祸，则其为羞也，尚包蕴而未发；若夫已罹于祸，则向之包者发矣。如卯金修德之祥，已兆于哀、平之季，为扬子云者，妙极理数，非不知也，乃且著书立言以伊周安汉公，至新室既成，又且作为文章剧秦而美之，此否之六三所谓"包羞"也。俄而天禄之祸作于匪夕，遂贻羞于千古，君子以谓雄之所包者至是而发矣。

九四，有命，无咎，畴离祉。

《象》曰：“有命，无咎”，志行也。

否道至九四而革矣，虽然，非四与五同德相济，君焉有命而臣行之？臣焉有志而君命之？则君子之类何所恃乎？大抵古者，君子有能为之才，当可为之时，居当为之地，而天下之难固赖我以济，天下之功亦赖我以成。然非君命我焉，则有专命之嫌矣，此专谋、专对、专盟、专伐、《春秋》所为讥也。今也，九四有济否之才，而九五之才又岂特十倍于九四[①]也，苟不禀命而行，则上下不交之否，又何时而已邪？故曰“有命，无咎”，以言必待君命，则无《春秋》之讥，而济否之志可得而行矣。畴，类也。离，丽也。祉，福也。夫一君子之志行，则众君子皆得以行其志，如泰之初九所谓“以其彙征，吉”也，孰不蒙其福乎？程曰：“当君道方否之时，处逼近之地，所恶在居功取忌，若能使动必出于君命，威柄一归于上，则无咎而志行矣。”

九五，休否，大人吉，其亡其亡，系于苞桑。

《象》曰：大人之吉，位正当也。

虽有其位，苟无其德，不可已天下之否也。虽有其德，苟无其位，亦不可已天下之否也。以九居五，其德与位称矣乎！此天下之否所以已于九五之大人也，故曰“休否，大人吉”，而《象》曰“大人吉，位正当也”。虽然，休否易，使天下终无否难。“其亡其亡，系于苞桑”，此无否之戒也。夫休否为泰者五也，然去否未远也。去否未远，夫苟昧其所可戒，而谓已安已治矣，则否未可休也。故心之危惧，终日栗栗，常虞否之复来，而曰“其亡乎，其亡乎”，而后可也。桑之为物也，既条而复苞，则亦既苞而复条，其荣悴之不可常殆亦反掌之间尔。譬之今日之否休矣，又乌保来日之无否乎？故“其亡其亡”常“系于

① 九四，原作“四四”，据上下文改。

苞桑”之戒，而不敢少忘焉，则否庶几乎其可无也。唐太宗尝问侍臣曰：“创业守成孰难？”为玄[①]龄者则曰：“创业难。”为魏征者则曰：“守成难。”太宗曰：“玄[②]龄从我冒百死出一生，故知创业之难。征常恐我骄奢生于富贵，祸乱生于所忽，故知守成之难。然创业之难，既已往矣，守成之难，方将与诸公谨之。”噫！若太宗者，其能系念苞桑之戒乎！

上九，倾否，先否后喜。

《象》曰：**否终则倾，何可长也。**

泰之上六，“城复于隍”，泰之倾也。否之上九，直云“倾否”而无所假象云者，人心所在，无待于旁引而曲喻也。《经》曰：“圣人之情，见乎辞。”为是故也。夫方否之时，人情壅塞而不通，其亦可知也已。忠言嘉猷不接于冕旒，德意志虑不孚于兆姓，民瘼不求也，遗才不收也，奸竖佞嬖日与端人为仇也，贪夫暴吏日与善类为蠹也，则亦既已久矣。一旦否塞之患倾倒而无余，则人之情孰不洒然而醒、濯然而明，如屈获信，如縶获行矣。故曰“先否后喜”，而《象》曰“否终则倾，何可长也”。夫由“否终则倾”之言以观，则否极而泰，此固理之常也。由“倾否”之言以观，则上九“倾否”而不云“否倾”，人力居多焉。何者？以阳刚之才，而处否之终，固所优为故也。程河南曰：“反危为安，易乱为治，必有刚阳之才，故否之上九则能倾否也，屯之上六不能变屯也。”

① 玄，原作“元”。
② 同上。

卷　八

离下乾上 ䷌

同人：同人于野，亨。利涉大川，利君子贞。

《彖》曰：同人，柔得位得中而应乎乾，曰同人。同人曰“同人于野，亨利涉大川”，乾行也。文明以健，中正而应，君子正也。唯君子为能通天下之志。

昔者，尝闻圣人建立之极也，扶翼人道以配天地。人道既植，和气乃通，周流磅礴，不失一物，济济有序，远近若一，用能与天地相为无穷也。盖自去古渐远，人伪日滋，分三才而裂之不已也，又并与人道尺寸而分剖之。强者侵，众者夺，矜者忿，愚者诈，畦町尔汝，德锄谇箕，无所不至，昔之所谓气之和者移而为锲薄矣，昔之所谓序之济济者转而为贸乱矣。若是不已，则禽兽而后已，又岂特夷狄[①]鬼蜮而已乎！呜呼！此《易》之所以作也！此《易》之所以有同人也！或问之曰：同人之作，其能已后世之睽异欤？吾徒见其所以为卦者六二也，而六二则曰“同人于宗，吝”，二之所应者，五也，而五之梗于三、四，未得以应乎二也，则不免于号咷。迨其相兵相克，而获遇其应也，则获笑焉。彼三与四之无与于二，命也。曾不顾义分，或伏于莽，或乘其墉，以与五立敌焉，此何为也哉？故程河南曰：“二同于系

① 夷狄，据宋刊本改，原注“缺”。

应，有所偏与，在同人之道为私狭矣，故可吝也。”又曰：“五以私昵应于二，先隔则号咷，后遏则笑，此乃私昵之情，非大同之体也。于君道无取。”诚如是说，则同人之任属之谁欤？应之曰：子独不闻夫《易》之作也，其衰世之意邪？世道不衰，则《易》可无作也。故夫同人之三与四者，乃上下之际而同异之分也，所谓交争而迭攻之地也，梗难不去则莫有能同之者。故当是时也，在下者常谨守其分以待乎上，在上当去其强梗之难以通乎下，强梗之难去则上下相，与以施同人之化，而天下大同矣。《彖》所谓“同人于野”此其极也，是之谓能任同人之责。然则二何嫌于吝，而五又何嫌于号与笑乎？不然《彖》之所谓“柔得位得中而应乎乾，曰同人”者谁乎？所谓“文明以健，中正而应，君子正也”又谁乎？亦必曰：二与五而后可也。夫柔不得位则柔无以立，柔不得中则柔至于过，柔而不应于乾则又无以济夫柔也。有此三者，此六二之所以能同人也。盖无是三者，则徒知同之为同，而不知其所以为同矣。岂不可为同人病邪？故曰“柔得位得中而应乎乾，曰同人”，同人之《彖》曰“同人于野，亨，利涉大川”云者，此六二应乎乾以有行之效也。夫同人之道贵乎远，虽然，不能近，乌能远？同人之道可与处患难，虽然，不能处平易，乌能处患难？“同人于野，亨”，此同人之道贵乎远也，然近而三与四吾或昧其所之焉，岂不害吾悠远之道乎？“利涉大川”，此同人之道可与处患难也，然出处语默，吾与五或相戾焉，岂能处患难如平常乎？然则同人于野必期于亨，涉大川而必期于利，非应乎乾而与之偕行不可也。“文明以健，中正而应”，此又合离与乾、二与五而赞六二应乎乾之义也。夫文明则能烛理，刚健则能克己，二以柔顺中正而应乎五，五亦以刚健中正而应乎二，此二、五之君子咸以正道相与而然也，故曰“利君子，贞”，又曰

“君子正也”。彼天下之人，其所恶欲趋舍之志虽曰不同，而吾以君子之正一以贯之，则亦无有不同者矣。故又终之曰“唯君子为能通天下之志”。君子之所以通天下之志者，以君子之正故也。何谓君子之正？曰：其在卦爻，则六二、九五是也；其在人，则吾心之所同然常久而不已者是也。圣人所以扶翼人道者，扶翼此者也。

《象》曰：天与火，同人。君子以类族辨物。

夫同人之道，其所以为同者，初非混然无所区别之谓也。天下有不同之物，吾安能强之使同也？则亦随夫物之不同也，而与之为不同焉尔，又何害其为同也？昔者，孟子尝设喻曰：白雪之白，无以异于白马之白。夫雪与马俱是白也，今将谓雪为马，可乎？不可也。又曰：长人之长，无以异于长马之长。夫人与马俱是长也，今将谓马为人，可乎？亦不可也。此同人之道所以欲类物之族，而后物得所辨也。物得所辨，则以不同同之，乃所以同之也。夫天运乎上，火亦炎上，此雪与马俱白、马与人俱长之谓也然。指天而谓之火，不可也；指火而谓之天，亦不可也。两皆不可，而乃以天与火为同人之象，何也？曰：取其俱是上也而已矣。苏东坡曰：“水之于地为比，火之于天为同人，同人于比相近而不同，不可不察也；比以无不比为比，同人以有所不同为同。”斯言得之矣。

初九，同人于门，无咎。

《象》曰：出门“同人”，又谁咎也。

九以刚明之才，方当出而同乎人之初，外无其应，无所决择，内之诚敬方新，而慢易之心不生，此正夫子告仲弓所谓“出门如见大宾”之时也。夫当出门而同乎人之初，无所决择则亦无所不同，无所不同则亦夫谁不我同也。人既我同，则亦将敬我之不暇矣，所谓咎我者又其谁也？然则此非人之不我咎也，我其初未尝取咎于人也。

六二，同人于宗，吝。

《象》曰：**“同人于宗”，“吝”道也。**

《易》以卦为时，以爻为人，一卦而六爻，则是同时也，所以趋是时也，不可以同是人也。同人，天下大同之时也，故卦之德有取于“同人于野”。虽然，当是时也，以六居二，卦惟一阴，众阳之志皆欲同之，使二于此曾无决择于其间，非所谓君子之正也。故当此之时，居此之位，在夫静以有守，谨其所之。彼三与四，当上下之交，犯义命之戒，我乃谨守其操，自俭自啬，如处子、如贞妇，而惟吾所宗者之是同焉，可也，故曰“同人于宗，吝”。宗云者，己之所尊而敬者，谓九五也。如三与四，则非二之所尊而敬者也。然则六二之吝，固其分也，其可以吝道少之哉？程河南曰：“二同于系应，有所偏焉，在同人之道为私狭矣，故可吝也。”岂亦未之思邪？

九三，伏戎于莽，升其高陵，三岁不兴。

《象》曰：**“伏戎于莽”，敌刚也。三岁不兴，安行也。**

夫阴阳之情笃于相求。又况当同人之时，卦惟一阴，众阳之志皆欲同之，而三之与二，又近而与之比，故欲攻五以据其应，或伏或升，以伺其衅。“伏戎于莽”，将以中五也，“升其高陵”，将以阻二也。以九三之刚而俯以就其六二之阴，“伏戎于莽”之象也。三，下卦之上也，而以九履之，“升其高陵”之象也。夫当同人之时，无所与同，不顾义命，而徒恃其刚焉，然则以刚敌刚，安能行其所欲哉？是宜三岁之久，终不能兴也。大抵二与五以君子之正相同相应，而三与四以小人间于其间，宜其终莫能间之也。三，数之成也。在爻为三，故曰三岁，然亦只取久意。

九四，乘其墉，弗克攻，吉。

《象》曰："乘其墉"，义弗克也，其吉，则困而反则也。

四之弗顾义命，与三同也。然商其罪之轻重，则困而反，则与三岁不兴者有间矣。夫墉，内外之限也，三与四交际之地也。四阴在内，九履其上，故曰"乘其墉"，其志亦欲阻二以攻五也。虽然，九三以刚敌刚，犹不能行其所欲，况九四之非全刚乎？其"弗克攻"，宜矣。盖非全刚，则不敢恃其刚也；恃其刚者，必其刚过也。九三恃其过刚，则必至于三岁不兴，而终无知反之期。九四不敢恃其刚，故知其攻之"弗克"也，则断之以义，而反其在我之则焉，初无待于三岁不兴，失则而不知反也。孟子曰："困于心，衡于虑，而后作。"四之困而反则，故圣人于此以吉予之，予之以吉者，盖亦以开小人知反之门也。呜呼！圣人之设心如此，则反天下之睽异而为同也，又何难欤？

九五，同人，先号咷而后笑，大师克相遇。

《象》曰：同人之先，以中直也。大师相遇，言相克也。

《易》中以号笑兼发其义者，凡有三焉而已矣。萃之于初六曰"若号，一握为笑"，以言"乃乱乃萃"之无常也，亦犹中孚之六三云"或泣或歌"之谓也。旅之上九与同人之九五，则以"号咷"之先后相反为言者。夫旅之上九身处乎外，亢然居上，下无应援，非能与人同者，而人亦弗之同焉。故曰："旅人先笑后号咷。"盖言初之嘻而终之戚也。同人之五则异乎此矣，五以君子之正，下应六二，二以君子之正，上应九五，二人同心久矣。九三、九四以二刚间乎其间，故二不得不自俭自吝、谨其所守，以待夫五。而五亦不得不自恐、自惧以克乎敌，而下通夫二也。夫夬，决小人之卦也。以五君子而夬一小人，宜无甚难也，而九二以莫夜之有戎也，而不免于惕且号焉，则同人之五虽居利势，而三、四二刚腹心之患不轻也，乌能无号咷之惧邪？惟能有恐惧于其先，则能无恐惧于其后矣。故曰："同人，先号咷而后笑。""大师"谓其敌之刚也，其曰"相克"，则其恐惧宜多矣。大师相克之后，乃获与二相遇，则先号咷者大师相克也，后笑者与二相遇也。夫二、五之君子，以正相与，此所谓中直也。当恐惧之初，号咷之先，二人之心未始不同，而二刚不能间焉者，以中直故也。故《系辞》于此爻又释之曰"二人同心，其利断金"，谓克去者二刚也。"同心之言，其臭如兰"，谓"先号咷而后笑"也。司马温公曰："德之未孚，信之未光，近者不服，远者不怀，故号咷也。中则不阿，正则不私，不阿不私，天下归之，始于忧勤，终于逸乐，故后笑也。"而程河南乃曰："五以私昵应二，先隔则号咷，后遇则笑，此乃私昵之情，失大同之体也，于君道无取。"岂亦未之思邪？

上九，同人于郊，无悔。

《象》曰："同人于郊"，志未得也。

上九处不争之地，不同乎人而亦不异乎人者也，故曰"同人于郊"。夫"同人于郊"，固不若"同人于野"之广且远也，然与其争非其应，而动九五之师者，固有间矣，故曰"无悔"。曷不观诸九四乎？九四之《象》曰"其吉，则困而反则也"，此有悔之谓也。若上九处不争之地，则未尝失则也，亦未尝反则也，何悔之云？虽然，当同人之时，以刚健有行之才，而处不同人之地，亦岂其所愿欲然邪？盖亦有不得已焉者矣，故曰"志未得也"。何谓有所不得已？曰：所居之位然也。

乾下离上 ䷍

大有：元，亨。

《彖》曰：**大有，柔得尊位，大中而上下应之，曰大有。其德刚健而文明，应乎天而时行，是以元亨。**

夫众不能治众也，故善治众者不以众而以寡。刚不能制刚也，故善制刚者不以刚而以柔。大有之有五刚，有之亦难矣。何难乎？曰：贤者之难乎？以势屈之也。材者之难乎？以势驱之也。然则孰有之？曰：非六五之柔不可也。故五以言其位，则尊位；大中以言其应，则上下俱应。上而上九，以吾能尚其贤也，降其志而比乎我；下而自初至四，以吾能用其材也，以其类而从乎我。其所有岂不大矣哉？噫！此非以五之势而能有是大也，以五之不自恃其势而能有是大也。夫不自恃其势，此岂君人有大之私术也？天为刚德，犹不干时；人君之德，本之以刚健，济之以文明，与时偕行，而无以异于天焉。则天之运动而天下亦莫吾遏矣，此其所以元亨也。故其在卦德则内刚健而外文明，六五与九二居相应之地，顺而应之，无所违也。故曰："其德刚健而文明，应乎天而时行，是以元亨。"大舜之为君也，其能尽此道欤？不然，何其有是大也？盖昔者，尝因孟轲氏"大舜有大焉"之言，而参之以《书》与庄周之说，然后信其有是大也。《书》之称舜曰："玄[1]德升闻，乃命以位。"夫帝之位亦尊且大矣，而语帝之处此者则"温恭"而已，非柔得尊位而大中之谓乎？然则其在当时，朝觐归之，讴歌归之，讼狱归之，无惑乎上下应之多且众也。是以庄周氏得以诵其微言曰"天德而出宁，日月照而四时行"，元亨之效可见于此。然则语大有之盛，大舜有焉。

---

① 玄，原为"元"，依原文改。

《象》曰：火在天上，大有。君子以遏恶扬善，顺天休命。

光无不被，然后微小无所遗。大有之《象》有取于火在天上云者，光无不被之谓也。其所有岂不大乎？君子观此象，则吾之明不敢以私心用之，惧其所有之不大也。惟夫不自私其明，故恶者遏之，禁天下于未然，使天下皆知小人之弃也；善者扬之，导天下于将然，使天下皆知君子之归也。夫天下之生是人也，而命之以此性也，固欲人君辅而成之也，而人君乃能顺是命而不违，则天之休命实得之矣。大抵大有，盛治之世也？夫苟天下未能皆君子，而犹有未免为小人之人者，则亦未为治道之大成也，故《象》有及于此。

初九，无交害，匪咎，艰则无咎。

《象》曰：大有初九，"无交害"也。

在下位而不援上，此君子处下之道也。然当大有之初，则以无交为害，何者？当是时也，六五柔德之主也，得尊位，大中而上下应之，故二应于五，三亨于天子，四与上居近密之地，而初九则独处于下，而无交焉，岂不害于上下应之之义乎？虽然，亦非有咎也。交道之难，其来尚矣。使初不知艰以自守，而务以苟合苟进焉，则虽知"无交"之为有害，而不知苟合苟进之为有咎也。故又曰："匪咎，艰则无咎。"盖予之也。夫能务处其身于无过之地，则其于交际之地必能謹其所予矣。故《象》特谨之曰："大有初九，'无交害'也。"

九二，大车以载，有攸往，无咎。

《象》曰："大车以载"，积中不败也。

南丰曾子固曰："夫所谓宰相者，以己之才为天下用，则为天下用而不足；以天下之才为天下用，则为天下用而有余。"大有九二有"大车以载"之象，则以天下才为天下用之谓也。故曰："有攸往，无咎。"

而《象》曰“积中不败也”，此为天下用而有余也。何则？大车积集众材而成也。大有，众材辐凑之时也。九二之材[1]，刚而中者也，又处众刚之材之中，则集众刚之材以会于中，而成此荷载之功者也，则其有所往也，夫何覆败之虞乎？大有之世，事崇而业巨者也。六五之君，方且体谦虚之德，而以仰成众贤为心。当是时也，非有任事之材[2]，以荷载为职不可也。九二以刚中之材，处于相应之地，固其任也。然当众材辐凑之时，使二也无赖乎众材之助而独以己之材为天下用焉，宁无咎乎？又宁无败乎？然则其象有取于大车之载，其旨远矣。

九三，公用亨于天子，小人弗克。

《象》曰："公用亨于天子"，小人害也。

三，盛位也，而以九居之，刚之胜也。夫处刚胜之地，当盛大之时，上有谦虚之主，而吾岂可以满盈而居此位乎？惟不以满盈为心，则存诸中者无非奉上之公，故在上者无所疑，而在下者亦无所嫌，此九三之心所以获上通于天子也，故称“公”焉。若夫小人则不然，处刚胜之地，当盛大之时，徒知骋私纵欲以违戾取害而已，其能以奉上之心为心邪？故曰“小人弗克”，又曰“小人害也”。夫大有之九三，以公处之则能上通于君，以非公处之则为小人之害。《易》于此一爻亦兼设其义者，所以示戒深矣！

九四，匪其彭，无咎。

《象》曰："匪其彭，无咎。"明辨晰也。

以九居三，处刚胜之地，大有之盛也，固不得不设小人之戒，若九四则不然也。何也？四，阴位也，以挹损为事，故刚而不至于过；

① 材，宋刊本作“才”。下同。
② 材，宋刊本作“六”。

四，离之初也，以明辨物理为智，故刚而无待于戒，则与九三固有间矣，故曰“匪其彭”。彭，旁也，谓三也。以言非如九三之刚胜，而复设小人之戒也。如是则当大有之时，处近五之地，夫何咎乎？夫大有于九三取其公，复虑其不能公；于九四与其明，复虑其不能明，则九四之“明辨”之“晰”贤于人远矣。

六五，厥孚交如，威如，吉。

《象》曰：**“厥孚交如”，信以发志也。“威如”之“吉”，易而无备也。**

人君能使人不敢违，不若使人不忍违。夫使之不敢违，非有号令隄防之不可也。至于使人不忍违，则非有所谓号令之烦也，亦非有所谓隄防之素也，一出于诚信云尔。六五以一柔有众刚，上下众刚惟我是应，而无或违之者，无他道也，虚中无我，扩然大公，一以诚信之道感发众志，则天下之志亦还以此而应夫我矣，此上下交相亲之道也。故曰：“‘厥孚交如’，信以志也。”夫上下交相亲则强，强则无山溪而固，无甲兵而威，夷然和易，初无备御，而不怒之威自孚于上下之间矣，何吉如之！此诚信待物之效也。故曰：“威如之吉，易而无备也。”然则，六五能使人不忍违者，曰孚而已。大哉孚乎！

上九，自天佑之，吉无不利。

《象》曰：**大有上吉，自天佑也。**

六五以一柔有五刚，自初至四，五能用之，故以其类而从夫五。上九独在五上，五能尚之，故降其志而比乎五，《系辞》所谓“履信思乎顺，又以尚贤也”，则上九是也。夫以九居五之上，而五尚之，此非尽处有之道而能以人应天也欤？当大有盛治之极，而能以人应天，则佑之自天，宜矣！故动罔不吉而无所不利，谓大有至此愈有隆而无替故也。然则当大有之极，莫大于得天；而所以得天也，又莫大于尚贤尚贤；则所谓以人应天也。

艮下坤上上䷎

谦：亨，君子有终。

《彖》曰：**谦，亨。天道下济而光明，地道卑而上行。天道亏盈而益谦，地道变盈而流谦，鬼神害盈而福谦，人道恶盈而好谦。谦，尊而光，卑而不可踰，君子之终也。**

谦者何？不居其有之谓也。夫既有其有矣，而不复居其有者，非以为伪也。《书》曰："有其善，丧厥善；矜其能，丧厥功。"盖不居其有者，则欲不丧其有故也。亨，通也。司马温公曰："人之将有为也，将有行也，施之以谦，则无不通也。"程河南曰："他卦皆有凶咎，惟谦未尝有凶咎；他卦有待而亨，而谦则便亨。盖谦有亨之道故也。""天道下济而光明，地道卑而上行。"此以天地之道而明谦之所以亨也。夫天气下降，以济万物，天之谦也；化育之功，光明著见，则谦之亨也。地势卑顺，处物之下，地之谦也；其气上行，以交于天，则谦之亨也。天地为大矣，其道均不外于谦。君子德盛如天，业广如地，而不以谦将之，其何以保其终？其曰"君子有终"，则谦之亨也。夫盈者，谦之反也。谦则不盈，盈则不谦，故又继之以天道之亏益、地道之变流、鬼神之害福、人道之好恶，与夫"尊而光，卑而不可踰"之义，以明君子之所以有终也。朱子发曰："天地也，鬼神也，人也，以分言之则殊，以理言之则一。故观日月之进退，则知天道之亏益；观山川之高卑，则知地道之变流；观人道之得丧，则知鬼神之害福；观物论之取舍，则知人道之好恶。"又曰："谦之为德，其至矣乎！所处尊矣，道则弥光也。所执卑矣，德则弥尊也。君子观诸天地，验诸幽明，故处卑而不争，居尊而能降，愈久而不厌，乃能有终，故曰‘君子有终’。其在六爻，则九三是也，故曰‘劳谦君子，有终，吉’。”

《象》曰：**地中有山，谦。君子以裒多益寡，称物平施**。

天下之物，崇高者莫如山，卑下者莫如地。地中有山，则卑下外施而内蕴其崇高者也。夫崇高蕴于内，则高者降；卑下施于外，则卑者升。高卑适平，谦之义也。君子之观此象也，则裒取夫多，增益夫寡，称物而施，适平而止，以尽夫天理之所当然者。朱子发曰：“以贵下人，则贵贱平矣。以财分人，则贫富平矣。以德分人，则贤不肖平矣。”程河南曰：“谦者，治盈之道，故裒多益寡。”又曰：“裒取其多，增益其寡，天理也。”

初六，谦谦君子，用涉大川，吉。

《象》曰：**“谦谦君子”，卑以自牧也。**

六，谦德也。初，卑位也。以谦德而处卑位，谦而又谦者也，故曰“谦谦”，以言谦之至也。夫躬至谦之事类，非自恣自肆者之所能堪也，而能堪人之所不能堪者，必也有所养之君子也。盖君子之心，勇于自胜而不勇于胜物，故能委蛇曲折行乎万物之间，而与物无忤。用此道以涉大难，则众之所共与而难可济矣，故吉也。大抵自卑自牧而不与物争，此涉大难之道也。牧，养也。夫谦，卑德也。初，卑位也。养德之地，未有不基于至卑之所，所养也至则愈卑而愈不卑矣，此自养之力也。

六二，鸣谦，贞吉。

《象》曰：**“鸣谦，贞吉。”中心得也。**

大凡物之鸣者，有出于中心之诚然者，有出于不得其平而然者。

六，谦之德也。二，下之正位也。以谦德而居下之正位，则得其所欲矣。故其发于声音也，无非中心之诚然者。故曰："鸣谦，贞吉。中心得也。"乃若上六，则不然。六，谦德也。上，谦之极位也。以谦德而反居谦之极位，岂得遂欲谦之志欤？故其发于声音也，盖有不得其平而然者，故曰"上六鸣谦，志未得也"。然则六二、上六，其鸣一也，其所以鸣则不一也。

九三，劳谦君子，有终，吉。

《象》曰："劳谦君子"，万民服也。

谦之成卦，在此一爻也。故卦之德曰"君子有终"，而九三实当之。夫谦以六为谦德也，而三则以九居之，独何欤？曰：所以成天下之功者，非刚明之才不可故也。然以九居三，刚胜而过中也，何以知其劳而能谦欤？曰：三实艮体而止诸坤顺之下，所谓蕴其崇高于卑下之地，其在象则地中有山故也。夫以刚明之才，居下位之上，上为君所任，下为众所从，信有劳矣。劳而不伐，有功而不德，此君子致恭以存其位之道也，故获有终之吉。夫盈者，谦之反也。乾上九之亢也，而曰"盈不可久也"，则谦九三之"有终"宜矣。亢既有悔，则有终而吉宜矣。体劳谦之德，居下位之上，为众阴之所宗，故曰"劳谦君子，万民服也"。然则万民服也，非服其劳也，服其劳而能谦故也。舜之贤禹也，而曰"泽水警予，成允成功，惟汝贤"，此服其劳也。又曰"克勤于邦，克俭于家，不自满假，惟汝贤"，此服其劳而能谦也。使禹也有是劳而无是谦，则天下群起而与之争矣。故又继之曰："汝惟不矜，天下莫与汝争能；汝惟不伐，天下莫与汝争功。"夫功，吾功也；能，吾能也。天下何与焉？矜伐之心一不克去，则天下群起而与之争。故虽智如舜，不敢谓无是也；虽神如禹，亦不能免是也。故曰："万民服也”，非服其劳也，服其劳而能谦也。

六四，无不利，㧑谦。

《象》曰：“**无不利，㧑谦。**”**不违则也。**

四当上下之冲，而以谦德居之，何所施而不利乎？曰：不一而足也。其于上也，利于恭畏，以奉顺德之君；其于下也，利于卑巽，以让劳谦之臣。处近君之地，据劳臣之上，无动而非谦，而后可也，故曰“无不利，㧑谦”。撝，有动散之义。京房曰：“上下皆通曰㧑谦。”王弼曰：“指㧑皆谦。”是也。四之“无不利，㧑谦”，则当上下之冲，无所不利于用谦故也。夫居此之地，无所不利于用谦焉。则上，尽奉上之道，而君不吾嫌；下，尽接人之才，而人不吾忌，举动施为绳绳然莫不中度，而无失则之愆矣。故曰：“不违则也。”夫惟不违夫则，此其所以无不利也。

六五，不富以其邻，利用侵伐，无不利。

《象》曰：“**利用侵伐**”，**征不服也。**

阴以得阳为富，以谦德居五，下无其应，不富也。然四之与上，五之邻也，皆执谦顺以亲夫五，而五与之同德焉，多助之象也。当是时也，既多谦顺之助，则以顺而动，何往而不利，故曰“利用侵伐，无不利”。夫侵伐，所以讨不顺也。以至顺而讨不顺，虽不免于征伐之事，此乃抑高举下、仆强植弱之义，而《象》所谓“裒多益寡”者也。或曰：谦至九三，而万民服矣。至六五，则容有不服而征之，何也？曰：九三“万民服也”，服其谦也。乃若人君之道，则不可以专于谦柔。汉之文帝，其初盖谦逊仁柔之主也，贾生流涕之策置而不用，自以和亲之一策所以待单于也，上古帝王之所未喻也。然其后世不堪其侮，励兵讲武，一戎服而匈奴遁。故后汉崔子真作为《政论》，有曰文帝“以严致平，非以宽致平”，则其于不服也而征之，此君道之宜也。程曰:“文德所不能服，而不用威武，何以平治天下？”又曰:“威德并著，然后尽君道之宜，而无所不利也。盖五之谦柔，当防于过，故发此义。”

上六，鸣谦，利用行师，征邑国。

《象》曰:“鸣谦”，志未得也。可“用行师”，“征邑国”也。

六，谦德也。上，谦之极位也。以谦德而处极位，此执谦者之所不安也，故鸣其“未得”之“志”。虽然，当是时也，顺五之命，用坤之众，行师于外，以征邑国之不服者，而不安其居于上焉，则未得之志可以少纾矣。又况当是时也，谦柔既极，不可过用谦柔。过用谦柔，则谦以取侮，柔而不植，非大中之道也。故谦于六五、上六皆以“利用”征伐为言，盖所以救谦柔之过也。

卷 九

坤下震上 ䷏

豫：利建侯行师。

《彖》曰：豫，刚应而志行，顺以动，豫。豫顺以动，故天地如之，而况“建侯行师”乎？天地以顺动，故日月不过而四时不忒；圣人以顺动，则刑罚清而民服。豫之时义大矣哉！

豫，乐也，和也，和易悦乐之谓也。豫之成卦，在于九四，上下二体，则合于坤、震而成也。四以一刚，群阴应之，故其志行。坤，顺也。震，动也。顺以动，则顺夫理而动之谓也。顺理而动，众所共与，此所以豫也。夫君子有行之才，未尝无欲行之志，然我动而彼不应焉，则有龃龉而无听从，欲其志行，难矣！今也以刚居四为豫之主，可谓有能行之才矣。上下群阴，惟四是应，其在爻也，既有“大有得”之辞，又有“朋盍簪”之象，爻赞又曰“志大行也”，则欲行之志莫之御矣。夫理之所在，人心之所在也。顺理而动，则有以顺夫理也，乃所以顺人心也，其在人也又乌有不豫矣乎？故曰：“豫，刚应而志行。”夫天下之事无小大，皆不可以不顺动也。然语其顺动之大者，则建侯行师是也。分民以与之共治，分土以与之共守，使内外远近之势如脉络之相通，感此而彼应，感近而远应，此则豫之利在于“建侯”。害焉，而与之去之；乱焉，而与之除之。使强梗暴悍之徒皆芟刈而无余，害去而利兴，乱除而治生，此则豫之利又在于“行师”。建侯之与行师，二者虽庆赏刑威之不同，其为顺动则一也。苟非顺动，则侯之建也乃为私喜，师之行也乃为私怒，安能致豫乎？虽然，此人事也，而天地亦若是矣，故继之以“豫顺以动，故天地如之，而况于建侯行师乎”，盖三才一理故也。夫天地之大也，犹如此之顺动，则建侯行师，其可以非顺动欤？不可也。何谓天地之顺动？曰：日月有明也，而相为往来；四时有叙也，而相为代谢。往来之度既无过差，则代谢之期亦无愆忒，此天地以顺动而然也。虽然，此天地也，而圣人亦若是矣。故继之以“圣人以顺动，则刑罚清而民服”，盖天地、圣人亦一道故也。夫惨莫惨于刑罚也，人之心宜若不豫乎此也。今也，刑人罚人，而人不以为惨而反我服，何也？人皆曰“刑罚之清也”，清则不滥，不滥则民服。噫！是固然也，然服生于清，清生于顺动，不以顺，清何生焉？清无从生，服何生焉？语至于此，则顺动之义，其在豫之时岂不大矣哉！故赞之曰：“豫之时义大矣哉！”以言天地、圣人之功皆不离夫顺动故也。夫由“天地如之”之言以观，则天地之顺动亦如“建侯行师”之顺动也；由“圣人以顺动”之言以观，则圣人之顺动又如天地之“顺动”也。故曰：三才一理也，天地、圣人一道也。

《象》曰：雷出地奋，豫。先王以作乐崇德，殷荐之上帝，以配祖考。

天下之物，其声与气舒发而通畅者，无若雷之出地，奋迅震薄而不可御焉者也。方雷之复于地中也，隐焉寂焉，潜养其和，郁结而不通；及出地而奋震也，则向之所谓潜养地中者旁通而上达矣，故为豫之象。夫乐由阳来，其播于八音五声者，亦所以宣畅和气耳。德者，乐之实也。乐者，德之文也。先王观雷出于地，而有奋然之象也，则作为声乐以褒崇其德。夫德者，祖考之德也。古者，于有功者则祖之，于有德者则宗之，犹以为未也，而作为声乐以褒崇其德，尽其专一之诚，荐之上帝以配祖考。夫以祖考作配上帝，则所以崇其德也，可谓至矣。非尽其专一之诚，曷至是也哉！故曰“殷荐”。殷，专也。《礼》有殷奠殷祭，《易》有殷荐，皆言专也。

初六，鸣豫，凶。

《象》曰："初六，鸣豫”，志穷凶也。

初六以阴眇之材，初出而当逸豫之时，恃有九四刚强之应，此正人家弱子幼弟席其父兄之庇之象也。当此之时，志足意满，不胜其豫，以至发于声音，此取凶之道也。故曰“鸣豫，凶”，以言其凶有所不免也。何者？初六，豫之始也。于始也志于乐豫，至于末流则乐豫之志不得不穷矣。夫乐极必悲，安极必危，能无凶乎？故尝谓志之在人，不可以轻用之也。豫之初六，一轻用其志于乐豫，则志穷而凶。当其志之穷也，虽有贤父兄，亦末如之何矣，况非贤乎？吾侪用志，当用于其所不穷之地也，而后可。或曰：当逸豫之时，将以用吾志也，何者为不穷之地欤？曰："介于石”，此不穷之地也。

六二，介于石，不终日，贞吉。

《象》曰："不终日，贞吉。”以中正也。

当豫之时，耽于豫则失正，故豫之诸爻之才多不得其正，时然才亦然故也。惟六二一爻，以中正自守，不溺于豫，故虽介于初六、六三不正之间，然如石焉之不可转也，又岂相与沦胥而溺于豫哉！惟其所守也坚，故不惑而明，此《易》于《系辞》以“知几其神”予之也。凡人之情，于逸豫之事，心焉悦之，迟迟而不去，则必至于耽恋而不舍。何者？有所溺故也。惟知几之君子，其视乐豫之事如将浼已，断而识之，速而去之，又岂俟终日而后识之去之也哉！此其所以当豫之时，以守正而获吉也。《系辞》之释此爻也，而曰“君子见几而作，不俟终日”，又曰“介如石焉，宁用终日，断可识矣”，盖深予之也。

六三，盱豫，悔，迟有悔。

《象》曰：盱豫有悔，位不当也。

六二之君子，以中正自守，故能上交不谄、下交不渎。六三不中不正，曷足以语此哉！故上交于四也，有盱豫之象。夫四，豫之主也。即四以求豫，而媚以悦之，睢盱而目不瞬，此盖小人之态然也，悔将及之也。故圣人戒之以速去，而曰“迟有悔”，犹之曰不知睢盱以求豫之为悔，而安于不当之位，迟恋而不去，则有悔矣。夫睢盱以求豫，未必得豫也，而将有悔；复不知已其睢盱之态慕恋而不去，亦未必得豫也，而终有悔。圣人谆谆然，反复详而诏之，如此其明也。为六三者，当如何哉！

九四，由豫，大有得，勿疑朋。盍簪。

《象》曰：“由豫，大有得”，志大行也。

豫之成卦，在此一爻也，故《彖》之辞有由豫“刚应而志行”，九四实当之。夫九四以一刚处群阴之中，群阴顺从，得以大行其志，而天下之豫皆由我而致，故曰“由豫，大有得”。然圣人于此戒之以“勿疑”者，盖奉柔弱之君，处危疑之地，群阴不从五而从己，故当此之时，处此之位，上下之情俱不免于有疑也。虽然，勿怀疑虑，积诚于己，以交通于上下，则上下之情亦自相亲相信而无疑矣，故有“朋盍簪”之象。朋，类也。盍，合也。簪，贯发之具也。九四以一刚处上下众柔之中，交而通之，则凡散乱而不理者亦皆以类为合，恃己以为固也，犹之簪也，所以贯众发，而众发亦恃簪以为固也。夫惟积诚于己，上下信之，率天下之从己者而还以从夫五，又何“由豫，大有得”之嫌乎？故曰：“志大行也。”

六五，贞疾，恒不死。

《象》曰：“六五，贞疾”，乘刚也。“恒不死”，中未亡也。

六二于贞则吉，以中正故也。六五于贞则疾，以不正故也。夫五之于贞既疾矣，则宜其当逸豫之时，恣骄侈之欲而死于安乐有余也。然乘九四之刚，恃四以拂弼于己，而五也常惟“贞疾”之是救，故得“恒不死”也。孟子曰：“入则无法家拂士，出则无敌国外患者，国恒亡。然后知生于忧患，而死于安乐也。”则六五之得九四，所得“法家拂士”也，故虽当豫之时，不得以纵其所乐，夫惟不得以纵其所乐，则“恒不死”宜也。夫六五，贞虽疾矣，而“恒不死”，则中未亡也。夫中，以位言之，则五之位；以人言之，则人之心也。位号犹存，人心犹在，此所以“恒不死”也。夫当豫之时，而不为豫者，以正自守也，六二是。当豫之时，而不得豫者，见正于人也，六五是也。此豫之六爻，惟六二、六五所以不言豫焉。

上六，冥豫，成有渝，无咎。

《象》曰：冥豫在上，何可长也。

上六以阴暗之才，当豫之既成，溺于豫而不自知者也，故曰“冥豫”。夫以阴暗无睹之才，而处豫之极，过恶既成，则亦何所可冀也？而圣人犹不之弃焉，乃为开其迁善之门，以诏之曰“成有渝，无咎”。渝，变也。犹之曰：冥豫之过恶既成，有能变前之为者，则可以补其过而无咎也。其于爻赞又申之曰“冥豫在上，何可长也”，犹之曰：上，豫之极也。豫至于极，灾咎将至，何可长之如是也，速渝之可也。程曰：“圣人发此义，所以劝迁善也。故更不言冥之凶，专言渝之无咎。”或曰：圣人于初六“鸣豫”，则断之以“凶”；于上六“冥豫”，则开之以“无咎”。于初六之《象》，则逆知其志之穷；于上六之《象》，则又谕之以“何可长也”。夫何甚于其初，而恕于其终邪？曰：甚于初者，所以遏其恶也。恶而遏之，禁天下于已然也。恕于其终者，所以开其善也。善而开之，导天下于将然也。禁之导之，始之终之，圣人之心所以无负于天下后世也，而豫之初、上二爻见之矣！

震下兑上 ䷐

随：元亨，利贞，无咎。

《彖》曰：**随，刚来而下柔，动而说，随。大亨贞，无咎，而天下随时。随时之义大矣哉！**

随者何？有所从之谓也。事无所从则失，物无所从则逆，人无所从则惑，此盖理之固然者，而非有所谓得已而不已者也。譬之影之随形，响之随声，此岂可强有，而亦岂可强无也哉！故夫泛观事事物物，动皆有随，而况于人乎？程曰：“凡人君之从善，臣下之奉命，学者之徙义，临事而从长，皆随也。”是故，随之道，利在于正，随而不正，则枉道以从俗矣，此又随之过也。故随之卦德曰“元亨，利贞，无咎”，盖曰随之所以能大亨者，利于贞正而后咎可无也，不然则有咎矣。“刚来而下柔，动而说，随”，此指初九一爻与合震、兑二体以言随也。初九之一阳，震之主也。乾一索于坤而得震，则初九之刚实在二阴之下，故曰“刚来而下柔”。夫阳刚，非在下之物也。今也，得随时之义，来下于阴柔，则是能以上下下，以贵下贱，吉也。物安得不随之乎？震，动也。兑，说也。动而说，则此有所动而彼无不说之谓也。彼无不说，则亦无不随矣。夫“刚来而下柔”，刚随柔也。“动而说”，说随动也。当随之时，刚随柔也，而非失己；说随动也，而非得物。卦之所以为随也，如此。是何也？盖吾所谓正者存也，故继之曰“大亨贞，无咎，而天下随时”，盖随之所恃者，正也，随而有咎，则非正矣，欲大亨，得乎？其曰“天下随时”，则所谓大亨也。夫天下之所随者，时也；而君子之所随，则正焉而已矣。然则天下之所随者，时也；非随时也，随吾君子也；亦非随吾君子也，随吾君子之正也。朱子发曰：“时无常是，以正为是，君子之得其正而天下是之。”是吾随时之义也。何谓随时之义？曰：贞是矣。君子之所以为随者，一得其正，而天下随之以为时，则夫所谓时也者，即君子之正也。以是观之，则正之在随也，其体段可知矣。故赞之曰“随时之义大矣哉”，大即正之功用，所以为大亨者是也。

或曰：《易》家以随自否来，蛊自泰来，其义如何？曰：非也，乾、坤重而为泰、否，故随、蛊无自泰、否而来之理。世儒惑于卦变，故随曰“刚来而下柔”，噬嗑曰“柔得中而上行”，咸曰“柔上而刚下”，益曰“损上益下”，涣曰“刚来而不穷，柔得位乎外而上同”，则曰：凡此者皆自否而来也。蛊曰“刚上而柔下”，贲曰“柔来而文刚，分刚上而文柔”，恒曰“刚上而柔下”，损曰“损下益上”，节曰“刚柔分而刚得中”，则曰：凡此者皆自泰而来也。诚如是，则睽之“柔进而上行”，谓自遯来可也，鼎之“柔进而上行”，亦谓自遯来可也，此犹可诿也。晋之“柔进而上行”，则谓自谁卦而来乎？无妄之“刚自外来而为主于内”，则谓自谁卦而来乎？兑之“刚中而柔外”，明夷之“内文明而外柔顺”，则又谓自谁卦而来乎？世儒求其说而不得，则曰：凡卦之具三阳三阴者，此皆自泰与否而来也；凡卦之具二阳二阴者，此皆自临与遯而来也；凡卦之具一阳一阴者，此皆自姤与复而来也。殊不知八卦成列，因而重之，而内外上下往来之义已备乎其中，自八卦既重之后，又乌有所谓内外上下往来之义乎？夫自复至乾，自姤至坤，凡十二卦，当十二月，其阴与阳消长胜负均也。除乾、坤之外，更凡十卦，岂泰、否、临、遯、复、姤六卦独能生卦，而夬、剥、大壮与观独不能生卦乎？又何取彼而舍此也？程河南释随之“刚来而下柔”也而曰“乾之上来居坤之下，坤之初往居乾之上”，释蛊之“刚上而柔下”也而曰“乾之初九上而为上九，坤之上六下而为初六”，岂亦未之思邪？然于贲之《彖》又释之曰“卦之变，皆自乾坤，先儒不达，故谓贲本泰卦，岂有乾、坤重而为泰，又有由泰而变之理？”夫由贲《彖》之所释，则我心之所同然，河南实得之。由随与蛊二《彖》之所释，此乃先儒之所不达者，不然前后背戾，文字舛错，未可知也，当默识之。

《象》曰：泽中有雷，随。君子以向晦入宴息。

动万物者，莫疾乎雷；说万物者，莫说乎泽。雷，动物也。今也，处之莫说之地，则动者说矣。夫处莫说之地而动者说，非说于动也，说于不动也。动者或以不动为说，是亦有时而然而不得不然尔，故为随之象。使动者以常动为说，而不说于不动，则归妹之“说以动”，固有“永终知敝”之戒矣，非随时之义也。君子有运动之才，其或向晦而息焉者，宜其所不说也。今而曰“宴息”云者，则动者亦以不动为说矣。夫时之运于天也，有晦而有明，则君子之随夫时也，亦有动而有息。晦明之叙，大者为古今、为治乱，小者为昼夜、为寒暑，故君子之或出或入也，在所随也。然则“泽中有雷”云者，说以养其动也。君子“向晦入宴息”，则亦说以养其动故尔。夫有能动之才，而不说以养之，则其动也乌能不匮矣乎？

初九，官有渝，贞吉，出门交有功。

《象》曰：“官有渝”，从正吉也。“出门交有功”，不失也。

有所守之谓官，离所守之谓渝。九以阳动之才，当随之初，非有随也，亦非无随也，惟正之是随，而后吉于随矣。所谓惟正之是随，何也？曰：出门而交是也。“出门交”，“官有渝”也，其曰“有功”，则“从正吉也”。正则有渝而有功，有功而无失矣，此所以吉也。何谓“出门交”？曰：不牵于私之谓也。程曰：“常人之情，爱之则见其是，恶之则见其非，故妻孥之言虽失而多从，所憎之言虽善而为恶。苟以亲爱而随之，则是私情所与，岂合正理？故出门而交，则有功也。”朱子发亦曰：“人之情，随同而背异、随亲昵而背疏远，故朋友责善，或牵于妾妇附耳之言，溺于私也，故戒之以‘出门交有功’。”夫同人之初，出门同人，又谁咎也？则随之初，出门而交，其能有功而无失，宜矣。

六二，系小子，失丈夫。

《象》曰：“系小子”，弗兼与也。

随之六爻，其半阴也，其半阳也。阳刚之才则有所随而无所系，初九、九四、九五是也。故初之“有渝”、四之“有获”、五之“孚于嘉”，此有所随而无所系者然也。以柔从之才而当随之时，则均不免于有所系矣，六二、六三、上六是也。故二则“系小子，失丈夫”，三则“系丈夫，失小子”，至于上六则不胜其时势之穷，而反穷以为通，故曰“拘系之，上穷也”，“王用亨于西山”，此均不免于有所系者然也。夫柔之为道不利远，又况当随之时，以柔为随，其能取诸远乎？故二远舍诸五，而近比于初。小子孰谓？谓初九也。初以阳刚在己之下，故曰“小子”。丈夫孰谓？谓九五也。五以阳刚为己正应，故曰“丈夫”。夫下从上，顺也。二应五，正也。二若系应于初，则失五之正应矣，故为之戒曰“系小子，失丈夫”。以言是非邪正无两从之理，比邪则背，正就非则失是，从于此者违于彼者也，岂能兼与之哉！虽然，二有中正之德，非必舍正而从不正者也。以其阴柔之质，当随之时，故为之戒云。不然，卦之德曰“元亨，利贞，无咎”，二舍正应而从不正，其咎大矣。而爻无凶咎之辞，何也？

六三，系丈夫，失小子，随有求，得。利居贞。

《象》曰：“系丈夫”，志舍下也。

柔之为道不利远，当随之时，故二与三均以近于己者为随。二近于初，故曰“系小子，失丈夫”；三近于四，故曰“系丈夫，失小子”。所失之小大，视所系之小大也，顾其所遭如何耳。四以阳刚在己之上，故曰“丈夫”；初居下，则“小子”也。三近系于四，故下失于初。舍下随上，随之宜也，此贤贤长长之人也。夫当随之时，有贤贤长长之志，则虽愚必明、虽柔必强矣，此“随有求，得”也。苟或弃大而即小，舍上而趋下，则昧所随矣。虽然，三与四非应也。求之不以其道，合之不以其人，徒谓其势利之可附也，苟取媚悦以遂所求而已，此乃邪谄小人之为也，君子耻之，故又戒之以“利居贞”，谓自处于正，则有求而得，无恶于求矣。三不中不正，故有此戒。司马温公曰：“三无中正之德而不凶者，所随得其人也。”昔孔子见罗雀者所得皆黄口小雀，问之曰：“大雀独不得，何也？”罗雀者曰：“大雀善惊而难得，黄口贪食而易得。黄口从大雀则不得，大雀从黄口亦得。”顾谓弟子曰：“善惊以远害，利食而忘患，自其心矣，而独以所从为祸福。故君子谨其所从，以长者之虑，则有全身之阶；小者之戆则有危亡之则[①]。”《易》曰：“系丈夫，失小子。”

---

① 此句，各本皆同。但《孔子家语》原文为“随小者之戆而有危亡之败也”。

九四，随有获，贞凶。有孚在道，以明，何咎。

《象》曰："随有获"，其义凶也。"有孚在道"，明功也。

随有三阳，初九在下，方且以从正为务，则在上而为下所随者四与五而已。然五，君也；四，臣也。在下者之随乎上，先四而后五，而四有其获焉，则嫌疑之道也，故于随之义则为凶。何谓随之义？曰：正是也。言有其获而不以归之君，此非人臣之正也。然则，处此之地则奈何？曰：有要道焉，修吾胸中之诚，不以一毫私意为吾之累，其所以获乎下者，为吾君而获也，吾何有焉？如此则其所施为举动无往而非道也，又何咎过之有哉！然此非明足以烛理，知君臣之大义、上下之大分。道之所在，可从而不可违；正之所在，可守而不可失。其孰能如此哉？此四所以能处其身于无过之地，转凶变咎而为无凶无咎也，凡此皆明哲之功也。程曰："古人有行之者，伊尹、周公、孔明是也，皆德及民而民随之，其得民之随，所以成其君之功、致其国之安；其次如唐之郭子仪，威震主而主不疑，亦由中有诚孚而无其失也，非明哲能如是乎？"

九五，孚于嘉，吉。

《象》曰："孚于嘉，吉"，位正中也。

《经》曰："亨者，嘉之会也。"随之卦德曰"元亨，利贞，无咎"，而夫子释之曰"大亨贞，无咎，而天下随时"，而九五实当之，故曰"孚于嘉，吉"，而《象》曰"位正中也"。夫九五处正中之位，而尸随之功，则是能致是亨嘉也，信有其道矣。九五，所以致是亨嘉也，何道也？曰：正焉而已。处是正中之位，既无不足于正，此《易》于随之九五所以信其能致是亨嘉也，故曰"孚于嘉，吉"。谓之吉，则咎固谢之矣。《象》之所谓"无咎"，又岂足为五道也哉！

上六，拘系之，乃从维之，王用亨于西山。

《象》曰："拘系之"，上穷也。

孟子曰："昔者太王居邠，狄人侵之。事之以皮币，不得免焉；事之以犬马，不得免焉；事之以珠玉，不得免焉。乃属其耆老而告之曰：'狄人之所欲者，吾土地也。吾闻之也：君子不以其所养人者害人。二三子何患乎无君？我将去之。'去邠，踰梁山，邑于岐山之下居焉。邠人曰：'仁人也，不可失也。'从之者如归市。"夫随至上六，随道之穷也。以柔从之才，而随乎人之不暇，至于此则不胜其时势之穷，反穷以为通，正在此时也。故上六在一卦之外，正兑之体，所谓西山也，此太王之随也。夫我之系志于彼也，实彼有以制乎我也，故曰"拘系之"，此孟子所谓事之以皮币、犬马、珠玉不得免焉之谓也。夫事人之礼既无不用其至，而均不得免焉，狄人之志何在也？在于吾之土地故尔。故凡人之拘系夫人也：始也，欲空其资；次也，欲空其人；又其次也，欲维其土地而后已。故曰"乃从维之"，此狼子野心吞噬之计然也。太王之处此也，诚有所不忍也。始也，为之所拘，为之所系，故不得已而以皮币、犬马、珠玉为是请命之计。既而吾资屡空矣，吾人将及害矣，吾人之害是乃吾顾惜留恋夫此土地，而不以予之之过也，故不胜其穷而忍其堕于维之之计之中，遂决其策而去焉。呜呼！随道之穷一至于此者，此时也，此势也，而天之理则未穷也，故上六于此侈言之曰"王用亨于西山"，则归市之随至此亦莫之御矣。夫太王之于狄人，始也饵之，惧吾人之罹其害也；饵之之策既穷，而吾人之害将及，则不得已而为是杖策之计，曾何心于归市之随也？既而去邠而之岐，而随之道愈穷而愈亨，则夫所谓"大亨无咎，而天下随时"者，实基于此矣。故曰：岐山也者，此周家王业始基之地也。

卷 十

巽下艮上 ䷑

蛊：元亨，利涉大川。先甲三日，后甲三日。

《彖》曰：蛊，刚上而柔下，巽而止，蛊。蛊，元亨而天下治也。“利涉大川”，往有事也。“先甲三日，后甲三日。”终则有始，天行也。

东坡曰：“器久而不用则蠹生谓之蛊[①]，人久宴溺而疾生之谓蛊，天下久安无为而弊生之谓蛊。”《易》曰：“蛊，事也。”夫蛊非事也，以天下为无事而不事事，则后有不胜事矣，此蛊之所以为事也。“刚上而柔下，巽而止”，此合二体之材而言蛊也。夫刚上，艮也。柔下，巽也。艮，少男也，男至少而居上。巽，长女也，女虽长而在下。刚柔上下，各正其位，宜若已安已治矣。当是时也，在下者，有巽顺而无违忤；在上者，有止息而无动作。则祸乱之萌乃生于已安已治之中，遂至于败坏而不可胜矣，此“刚上而柔下，巽而止”，所以成蛊也。虽然，饬蛊之道不在乎他，在乎上下之志交通而无壅。如器欲常用，体欲常劳，天下欲常事事，则不弊而治矣。夫上下之志既已大亨，则往有事乎蛊，虽涉大难而亦利矣，何往而不通乎？故曰：“利涉大川，往有事也。”于蛊而言，涉大川者盖天下之深患极弊，常伏于人情无所事事之地。大川，蛊之大者。济天下之大难，饬天下之大蛊，非上下之

① 谓之蛊，宋刊本作“之谓蛊”。

志大亨，其可乎？且夫天道之运行，往来推迁而至于不穷者，此所谓大亨也。故能“终则有始”，而无窸伏之弊。圣王之饬蛊也，尽始终先后之道，如天之行，则弊革而患除矣，故有取于“先甲三日，后甲三日”之说。夫甲者，数之始也。于其造事之始也，反复思虑，蕲以善其始，此“先甲三日”之谓也。于其既造事之后也，则反复思虑，蕲以善其终，此“后甲三日”之谓也。程曰：“先甲谓先于此，究其所以然也。后甲谓后于此，虑其将然也。一日、二日至于三日，言虑之深、推之远也。究其所以然，则知救之之道；虑其将然，则知备之之方。善救则前弊可革，善备则后利可久，此古之圣王所以新天下而垂后世也。”然则饬蛊之道，固人事也，而天理实在是矣。何谓天理？曰：其所以终而有始、行而不穷者是也。夫惟不穷，是故无弊，此蛊之卦德所以贵于“元亨”欤？

《象》曰：山下有风，蛊。君子以振民育德。

山之为物，以止静为体；风之为物，以散动为用。夫以山之止静，宜若无事矣，而下有风，则草木为之挠乱，坎窍为之叫号，则又有事焉。此有事生于无事之地者然也，故为蛊之象。君子以为天下之事常伏于无事之地也。故平时暇日，其于民也，务振作其气，使之力其所谓相生相养之道，而无废惰自安之人；其在己者，务涵养其德，使之日新又新，而无逸豫自止之意。则君子之所事，孰有大于此二者？《中庸》曰：“成物，智也。成己，仁也。合内外之道也，故时措之宜也。”蛊之君子，其知合内外之道而尽时措之宜乎？

初六，干父之蛊，有子，考无咎。厉，终吉。

《象》曰：“干父之蛊”，意承考也。

东坡曰：“蛊之灾，非一日之故也，必世而后见。故爻皆以父子言之，明父养其疾，至子而发也。”朱翊善曰：“蛊之患非一世。譬如人嗜酒色、饵金石，传气于子孙者，溃为痈疽，死与不死，在治之如何耳。秦皇、汉武穷兵黩武，一也。秦亡而汉存者，始皇无子而武皇有子[①]以干之故也。”姑以武、昭之事言之，孝昭以八岁即皇帝位，承武帝凋弊之后，此正蛊之初，而以六之柔弱之才居之也。其元年，则遣使者行郡国、举贤良、问疾苦；其二年，则遣使者赈[②]贷贫民；其六年，则采贤良文学之议，罢盐铁榷酤；元平之元年，又诏罢不急官、减外徭、减口赋钱。凡此皆因武帝既弊之事而力干之也。武皇得不与始皇同科者，赖有此子尔，故曰“考无咎”。曰“考”云者，谓得其所以有终之道也。向使武皇非有孝昭，则大汉之业其能复存而有终矣乎？天下万世之议其萃于武皇矣，乌得无咎？“厉，终吉”者，夫以柔弱之才当干父之初，苟不日怀兢畏，自危自厉，如恐不胜，则追其终也，安能吉乎？故当此之初，必以危厉自警，终乃获吉也。夫以意而承考与事事而承考不同也，事有可否，理有是非，故时有损益，不可以尽承之也。于其所不便者，量其可否，度其是非，从而行止之，而不失乎损益之宜，此其子道也。若事事承之以为孝，此则六四“裕父之蛊”，而非所谓干蛊者也。此岂特厥考之咎欤？其咎抑有归矣。

九二，干母之蛊，不可贞。

《象》曰：“干母之蛊”，得中道也。

二，阴位也，而属内卦之中体；九，阳德也，而居内卦之中位。则以刚明之才而干内庭之事之象也，故曰“干母之蛊”。夫“干父之蛊”易，“干母之蛊”难。父与母，人子之所尊而敬、亲而爱之所在

① 子，据《汉上易传》补。

② 赈，宋刊本作“振”。

也，固宜遵命从令之不暇。然以王季为父、以太任为母，则为文王者可以无忧。其或作之于前者，未能无后日之弊，则承之于后者，可无果敢救弊之道欤？又况至难干者母之蛊也，将以干之，使之不违乎道，果无其术乎？九二，实巽之体也。九虽刚也，而其体性则顺巽也。巽以入之，从容辅导以驯诱之，渐反其恶以之于善，使其势不激而力无劳焉，则无矫拂伤恩之害。故曰“不可贞”，以言非直正之也，亦非不正之也。优游不迫，使之身正而事治，若出于自然，而非矫拂迫促之也。故曰“得中道也”。鲁庄公之有威仪技艺也，然而不能防闲文姜，故诗人为之赋《猗嗟》也，其卒章曰“四矢反兮，以御乱兮”，盖其不及中道也。郑庄公以叔段之故也，遂置武姜于城颍而誓之，而激颍考叔之肉谏，而公亦曰“尔有母遗，伊我独无”，盖伤其过于中道也。然则“干母之蛊”欲其不失正，又欲其不可直以正之，非九二之得中道不可也。君子之事君，其当阃密之寄也亦然。尽其道者，则唐之魏郑公是也。故太宗忘其正直，而反以为妩媚焉，可不谓之善干其蛊矣乎？

九三，干父之蛊，小有悔，无大咎。

《象》曰:“干父之蛊”，终无咎也。

九三之才，视二为刚过而不中矣，然此乃干父之蛊用力之地，不得不然也。昔者曾子问于孔子曰:“敢问子从父之令可谓孝乎？”子曰:“是何言欤！是何言欤！天子有争臣七人，虽无道不失其天下；诸侯有争臣五人，虽无道不失其国；大夫有争臣三人，虽无道不失其家；士有争友，则身不离于令名；父有争子，则身不陷于不义。故当不义，则子不可以不争于父，臣不可以不争于君，故当不义则争之。从父之令，又焉得为孝乎？”九三之刚过，父之争子也，其事父也，不从其令而以争事焉，此“小有悔”也。然其争也，所以免父于不义也，谓之非孝，可乎？此君子之所予也，故曰“无大咎”。三，下体之终也，故又曰“终无咎”也。然则“小有悔”者，九三之不获已，而“终无咎”者，九三之所愿欲也欤？

六四，裕父之蛊，往见吝。

《象》曰：“裕父之蛊”，往未得也。

昔者，尝读太史迁《史记》至《秦本记》，而知始皇之所以失者，盖不胜计也。末年以游豫之失遂亡厥躯，而骊山、阿房之役，民不堪命，在后之似所宜鉴而惩之也。胡亥今日即位，明日与赵高谋曰：“先帝循行郡县，以示威强服海内，今宴然不巡行，即见弱矣。”乃东行郡县，至会稽，尽刻始皇所立刻石，石旁著大臣从者名，以彰先帝成功盛德。还至咸阳，又曰：“先帝谓咸阳朝廷小，故营阿房。今释阿房弗就，则是彰先帝举事过也。”其令复作阿房宫，如始皇计。呜呼！此蛊之六四所谓“裕父之蛊”也。夫当斯时也，不能干其蛊而增裕之，何也？太史迁曰：“胡亥极愚，骊山未毕，复作阿房，以遂前策。又称诵其言曰‘凡所以为贵天下者，肆意极欲，大臣至欲罢先君所为’。”呜呼！彼以罢先君之所为之为失也，而不知“裕父之蛊”之未为得也。夫始皇成功盛德何在？而举事之过正在巡行与营筑也。今而刻所立石，复营阿房，乃所以益彰其过也，岂能少损其过之万一欤？其视初之“意承考也”殆异也。此无他，六阴也，四亦阴也，阴暗而无睹，此史迁所谓极愚也，故曰“往见吝”，又曰“往未得也”，谓其以阴暗无睹之才，凡有所往皆见鄙吝于人，有失而无得，不然何以有极愚之谥欤？

六五，干父之蛊，用誉。

《象》曰：“干父用誉”，承以德也。

夫君子之创业垂统，以贻诸后人也，未必有弊也，亦未必无弊也。

在乎继之者善与不善如何尔。且以有周论之，文王、武王之谟烈，所以启佑后人也，在《书》既曰“咸以正罔缺”矣，何蛊弊之云乎？其或继之者，宜若无所事矣。而《大雅》之誉成王也则有《凫鹥》之什焉，而曰太平君子能持盈守成也。盖曰盈而不持、成而不守，则倾覆随至，何太平之云乎？以太平君子誉之为未足也，而又继之以《假乐》之嘉焉，其首章曰“假乐君子，显显令德”。以假乐君子誉之为未足也，而又继之以《卷阿》之作焉，《卷阿》之二章曰：“岂弟君子，俾尔弥尔性，似先公酋矣。”夫大雅之誉成王亦云足矣，而于最后《卷阿》之作，则有及于“似先公酋矣”云者，岂非文、武之谟烈，其能以似以续者，其在成王乎？若然，则君子之创业垂统以贻诸后人，未必有弊也，亦未必无弊也。又得君子如成王者从而承之，以其能持盈守成也，则曰太平之君子；以其能宜民宜人也，则又曰假乐君子；以其能求贤用吉士也，则又曰岂弟君子。夫何修而有是誉也哉？盖曰有是实则有是誉随之矣。夫以成王之所谓是实者，何也？曰持盈守成也，曰宜民宜人也，曰求贤用吉士也。以六五之《象》所谓“干父用誉承以德也”。

上九，不事王侯，高尚其事。

《象》曰：“不事王侯”，志可则也。

九以刚明之才，处蛊之终，事之外也。故此爻独不以蛊言，而曰“不事王侯，高尚其事”。夫古之人固有功成身退、知足不辱而处事之外者，亦有怀才抱德、不偶于时而处事之外者，亦有洁介自守、无意于斯世而处事之外者，是三概者，其志各不同，而其不事王侯、高尚其事则一也。功成身退、知足不辱而处事之外者，若伊尹所谓“臣无以宠利居成功”是也。怀才抱德、不偶于时而处事之外者，若孟子所谓“我无官守言责，进退有余裕”是也。介洁自守而无意于斯世而处事之外者，若齐国羊裘男子不屑于谏议而老死于富春者是也。然则《象》之所谓“志可则也”，其将奚则欤？曰：伊周孔孟之道时，中之道也，则之可也。富春之道，时中乎？则之过也。昔范文正公，尝以此爻子富春矣，而曰“不事王侯，高尚其事，先生以之”，又曰“先生之风，山高水长”。而君子之论则曰：“子之可也，则之过也。”

兑下坤上 ䷒

临：元亨，利贞。至于八月，有凶。

《彖》曰：**临，刚浸而长，说而顺。刚中而应，大亨以正，天之道也。“至于八月，有凶。”消不久也。**

临有二义：以爻之刚柔言之，则以浸长之刚而临乎浸消之柔；以位之上下言之，则以在上之位而临夫在下者。《序卦》曰“临者，大也”，此指浸长之刚以临夫柔而言也。六五曰“大君之宜”，此指在上之位而临夫下而言也。以刚临柔，消长之序然也，故君子不可以不知天；以上临下，统属之道然也，君子不可以不知人。知天知人，则知尽人以事天，而临之义得矣。故夫卦之所以为临者，以二阳刚浸长于下位也，故曰“刚浸而长”，其在爻则初九、九二是也。浸，渐也。一气不顿进，故一阳而为复，而后二阳而为临也。夫阳刚之长也，有渐而不暴，则以和悦不忤为德，而群阴顺之，亦不相拒违也，故曰“说而顺”，其在卦，则兑说而坤顺是也。兑之性既说，而二之刚又中，此刚之所以不暴也。以刚中之德而上应乎柔中之主，则可以赞成有临之治矣，故曰“刚中而应”，此又在爻，则九二之于六五是也。夫循天理之自然而无容伪之谓正，天之道固难名也，然可以一言尽者，曰正是也。刚之浸而长也，说而无不顺也，刚之中而有所应也，此所谓循天理之自然而无容伪之谓也。临之所以能大亨者，以是故也，故卦之德曰“元亨，利贞”，而《彖》释之曰“大亨以正，天之道也”。不知大亨以正为天之道，而或以人伪参焉，则刚之长也，必以有渐不暴之为非惬吾意，欲人之己顺也，而己乃不能先以顺。刚而每过乎中也，则反咎乎人之不我应。呜呼！如此而欲大亨，可乎？夫以二阳浸长，未遽消也，而“《易》为君子谋”，则又虑之深而防之早，故于方长之日也，而豫以警之曰“至于八月，有凶”。盖阳生于复、长于临，阴生于姤、长于遯。遯者，临之反也。其在月建，则自子至未，凡八月而二阴长，君子之道实于此时而消焉，故曰“有凶”。夫阴阳相为消长，循环而不穷，盖亦理之固然也。而《易》于此必预以警之者，无他也，于其方长之时而告之以将消之理，则庶乎其知所戒也，故曰“消不久也”。朱翊善曰：“临在复、泰之中，方长而诫之，不俟乎极也。故尧、舜、禹三圣人，相戒必于临民之初，过此而无及也。”

《象》曰：泽上有地，临。君子以教思无穷，容保民无疆。

泽上有地，地临泽也。地临乎泽，非徒临之也，而以容而保之也。夫地临乎泽，乃所以容保乎泽，则泽有所恃，无流离放溢之虞，而有泮涣瀰洄之适矣，此泽所以钟莫说之性也。君子之于民也亦然，非徒临之也，乃所以容而保之，使之恃夫我以有得，居有渐濡之益，而心有理义之说也。夫渐濡之益、理义之说，其气味深长，不可遽已也，此所谓无穷之教也。教而不思有所谓无穷之味焉，则人易厌矣，此非所可说也。然无穷也，又生于无疆。容保之道，不能有是无疆，则教亦不能有是无穷也。无穷，泽之不竭也。无疆，地之博厚也。君子之渐濡夫民也，如泽之不竭焉，故曰“教思无穷”。君子之容保乎民也，如地之博厚焉，故曰“容保民无疆”。然则无穷之与无疆，其亦相为长久也欤？此临之要学也。

初九，咸临，贞吉。

《象》曰："咸临，贞吉。"志行正也。

初九、九二，当刚浸而长之时，皆以阳而应阴，自内而感外，所谓以刚而临柔者也，故均谓之咸临。咸，感也，阴阳之气相感而相应故也。初九当君子道长之初，所居者正位，所行者正道，而所与相感而相应者，又皆履正之人，当此之时，行正莫吉焉，故曰"贞吉"。盖四与初居相应之地，皆以正相与，而其势又足以援初，故初之志得以行其正于此时也。

九二，咸临，吉无不利。

《象》曰："咸临，吉无不利。"未顺命也。

临之为卦，在此一爻也。夫九二之在临，刚德之长也。刚于此时而浸长之势方骎骎焉，然刚虽浸长也，比之众阴，其势未敌。九二以方长之刚而临众阴，众阴未遽顺命也。当是时也，为二之计则奈何？曰：亦如初九之于六四，以咸临之可也。以咸临之，则咸感之道无所不通。故六五吾应也，还以柔中而应乎我；六三吾同体也，说极知忧而不忌嫌乎我；上六与吾虽非应也，又非吾同体也，亦必有在内之志而顺乎我矣。如是则九二之咸为临也，施之于吾应而吉，施之于非吾应而亦无不利，施之于吾同体而吉，施之于非吾同体而亦无不利，又何未顺命之云乎！

六三，甘临，无攸利。既忧之，无咎。

《象》曰："甘临"，位不当也。"既忧之"，咎不长也。

六三，兑之主也。以阴柔之才、媚说之性下临二刚，徒以媚说乎同体为事，而己非所宜也，故曰"甘临，无攸利"。夫二刚之长虽曰以渐，然刚上变已，特旦暮事尔。徒事媚说，彼二刚者岂以其媚说之故而已其长邪？其不见受必矣。刚不受媚说，则三之技必穷，故说极而忧生焉。虽然，刚上变已，此三之忧也。小人之弃而君子之归，其所获又大矣。岂不能补其前愆邪？故曰“既忧之，无咎”，《象》曰“咎不长也”，则刚上变已，特旦暮事尔。此《易》开小人迁善之门而速之入也。

六四，至临，无咎。

《象》曰：“至临，无咎。”位当也。

六四，坤体也。其曰“至临”，则坤之所谓“至哉”之至也。夫临，以上临下之谓也。阴之下体，刚浸而长，则以刚临柔。至四，则释下体，而以上临下也。虽然，其所以临下，亦未大有所隔绝也，其与下体至相亲故也。故曰“至临”，以言上下二体莫亲于此也。夫四以六居之，其与初正相应之地也。初九之刚，其所以浸长而为二也，四与有力焉。盖以谦虚无我而援乎下，使下之刚得以浸而长，则在四宁有过欤？故《易》于此以“无咎”与之，《象》曰“位当也”，则以六居四之谓也。或曰：六四，正也，不曰“位正当也”而曰“位当也”，何也？曰：当临之时，大亨以正，大者之事也，故不以正予阴也。

六五，知临，大君之宜，吉。

《象》曰：“大君之宜”，行中之谓也。

五，君位也。在临，则所谓君临也。然当刚长之时，未至于刚而亦不纯乎柔，柔而履刚，而又居中，刚柔之得中也。夫当临之时，以刚柔之中而临乎下，所谓“知柔知刚”者也，故曰“知临”。六五居君临之位，凡所谓柔与刚者，皆属乎有德之下，故曰“大君”。临以刚阳为大，至五亦曰“大君”云者，谓其以上临下，而居大宝之位故也。当是时也，处此位也，纯以柔临之则不可，欲以刚临之则时势之所未至，故其所宜者莫宜乎刚柔之得中也。夫惟居刚而用柔，则在下之刚阳其情有以上通，吾不忌其长也而从而应之，则有临下之治不劳而成矣。是能居中以有临，而又以刚柔之中而行之也。皋陶之称舜曰："帝德罔愆，临下以简，御众以宽。"何谓？舜罔愆之德亦曰刚柔之中而行之之谓也。然则所谓简与宽云者，居刚而用柔之道也。故在舜则曰"罔愆"，而在六五则曰"宜"，又曰"行中之谓也"。

上六，敦临，吉，无咎。

《象》曰：**敦临之吉，志在内也。**

《经》曰："安土敦乎仁，故能爱。"上六，坤之极也，敦厚之德则亦莫极乎此也。以此为临，夫岂有一毫嫌嫉介乎其心哉？想其乐道从善之诚，虽隔宇宙、异古今而有，向慕之志曾不少减也，而况同是临之时乎！夫临之刚浸而长，初九、九二实在内也，而上六之志则有向慕而无拂逆，此非敦厚其德、无有忌嫉而能至是乎？故《易》于此以吉予之，犹之曰上六无忌嫉之心而有敦厚之德，此吉德之君子也。夫舜有天下，选于众，举皋陶；汤有天下，选于众，举伊尹。皋、伊之进，曾何预于孔门之子夏也？而樊迟见夫子而问智，犹不达其举直错枉之义，而复有问于子夏，子夏乃援皋、伊而语之，此所谓隔宇宙、异古今而向慕之诚曾不少减也，而况上六之于九二同是临之时乎！其曰"志在内也"，宜矣。

坤下巽上 ䷓

观：观盥而不荐，有孚颙若。

《彖》曰：**大观在上，顺而巽，中正以观天下，观。"盥而不荐，有孚颙若。"下观而化也。观天之神道，而四时不忒，圣人以神道设教，**

而天下服矣。

昔者，尝与先友阮龄元肤议《易》，元肤曰：“观之卦名，音官邪？官涣反邪？”予曰：“如王辅嗣、朱子发所释，皆云‘观盥而不荐’，则音官也。如胡益之、程正叔则取‘为观于下’之义，则官涣反也。以陆德明《释文》考之，于观之卦名则曰官涣反是也。”又曰：“‘观盥而不荐’，‘风行地上，观’，与注家释六二所谓处大观之时不能大观广鉴，亦音官。”又曰：“王肃亦以‘大观在上’为音官，徐本云‘中正以观天下，惟此一字作官涣反’。夫《易》中发卦之辞，其义例亦有二而已矣。如泰、如随、如豫之类，则于立卦立名之后，方举其义曰‘小往大来’，曰‘利建侯行师’，曰‘元亨利贞’。如‘履虎尾’，如‘否之匪人’，如‘同人于野’之类，则就卦名而设义，不复有所间断也。‘观盥而不荐’亦此例也，所谓观盥而不观荐是也。夫事神之礼，亦岂有盥而不荐之理？第观盥而不观荐，犹夫子所谓‘禘自既灌而往者吾不欲观’之意也，盖取其精诚之至，在诚而不在物故也，故尝谓观盥而不观荐之义为长。”元肤曰：“子之言然。”

夫观之为卦，二阳在上，而下为四阴之所观。然上九又居一卦之外，则所谓大观在上，居中而履正者，惟九五也。观天、观民、观我，无所不用其观焉，此所谓大观也。故先儒有广鉴之义，其视初之“童观”，二之“窥观”，夫岂相千万而已哉！此指九五一爻以言观也。“顺而巽”，则合坤、巽二体以取义也。“中正以观天下”，此又言九五之德足以观示天下而然也。徐本云“惟此一字作官涣反”，是也。夫万物有自然之理，大观在上，岂能违是乎？亦不过顺万物之自然而巽以行之云尔。庄周曰“圣人观于天而不助”，则“顺而巽”云者，不助之谓也。夫惟不助，故无偏无陂无反无侧，以此道而建极于上，使凡厥庶民皆惟皇作极而后已，此所谓“中正以观天下”也。

夫宗庙之礼，所以致敬也。散斋七日，致斋三日，祭之初，迎尸入庙，天子洗手而后酌酒献尸，尸得酒灌地而祭，以求神，三献而荐腥，五献而荐熟。则盥者，洗手之时而未灌之初也，其精诚之至，其在此时可知矣。观盥者，当此之时，有得于其所谓精诚之至，则其孚诚亦有见于颙然而观感之际矣。此以诚感诚之道也，岂有得之观感而不化其诚矣乎？若至于荐也，则三献五献，礼文繁数，虽强有力者亦不能无倦惰之容，此夫子所谓“吾不欲观”也。然则下之观上也，在诚而不在物，其为道岂不甚简而不烦矣！天下之所观者，圣人也。而圣人之所观者，天也。圣人何取于天哉？以其不言之教见于四时之自行而无有差忒，此所谓神道也。神即诚也，体于心而谓之诚，妙于物则谓之神，一物也。圣人之设教于人，舍天何观焉？其能使下观而化，则不言之教寓于始盥之时，此所谓神道也。其曰天下服者，非服圣人也，服夫神也。或曰：昔者夫子尝欲无言，子贡曰：“子如不言，则小子何述焉？”子曰：“天何言哉？四时行焉，百物生焉，天何言哉？”夫何言之教，其在圣门如子贡者犹有所未悟，今而曰圣人以神道设教而天下服，何也？曰服有二：有知而服之者，有不知而服之者。民日迁善而不知为之者，此不知而服之者也；如七十子之服孔子也，此知而服之者也。子贡曰：“子如不言，小子何述焉？”此一子贡也；又曰：“夫子之言性与天道，不可得而闻也。”此又一子贡也。

《象》曰：风行地上，观。先王以省方观民设教。

风行地上，披拂鼓舞，无所不暨，有游历周览之义，故为观之象。夫省方之礼所以观民也。观民，则教之所由设也。其在虞舜之时，则当嗣位之初，“岁二月，东巡守至于岱宗”，“五月，南巡守，至于南岳”，“八月，西巡守，至于西岳”，“十有一月，朔巡守，至于北岳”，各觐其方之后，协其时日，同其器数，修其礼物，自此以往，则“五载一巡守，群后四朝”。其在《周官》，则“六年五服一朝，又六年王乃时巡，考制度于四岳，诸侯各朝于方岳，大明黜陟”。夫先王省方之礼，非固为是烦扰也，以谓不如是则无以观览夫民俗而施设其教条也。孟子曰：“昔者齐景公问于晏子曰：‘吾欲观于转附、朝儛，遵海而南，放于琅琊，吾何修而可以比于先王观也？’晏子对曰：‘善哉问也！天子适诸侯曰巡守，巡守者巡所守也。诸侯朝于天子曰述职，述职者述所职也。无非事者，春省耕而补不足，秋省敛而助不给。夏谚曰：吾王不游，吾何以休？吾王不豫，吾何以助？一游一豫，为诸侯度。’”夫由晏子之言，则先王之观，亦不过曰省耕省敛以为补助之政云尔，故曰“为诸侯度”，此观民设教之大旨也。其在后世则不然，故流连荒亡，如秦皇之出游、汉武之行幸，徒为是烦扰而无补于海内之万一矣，故曰“为诸侯忧”。其视先王观民设教之意不亦远乎？

初六，童观，小人无咎，君子吝。

《象》曰：“初六，童观”，小人道也。

当观之时，大观在上，以中正之德为天下之所观。初远于五，在六爻之下，而以阴眇之才居之，则童然识见之无取也，故曰“童观”。夫童然识见之无取，则小人之道也，无责焉尔矣，故曰“小人无咎”。若君子而然也，则可少矣，故曰“君子吝”。以言当大观在上之时，不可以无所观也。

六二，窥观，利女贞。

《象》曰：窥观，女贞，亦可丑也。

六二以阴柔之才居坤之正位，其与九五正相应之地也。然以阴柔暗弱之才上观九五，未必能尽见之也，故曰“窥观”，如所谓窥豹之一班是也。夫女子之贞，盖不务乎外观也。家人曰“无攸遂，在中馈”，《诗》曰“无非无仪，惟酒食是议”，此女子之贞也。盖知有内事，而不知是外观故也，故曰“窥观，利女贞”。若夫当观之时，处大臣之位，而与九五居相应之地，不能尽见刚中正大之道，而以女子之贞为贞，则是长孙无忌辈之事太宗也。昔唐太宗尝谓无忌等曰：“朕欲自闻其失，公等宜直言无隐。”无忌等曰：“陛下无失。”他日又问无忌等曰：“人苦不自知其过，卿等可为朕明言之。”无忌等又曰：“陛下武功文德，臣等将顺之不，又何过之可言？”夫居大臣之位，当观之时，其他无所见也，而务以女子之贞为贞焉，陋哉斯见也，故曰“窥观女贞，亦可丑也”。

六三，观我生，进退。

《象》曰：“观我生，进退”，未失道也。

“我生”云者，吾身之动作施为者，所谓自内而达诸外者是也。六三当观之时，处下卦之上，则进也；处上卦之下，则又退也。处进退之两间，则宜谁从？曰：进退者，时也；可以进者，可以退者，我也。反观吾之动作施为者如何，而后决其进退可也，何也？以六居三，吾之所谓自内而达诸外者，未能深满吾意故也，何也？不正故也。夫六三容有未能深满吾意者，而能观我生以决其进退，何也？曰：三，坤顺之极也。处坤顺之极，故能以至顺之性顺时以进退也。夫惟能顺时以进退，此所以未失乎进退之道也。

六四，观国之光，利用宾于王。

《象》曰：“观国之光”，尚宾也。

观以远为晦，以近为明，故观之众阴上观诸五，惟四为最近焉。

惟其最近而且体巽以居正，得君之深者也。以五之所以显设而藩饰者，在四无不历历而亲见之，故曰“观国之光”。当是时也，若不以宾于王为利，昧于观者也。程曰：“古者有贤德之人，则人君宾礼之。故士之仕进于王朝，则谓之宾。”尚，志尚也。当此之时，其所志尚以“宾于王”为利，故《象》曰“观国之光，尚宾也”。昔汤之三聘伊尹也，尹乃幡然而改曰：“岂若吾身亲见之哉。”谓与乐尧舜之道于异世，不若吾身亲见尧舜之君之为乐也，则六四之“观国之光”是也。孟子曰：“汤之于伊尹，学焉而后臣之，故不劳而王。”则尹也得君如此，向使其初无幡然之志，而不以“宾于王”为利焉，此岂尹之所观也欤？

九五，观我生，君子无咎。

《象》曰：“观我生”，观民也。

《书》之《周诰》曰：“古人有言曰：‘人无于水监，当于民监。’今惟殷坠厥命，我其可不大监抚于时？”《书》之所谓大监，即九五之大观也。夫监之水，则徒见其形；监之民，则凡吾身之动作施为，其见诸民者历历可覆矣。故一嚬一笑系人情之休戚，一举一措为天下之安危。人情之休、天下之安，则是吾之所以出乎身、加乎民者得其道也。人情之戚、天下之危，则是吾之所以出乎身、加乎民者失其道也。《中庸》曰：“君子之道，本诸身，征诸庶民。”然当观之时，大观在上，可不观诸民以察己乎？此九五之“观我生”，必于其民而观之也，王辅嗣所谓“观民之俗以察己道”是也。“君子无咎”者，夫“尧、舜率天下以仁，而民从之；桀、纣率天下以暴，而民从之”，当观之时，尧、舜在上则君子之化行，桀、纣在上则君子之化息，故当此之时，人君之动作施为行于上而效于下者，必君子而后无咎，不然则人心一讹、民俗一坏，不可复理矣，能无咎乎？九五中正以观天下，君子之在上也，故曰“君子无咎”，然必云尔者，警之也。

上九，观其生，君子无咎。

《象》曰：“观其生”，志未平也。

观以二阳在上，而下为众阴之所观。九五居中履正，故为观之主；上九以圣人之德处一卦之外，而当观民之极，其将何所取义乎？曰：以圣人之德处一卦之外，而当观民之极，此所谓省方观民之圣人也。夫古者，以人情之未叶、民俗之未一而民隐之未究也，故其志亦为之“未平”，而有省方巡狩之礼，所以协其时日、正其器数、修其礼物。又如晏子所谓省耕省敛而救其所谓补助之政，凡以一民俗、求民瘼而协民情也，此之谓“其生”，谓天下人之动作施为者，而周览洞究其利害休戚者而为之兴去也。及后世则不然，巡行游幸，止为游观之象，而流连荒亡，劳动骚扰，冤苦失职者无告，而万乘千骑所至，徒有供亿之苦，此无他，知有一身之乐而不知以万民为忧故也，庸免天下万世之议乎？故处“观其生”之任，亦必君子而后无咎，何者？君子之志，不以一身为乐，而以万民为忧故也。使其以一身为乐，则无有所谓未平之志者矣。

卷十一

震下离上 ䷔

噬嗑：亨，利用狱。

《彖》曰：**颐中有物曰噬嗑，噬嗑而亨。刚柔分，动而明，雷电合而章。柔得中而上行，虽不当位，“利用狱”也。**

《易》之立卦，其命名取象也，盖亦各有所指矣。鼎有鼎之象，井有井之象，大过有栋桡之象，小过有飞鸟之象，若比类者，远取诸物而然也；艮有背之象，颐有颐之象，噬嗑有颐中有物之象，若此类者，近取诸身而然也。颐之成卦，上艮而下震，上下二刚，中存四阴，外实而内虚，颐之象也。而噬嗑则上离而下震，上下亦刚，中存三阴，亦颐之象也。九四以一刚间乎其间，此则颐中有物之象矣。夫颐而中虚，则无事于噬而自嗑也。颐中有物，则颐中为之间塞，苟不致齿颊之余力而噬以决之，乌得而嗑邪？故噬已则嗑，嗑则颐中之间塞通矣，此噬嗑之所以亨也夫。古今天下，天地之内，朝廷之间，乡党闺门之际，所谓强梗、谗贼、朋邪、怨隙，盖未尝无是也，而能使上下不安、志意不通、事势乖隔、彼此龃龉而至于不合者，此所谓颐中之有物也。苟噬而去之，若齿之决物焉，则强梗去、谗贼息、朋邪远、怨隙消，向之不合者合矣，夫何往而不亨邪？刚柔分，动而明，雷电合而章，此又即爻与卦与象以明噬嗑之所以亨也。夫噬嗑以决间塞，施之有政，则用狱之道也。用狱之道，莫先于辨曲直、析是非，故其爻也，则三刚三柔相间而不相杂，此所谓刚柔分也。刚柔有所分，则是非析而曲直辨矣。由是动吾之威而明吾之罚，雷动而电明，两者相合以为用，而章章乎宇宙之间矣。故其在卦也，则震动而离明；其在象也，则震雷而离电。此所谓“动而明，雷电合而章”也。然则雷电相合即噬嗑之象也，相合而章即噬嗑之所谓亨也。虽然，用狱之道在乎威明之并用，而能用是威明，使威而不至于暴、明而不至于察者，惟仁厚之主为然，此六五柔得中而上行，所以为“用狱”之利也。夫柔而得中，则其与仁柔不断者亦异矣，所谓上行，则以此柔中而行乎上也。夫五，君位也，惟刚健中正足以当之，今也以柔居之，不当位也。然虽不当位，当噬嗑之时而施之“用狱”，则莫若柔而得中之为利也，故曰“虽不当位，‘利用狱’也”。皋陶之称舜也，而曰“帝德罔愆，临下以简，御众以宽”，且有及于好生之德洽于民心之说，夫曰简、曰宽、曰好生此柔德也，然必曰“罔愆”云者，此柔得中也，故其效至于民无有司之犯焉，夫孰以处帝之位而不当于用柔以议帝也哉。故曰：当噬嗑之时而施之“用狱”，则莫若柔而得中之为利也。

《象》曰：雷电噬嗑，先王以明罚勑法。

震雷、离电二者，相合以致威明之用，噬嗑之象也，《彖》所谓“雷电合而章”是也。噬嗑“利用狱”，故“以明罚勑法”为言。夫罚有轻重，故欲其明，明其罚则晓然以有示，所以效电之明也。“勑”如勑命之勑，勑其法则动之于上而下莫敢不震，所以法雷之动也。夫惟晓然以有示，则上无滥罚矣，动之于上而下莫敢不震，则下无玩法矣，此先王所以为善法夫雷电之象也。

初九，屦校灭趾，无咎。

《象》曰："屦校灭趾"，不行也。

噬嗑，用狱之时也，故六爻皆言用狱之事。初九用狱之初也，故于小人过恶方骋之初，禁之使不行，而有"屦校灭趾"之象。趾，在下而有行之物也。校，用狱之具也。施校于其趾，犹趾之纳屦焉，则趾以校灭，虽欲纵意以往，得乎？灭趾，谓灭没其趾，见校而不见趾也，夫有以见其行于过恶方骋之初，此《系辞》所谓"小惩而大戒"，小人之福也，故能使之补过而无咎。

六二，噬肤灭鼻，无咎。

《象》曰："噬肤灭鼻"，乘刚也。

服人之道，莫尚于中正。六二居中得正，其道固足以服人矣。而又下乘初九之刚，刚柔相济，资诸人以为助，故当去恶之时，刑人而人易服，而有"噬肤"之象焉。夫噬啮人之肌肤，则有以切中乎人者矣。而噬之之深，又至灭没其鼻焉，岂亦二之过欤？曰：六二中正，非过也，天下之罪恶固有所谓不可赦者，故君子痛以待之，在己不以为惨，在人亦不以为怨，又况资诸人以为助而与众治之，岂其过欤？故虽噬肤灭鼻也，而曰"无咎"。

六三，噬腊肉遇毒，小吝，无咎。

《象》曰："遇毒"，位不当也。

六三之视六二，非所谓中且正者也，又非四之刚且直者也，故其道不足以服人，而且无六二、六五乘刚之助，则其所噬也视诸爻独为难焉，故曰"噬腊肉遇毒"。夫禽兽全干者谓之腊，噬之最难者也。腊肉既难噬，而以六三噬之，则遭其伤毒也必矣，何者？六三之才有所不足故也。当去恶之时，刑人而人不服，必欲服之，力既不胜，则未有不为之伤害者也。虽然，此小有所吝也，而亦无咎，何也？曰：

六三之才有所不足，故不免于噬之之难，此所谓“小吝”也。然当去恶之时而务为去恶之事，夫岂过举，此所谓“无咎”也。特以六居三，自处不当，故至于“遇毒”，亦其势然也。若六三者，其能因时任责，志有余而才不足者乎？

九四，噬干胏，得金矢，利艰贞吉。

《象》曰：“利艰贞吉”，未光也。

以一卦言之，则九四颐中之物也，所以为强梗者也；以六爻言之，则九四刚直之才也，所以去强梗者也。《易》之取义，其不一如是哉！夫肉之附骨者谓之“胏”，而又干焉，亦最难噬者也，比之腊肉亦其类也，然三之于腊肉则遇毒，而四之于干胏则无是患者，刚柔之才异也，故曰“得金矢”。金矢，刚直之才也。以刚直之才而施之干胏，宜其无六三“遇毒”之患也。夫暴悍强梗之在天下，固非易服之也，亦非难服之也。服之有其道，则虽难而易，九四之干胏是也；苟无其道，则其所谓难者信乎其难矣。此六三之于腊肉所以“遇毒”也。虽然，九四之“得金矢”固有得矣，而其所以不足者正也，故戒之以“利艰贞吉”，谓其以刚居柔，知艰难以自守，而不轻用其刚焉，则吉也。夫惟四之所不足者正也，故曰“未光也”，此其所以利于艰贞则吉也。《易》之为君子谋也，盖如此。

六五，噬干肉，得黄金，贞厉无咎。

《象》曰：“贞厉无咎”，得当也。

六五操利势，挟人谋，当去恶之时，比之诸爻宜若易然，故曰“噬干肉”。肉虽干矣，然其视腊肉、干胏则亦固有间矣。夫五之去恶如此其易者，以其得位、得人故也，故曰“得黄金”。黄，中色也。金，刚物也。六五体柔而居中，居中而得位，体柔而四以刚辅之，又为得人也，此所谓“得黄金”也。虽然，六五之“得黄金”亦固有得矣，而其所以不足者亦正也。盖四则以刚而居柔，而五则以柔而居刚，其为不正一也。四既以“利艰贞”而后为吉，则五之欲“无咎”也，可不于正而知所厉乎？夫惟五之所不足者正也，苟知自警而以危厉自守，则当去恶之时，柔既得中而又得刚德之助焉，则凡其所得无不皆当，以此去恶，夫何咎之有哉？故曰“贞厉无咎，得当也”。然此既曰“得当”也而《象》乃曰“虽不当位”，何也？曰“虽不当位”云者，谓其以六居五也；“得当”云者，谓其得位得人也。其所指异矣。

上九，何校灭耳，凶

《象》曰：“何校灭耳”，聪不明。

上，用狱之终也。世之小人，其于罪恶稔积既极，若将终身焉，此岂复有改悔之冀欤？原其所以然，则亦非有他也，盖不聪之过也。故何之校焉？以校灭其耳，责其有耳之形，无耳之用也。夫耳者，所以纳声听受之具也，其形存，其用亡，罪大恶积，陷于凶而不知，聪之不明孰甚焉！故校以灭之，谓终塞之也。《系辞》曰：“恶不积不足以灭身。”盖甚之也。

离下艮上 ䷕

贲：亨，小利有攸往。

《彖》曰：贲，亨。柔来而文刚，故亨。分刚上而文柔，故“小利有攸往”。刚柔交错，[①]天文也；文明以止，人文也。观乎天文，以察时变；观乎人文，以化成天下。

① 刚柔交错，王弼、郭京、孔颖达、朱熹等人均认为“天文也”前脱“刚柔交错”一句，王宗传原文无“刚柔交错”，笔者按王弼等易学家之语，补之。

昔棘子成曰："君子质而已矣，何以文为？"子贡曰："惜乎，夫子之说君子也，驷不及舌。文犹质也，质犹文也，虎豹之鞟犹犬羊之鞟。"夫文与质，非二物也。有是质必有是文，盖亦表里之符，不可强有，而亦不可强无之也。故子贡于此得以谓之"文犹质也，质犹文也"，犹之曰"文与质二名也，其实一物也"，故设喻曰："此虎豹也，则其鞟必虎豹也；此犬羊也，则其鞟亦犬羊也。故虎豹之鞟与犬羊之鞟，二鞟也，而其实则一理也。"所谓一理云者，顾其质如何耳，而文则称是故也。程曰："理必有对待，生生之本也，有上则有下，有此则有彼，有质则有文，一不独立，二则为文。非知道者，孰能识之？"贲者，饰也。天下之物其文见于所饰者，莫昭于天之文，又莫大于人之文，故贲之爻有所谓刚柔相为往来之旨，圣人则曰"此天之文也"。贲之卦有所谓离明艮止之旨，圣人又曰"此人之文也"。夫贲之所以亨者，以六二之柔来而文初九、九三之刚故也。离本乾体也，坤再索于乾以成离，故曰"柔来而文刚"，此非世儒所谓坤之上六来居二位也。所谓"小利有攸往"者，分上九之刚上而文六四、六五之柔故也。艮本坤体也，乾三索于坤以成艮，故曰"分刚上而文柔"，此非世儒所谓乾之九二之刚往居上位也。夫柔来而文刚，则刚矣而有柔，故刚有所济而贲之所以亨；分刚上而文柔，则柔矣而有刚，故柔有所附而小者利于往。刚柔相文，圣人谓是为天之，岂不曰日月之晦明、星辰之运动、云霓之合散，凡致饰乎上者无非天之文也，然其所以分而为昼夜、变而为寒暑、积而为岁时，其能外是刚柔相文之旨乎？不能也。离以明而处乎下，则是以明而为文也，文而明则无不足之文；艮以止而处乎上，则是以止而为文也，文而止则无或过之文。明止相文，圣人谓是为人之文，亦岂不曰父子之有仁、君臣之有义、夫妇之有礼，凡致饰乎下者无非人之文也，然其所以严而为尊卑、辨而为贵贱、别而为大小[1]，其能外是明止相文之旨乎？不能也。虽然，贲六爻与二体之用，所谓天与人之文不可掩也，如此奉天理人以斯文为己任者，又在乎观文之主焉。何则？在天固有是文也，不有以观之，则天下之化无自而成。曰观云者，固非骋其智、任其巧，以增益迁就之也，因其理之自然而我无拂焉尔。故夫因其在天者以求其变，则阴既极而阳已生，暑方徂而寒适至，盈虚消息之有其期，进退迟速之有其度，凡变之兆乎时者不容有所隐，故于变而无不察，此观于天之文而有得也。因其在人者以致其化，则位乎上者使各由其道于其上，位乎下者使各由其道于其下，礼义廉耻以维其心，忠厚岂弟以陶其俗，风化之行乎人也，不容有所遗，故化之而无不成，此观于人之文而有得也。在昔所谓观文之主，吾于唐、虞、成周之际见之，即夫历象以授人时，在玑衡以齐七政，与夫致日致月以辨四时之序，则变之在时也，岂容有所隐？和万邦而黎民于变，敷五典而五典克从，与夫礼防乐防以合天地之化，则化之在天下者岂容有所遗？然则曰“焕乎有文”，曰“重华”，曰“文明”，曰“郁郁乎文”，后世语贲文之盛，舍此将焉稽？

《象》曰；山下有火，贲，君子以明庶政，无敢折狱。

山止于上，火明于下，山下有火，明有所止之象也。夫贲者，饰也，贲饰之道，岂能增其实也？夫苟以文明为尚而不知有所止焉，非贲饰之道也。故君子之于庶政则欲致其明，此明也；于庶狱则无敢折之，此止也。盖折狱之道，不恃苛察，不贵辞饰，惟其情实而已矣。

初九，贲其趾，舍车而徒。

《象》曰：“舍车而徒”，义弗乘也。

① 大小，宋刊本作“小大”。

车者，所以饰其行也。然可以车而车，则以车为荣；不可以车而车，则车只为辱。剥之上九，“君子得舆”，民所载也，此可以车者也，故车以为荣。解之六二，以小人而乘君子之器，盗斯夺之矣，此不可以车者也，故车只为辱。贲之初九虽具阳德，然居下位，故曰“贲其趾，舍车而徒”。夫趾在下而有行之物也，今也贲吾之趾，不以车而以徒，则世俗以徒为辱，而君子以徒为贲，何者？义之所在，可车则车，不可车则徒。吾居下位，以徒为贲者也，岂可冒昧而不顾其义乎？昔彭更曰：“后车数十乘，从者数百人，以传食于诸侯，不已泰乎”孟子曰：“非其道，则一箪食不可受于人，如其道，则舜受尧之天下，不以为泰，子以为泰乎？”孟子所谓非其道，则初九所谓“义弗乘也”，以爻应言之，则初应四，义也；从二，非义也。故舍近而之远，舍易而即难，此舍车而徒之象。

六二，贲其须。

《象》曰：“贲其须”，与上兴也。

六二以一柔文二刚，初九舍二以即四，二与三俱无其应，故二之所贲者上随夫三而已矣。六二柔而静者也，其动也，其止也，惟刚之是随焉，犹之须也，其动与否惟颐之是随焉，得所附也。自三至上，外实而中虚，有颐之象。夫贲之道，非能增加其质也，因其质而加饰之尔。然须之在人，亦岂外物也？血气盛则蕃滋，血气衰则减耗，盖亦表里之符尔。冠弁衣裳，文章黼黻，所谓文也，君子服之则隆杀等差，各称其德。人非君子，则虽有是服不足敬也，诗人所谓“彼其之子，不称其服”是也。故曰“贲其须，与上兴也”。若曰视其体质如何尔，犹之须也上随夫颐而已矣，其动与否不在我也。

九三，贲如，濡如，永贞吉。

《象》曰：永贞之吉，终莫之陵也。

贲饰之道，在于以刚柔相文，相文是也，相文而非其道，则失之矣。六二、六四，以二柔而文九三之一刚；九三以一刚而文六二、六四之二柔。在贲之时其相文是也，然或至于非其道而相文焉，此所谓不正之交，君子不贵也。故曰“贲如，濡如，永贞吉”。刚柔相贲、相与润色以成其文，此所谓“贲如，濡如”也。然而相贲而或至失其正焉，此则贲之过也，故必以“永贞”而后吉。何者？六二、六四柔之正也，九三刚之正也，相比而相贲，不失正道，则吉于贲矣。夫人必自侮而后人侮之，君子之于正道而无少玷缺，则谁敢予侮哉？故贲与九三设“永贞”之戒，而曰“永贞之吉，终莫之陵也”，于六四亦曰“匪寇婚媾，终无尤也”，贲于永终之道望此二爻者深矣。

六四，贲如，皤如，白马翰如，匪寇婚媾。

《象》曰：六四，当位疑也。“匪寇婚媾”，终无尤也。

四当贲之时，隔于九三而未获与初相贲，故曰“贲如，皤如”。皤，白也。初动于下亦曰“白马”，皆未受贲之象也。虽然，“白马翰如”，则初之与四相即之志其疾如飞，非为寇难之所隔，则相亲以相贲也久矣，故曰“匪寇婚媾”。夫四与初居相应之地，初之刚动于下，有“翰如”之疾，岂三之所能隔哉？但三无其应而四当其冲，居可疑之位，故曰“六四，当位疑也”。虽然，四，正也；三，亦正也。其迹可疑而其实则匪他焉。但当贲之时，刚柔相比而有可疑之迹故尔。若三与二皆无其应，而近以相从，如须之于颐焉，则无可疑之迹也。然三曰“终莫之陵也”，四曰“终无尤也”，其能以正相比也欤？

六五，贲于丘[1]园，束帛戋戋，吝终吉。

① 丘，原作“邱”，依宋刊本改为“丘”，下同。

《象》曰：六五之吉，有喜也。

俭啬者，阴之性。质朴者，阴之才。当贲饰之时，以六居五，俭朴之主也。夫丘园，丝枲所自出之地也。当此之时，制度礼乐，俭朴之主谦逊未遑也，其所贲者丘园之地而已尔。此亦重本节用之意，故束帛于此不得不“戋戋”也。戋戋者，委积之貌也。夫此之所贲，虽若吝啬，然海内士庶百姓充实则亦由此而基焉，故曰“终吉”，而《象》曰“有喜也”。汉至文帝，虽已转秦为汉矣，制度未立，礼乐未兴。故贾生太息之书有曰：“夫立君臣、等上下，使父子有礼、六亲有纪，此非天之所为，人之所设也。夫人之所设，不为不立，不植则僵，不修则坏。”故有定经制之请，夫生于此时而请定经制，则贲饰之道也，而帝则谦逊未遑也。然开籍亲耕，皇后亲桑，劝农之诏无岁无之，敦本之风既行，而殷富之效乃见，则贲之六五之吉，文帝以之。

上九，白贲，无咎。

《象》曰：“白贲，无咎。”上得志也。

昔者，夫子尝有言曰：“周监于二代，郁郁乎文哉。吾从周。”又曰：“先进于礼乐，野人也；后进于礼乐，君子也。如用之，则吾从先进。”夫子既欲从周之文矣，又欲从先进之野，何其从之之异欤？曰：非异也，监二代以为文，即先进之礼乐故也。礼乐之失也，其当周之末世、鲁之僭拟邪？又重之以八佾、雍彻与泰山之事邪？是故夫子欲反其本而未能也，而有“如用之，则吾从先进”之说，盖伤其失也。贲至上九，贲之极也。贲饰之极则嫌于失实，故欲其无过饰之咎也，必曰“白贲”而后可，所谓“白贲”云者，非不受贲之谓也，去其伪、落其华，使无胜质之文，如所谓先进礼乐之野是也。夫所谓先进礼乐之野，何也？曰：古者非不知酒醴之美也，而玄酒明水之尚；非不知黼黻文绣之美也，而疏布之尚；非不知莞簟之安也，而蒲越藁秸之尚。先进之礼乐如此，曾何足以动荡人之侈心欤？夫惟不足以动荡人之侈心，故其意在于著诚去伪，使人知有所谓简敬之所在而不失其本真云尔。及其末流也，则质以文胜，人有侈心，而无复反本，此岂贲饰之初志欤？故大礼必简，至敬无文，贲极反本，饰无过咎，而后上九之志始得矣，夫上九之志得，此夫子所谓“吾从先进”者也。

坤下艮上 ䷖

剥：不利有攸往。

《彖》曰：**剥，剥也，柔变刚也。“不利有攸往”，小人长也。顺而止之，观象也。君子尚消息盈虚，天行也。**

剥之成卦，五阴而一阳，阴始于姤，至于剥而五阴盛，刚为柔之所剥。故曰：“剥，剥也，柔变刚也。”以时言之，则柔变乎刚，下剥乎上，邪剥乎正，小人剥君子之时也。当是时也，五阴既盛，一阳仅存，小人道长，君子道消，往亦何所利哉？故曰：“‘不利有攸往’，小人长也。”夫当小人道长之时，既不利于有所往矣，则顺时而知止，乃能观剥之象也。盖剥之象，其下坤也，其上艮也，坤顺而艮止，此顺而止之之义也。夫当小人道长之时，苟不知顺时而止，而强聒以有往，则与小人立敌，而至于陨身流祸也必矣。故《易》于此为君子谋，则以观象晓之，而又以尚消息盈虚戒之，盖处剥之道然也。夫有息必有消，有盈必有虚，理之常也。是理也，天且弗违，而况于人乎？所贵于君子，固当深知此理也。《语》曰：“不知命，无以为君子也。”所谓命者，即天之理也。知天，则知天理之所在矣。故晓之以观象云者，欲其知天也。戒之以消息盈虚云者，欲其事天也。凡此皆处剥之道故也，《易》之为君子谋也如此。而东汉之季，阴小得志，贤人、君子不知观剥之象，而尚夫消息盈虚之理，方且以口舌与之争锋，至使刊章逮捕、骈首受戮，而士类为之一空。其能不为危言激论，身处浊世而怨祸不及者，惟一郭泰而止尔；绝迹于梁砀之间，因树为屋，自同佣人者，惟一申屠蟠而止尔。故司马温公有曰："天下有道，君子扬于王庭以正小人之罪，而莫敢不服；天下无道，君子括囊不言以避小人之祸，而犹或不免。党人生昏乱之世，不在其位，四海横流，而欲以口舌救之，撩虺蛇之头，践虎狼之尾，以至身被淫刑，祸及朋友，士类殲灭，而国随以亡，不亦悲乎！夫惟郭泰'既明且哲，以保其身'，申屠蟠'见几而作，不俟终日'，卓乎其不可及也。"

《象》曰：**山附于地，剥。上以厚下安宅。**

山高而地下，其势至不侔也，今也山附于地，则高者下矣，此地剥之象也。原其所以然，盖亦下不厚而高者颓、址不安而高者危故也。为人上者欲安其居而无倾危之患者，则亦务厚乎下而已矣。盖下者上之本也，务厚乎下则其本固矣，未有基本既固而能剥者也。《书》云："民惟邦本，本固邦宁。"盖谓是也。

初六，剥床以足，蔑贞凶。

《象》曰：**"剥床以足"，以灭下也。**

床者，身之所安也，以况则君子所处之位也。小人之害君子也，必先去其所处之位，使之穷悴无所之也，而后得肆其害焉。故初则"剥床以足"，二则"剥床以辨"，四则"剥床以肤"，盖其叙然也。夫床之所赖以安者，足也，足之见剥则正者倾矣，故曰"蔑贞凶"。初六之阴剥始自下，犹之床足先见剥焉，则君子之贞始见灭于此时矣。灭，亡也。蔑、灭同义。

六二，剥床以辨，蔑贞凶。

《象》曰：“剥床以辨”，未有与也。

阴之剥阳进至于二，犹之剥床自足而辨其势愈上矣。辨，上下交际之地也。夫床之所赖以正者，上下交际之地也，辨复见剥，则止者愈倾矣，故亦曰“蔑贞凶”。当是时也，使六二如六三焉，则见与于上九之君子，而小人之祸庶乎其未至于斯也。惟其未有与也，故小人无所顾忌，而得以驯致其害焉，此剥道之所以浸长也。

六三，剥之无咎。

《象》曰：“剥之无咎”，失上下也。

六三处众阴之中，独与上九居相应之地，有辅上救乱之志，所谓小人中之君子也，故在剥之时为无咎也。夫处众阴之中而能与上下众阴相失，独与上九居相应之地，《易》于此可不以“无咎”与之乎？与之以无咎者，所以录小人之善也。子曰：“君子不以人废言。”夫一言之当，其人未必然也，君子犹不以人废之，则当剥之时，众阴用事，而六三独于众阴之中失其上下，以与上九协焉，可无取乎？程曰：“如东汉之吕强。”是也。

六四，剥床以肤，凶。

《象》曰：“剥床以肤”，切近灾也。

六四，卦之上体也，夫剥至六四已及上体，所谓肤也，其切近于灾，莫此为甚也。君子之正至是而无可灭者，故不云“蔑贞”，但云“凶”也。夫小人之剥君子也，始焉“剥床以足”，次焉“剥床以辨”，至于六三，则虽与上九居相应之地，于剥为无咎，然剥道浸长，亦末如之何也。至六四，则身及其害矣，复何有所处之位乎？小人之祸害，吁，可畏哉！

六五，贯鱼，以宫人宠，无不利。

《象》曰："以宫人宠"，终无尤也。

六五，群阴之主，君之位也。在剥之时，君道不可以剥，故取下制群阴为义。鱼，阴物也，相群于下流，小人之象也。五能下制群阴，使之骈然顺序，如"贯鱼"，则是以小人之道待小人也，故曰"以宫人宠"。宫人，嫔御侍使也，所谓阴小之人也。以宫人之宠宠之，是以小人之道待小人也。夫所谓待小人以小人之道，何也？曰：小人之志，不过于希恩望宠而已，苟惟时其锡予，均其恩惠，使之充满其意而无觖望之心，此待小人之道也。夫小人之心所以易生尤怨者，不以其道待之故也。惟能以小人之道待小人，故怨尤不生、祸害不作，此所谓"无不利"，又曰"终无尤也"。

上九，硕果不食，君子得舆，小人剥庐。

《象》曰："君子得舆"，民所载也。"小人剥庐"，终不可用也。

天地不可以一日而无阳，天下不可一日而无君子。当剥之时，五阴既盛，上九以一阳居众阴之上，而有硕果不食之象者，存阳道也。夫以一阳而居众阴之上，果之硕大者也。果既硕大，不剥而食诸者，生育之萌正寄诸此者也。坠地而复生，则剥反为复矣，此复初九之一阳，即剥之上九也。"君子得舆"者，以一阳而居众阴之上，而有众民共戴之象，此君子得舆也，故曰"民所载也"。众阴在下，而赖一阳之庇，故又有室庐之象焉。若夫剥道既终，九复见剥，则室庐坏矣，小人无所庇其躯矣，此乃自撤其庇之过也。然则君子存则小人安，君子去则小人祸，若飞廉、恶来、赵高、杨国忠之徒，终亦自取祸败尔，故曰"终不可用也"。然则君子亦何负于小人，而小人亦何利于剥君子也？

卷十二

震下坤上 ䷗

复：亨。出入无疾，朋来无咎。反复其道，七日来复。利有攸往。

《彖》曰：复亨，刚反。动而以顺行，是以“出入无疾，朋来无咎。反复其道，七日来复”，天行也。“利有攸往”，刚长也。复，其见天地之心乎！

复之初九，即剥之上九也。《经》曰：“往者，屈也。来者，伸也。”剥之上九虽居五阴之上，其势往而屈也，此一阳之穷也；复之初九虽居五阴之下，其势来而伸也，此一阳之亨也。故曰“复亨，刚反”云者，谓是刚也自剥之上反而为复之初，此复之所以亨也。动而顺行，则又合坤、震二体，以明复之所以亨也。夫震动而坤顺，刚既来反，则阳动于下，以顺而行于上，自此以往，无非顺理而动也。夫如是，则刚反为复，阳降而入；刚动以时，阳升而出。其出也，其入也，群阴莫之能害，故曰“出入无疾”。夫复之一阳出入乎群阴之中，而群阴莫之能害，则其以朋类渐进而来，又何咎乎？程曰：“所谓咎者，在阳气则为差忒，在君子则为抑塞。”“夫一阳始生，至微也，固未能胜乎群阴以发生万物也，必待诸阳之来，然后能成生物之功。”一君子始进，未盛也，亦未能胜乎群小人，以利泽天下也，必待众君子之进，然后能成泽民之功。此一阳之复，既出入而无疾，则其朋之来自无咎矣。夫阴生于午，其卦为姤。姤，阳之始消于阴也，凡历七变而后成复，则阴阳消长之道反复迭至，凡七日焉，天之运行如是也。故曰："反复其道，七日来复，天行也。"一阳既复，则君子道长实自此始也，故自复而往，为临、为泰、为大壮以至为乾，孰御之哉？故曰："利有攸往，刚长也。"夫一阳始长，而天地发用之机实发于此时，故万物之生布在天地者，皆天地发用之功也；而发用之机则实系于复之一阳，此所谓天地之心也。故曰："复其见天地之心乎！"程曰："一阳复于下，乃天地生物之心也。先儒皆以静为见天地之心，盖不知动之端乃天地之心，非知道者孰能识之？"

《象》曰：**雷在地中，复。先王以至日闭关，商旅不行，后不省方。**

天地有无穷之用，曰动与静是也。人皆知动也者天地之用也，而不知静也者乃所以养其动也。夫当动而动，动而不括，此岂偶然而然也哉？盖有以养其动故尔。雷在地中，阳气复于不动之地，非不动也，安静以养之，将以致不穷之用云尔。先王顺天之道，故当至日一阳之始生也，亦务安静以养其动焉。夫关也者，所以时其出入也，于至日而闭关焉，则使旅商不行。人君不巡省四方者，凡以静吾之动，而仰顺乎天道也。

初九，不远复，无祇悔，元吉。

《象》曰：**不远之复，以修身也。**

阳，君子之道也。复，反善之义也。九以阳刚居复之初，复之最先者也，故曰"不远复"，谓其失也不远而能复也。王辅嗣所谓"比复好先"是也。祇，大也。元，亦大也。夫有过则有悔，初九之不远复，非无过也，有不善未尝不知，知之未尝复行，所谓不二过也。故虽不免于有悔，而无大悔矣。夫既无大悔，则其为吉也，斯大矣。盖大吉之与大悔，此二物也，不可以相有故也。夫圣人无复，故于其身若无事于修，不远之复，则所以修其身之不善者以复于善尔，然其失者不远而复焉。此颜子之学也，故夫子以此爻予之，而赞之曰“颜氏之子，其殆庶几乎”。

六二，休复，吉。

《象》曰：**休复之吉，以下仁也。**

休，止也。六二，震体。震，动也，以六居二，不动而止者也。夫二之不动而止者，何也？曰：知所止而止焉故也。夫二何为而知所止也？曰：初九之君子修身居下，而二比之，此正六二之所宜亲焉故也。故六二当复之时，以下仁为吉，而谓之“休复”焉。《语》曰：“泛爱众而亲仁。”初九之君子，所谓“克已复礼为仁”之人也，而六二之于初九亲而下之，可谓知所止而止焉者也。求之孔门，则曾子之于颜子是也，观其尝有言曰：“以能问于不能，以多问于寡，有若无，实若虚，昔者吾友尝从事于斯矣。”噫！若曾子非能下仁，其能知斯人而友之乎？

六三，频复，厉，无咎。

《象》曰：**频复之厉，义无咎也。**

孟子曰：“人恒过，然后能改。困于心，衡于虑，而后作。”复至六，三再三之复也，所谓恒过而能改也，故曰“频复”。频复之厉，所谓“困于心，衡于虑，而后作”也。故曰“无咎”。夫《易》之道在于知变，圣人之于人，不咎其有过也，而咎其不能改过，盖所以开小人迁善之门也，故六三之“频复”，不咎其恒过也，而予其“频复”。虽然，频复未足予也，必也知以危厉自警，则虽频而咎可无也。不然，复虽频矣而复频失，咎何时而可无邪？夫苟如此，则失复善之义矣。

六四，中行独复。

《象》曰："中行独复。"以从道也。

复之六四，即剥之六三也。方其为剥也，六三处五阴之中，失上下以应上，及其为复也，六四行乎五阴之中，独复以应初。此二爻者，知贤识善如此，其可以阴柔少之乎？又可不谓之贤矣乎？故尝谓君子之在天下，无所往而不可贵也。方众阴之剥阳也，上九以一阳处一卦之外，疑若失位也，而六三能失上下以应之，故曰"剥之无咎"，及剥之来复也。初九以一阳处一卦之下，疑若尚微也，六二近而比之而曰"下仁"，六四远而应之而曰"从道"。诚以道之所在，可从而不可违也如此。然则初九固贤也，而六二之下之，六四之从之，可不谓之贤矣乎？夫六四一爻远应初九，其在后世则扬子云所谓晞颜之人也。

六五，敦复，无悔。

《象》曰："敦复，无悔。"中以自考也。

博厚者，地之德也。五体坤德而得尊位大中，当复之时，远于刚阳之应，躬自厚者也，故曰"敦复"。夫以自厚为德，则求其在己者而已矣，其与所谓下仁、从道者又异矣。盖下仁、从道之复，资诸人者也，而"敦复"之"复"则资诸己者也。夫资诸己以为复而能自厚其德，则无失之可指矣，故曰"无悔"。又不特无大悔而已也，何也？未尝过乎中故也。考，稽也。动稽诸中而未尝过乎中焉，非躬自厚者而能之乎？故曰："敦复无悔，中以自考也。"曰"自考"云者，以明"敦复"之"复"非资诸人而然也。

上六，迷复凶，有灾眚。用行师，终有大败。以其国，君凶，至于十年不克征。

《象》曰：迷复之凶，反君道也。

在复之上，而以阴柔之才居之。阴则暗而无睹，柔则懦而无从，故于复则为“迷”也。夫曰“迷”云者，失道之谓也。在上而失道，则无适而非凶矣。何谓无适而非凶？曰：有天之灾，有己之眚，用之行师则终有大败，用于其国则为君之凶，以至于十年之久，终不能有所征往也，凡此皆凶之目也。夫复则合道，今也于复而迷焉，则与道相反矣，乌得而不凶邪？故曰“迷复之凶，反君道也”。上六在复之上而迷，故《易》于此极言凡为君而在上者之道，至此而有所反也，其所以示后世在上者之戒也，可谓详且明矣。

震下乾上 ䷘

无妄：元亨利贞。其匪正有眚，不利有攸往。

《彖》曰：无妄，刚自外来而为主于内。动而健，刚中而应。大亨以正，天之命也。“其匪正有眚，不利有攸往。”无妄之往，何之矣。天命不佑，行矣哉。

无妄合乾、震以成卦，乾，天也；震，动也。其动以天之谓也，夫其动也以天，动静语默无非天理，而人为无与焉，此之所谓无妄也。盖天下有自然之理，纯乎天而已矣。天理所在，不可以一毫私意妄加于其间者，所谓正也。故在理，则为正；在人，则为性；在天，则为命。一也。刚自外来而为主于内，谓初九也。初九之刚，乾一索于坤而得之，是以为震，而无妄之外体又乾也，则初九之刚实自乾来，故曰“刚自外来”。震以初爻为主，其在无妄则内体也，故曰“为主于内”。夫以九居初，正也，为主于内也，得其正则无妄之大本立矣。“动而健”谓震、乾之用也；“刚中而应”谓五之于二也，夫无妄之本既立于内，则由是而动，动而不穷矣，故健也。苟无其本，此妄也，欲动而健，得乎？以九居五，刚而中也，九五以刚中在上，而六二以柔中应之，二五各得其正，此又无妄之大体也，故曰“大亨以正”。夫所谓无妄者，正而已矣。初九以是正立无妄之大本，九五、六二以是正成无妄之大，则当无妄之时，致天下于无妄，其为亨也不亦大乎？此卦之德所以有曰“元亨利贞”也。天命即天理，循天之理，不以一毫人伪参焉，则理之所在，天命之所在也，故“大亨以正，天之命也”，何也？曰：天道之与天命，亦非二物也。其在临也则言刚柔消长之理，故曰“天道”；无妄，则言其动以天，而人为不与焉，故曰“天命”。“其匪正有眚，不利有攸往”者。夫初九、九五、六二，正也，正则能大亨；六三、上九，不正也，不正则妄矣。故有眚灾也。六三所谓无妄之灾，上九所谓穷之灾也是也。夫以正而往，则亦何往而不利？故初九云“往吉”，六二云“利有攸往”。苟匪正焉，则当无妄之世，何所往而利哉？故曰“有眚”，又曰“不利”，又曰“天命不佑”。甚哉！匪正之为害也。然则正之所在，而天之佑常向焉。而君子则曰：“此非天之我佑也，吾自佑也。”

《象》曰：天下雷行，物与无妄。先王以茂对时、育万物。

雷之为物也，其发声也，其收声也，必以其时，故语物之行乎天下而无妄者，惟雷足以当之。万物之生固有所谓自然之天，因其自然之天而感发之者，雷也。故雷行于天下，未尝妄发，而物之洪纤高下随其赋予而能各全其天者，实自雷发之，故曰“物与无妄”。以言天之发育万物也以天，而物亦因是而全其天也。先王之于万物也，亦岂能紊其自然之天矣乎？对无妄之时，育无妄之物而已矣。盖天有是时，吾非能先后之也，对而循之云尔。物有是生，吾非能加损之也，育而成之云尔。夫是之谓无妄。茂，盛也。朱子发曰：“不茂不足以育物，不对则妄矣，如春毋麛毋卵，夏毋伐大木之类。”

初九，无妄，往吉。

《象》曰：无妄之往，得志也。

初九，震之主也。初以震动之才而动于下，在无妄之时而吉于往者，何也？以九居初，正也，正则不妄矣。夫以正而动，则无适而非正，故曰“无妄，往吉”，而《象》曰“无妄之往，得志也”。河南曰：“诚之于物，无不能动。以之修身则身正，以之治事则事理，以之临人则人化，无所往而不得其志也。”

六二，不耕获，不菑畲，则利有攸往。

《象》曰：“不耕获”，未富也。

以六居二，柔而静者也，静则无事。然六二实震体也，震，动也，又能动而有行焉。静而无事，故有“不耕获，不菑畲”之象。动而有行，故又曰“利有攸往”，谓以无事为行故也。夫耕获、菑畲，虽有始终先后之异，然均为治田者之事。六二静而无事，故曰“不耕获，不菑畲”，犹之曰：不耕不获、不菑不畲，俱未始有事也。然属震体而与九五居相应之地，所谓以正相与者也，以正相与，则当无妄之时而尽无妄之用矣，故曰“利有攸往”。夫阴以得阳为富，知以无事自处，而不知以正而往应于五，此岂六二之欲富乎？是必有攸往而后利也，故《象》曰“不耕获，未富也”。若六二者，其能以无事而为行也欤？夫惟以无事为行，此无妄之尤者也。

六三，无妄之灾，或系之牛。行人之得，邑人之灾。

《象》曰：行人得牛，邑人灾也。

无妄之卦德曰“元亨利贞”，其匪正有眚，六三以不正据六二正人之上，而阻二、五中正之应，此妄人也，故在无妄之时宜其有灾也，故曰“无妄之灾”。牛者，具阴顺之性，六二以顺为正者也，而上应九五，牛之象也。六三居前而阻之，或系之牛也。“行人之得”谓六二也，“邑人之灾”谓六三也。二利有攸往，故曰“行人”。三居前而阻二，故曰“邑人”。然六二得顺道而行，无往而不利，此得牛之象也，六三以不正徒自取灾尔。由是观之，则祸福得丧之理，盖亦无甚难明也，特在正与不正之间尔。

九四，可贞，无咎。

《象》曰：**“可贞，无咎。”固有之也。**

《易》以阴居阴，以阳居阳，则谓之正，如初九、六二、九五是也。以阴居阳、以阳居阴，则谓之不正，如六三、九四、上九是也。然与其以阴居阳，宁以阳居阴，而刚柔小大之犹有其叙也，则无妄之九四是也，故“可贞无咎”。犹之曰此非正也，仅可为正而已，不犹愈于六三矣乎？夫正者，人之性也。人之性或至于失其正而妄者，非性之罪也，不能有是正之过也。今也于正而未至于失，而犹有所谓可正云者，则亦知有是正而存之矣。盖是正也，非外铄我者也，我固有之也。因其固有而不失之，此《易》之所予也，故曰“可贞，无咎”，而《象》曰“固有之也”。若四者，其亦不失其正性也欤？

九五，无妄之疾，勿药有喜。

《象》曰：**无妄之药，不可试也。**

尝闻圣人之治天下也，刑罚不可妄施于人，兵师不可妄加于下国。刑罚而妄施于人则为失刑，兵师而妄加于下国则为失师。当无妄之世，盖亦处之以无妄而已矣。夫苟不能自克己私，而人欲以胜，则天下生灵之祸自此始矣，此无妄于九五而有“无妄之疾，勿药有喜”之戒也。夫以九居五，正也，正则不妄，《彖》所谓“刚中而应，大亨以正”者，谓九五也，容有不知此乎？曰：以商之高宗，史谓有德可高者也，而傅说犹有“惟甲胄起戎”“惟干戈省厥躬”之戒，又况后世好大喜功之主，如汉武帝、唐太宗，代不乏人也乎。盖有是疾而后试之以是药，则药不为妄，无是疾而试之以是药，则妄矣。武帝盖尝试是药于匈奴矣，太宗尝试是药于高丽矣，皆无疾而药而反以致龠者也，欲有喜，得乎？其曰“勿药”、曰“不可试”云者，盖所以深着后世为君者之戒也。

上九，无妄行有眚，无攸利。

《象》曰：无妄之行，穷之灾也。

上九以刚过之才，处无妄之极。已既失正，又欲进而不知止，所谓“其匪正有眚，不利有攸往”者也，故曰“无妄行有眚，无攸利”。夫以正而往，则其往也必利，初九、六二是也。已既失正，居上穷之地犹不知止，其能免灾乎？故无妄之世，若上九者，妄之极者也。曰眚、曰灾，眚即灾也，先儒谓“在人曰眚，在天曰灾”固有是说也。今观上九之爻赞，以灾释眚，则知灾即眚也，眚即灾也，天即人也，人即天也。

乾下艮上 ䷙

大畜：利贞。不家食，吉，利涉大川。

《彖》曰：大畜，刚健笃实，辉光日新其德。刚上而尚贤，能止健，大正也。“不家食，吉”，养贤也。“利涉大川”，应乎天也。

大畜，所畜之大也。夫所畜之大者，何也？曰：于己，则畜德；于人，则畜贤也。故夫“刚健笃实，辉光日新其德”，此畜德也；“刚上而尚贤，能止健”，此畜贤也。然畜德也者，畜贤之本也；畜贤也者，畜德之效也。夫苟己无是德，则贤不我慕，望望然去之矣，吾能彼畜乎？此大畜之《彖》其言畜德、畜贤，固自有次第也。刚健笃实、辉光日新，此合乾、艮之用以明人君之畜德也。夫刚健，乾也；笃实，艮也；辉光日新，乾、艮相得而不穷之用所由生也。乾不得艮，则徒健而已矣；艮不得乾，则徒止而已矣。夫惟刚健、笃实，两者相与为用，而辉光日新，自此而不穷矣，此人君之畜德然也。“刚上而尚贤，能止健”，此则指上九之爻，又合艮乾之用，以明人君之畜贤也。夫上九以刚而在一卦之上，此人君尚贤之象也。乾，健之物也，而处乎艮之下，受止而不辞，所谓能止健也。天下之人所谓贤而有德者，人君则尚之，尚之者尊之也；所谓健而有才者，人君则止之，止之者使之不吾舍也，非有以畜之而然欤？此人君之畜贤然也。大畜之卦德曰“大畜利贞”，至《彖》则推原卦德之所以然，而以畜德、畜贤而兼释之，从而蔽之曰“大正”也者。盖言人君之畜德也，而至于辉光日新；其畜贤也，而至于尚贤而止健。此非所畜之大而得其正，讵能至是乎？故曰“大正”也，此大畜“利贞”之本旨也。“不家食，吉”，养贤也，此又言畜贤之义。夫人君之所尚者则谓之贤，而所止者则谓之健，合而言之皆贤者也，盖德之贤于人者谓之贤，而才之贤于人者亦谓之贤故也。今夫贤者之“不家食”而吉者，非谓居天位、食天禄，一身之吉也，天下之吉也。天下之吉系于养贤，则挟天下之人才而与之共济，何所适而不可？故继之曰“利涉大川”。夫贤者之进退，天意之从违也。挟天下之人才而与之共济，则天意之所在可知矣，故曰“应乎天也”。六五之君，谦虚无我以下贤，乾之九二居相应之地，故有应乎天之说。夫天高而在上也，今也六五下应九二，亦谓之应乎天，以明天之理无乎不在也。为人君者不必求之天可也，求之贤者，则贤者即天也。噫！此大畜之实也。

《象》曰：天在山中，大畜。君子以多识前言往行，以畜其德。

天下之物所谓最大者，天也。今也，在山之中此其蕴畜之大可知也。夫“前言往行”，耳目之所不接也。君子于耳目之所不接者，则多而识之，考其迹以观其，用察其言以求其心，而古人之所以为古人者，皆在我矣。夫德，固有我也，然我心之所同然者，古人先得之，即其所先得者而以畜成吾德，则其所畜不亦大矣乎？故曰：“性无内外也，道无古今也。”

初九，有厉，利已。

《象》曰：“有厉，利已。”不犯灾也。

大畜之为卦也，艮止也而在上，乾健也而在下。《象》所谓“止健”也。初九当干健之始，而六四以阴止之，阳方上进而见止于阴，阴阳相持而其势危矣，故曰“有厉”。虽然，上下之势不敌固也，而又当止畜之时，其可不知所止乎？故其利在于“已”而不进也。夫惟利于“已”而不进，则“不犯灾”危矣，此所以示在下者轻进之戒也。

九二，舆说輹。

《象》曰：“舆说輹。”中无尤也。

小畜之九三见畜于六四，而曰“舆说輹”，四说其輹也。大畜之九二受畜于六五，亦曰“舆说輹”，自说其輹也。夫说人之輹与自说其輹，语其势之逆顺盖有间矣。何者？九三刚过而九二则刚得中故也。刚而得中则进止无失，夫何尤乎？程河南曰：“初与二刚健而不足以进，四与五阴柔而能止，时之盛衰，势之强弱，学《易》者所宜深识。”朱子发曰：“初刚正也，二刚中也，四、五柔也，柔能畜刚，刚知其不可犯而安之时也。”夫气雄九军者或屈于宾赞之仪，才力盖世者或听于委裘之命，故曰“大畜时也”。

九三，良马逐，利艰贞。日闲舆卫，利有攸往。

《象》曰："利有攸往"，上合志也。

在他卦，则初九之于六四、九二之于六五为正应，在大畜，则以正应为相止畜；在他卦，则九三之于上九为敌应，在大畜则以敌应为同志，而同于上进，不复有相止之义也。夫惟九三、上九不复有相止之义也，故三以刚健之才往而上进，以与"上合志"，而有"良马逐"之象焉。逐，追也。乾为良马，上九在上，三以刚健之才从下而追之，"良马逐"也。虽然，九三之马固良矣，然其如刚过何？故以"利艰贞"戒之，盖九三正也，所谓马之良也，苟不于过刚之是戒，而惟良之是恃焉，则泛轶之患不可谓无也。夫戒之以"利艰贞"，何说也？曰"闲舆卫"是也。是舆也，方其在九二也，尝说其輹而不进矣。非不进也，其所以为不亟进者，乃所以为九三之进也，则居此地者，可不即前日既说之舆闲而卫之，以致其戒乎？夫如是，则"利有攸往"矣，此其所以与"上合志"也。

六四，童牛之牿，元吉。

《象》曰：六四元吉，有喜也。

夫四与五能以柔畜刚者，由其自畜之道素施故也。夫不能自畜，安能畜人？四之所以自畜之道何也？曰：以六居四，顺之至也，夫惟顺之至也，故有牛象。艮为少男，故又曰"童牛"当止畜之时，故又有"童牛之牿"之象。夫童犊始角而加之牿焉，则制其抵触之性于其未发之时，此自畜之道素施也。惟能自畜，斯能畜人矣，故曰"元吉"。元，始也，大也。在他卦之爻，则"元吉"云者，或为大吉，在此卦六四则"元吉"云者，犹之曰"吉"，自此始云尔。夫惟吉，自此始，则始能自畜，终能畜人，故有喜也。

六五，豮豕之牙，吉。

《象》曰：六五之吉，有庆也。

五之所以自畜之道，何也？曰：以六居五，体柔而御刚也。夫惟体柔而御刚，故有豮豕之牙之象。夫豕之不能自已其刚躁之性，则必以是牙为物之害也，当止畜之时，若强制其牙，则用力愈劳，安能已其刚躁之性邪？惟豮去其势，则牙虽存，刚躁自已，人君之自畜如此，所以吉也。夫豕之有牙，其刚在内，豮去其势，则虽有刚利之具而不自用矣，此以六居五之象也。艮为黔喙之属，故取象于豕。人君处天下之利势，生杀予夺，其权固非轻也。若不能谦虚无我，去其势而不恃焉，则已且不能自制，其能胜亿兆欲利之心乎？故必去其势若豮豕然，则虽有是牙不为物害矣，故《象》曰“六五之吉，有庆也”。“有庆”之视“有喜”则有小大之异，何者？其位异故也。《书》之《吕刑》云：“惟敬五刑，以成三德。一人有庆，兆民赖之。”夫穆王言刑而及于德，而曰此一人之有庆而兆民之所赖也，则六五之豮豕，去其势而驯其牙之效也。《易》家曰：“攻其特而去之曰豮。”

上九，何天之衢，亨。

《象》曰：“何天之衢”，道大行也。

《彖》曰“刚上而尚贤”，则上九是也。九以阳德而居五之上，为五所尚，故能以身任天下群才之责而尸大畜之功，此所以有“何天之衢”之象。天衢，通显之地也。下之三阳由己上进，故九三曰“良马逐”，又曰“利有攸往”，又曰“上合志也”，此贤者之道所以亨也，故曰“道大行也”。何，如“何校”之何，《释文》曰“梁武帝读音贺”，是也。言以身任天下群才之责，当畜贤之时，为五所尚，主张贤路，贤者之得志莫盛于斯也。

卷十三

震下艮上 ䷚

颐：贞吉，观颐，自求口实。

《彖》曰：**颐，“贞吉”，养正则吉也。“观颐”，观其所养也。“自求口实”，观其自养也，天地养万物，圣人养贤以及万民，颐之时义大矣哉。**

颐合艮、震而成体，上下二阳，中含四阴，上止而下动，外实而中虚，颐之象也。颐，养也。颐之卦德曰“贞吉”，而《彖》释之曰“养正则吉也”，以言君子之所养不可以不正也。昔者乐正子之从子敖游也，孟子曰：“我不意子学君子之道，而以餔啜也。”穆公之亟馈子思也，子思不悦，摽使者出诸大门之外，北面稽首再拜而不受，曰：“今而后知君之犬马畜伋。”则君子之所养，其可以不正矣乎？谓之“养正则吉”，则养以不正，其凶又可知矣。“观颐，观其所养也”，谓自内观外，观夫人之所养也。所养者正欤，则君子也；所养者不正欤，则小人也。“观其所养”，则人之正不正无所逃矣。“自求口实，观其自养也”，谓自外观内，反观己之自养。自养者，正欤，则君子之道也，虽贫且贱不去也；自养者不正欤，则小人之道也，虽富且贵不处也。“观其自养”，则凡自实诸口者，所谓正不正，亦无所逃矣。然则有一言足以尽颐之道，曰正而已矣。虽然，颐之道不正则本不立，不大则用不周，圣人将欲极言颐之道，故又言天地、圣人之所养以赞其大。正以始之，大以终之，颐无余蕴矣。夫万物之生盈乎天地之间，或动或植，无有不得其生者，实天地有以养之也。圣人之于万民也亦然，故养贤以及万民。昔汉文帝之诏曰："方春和时，草木群生之物皆有以自乐，而吾百姓鳏寡孤独穷困之人或阽于危亡而莫之省忧，为民父母将何如？其议所以振贷之。"呜呼！汉文帝养万民者也，惜夫不知所以养万民也。夫圣人之心，其与天地之心亦一矣。然圣人与天地必欲同其功，则不可以若是屑屑也，有要道焉，曰养贤是也，盖养贤者乃所以养万民也。孟子曰"尧舜之仁不遍爱人，急亲贤也"是也，使其家赈而户贷之，则布帛酒肉之赐，今日之惠也，其如来日何？此无他，天地固天地，而圣人则人耳，其所养岂不有次第矣乎？故曰：天地养万物，圣人养贤以及万民，卒也，圣人与天地同其功，而人亦不以所养之次第议圣人，此之谓善法天地者也。论颐至此，则颐之时岂不大哉？故赞之曰："颐之时义大矣哉。"程河南曰："或云义，或云用，或止云时，以其大者言也。万物之生养，时为大，故云时。"

《象》曰：**山下有雷，颐。君子以慎言语，节饮食。**

山，物之善止者也；雷，物之善动者也。山下有雷，则动有止之谓也。颐之在人也，则亦下动而上止，故以动有所止为颐之象。言语自内出者也，饮食自外入者也。颐，养也，谨言语者所以养德，节饮食者所以养生，此内外交相养之道也。夫言语不谨则招祸，饮食不节则生疾，皆非自养之道。君子观动有所止之象，则有得于养之道也。河南曰："在身为言语，于天下则凡命令政教出于身者皆是也，慎之则无失；在身为饮食，于天下则凡资财货用养于人者皆是也，节之则无伤。"

初九，舍尔灵龟，观我朵颐，凶。

《象》曰："观我朵颐"，亦不足贵也。

颐之成卦，爻之具阳德，惟初九、上九是也。上九以阳德在上，尸颐之功，凡出乎其下者皆由之以养，故曰"由颐"。初九以阳德在下，其视上九亦何慊焉。然，初，震也；上，艮也。动而下者，则其视止于上者，有慊者多矣，故颐之初爻设"尔""我"之辞，而深尤乎初之自失焉。"灵龟"云者，以况则初九有可贵之质也。初九以诸爻皆由上九以养，故舍其可贵之质，而亦求养于上九。"尔"谓初也，初有可贵之质，不能操而存之，而轻动以求养于人，故尔之；"我"谓上也，上以阳德止于一卦之上而尸颐之功，故我之。"朵颐"云者，诸家皆云"朵，动也"，非也。朵，无动意，草木之华擎乎枝叶之上谓之朵，上九以一阳在群阴之上，此"朵颐"之象也，而初自下观之，故曰"观我朵颐"。河南曰"初之所朵颐者四也"，此泥于爻应也，而亦以朵动其颐为义，非也。蒙之九二，蒙之主也，故《象》曰"童蒙求我"，我谓二也。上九在上，颐之主也，故初之观也而曰"观我朵颐"，若泥于爻应而曰我四也，则失之矣，盖六四阴也，阴求养于阳之不暇，安能养初乎？夫初之舍其可贵之质，而动以求养于人，则其所贵者复安在邪？此所以为凶而《象》谓其亦不足贵也。乐正子所谓善人也、信人也，一从子敖游，而孟子以餔啜罪之，盖闵其舍其可贵者，而亦不足贵故也。

六二，颠颐，拂经于丘颐，征凶。

《象》曰：六二征凶，行失类也。

颐之中爻二、三、四、五皆阴，莫不正于六三，莫正于六二与六四也。二与四皆曰"颠颐"，二与五皆曰"拂经"，何也？曰：二处四阴之下，此颐之颠也，四处艮体之下，亦颐之颠也，故皆曰“颠颐”；阴与阳居相应之地，此《易》之经常也，二之于“丘颐”，五之从上，皆非《易》之经也，故曰“拂经”。夫六二处四阴之下，而颠以自反，以自养其正可也，然不得谓之吉如六四者，二亦震体，不以静退许之。上九，颐之主也，然二之于上九非其应也，然不能固其静退之操，则亦不顾其非己之应也，而动以即之，故其征也为凶。丘在外而高者，谓之上九也。上九艮也，艮为山，故有丘象。夫不固其静退之操而自反以养其正，而即其非己之应以求养焉，以是为行，所失甚矣，故《象》曰“六二征凶”。“行失类也”，盖言上九虽颐之主而非二之应类也。夫六二虽以阴居阴，正也，然属震体，故有征凶之戒。

六三，拂颐，贞凶。十年勿用，无攸利。

《象》曰：“十年勿用”，道大悖也。

颐之卦德曰“颐，贞吉”，《象》曰“养正则吉也”，以六居三，正乎？其与颐之卦德大相悖逆，故曰“拂颐，贞凶”，所谓养正则吉，养不正则凶也。夫六三之自养如此，而上九与之居相应之地，则上九之所养失其人，亦可知矣，故戒之曰“十年勿用，无攸利”。然则此虽六三之罪也，而上九亦不能无失焉，何者？养道之大悖也。以诸葛孔明之智也，而失之魏延、杨仪；以魏郑公之贤也，而失之杜正伦、侯君集。小人之小有才而不可用者，例皆如此，君子与之居相应之地，不亦过乎？十，数之终也，其曰“十年勿用”云者，深戒之辞也。

六四，颠颐，吉。虎视眈眈，其欲逐逐，无咎。

《象》曰：颠颐之吉，上施光也。

以六居四，正也，而又处艮体之下，所谓自反以养其正者也，故曰“颠颐，吉”，曰“吉”云者，未尝求养于上九，而上九颐道之成也，其光自然有以下施乎四故也，何也？同体以相赍故也。夫四之与初，固其应也，然初九方且舍己之灵龟以观上九之朵颐，已且不能自养，六四何赖焉？故四当艮之初，止于其所，自养以正，而以阴静自守，下无赖于初，而上亦无求于上，故有“虎视眈眈，其欲逐逐”之象焉。夫虎之视也眈眈，然其闲雅之态自若也，何者？不骋其欲故也。谓之“其欲逐逐”云者，何也？犹之曰其欲逐去而无余也。如此则当颐之时，下无赖于初，上无求于上，其所以自养也庸何咎乎？夫六二之与六四皆正也，而四则曰“吉”，曰“无咎”，而二俱无有焉，反有征凶之戒者，震动之与艮止，其体性不同故也。

六五，拂经，居贞吉，不可涉大川。

《象》曰：居贞之吉，顺以从上也。

五，君位也，而以六居之，养道之不足也。养道之不足而资养于上九，上非其应也，但以在己之上，故近而比之，亦曰“拂经”。虽然，于经虽拂，而上九以阳德在上，尸颐之功，而六五谦虚无我，以阴承阳，阳上而阴下，故有居贞之吉。而《象》曰“顺以从上也”，以言六五非正也，以阴承阳，以顺从上，阴阳各正其所，故曰“居贞吉”也。五之于上虽曰“拂经”，而有居贞之吉，二之于上亦曰“拂经”，而于征则凶，何也？曰：五之于上以其同体而比之，所谓亲贤也，二之于上非其同体，若动而即之，则附势而已矣。大川在艰难变故之地也，六五以阴柔之才，方赖刚明之贤以养于己，若施之艰难变故之地，则不可也，故曰“不可涉大川”。河南曰：“以成王之才，不至甚柔弱也，当管蔡之乱，几不保于周公，况其下者乎？故艰难之际，非刚明之主不可也。”

上九，由颐，厉吉。利涉大川。

《象》曰："由颐，厉吉。"大有庆也。

程河南曰："上，师傅之位也。夫以刚明之德居师傅之任，而以养道佐五以养天下，而天下由之以养。"故曰"由颐"。夫权重位高则易危，古者人臣之当此任也。上，足以保乎君；下，足以信乎；内，足以保其身，使君臣上下兼受其福。夫岂偶然乎哉？是必以危厉自处，常怀兢畏而致然也，故曰"由颐，厉吉"，而《象》曰"大有庆也"。"利涉大川"云者，夫以六五之才不足以济难，而上赖于己，则当此任也，苟不竭其才力以济天下之艰危，则天下何赖邪？盖以君民上下之心而济天下之难，何施而不利乎？故曰"利涉大川"。豫之九四，天下由之以豫，故曰"大有得"。颐之上九，天下由之以颐，故曰"大有庆也"。

巽下兑上 ䷛

大过：栋桡。利有攸往，亨。

《彖》曰：大过，大者过也。栋桡，本末弱也。刚过而中，巽而说行，利有攸往，乃亨。大过之时大矣哉。

《易》以阳为大，以阴为小。大过之成卦，二阴居初、上之地，四阳聚于中爻，阳过乎阴者也，故曰"大者过也"。夫天下之物，夫苟小大多寡之适均也，则亦未为过也。大过四阳而二阴，大者多而小者少，则大者过矣。亦由小过四阴而二阳，小者多而大者少，则小者过也。天下之事固有正理，此岂可过邪？然古今天下固有所谓非常之事者，如尧舜之揖逊、汤武之放伐是也。若以理而论，则揖逊也、放伐也，亦无非君子之时中也，特其事大势重不常见尔。四阳聚于中爻，栋之象也，初、上二爻俱阴柔也，则中虽刚强而两端柔弱，岂能胜此刚强之任哉？故于栋为桡，而曰“本末弱”也，本末不弱则栋亦不桡矣。《经》曰：“其初难知，其上易知，本末也。”则初、上之地，一卦之本末也，本末既弱，则四阳居中凛然其危也，欲无桡，得乎？观此之象，则大过之时于刚虽过，而二、三、四、五俱在中爻也。“巽而说行”，此又即巽、兑二体以释卦德之所谓“利有攸往”也。夫当大过之时，刚既过矣，苟不得中，复不能巽，不能说，则是以刚为行也，其所往也安能利乎？不能利，安能亨乎？惟中则虽刚而不过，惟巽则有以顺物之理，惟说则有以服人之心，以此而行，此所以“利有攸往”而亨也。朱子发曰：“刚过而中，所谓时中也。过，非过于理也，以过为中也。犹之治疾，疾势沉痼，必攻之以眩瞑之药。自其治微疾之道观之，则谓之过；自药与病相对言之，则谓之中。”又曰：“夫刚过而不反，不肖之心应之，未有不为君子害也。”东汉之季，清议太胜，君子小人至不兼容，大过已极，而君子不自知，是以不亨。夫大过之时，非常时也，君子之所以济是时也，亦不可以常时处之，故《易》于此赞之曰“大过之时大矣哉”。河南曰：“如立非常之大事，兴不世之大功，成绝俗之大德，皆大过之时也。”

《象》曰：**泽灭木，大过。君子以独立不惧，遯世无闷。**

物理之相资养，以适平而止。泽有至说之性，而万物说之，故木之所赖以养者，泽也。今也，巽木在下，兑泽在上，是谓泽灭没乎木者也，岂不过甚矣乎？故为大过之象，君子之当斯时也，独立不惧，遯世无闷，此其所以大过人欤？夫独立而惧，则不能独立矣；遯世而闷，则不能遯世矣。此勉强矫激者之所为，非本心之诚然者。孔子曰：“勇者不惧，仁者不忧。”当大过之时，独立而不惧，遯世而无闷，非所养之大过人者不足以语此。

初六，藉用白茅，无咎。

《象》曰："藉用白茅"，柔在下也。

当大过之时，阳过乎阴者也，初六柔巽不震之才，而居在下之位，安其素分可也。或不知时识分，非自谨之道也，故其《象》曰"藉用白茅，无咎"。《系辞》释之曰："苟措诸地而可矣，藉之用茅，何咎之有？谨之至也。夫茅之为物薄，而其用可重也，谨斯术也以往，其无所失矣。"夫大过之初以茅为象者，非薄其物也，以其在下也，有可重之用，故取之云尔。大过之时，四阳[①]居中，其视在下之柔若无物焉者，而初也自谨自洁，不敢少自轻焉，可不谓之贤矣乎？藉以白茅，过于谨也，其在大过之时，其过可无矣，故曰"无咎"。

九二，枯杨生稊，老夫得其女妻，无不利。

《象》曰：老夫女妻，过以相与也。

夫物极则衰，杨之为木，阳气易感之物也，虽然易感而亦易衰也。大过，阳过也，天下之物所谓阳之易过者，杨之为木也，故九二、九五俱有"枯杨"之象。夫杨之枯，阳已过也，其在人则夫之老也。夫夫既老矣，宜若无所冀也，然或得女妻焉，则其生育之理犹在也，初六以阴柔在下而二比之，得女妻之象也。夫杨既枯而或有感焉，则有旁生之稊。稊，蘖也。《易》家谓稊根也，或曰杨之实也，非也。杨既枯矣，而有稊蘖之生焉；夫既老矣，而有女妻之得焉，则其在物也，在人也，所谓无不利也，何者？物不至于极，阳不至于过故也。而《象》则曰"老夫女妻，过以相与也"，何也？曰：老夫，过于老者也；女妻，过于少者也，老者与少者适相比焉，此之谓大过之时也，然其相与也，而生育之理复自此始矣，正所以救阳过之失也。向使枯杨之

① 阳，各本均原作"阴"，据卦爻符号改为"阳"。

不复生稊，老夫之不得女妻，则阳道之失，伊谁救之邪？此所谓《易》之不穷之理也，非知道者孰能识之？司马温公曰：“初过于弱，二过于强，强弱相济，厥功乃成，其于国也，如刚毅之君以宽柔之臣辅之，故无不利也。”蜀人之浮屠者曰：“四爻之刚，虽同为木，然或为杨，或为栋。栋负众榱，则材之强者也；杨为早凋，则木之弱者也。盖大过本末皆弱，二近于本，五近于末，故均为木之弱也。”

九三，栋桡，凶。

《象》曰：**栋桡之凶，不可以有辅也。**

大过阳过阴弱，阳爻以阳居阴，为济过之道，而九三复以阳居阳，在下体之上而不中，过乎刚者也。夫以过甚之刚在物之上，则强愎自用，如栋之桡不可支辅，而有颠覆之患矣，是以凶也。夫九三之与上六正居相应之地，则上六者，九三之辅也然，九三以阳居阳，其刚过甚，上六纯阴而末弱，其能支辅之乎？《象》云“栋桡之凶，不可以有辅”者，以言九三刚过之才，而非上六之柔弱所能支辅之也。其曰“不可”云者，又有以见九三之强愎自用之失也。昔者，周公负荷周室重任，其材固有大过人者，然吐哺、握发以来天下之助，未敢以骄矜自处，故夫子有曰：“如有周公之才之美，使骄且吝，其余不足观也已。”岂如九三之以阳居阳，其刚过甚，以至如栋之桡，不可以支辅乎？其曰“不可”云者，所以深尤九三也。

九四，栋隆，吉，有它吝。

《象》曰：**栋隆之吉，不桡乎下也。**

九三、九四列之中爻之中，譬如屋室，众材咸集，而栋则居中矣，故皆有栋之象。然九三之栋则桡，而九四之栋则隆而不桡，以阳居阳而居下体之上，与以阳居阴而居上体之下，其理势之不同也。夫以阳居阴则有济过之道，不专以刚强自恃也，故其在下者有可支辅之势，而无倾覆之患，此所谓“不桡乎下”，不凶而吉也。下谓初六也，初与四正居相应之地，四既居阴，不恃其才之刚强，则在下者有刚柔相济之势，此所以谓“不桡乎下”也。或曰：《象》以“栋桡本末弱也”为言，则初六之本弱与上六之末弱均也，而九四则“栋隆之吉，不桡乎下”，何也？曰：统论一卦之体，则阳过阴弱，故《象》有“栋桡本末弱也”之言；就诸中爻而别之，则九三以阳居阳，而非上六纯阴之所能支也。九四之以阳居阴，而初六又以阴居阳，其本未[①]摇而所支载者亦不至刚过，此栋之所以隆而不见桡于初六也，《易》可以概论之乎？虽然，譬之一室，九三之栋既桡，而九四之栋亦安能独隆也？上六之末既弱，而初六之本亦安能不弱也？以言居中者与处本末之地者，可以相有，不可以相无也，故又曰“有它吝”，犹之曰：“此之栋虽隆矣，虽不桡矣，其如它之不然乎？”吝，所谓有所不足也。孟子曰“一薛居州其如宋王何”，此之谓大厦之倾，而非一木之所能支也。

九五，枯杨生华，老妇得其士夫，无咎无誉。

《象》曰：“枯杨生华”，何可久也？老妇士夫，亦可丑也。

杨既枯矣，以其耗竭之余尽发而为华，则其零落也可立而待也。夫何益于枯也？此上六之穷阴，无益于九五之生育也。上六穷阴处大过之极，老妇之象也；九五纯阳处上六之下，士夫之象也。妇既老矣，虽得士夫，复何冀哉？以言俱无益于事也。不云“士夫得其老妇”，而云“老妇得其士夫”者，九五守中保庸，非有过也，其过在上六也，何者？以阴乘阳、以妻乘夫故也。九五无过，故曰“无咎”；辅弼非人，终无成功，故曰“无誉”。夫当大过之时，处大过之任，阴阳相

① 未，原为“末”，依上下文，改为“未”。

资而不能成大过之功，而惟守中保庸求无过而已然，至于无誉之可闻，故“可丑”也。司马温公曰：“上以衰阴附于盛阳，其于国也，如骄盈之君以愚庸之臣辅之，虽幸而无咎，不足以有誉也。”夫阴在卦初，女妻之象；阴在卦末，老妇之象。求之卦象，则下体巽也，巽为长女，而反曰“女妻”；上体兑也，兑为少女，而反曰“老妇”。《易》之取象如此其不一也。而泥于象者，象既不足，求之卦变；卦变不足，求之动爻。而《易》之旨愈失矣。

上六，过涉灭顶，凶，无咎。

《象》曰：**过涉之凶，不可咎也。**

处过极之时，而为过极之事，非有大过人之才不可也。苟无其才而务为过极之事，此小人行险以侥幸也。上六以阴柔之才当泽灭木之时，又大过之极，履险蹈祸而无益于救难，故曰“过涉灭顶，凶”。夫涉以能过为功，今也，至于灭没其顶，则反见溺矣，其何能济之有？无咎者，自取灭没，无所归咎也。夫不度时，不量力，而自取灭没，其可归咎于人哉？故《象》曰：“过涉之凶，不可咎也。”

坎下坎上 ䷜

习坎：有孚，维心亨，行有尚。

《彖》曰：**习坎，重险也。水流而不盈，行险而不失其信。维心亨，乃以刚中也。行有尚，往有功也。天险不可升也，地险山川丘陵也。王公设险，以守其国，险之时用大矣哉。**

六子之卦，各以阴阳所居之位而取义焉。阳居二阴之下，非所处也，故动，此震也；阳居二阴之上，得所处也，故止，此艮也；若夫阳陷于二阴之中，则为坎矣；阴居二阳之下，柔伏于内，故入，此巽也；阴居二阳之上，柔见于外，故说，此兑也；若夫阴丽于二阳之间，则为离矣。夫坎以一阳陷于二阴之中，在物为水。水之流动，阳也；其止静，阴也。流动之物处乎阴中者，阳陷乎阴也。水性善陷，陷为险难，坎固为险矣，谓之“习坎”者，险中复有险也，故曰“习坎，重险也”，此以上下二坎言坎之所以为险也。初六曰“习坎，入于坎窞凶”是也，盖初六居二坎之底故也。然则八卦皆重也，而坎特加一“习”字者，圣人指重险以示人，欲其知所戒惧，其仁深矣。水之为物，止之，斯为渊；疏之，斯为川。水流而盈，然后出险；流而不盈，斯为坎矣。夫不舍昼夜，水也，故语天下之物所谓至有信者，莫水若也。其流行也虽历涉险阻而能不失其信者，此所谓有孚也，君子之行乎险难者实似之。故此心也，质之天地，谋之鬼神，稽之千古之圣贤，契之《诗》《书》之所载，无适而不合者，以其在我之信未尝少失故也。故继之曰“维心亨”，心之为物，所谓操之在我者，而信其所出之地也，求之于卦则坎中之一阳是也。夫阴在外，险也；刚在中，则亨也。夫惟刚实之德在中而能亨，此所以行险而不失其信也。君子之历涉险阻也，身虽陷难，其心则亨者，盖以刚实之德在中故也，夫惟其心亨也，则其见于有行也，无险之不济矣。“行有尚”，谓出险也。水之流行也，不舍昼夜，盈科而后进，放乎四海，故曰“往有功也”。水之往而有功也，为江而为海，君子之往而有功也，国治而天下平，究其本原之所自出，亦曰“有孚，维心亨”而已矣。此孟子所谓“有本”也。大哉！孚乎！坎之用在乎险，故圣人于此又广言天地之险，以明王公之所以守其国者，不可以或忽乎是也。夫积气于上者，天也，故荡荡苍苍不可纪极者，皆气之积而然也，故曰“天险不可升也”；积形于下者，地也，故高者为山，次者为丘、为陵，深者为渊，皆形之积而然也，故曰“地险山川丘陵也”。王公观诸天地之险，故亦设其险而有城郭沟池之固者，所以守卫其国而效法天地也。韩文公守戒之说曰：“今人有宅于山者，而知猛兽之为害，则必高其柴援，而外施陷井以待之；宅于都者，而知穿窬之为盗，则必峻其垣墙，而内固扃鐍以防之。此野人鄙夫之所及，而非有过人之智而后能也，今之通都大邑，介于屈强之间，而不知为之备。噫！亦惑矣。野人鄙夫能之，而王公大人反不能焉，岂才力为之不足欤？盖以谓不足为而不为尔。”然则当用险之时，其用甚大，其可以或忽乎是欤？故赞之曰“险之时用大矣哉”，而孟子乃曰“固国不以山谿之险”，吴起对魏武侯亦有在德不在险之论者，此又为恃险者设，而非险之罪也。

《象》曰：水洊至，习坎。君子以常德行，习教事。

坎者，水之科也，二坎相仍，习复之义也。故以水洊至为习坎之象，洊亦重也，以谓上之坎既盈则重至于下坎故也，此孟子所谓“盈科而后进”也。夫盈科而后进，不舍其昼夜之功也，故曰君子之德行贵乎有常，而教事贵于习熟。德行而有常，则其视屋漏、暗室无异于十目十手之地也。教事而习熟，则困而知、学而知其与生而知，一也；勉强而行、利而行其与安而行，一也。此不舍昼夜之功也，其在《彖》所谓不失其信是也。《中庸》曰“自明诚谓之教”，此教事也。

初六，习坎，入于坎窞，凶。

《象》曰：“习坎”，入坎，失道凶也。

坎之下体，所谓坎中之坎也，而初六爻居二坎之底，所谓坎之陷也，故曰“习坎，入于坎窞，凶”。夫当坎险之时，以行有尚为功，而行险之道，则以不失其位为本。初以阴柔之才，而居二坎之底，安能出险乎？是以失处陷之道而凶也。六三亦入于坎窞者也，爻曰“勿用”,《象》曰“无功”，而未如初六之失道而凶者，所处太下则初六是也。然无其才而不能出险，则初与三大抵同也。

九二，坎有险，求小得。

《象》曰:“求小得”，未出中也。

二当坎险之时，处二阴之中，所谓“坎有险”也。然以刚中之才，求以济险，亦可小济，但未能出坎险之中尔，故曰“求小得，未出中也”。若能出坎险之中，则其得所求也，岂特小得而已哉？此非才之罪也，居使然也。虽然，以九五之才，且有“坎不盈，中未大也”之辞，则九二之“求小得，未出中也”，夫何尤焉。

六三，来之坎坎，险且枕，入于坎窞，勿用。

《象》曰:“来之坎坎”，终无功也。

乾之九三，处二乾之间，故曰“终日乾乾”。坎之六三，处二坎之间，故曰“来之坎坎”。来，谓下而即三也。三，坎也。之，谓往而之四也。四，亦坎也，以言进退皆险也。夫居进退皆险之地，自君子处之，其恐惧不安何如也！然三乃以阴柔不正之才，不知恐惧，乃于险而且枕焉，则以不安之地为可安也，故入于坎窞而不能出险，无以异于初焉。三以柔居刚，故有险且枕之象，处上坎之底，故亦曰“入于坎窞”。其曰“勿用”云者，戒之之辞也，夫当坎险之时，求以济险，而或如六三之所处，则何险之能济哉？故曰“勿用”。三，下之终也，故曰“终无功”。

六四，樽酒簋贰，用缶，纳约自牖，终无咎。

《象》曰:“樽酒簋贰”，刚柔际也。

六四、九五俱无其应，而处君臣相际之地，故处刚柔相济之义，而为济难之道焉，以言天下未尝有无难之时，而亦未尝无相与以济难之人故也。樽酒，阳物也，贰之以簋，以阴际阳也。缶者，朴素之器，谓六四以阴居阴也。约者，诚信以相契之谓也。牖者，暗室之明处也。夫当坎难之时，上欲以见信于君而济天下之难，则不可以无上交人主之道也。一樽之酒，贰之以簋，而复以瓦缶朴素之器用焉，此以况人臣以质实为尚，而无事于浮饰也，其质实如此，又当纳约自牖，因君心之明处而开导之，则虽当艰险之时，忠言可以见纳，天下可以无难矣，故“终无咎”也。程河南曰：“自古能谏其君，未有不因其明者也，故讦直强劲者率多取忤，而温厚明辨者其说多行。汉高祖爱戚姬，将易太子，是其蔽也，群臣争之者众矣，嫡庶之义、长少之序非不明也，其如蔽而不察何？四老人者，高祖素知其贤而重之，此不蔽之明心也，故留侯因其所明以及其事，则悟之如反手。且四老人之力，孰与张良、群公卿及天下之心？其言之切，孰与周昌、叔孙通？然而不从彼而从此者，由攻其蔽与就其明之异尔。”左师触讋谏赵王太后事相类。

九五，坎不盈，祇既平，无咎。

《象》曰：“坎不盈”，中未大也。

《彖》曰“水流而不盈”，则九五是也，故曰“坎不盈”。夫九五刚而中者也，然而不盈，则中而未大也。若坎而盈，则放乎其外，出险而难平矣。故继之曰“祇既平，无咎”。祇，大也。平，谓坎之盈也。犹之曰：若坎而盈，则中之大而至于平矣。难平则有功而无咎，今也，坎既不盈，则其“中未大”而险难未至于平，未可以言“无咎”也。其曰“祇既平，无咎”云者，盖深望之也。夫九五以刚中之才居得尊位，犹未能平此险难，而刚中之效未至于光大者，重险之难既深，二方有险未能出中，余爻皆阴柔非济险之才，当险难之时下无应助，独济难矣。“祇”，与复初九“无祇悔”之“祇”同。祇，祈支反，大也。

上六，系用徽纆，寘于丛棘，三岁不得，凶。

《象》曰：**上六失道，凶三岁也。**

耿希道曰：“居险贵于过，过则身免于险；用险戒于过，过则人罹其害。”上六在上，非居险者，乃用险者也。夫过于用险，则强人而使我服，故拘之、囚之无所不用其威。虽然，其威既穷，而不得其情犹昔也，则上有失道之名，而下无所说之祸矣，故曰：“系用徽纆，寘于丛棘，三岁不得，凶。”夫徽纆，刑威之具也；丛棘，刑威之地也。系之徽纆，寘之于丛棘之中，三岁之久，犹不得其情。则在人者，久罹其害；而在上者，愈增失道之愆矣。故曰“上六失道，凶三岁也”。夫子生三年，然后免于父母之怀，故先王之制服也，亦三岁而服阕。天道三岁一变，步天之术亦三岁一闰，然后四时犹故也，则天人之道至于三岁未有不终而更者也。今上六沮人以威，用险太过，至于三岁之久犹不得其情，则居上之道所失多矣，安得而非凶欤？夫居下而失居险之道者，初六是也；居上而失用险之道者，上六是也。故语坎之失道而凶者，惟初、上二爻焉，何者？初太下而上太过故也。

卷十四

离下离上 ䷝

离：利贞亨。畜牝牛，吉。

《彖》曰：**离，丽也。日月丽乎天，百谷草木丽乎土，重明以丽乎正，乃化成天下，柔丽乎中正，故亨，是以畜牝牛，吉也。**

离以一阴而丽乎二阳之间，在物为火，火之体虚，丽于物而着其明者也。故火性善丽，而曰“离，丽也”。岂惟火哉？天下之物莫不各有所丽，苟无所丽，则不可以独立于天地间，故其显而甚著者，仰观于天则日月是也，俯察之地则百谷草木是也。日月非丽乎天，则无以大照临之功；百谷草木非丽乎土，则无以广其生殖之利。求之于卦，则离上离下，重明是也，君臣上下皆有明德之象。然重明而不丽乎正，则明矣而或失之察，智矣而或失之凿，非正也。重明而丽乎正，则本是正以为化，而成天下文明之俗矣，于爻则二、五是也，故又继之以“柔丽乎中正，故亨”。夫附丽之道易失于不正，又况于其质本柔也乎？以唐人之君多定策于刑余，唐人之臣多失足于权幸者，失所丽也，故卦之德曰“利贞亨”，以言其贞则亨，不贞则不亨也。离之二、五以柔顺之德而丽乎中正之位，此得所丽也，其能本是正以为化而成天下文明之俗，宜也，此所以谓亨也。牛，顺畜也，而又牝焉，顺之至者。“畜牝牛”，谓畜其所谓至顺者也。离之二、五利在于正，利于正而能亨，其与唐之君臣亦异矣。故虽蓄其至顺之德，未尝或失于不正，又何恶于柔顺也邪？故曰："是以'畜牝牛，吉'也。"以言柔而或失于所丽，则为不正，不正则不能亨，徒曰"此吾之顺德也"，而君子则曰"此非吉德也"。夫惟离之道利在于正，正而能亨，此所以"畜牝牛"而吉也。程河南曰："或曰：二则中正矣，五以阴居阳，得为正乎？曰：离主于所丽，五中正之位，六丽于中正，乃为正也。学者知时义而不失其轻重，则可以言《易》矣。"

《象》曰：明两作，离。大人以继明照于四方。

予学《易》而至于离，观其《象》曰"明两作，离。大人以继明照于四方"，掩卷而叹息，曰：噫！此大人之所以大也！夫古今之所谓大人者，夫岂无自而然欤？己之明与人之明两不废焉故也。己之明不废，故能用人；惟己、人之明不废，故能舍己从人。夫以一人之明，而能照见四方而无遗者，是必有所谓相继而不绝之明故也。夫四方固广且远也，其事与物，纤悉幽隐，固未易尽照见之也。吾之明固不可废矣，而人之明或偏废焉，则吾之明亦有所止也，能照一事，其如他事何？能照一物，其如他物何？故夫所以继己之明而不绝者，人之明也，大人以此，故能照见四方而无遗也。噫！此大人之所以大也。重离之象，上离也，下亦离也，明两作离，谓上之人之明与下之人之明两不废焉故也。若惟己之明是恃，而人之明或偏废之焉，则不可谓之明两作也。是象也，非大人孰能体之？

初九，履错然，敬之无咎。

《象》曰：履错之，敬以辟咎也。

离，阴丽乎阳者也。然初九在下，在下者必丽乎上，则初也者，亦丽乎二者也。夫离之所利者，正也，初九、六二，正也，当文明之时，以正相丽，其刚柔相与之文见于交错之际，故初之丽乎二者，而曰“履错”。然夫下之有丽乎上，刚之有丽乎柔也，苟在我者不尽其庄敬之礼，不谄则慢矣。盖谄则失己，非以下承上之道也；慢则失人，非以刚接柔之道也。故初之所以为是敬者，非有他也，所以辟去其谄与慢之咎也，此所以“无咎”。夫初九之所以能敬者，何也？曰以正故也。

六二，黄离，元吉。

《象》曰：**“黄离，元吉。”得中道也。**

六二居中履正，柔而得其所丽者也，故曰“黄离”。盖黄，中色也；其在离也，则中道也。离之卦德曰“利贞亨”，而《彖》曰“柔丽乎中正，故亨”，则中正之道，离之本也，而六二得之，所谓宗本者举在此矣，故曰“元吉”，以言离之居中履正莫吉于六二故也。河南曰：“不云正者，离以中为重，所以成文明，由中也，正在其中矣。”

九三，日昃之离，不鼓缶而歌，则大耋之嗟，凶。

《象》曰：**“日昃之离”，何可久也。**

九三处下卦之上，前明垂尽、后明当继之时也，故曰“日昃之离”。夫日之昃矣，则暮光晚景，斯须入于地矣，其明安能久邪？然以理论之，有始必有终，有明必有晦，有生必有死，达者观之，此特寒暑昼夜之常尔，奚足怪哉？瓦缶之为器也，日用之常器也；鼓缶而歌，乐吾之常也。汩于常理者，不知乐吾之常，则以大耋为嗟。此昧于死生之道者然也，其安于死乎？必不能也，故《易》于此以凶告之。夫八十曰耄，九十曰耋，大耋犹不免于嗟焉，其不能平心待尽可知矣，是自为其凶也。虽然，离之所丽者正也，以九居三，正也，岂不能得其正而毙乎？特《易》于前明垂尽、后明当继之时，而设日昃之离之戒者，以言日既倾昃，明不能久也。程河南曰："明者，知其然也，故求人以继其事，退处以休其身，安常处顺，何足以为凶也！"

九四，突如其来如，焚如，死如，弃如。

《象》曰："突如其来如"，无所容也。

离也者，明也，故其取象或为明、或为日、或为火，顾其义如何尔。《象》曰"明两作，离"，此取夫明以为义也；九三曰"日昃之离"，此取夫日以为义也；九四曰"焚如"，此又取火以为义也。夫一离既尽，一离复来，九四以不中不正，突然而处近君之地，其来甚遽，而火性炎上，有犯上迫五之象，故曰"突如其来如"。夫六二，"黄离"之臣也，而初九之际，必敬而后无咎。六五君也，以柔顺之德而处尊位大中，所谓文明之主也，而四以突然之刚迫之，可乎？然则恃突然犯上之刚者，乃所以自焚也，故曰"焚如"；自焚乃所以自速毙也，故曰"死如"；速毙乃所以自弃也，故又曰"弃如"。夫当文明之时，君臣如此其明也，而九四独失之，而至于自焚以速毙，速毙以自弃，然则《象》所谓无所容也，非人之不之容也，四之自处如此，无适而可以自容其躯故也。

六五，出涕沱若，戚嗟若吉。

《象》曰：六五之吉，离王公也。

夫居天下之至尊，而能知忧知惧者，此非明者不能也。人君之势固有万钧之重矣，以万钧之势为可恃，则享之而乐，乐之而肆矣，遑他恤乎？故敌至而不知忧，祸生而不知惧，此无他，明有所不足故也。六五以柔顺之德而处尊位大中，文明之主也。惟其明也，故能知惧而至于沱且涕，知忧而至于戚且嗟，则虽以阴柔居五，而处乎刚强之间，而能保其位而吉也。《象》曰"六五之吉，离王公也"者，夫六五，王公之正位也，惟其明也，故知忧知惧而丽乎王公之正位而吉也，使其非知忧知惧，其能丽是正位而获吉乎？坎之《彖》曰“王公设险”，谓守其国也。离之五曰“离王公也”，谓丽正位也。

上九，王用出征，有嘉折首，获匪其丑，无咎。

《象》曰：**王用出征，以正邦也。**

离，丽既极而有不丽者焉。以九居上，刚而明者也，王者当此之时，则宜用此刚明以征讨夫不服者。夫出征之道，贵在折去其首恶者，与执获其非类者，如是则无害于文明之治矣，故曰“有嘉折首，获匪其丑，无咎”。如九四当离丽之时，恃刚以陵上，由上九观之，所谓非其丑类而首恶者，于以征之，则不正者去而邦正矣。

艮下兑上 ䷞

咸：亨利贞，取女吉。

《彖》曰：**咸，感也。柔上而刚下，二气感应以相与。止而说，男下女，是以亨利贞，取女吉也。天地感而万物化生，圣人感人心而天下和平。观其所感，而天地万物之情可见矣。**

程河南曰：“天地，万物之本。夫妇，人伦之始。故上经首乾、坤，而下经首咸，继以恒也。天地，二物也，故乾、坤二卦分天地之道。男女交合而成夫妇，故咸与恒皆二体相合而成夫妇之义。”夫咸合兑、艮而成体。兑，少女也；艮，少男也。少男、少女相与用事，此夫妇之始也。夫妇之始，其情笃于相感，故咸之为义，感也。若王临川所谓“有心曰感，无心曰咸”，此泥于字学也，初不知咸之为义即感也，亦如恒之为义即久也。“柔上而刚下，二气感应以相与。止而说，男下女。”此则即兑、艮二体，以明其所以相感之义以言咸也。夫刚柔、上下自有定位，然咸以相感为义，故男本在上，今也，兑女居上，此柔上也；女本在下，今也，艮男居下，此刚下也。盖不如是，则阴阳二气非所谓感应以相与也，惟其此感而彼应见于相与之际，故艮男在下，止以待说；兑女在上，说以应止。以是为男下女之道，故女无自媒之失，而男有身帅之礼，故曰“是以亨利贞，取女吉”。也大抵取女之所以吉者，在于亨利贞而已矣。“柔上而刚下，二气感应以相与”，此亨也。“止而说”，此利于贞也。是谓男下女之道，而取女之所以吉者也。若夫以取女之吉，而施诸天地人物之际，则亦无适而不亨、无适而非正者矣，故继之以“天地感而万物化生，圣人感人心而天下和平。观其所感，而天地万物之情可见矣”，此又因男女相感之义而广言咸道也。夫天地之感，即天地交泰之时而见之。方泰之时，天气下降，地气上腾，故凡受气于天地者，无有不通，而万物由此而化生。圣人体天地之化，而密庸于不言之际，故凡有此心可以感而通者，如桴之于鼓焉，此动而彼应，举无物我远近之间，而天下由此以和平。故观天地交感而万物所以化生之理，与圣人感人心而天下所以和平之道，则大而天地，众而万物，虽曰不同，而其情实可见矣。何谓天地万物之情？曰：其在咸则所感是也。河南曰：“感通之理，知道者默[1]而观之可也。”

《象》曰：山上有泽，咸。君子以虚受人。

山上有泽，高而有容之象也。夫天下之物，至高者莫如山，至虚者莫如泽。今也，至高之山上有至虚之泽，则无亢高之累，而有容受之地矣。此山上有泽所以为咸之象，君子之观此象也，亦岂以吾之所谓高者足恃哉？必也虚中无我，方寸之地扩然有容，不使有一毫亢高

① 默，原作“嘿”，据原文和宋刊本改。

绝物之失或为吾累，夫然后足以容受夫人矣。夫天下之人其善不同，智者有谋，材者有技，武者有勇，而贤者有德。使吾不能虚中无我，扩其所谓容受之地，而或有亢高绝物之累焉，则彼与吾何自而相为感通也哉？故曰“君子以虚受人”，以言惟虚则能受人，不虚则不能受之故也。

初六，咸其拇。

《象》曰：“咸其拇”，志在外也。

咸之六爻自下至上，皆取诸身以为象者，盖人之四支百体虽有上下小大之不同，而其血气脉络之相感通，固有至理行乎其间。故大而天地、众而万物，感通之理即诸身而可见矣，此圣人制爻取象之意。初六以阴小之才，居在下之位，其在小人则拇之象也。夫拇之在足也，所谓指之大者也，足之行也而拇实处先，其止也亦未尝易其处先之位。故足之行与止而拇也未尝不向乎外者，此盖自然之天也，故曰“志在外也”。艮，止也。初六居阴，当艮止之初，未尝动也。然当咸之时，初与四居相应之地，故取拇之向于外也以为象，而曰“咸其拇”，以谓虽处下位而未动也，而其志之所向则未尝不在外也，此感道之固存也。君子之在下位也，未尝求应夫物，亦未尝却夫物而不之应也，感道固存，不因行而存，亦不因止而灭也。是理也，所谓“不为尧存，不为桀亡”者也。

六二，咸其腓，凶。居吉。

《象》曰：虽凶居吉，顺不害也。

六二以阴柔处下体之中，腓之象也。腓，足之阴也，所谓足腹也。足之行也，而腓也阴以相之而已，其止也，则处静而不动焉，非如拇之志在外也。六二之在艮也，止中之止也，夫以静止为道而当咸之时，与五居相应之地而动以应之，则失其所静止之道矣，故曰“咸其腓，凶”。夫惟知其凶而戒之也，安其居而不动，而顺其所谓自然之理，则吉而无害矣。夫感道之在人也，不可强有，亦不可强无也。居止静之地，则贵于安时而顺理。夫苟失其所守而动以应上，而不待夫上之命焉，其所守必丧，而于感道斯为害矣，岂非凶欤？咸以六二设咸腓之戒，而以吉与凶兼言之者，以谓处此地者在所择焉尔。盖以六居二，正也，恐其失正，故有此戒。

九三，咸其股，执其随，往吝。

《象》曰："咸其股"，亦不处也。志在随人，所执下也。

九三处下体之上，所谓股也。三虽艮体，然以阳居阳，又有应在上，非能止也，故曰“咸其股”。夫股随上体而动者也，以刚过之才不能为主于内，而其所秉执者，则在于随上体而动焉，岂不可少之邪？故曰“执其随，往吝”，吝谓可少之也。夫九三以刚阳如此之才，不能自主而随物以往，故人动已亦动，其所秉执之志则在于随人而已，污下如此，故可少也。夫感之道，非能彼有动而此无随也，顾其所感如何耳。感道利于贞，贞则无彼己先后之异。夫苟失其正也，则志之所在在于随人而已，岂足多哉？夫九三正也，曷谓其失正也？曰：以阳居阳，刚过也，刚之过则躁动而失正矣。

九四，贞吉悔亡，憧憧往来，朋从尔思。

《象》曰："贞吉悔亡"，未感害也。"憧憧往来"，未光大也。

六爻既以人身取象，则四也位股之上、脢之下，其心乎？四，心之位也，故为感之主，而以感之道为言焉。何谓感之道？曰：正是也，感不以正则有悔矣。其曰“贞吉悔亡”云者，《洪范》之稽疑有曰贞、曰悔之说，以言贞、悔二物不可以相有也，于贞既吉，则于悔斯亡矣。

司马温公曰:“执一以应万,守约以御众者,其惟正乎?”河南曰:“圣人感天下之心,如寒暑雨旸无不通、无不应者,亦正而已矣。”盖四,说体也,而又居阴而应初,体说则害于刚果,居阴则妨于流通,应初则有所偏系,故其戒在于正也。夫感物也以正,则无所不通,苟憧憧然或往或来,以有思之私心而感物,则感道狭矣。故思之所及者,有以致其朋类之从,思所不及者,其能使之从欤?非所谓无所不通也,故曰“憧憧往来,朋从尔思”。《象》曰“贞吉悔亡,未感害也”者,夫系于私应则感道之为害,于贞既吉,于悔既亡,则未为感道之害也。夫苟憧憧然或往或来,以有思之私心而感物,则所感也狭,故曰“憧憧往来,未光大也”,此《系辞》之释此爻所以极论感道,而申之以天下何思何虑之说,以明同归一致之理也。何谓同归一致之理?曰正而已矣。

九五,咸其脢,无悔。

《象》曰:**“咸其脢”,志末也。**

九五居中履正,人君之感也。夫人君感天下之道,在于廓然而大公,而尤不可以有所比、有所说也,若有所比、有所说,则失中正之道矣。五与二居感应以相与之地,皆中正也,故宜相与以中正之道感天下。然五亦说体也,若远舍二而比说乎上,非人君之感也。夫上六处咸之末,以口舌为容说之道,所谓小人也,而五也或以其近己也,比而说之,不可也,故有“咸其脢”之象以戒之,使背其心之所向焉。脢,背肉也,与心相背者也。上六在上,五能背其心之所向,而不以其近己也,比而说之,则无亲狎小人之悔,而中正之道得矣。《象》曰“咸其脢,志末也”者,谓五有“咸其脢”之象者,以其志意之所向在于一卦之末,故欲“咸其脢”以背去之也。然则小人之不可比也如此,人君以中正之道感天下，若斯人者，其可比而说之乎？

上六，咸其辅，颊，舌。

《象》曰：**“咸其辅，颊，舌。”滕口说也。**

上六以兑之阴柔居诸爻之上，其在人者，所谓居众体之上者，则辅、颊、舌是也。故取以为象也。夫上六，感之极也，居感之极，专以兑之口舌务为柔媚极感之事，此小人、女子之常态也，故曰“咸其辅，颊，舌”。曰辅、曰颊、曰舌，三者俱举，以言无所不用其媚也。夫以心思感人，所感已狭，“腾口说”以求感，其能感人乎？此感道之衰也。

巽下震上 ䷟

恒：亨，无咎，利贞。利有攸往。

《彖》曰：**恒，久也。刚上而柔下，雷风相与，巽而动，刚柔皆应，恒。恒，亨，无咎，利贞，久于其道也。天地之道，恒久而不已也。利有攸往，终则有始也。日月得天而能久照，四时变化而能久成，圣人久于其道而天下化成。观其所恒，而天地万物之情可见矣。**

夫恒合震、巽以成体。震，长男也；巽，长女也。长男、长女相与用事，此夫妇之终也。夫妇之终，其道贵于有恒，故恒之为义，久也。“刚上而柔下，雷风相与，巽而动，刚柔皆应，恒”，此则即震、巽二体，与卦象、卦义、卦爻之用，以言恒也。夫咸柔上而刚下，则少男处少女之下，以男下女，为男女交感之义，夫妇之始不得不然也。至恒也，则务为恒久之道，故当正其位分，使尊卑有序，是则于咸有所反也，故曰“刚上而柔下”。震，长男也，而在上，此“刚上”也；巽，长女也，而在下，此“柔下”也。男女尊卑，刚柔履位，此夫妇居室之常道也，所谓夫妇之终也。“雷风相与”云者，谓震雷动于上，巽风随于下，二者相与以为用，此男行而女随之义也，乃所谓“恒”也。“巽而动”云者，谓长女巽于内，长男动于外，在下者有巽顺之德，而在上者有动为之才，此所以能恒也。夫刚不应柔，柔不应刚，此岂恒理也哉？故恒之六爻刚柔皆应，自初至上，三刚、三柔各居相应之地，理之常也。以卦体言之，则刚上而柔下，刚柔之常也；以卦象言之，则雷风相与，雷风之常也；以卦义言之，则巽而动，动巽之常也；以卦爻言之，则刚柔皆应，又六爻之常也。合此四者，恒久之道然也，此卦之所以为恒也。恒之卦德曰“恒，亨，无咎，利贞”，而《彖》释之曰“久于其道也”。天地之道恒久而不已也者，盖道患不恒尔，苟恒也则亨之效著矣。恒而能亨乃无咎也，恒而不可以亨者，非可恒之道故也，其能无咎矣乎？所谓“恒而能亨”者何也？曰：利于贞是也。苟失其正，则非可常之道也，故能久于其道者，久此而已。可恒之道利在于正，若夫不恒其德与恒于不正，皆不能亨，而有咎也。天地之道其所以能不已者，以恒久故也，人能常于其所可恒之道，则天地之理在我而已，岂他求云乎哉？卦之德又曰“利有攸往”，而《彖》释之曰“终则有始”也者，夫利有攸往，惟有常者能之，此所谓不已也。请即天地之道而明之，今夫天地之道，自百刻积而为昼夜，自昼夜积而为寒暑。昼夜之相为晦明，寒暑之相为往来，迟速进退，机缄不停，故终始相循，如环之无端者，此盖有常而然也。惟其有常，故有往而利如此也，如使有往而不利，则有今日之昼夜而止尔，又乌有来日之昼夜乎？有今岁之寒暑而止尔，又乌有来岁之寒暑乎？殆非所谓终则有始矣，故曰“利有攸往”，惟其有常者能之。伊尹之训太甲曰“终始惟一，时乃日新”，汤之《盘铭》曰“苟日新，日日新，又日新”，凡此皆以利往为常也。至哉！恒乎！夫所谓终则有始，非日月、四时不足以喻之，非圣人不足以尽之，故《彖》至此又引日月、四时之能久，以明夫圣人之久，而终之以“观其所恒”，而见天地万物之情，所以极言恒久之理也。夫诚者，天之道也，日月之照所以能久者，以其得天之诚也。使其不得天之诚，则临照之功安能与天地相为长久哉？故曰“日月得天而能久照”。天之道惟其诚也，故以此诚，妙而为四时不穷之用，所谓变化也，四时之成功所以能久者，以其变化之不穷也。使其非变化之不穷，则往来之叙又安能迁变推荡如是之悠久哉？圣人之明，日月也，其序则四时也，而其诚则天也，故能久此道以为吾之常。夫石以久溜而穿，泽以久熯而干，一人持久于上而至诚之化，其行有常则天下化之，而成其美俗矣，何者？久使然也。由是观之，日月得是常，故能久照；四时得是常，故能久成；圣人得是常，故能致天下之化成。则天地万物之情，其能外是恒乎？盖天地之大，万物之众，其往古来今之变、出生入死之说，曾无间断者，皆其情也，观其所恒，则可见矣。

《象》曰：雷风，恒。君子以立不易方。

震为雷也，而在上；巽为风也，而在下。雷动而风随，雷、风之常用然也。夫雷、风有恒用，故君子体之亦当有恒德。方也者，不易之地也，君子所谓不易之地，何也？《大学》曰“于止知其所止”，而其所止之目则曰：“为人君止于仁，为人臣止于敬，为人子止于孝，为人父止于慈，与国人交止于信。”此不易之地也，君子立其身于此地，则所谓有常之德也。外乎此以为常，于中则为过，于正则为拂，非可常之道也。

初六，浚恒，贞凶，无攸利。

《象》曰：浚恒之凶，始求深也。

恒之《彖》曰“刚柔皆应”，谓下体之一柔二刚，与上体之一刚二柔，各居相应之地也。然夷考诸六爻，而求其所谓相应之义，则俱无有也，何哉？岂《易》之旨渊微，而未易以文字索之邪？不然。其旨隐焉而明，学者未之诣邪？又不然。《易》更数圣人，前后立辞命意各各不同邪？盖尝思之，俱不然也。《易》之谓易，未易以概论之故也。夫《易》以应而论爻固也，恒之《彖》所谓“刚柔皆应”亦固也，然爻之所指，或不于是义而取义焉者，吾必左右勉强而附合焉，亦过矣。此世儒之失也，而愚也亦何敢效其尤邪？初六之在恒，亦不过取其巽入之义云尔，盖初，巽之主也，当恒之初，而以深入为恒，故曰“浚恒”，而《象》曰“始求深也”。浚，深也。夫日月、四时之所以能久者，夫岂一日之故邪？今也，当恒之初而遽焉求深，犹之造事也，未尝有一日之劳而遽求其事成；犹之为学也，未尝有一日之功而遽求其造道；犹之与人也，未尝有一日之雅而遽求己合；犹之事君也，未尝有一言之投而遽求我从是也。夫造事而欲其有所成，为学而欲其有所造，与人欲其有所合，事君欲其有所从，固所当然也，此在理所谓正也。然以未尝为恒，则望之太深、责之太遽，俱不免于无成而已，此于正而凶，又曰“无攸利”也。然则如之何而免是患也？曰：养之以诚敬，持之以悠久而已矣。

九二，悔亡。

《象》曰：“九二，悔亡。”能久中也。

九，阳动之才也；二，阴静之位而且得中也；所谓动静之适中者也。夫所贵于常者，非以常为常也，以中为常故也。若动静而或失乎中，此非可常之道也，惟能以中为常，则孔子所谓“君子而时中”是也。子曰："中庸其至矣乎，民鲜能久矣。"于中而不能久焉，其能无不足之悔矣乎？九二之在恒也，以阳动之才处阴静得中之位，是谓适动静之中而能久乎中者也，能久乎中则无不足之悔矣。故曰："九二，悔亡。能久中也。"夫中也者，天地万物之所共由。天地之所以长久，日月、四时之所以不息，圣人之道所以亘古今而无弊者，以是中也。九二其能久乎此，则天地万物之理尽在我矣，庸有不足之悔矣乎？

九三，不恒其德，或承之羞，贞吝。

《象》曰："不恒其德"，无所容也。

以九居三，在恒所谓贞也，然而于恒无益焉，则所谓贞云者，亦未足多也，何也？九，阳也；三，亦阳也。以阳动失中之才而责之以能恒，过也，故曰"不恒其德"。谓其以刚处刚，当巽之极，其究也躁而不能恒故也。夫君子自立于天地之间，所以俯仰无愧，验之千古之圣贤之心而皆合者，徒以此心存焉尔。此心不存则无所执守，在己者以为不足、为吾累，而不知羞辱承吾后矣，何所逃此患邪？故曰"或承之羞"。由是言之，则九三于恒无益，则所谓"贞"云者，亦奚足多也？故曰"贞吝"。吝，谓不足多之也。孔子曰："言忠信，行笃敬，虽蛮貊之邦行矣。言不忠信，行不笃敬，虽州里行乎哉？"三之"不恒其德"，则亲戚不亲，朋友不友，人类不人，辱孰甚焉！所谓"州里行乎哉"，其曰无所容也，深绝之也。然则人而无恒，果何所利也哉？

九四，田无禽。

《象》曰：久非其位，安得禽也。

九，阳动之才也；四，阴静之位也。九以阳居阴，与九二同；而位不得中，与九二异。夫四之所以为恒也，而与二异，则处动静之道，所失必多矣，故以"田无禽"喻之。夫田狩之事，为禽设也，田而无禽，谓无功也；然田非无禽也，动静失中，则宜有而无也。四处动静之道，不得如九二之中，则其所久非所久也，安得而有功邪？故曰“田无禽”。失其所久也，而得得中之位，则于久为有功。其所久也，而非得中之位，则于久为无益。由是言之，以常为常，不若以中为常也，其旨明矣。

六五，恒其德，贞。妇人吉，夫子凶。

《象》曰：妇人贞吉，从一而终也。夫子制义，从妇凶也。

恒其德与不恒其德，反也，何也？九三之刚太过，而六五以阴居中故也。夫五以阴居中，则妇之象也。妇人之道，守正从一，此身有尽而此道不改，以此为恒，不知有他也，此妇人之吉德也。故曰：“恒其德，贞。妇人吉。”虽然，天下事变其来为无穷，君子之处事也，亦当与之为无穷，夫然后不失吾恒焉。鲁之男子学柳下惠，而乃不学柳下[①]，遂号为善学柳下者，则柳下之过[②]岂可常也？盖以吾之常而学彼之常，又何害其为常也？若学柳下而泥柳下，岂足为善学柳下也哉？此所谓制义也，夫有一事必有一义，此岂可泥也？夫子之职，制此义者也。若曰从一以为常，若妇人然也，则夫子之职旷矣，故曰“夫子凶”。五，君位也，《易》于此设人君泥常之戒，故以妇人、夫子兼言之。《诗》之大序曰“言之者无罪，闻之者足以戒”，则六五之爻辞是也。

上六，振恒，凶。

《象》曰：振恒在上，大无功也。

人有恒言：“天下本无事，庸人扰之。”上六以阴柔之才，居振动之

① 柳下，宋刊本作“下惠”，下同。

② 过，宋刊本作“道”，下同。

极，而且在一卦之上，此所谓扰乱天下之庸人也。故曰“振恒，凶”，谓以振动为恒，而扰乱天下者也。夫当天下守常而无事之时，而以庸人加诸上位，彼庸人者岂能为吾守常而无事也哉？天下被其扰乱之祸也必矣。如大汉之业至建元、元光间，已七十余载矣，文、景恭俭富庶之余，天下廓然无事，而王恢一唱马邑之谋，以致匈奴侵扰北边，兵连而不解，天下共其劳，干戈日滋。行者赍，居者送，财赂耗衰而不赡，入利者补官，出货者除罪，武力进用，法令严具，兴利之臣自此而始，而桑弘羊、孔仅辈，言利事析秋毫矣。然则，首汉世骚扰之祸者，王恢也。若恢者，其庸人哉！恒之上六曰“振恒，凶”，《象》曰“‘振恒’在上，大无功也”。此正为恢等生事者设也。

卷十五

艮下乾上 ䷠

遯：亨，小利贞。

《彖》曰：遯亨，遯而亨也。刚当位而应，与时行也。“小利贞”，浸而长也。遯之时义大矣哉。

呜呼！吾于《易》之遯，而知圣人忧道之心深且切也，而其忧天下之心尤深且切也。夫阴阳之进退，人事之消长，君子、小人之胜负，何尝无此？而圣人之于遯也，必欲君子之崇重其义者，而惧其或有以浼辱夫我也，以为[①]不如是则殆亦与小人无以异也。其用心深且切如此，此非特为君子忧也，为道忧也。夫天下事势既已乖且非矣，宜若不可为矣，而圣人于此犹有迟迟冀望之意，凡可以致力者无不为也，又以为不如是则天何生于君子，而天下亦何赖于君子也？其用心又深且切如此，此非强聒以逆天也，为天下忧也。呜呼！此吾于遯而知圣人之心有如是不一之忧也。《经》曰“遯则退也”，则遯者阳退之卦也。然二阴虽长，其势尚微，四阳在上，其势犹盛，何遽为此退避之计邪？《经》曰“往者屈也，来者信也”，当此之时，若以势论，则不论盛衰，论屈信也。盖二阴虽微，其势来而信；四阳虽盛，其势往而屈也。所贵乎君子者，知时而识机也，故当此之时，退藏以信吾道，

① 以为，宋刊本作“以谓”。下同。

吾身虽退，而其道则亨矣。故遯之所以能亨者，以遯而亨也，吾故曰：圣人之心为道而忧者此也。虽然，当遯之时，君子处之亦未有必遯也，何者？二阴之长为遯，则六二者遯之主也，九五以刚阳之德处中正之位，所谓刚当位也，下与六二居相应之地，而以中正相与，则当此时也而犹有此人也。夫岂不足与有为乎？夫苟至诚相与而尽其所谓扶持安全之道，则天下亦未遽乱，而国家亦未遽亡也，此尽人谋以听天命者也，故曰“与时行也”。“小利贞”者，指六二而云也，六，阴也，故曰“小”，以六居二，正也，故曰“利贞”。其曰“小利贞”云者，犹之曰：当此之时，大者之志虽在于遯而亨，而小者苟利于贞而无有他也，则虽当阴道浸渐而长之时，犹可助五以有为，而为是扶持全安之计，毋弃是正以害君子而与君子为仇，可也。此圣人责望六二之辞也，吾又曰：圣人之心为天下而忧者，此也。夫当遯之时，所谓遯之大义也，则亦有二焉而已矣。二者何也？曰：速而去之所以远害，一也；迟而不去所以救害，二也。二之义也，当遯之时无大于此二者，故圣人又叹之曰“遯之时义大矣哉”。程河南曰：“遯者，阴之始长，君子知微，故当深戒，而圣人之意未遽已也，故有‘与时偕行，小利贞’之教。圣贤之于天下，虽知道之将废，岂肯坐视其乱而不之救？必区区致力于未极之间，强此之衰，艰彼之进，图其暂安，苟得为之，孔孟之所屑为也。”河南此释，其得孔孟之心欤！

《象》曰：**天下有山，遯。君子以远小人，不恶而严。**

山固高矣，然而有所止也，若天之高则荡荡苍苍而无所纪极焉，故语天下之物极尊极高、极远极大者，惟天也。遯之《象》有取于“天下有山”云者，天非有心而与山较高下也，而山之于天自有不可侵、不可及之势焉。其曰“天下有山”则吾非汝去也，而汝自不吾及也，故为遯之象。君子之于小人也亦然，由君子之心以视小人，怜其愚，忧其害，悯其平日用心之非，有一善未大于毫发，则为之咨嗟叹赏，而曰：此所由以为圣为贤也。其用心如此，何尝恶小人也？虽然吾不汝恶，似与汝合矣，而卒非汝合也，其刚正严毅之气有不可犯，岂得而亲狎之乎？犹之观天也，自下而观之，以为山之巅即天也，乃据山之巅以观天，而天愈高、愈远、愈不可及矣。此君子与小人辽绝之势然也。

初六，遯尾，厉。勿用有攸往。

《象》曰：**遯尾之厉，不往何灾也。**

尾之为物，在物之后，事体之最小者也，六在初之象也。大壮以初为本，上为末，如乾、如比之类，则以上为首。夫上在一卦之上也，既以为首，则在遯之初，为尾之象矣。盖遯以居前者为先遯，居后者为后遯，初六在一卦之上[①]，故为尾之象也。夫阴道浸长，阳惧罹害，故为是遯避之计，而初六以阴小在下，何预汝事？苟亦遯焉，过计也，但处一卦之后，而以厉自警可也。若不知以危厉自警，则观阳之遯而吾亦遯焉，此非遯也，乃追阳之逋也。夫追阳之逋，则与阳为仇矣，此圣人所甚恶也，故戒之曰“勿用有攸往”，以言汝之往则阳不利矣。惟能以危厉自警，无伤阳之心而自安其尾之分，则是不往也。不往则阳亦遂其遯避之计，何见伤害也？故《象》曰：“‘遯尾’之‘厉’，不往，何灾也。”初六，阴之始长也，圣人防之遏之，而微其辞曰“遯尾，厉”；又昌言以戒之曰“勿用有攸往”；至爻赞又晓而譬之曰“‘遯尾’之‘厉’，不往何灾也”。此非为小人谋，为君子谋也。

六二，执之用黄牛之革，莫之胜说。

---

① 上，宋刊本作“后”。

《象》曰：执用黄牛，固志也。

遯之所以为遯者，在此一爻也。圣人于《象》既戒之以“小利贞”，爻辞又戒之以“执之用黄牛之革”，所以责望六二也深矣！以为不如是则自此以往弃正害阳，小人道长、君子道消而为否矣，故此爻独不言遯，而以固执其志取义焉。牛，顺畜也；黄，中色也；革，坚物也。以六居二，而以中顺之志自坚，而至于莫能脱去焉，则阴道未至于遂长，而君子未至于不利矣。夫阴阳消长，此天道之盈虚也，在圣人亦岂能加损益于其间？然于阴长阳退之卦，则深致之意焉，故于初六则戒之以“勿用有攸往”，于六二则戒之以“执之用黄牛之革”。使之在下位而不敢动焉，以谓苟纵之使动，则其祸亟矣，故婉其辞而戒之。呜呼！圣人好恶之旨尽在是矣。

九三，系遯，有疾厉，畜臣妾吉。

《象》曰：系遯之厉，有疾惫也。“畜臣妾吉”，不可大事也。

九三，艮之主也。艮，止也。止于内体，而为二阴之主，故当遯不遯，有所牵系而不能远去。夫以刚阳之才，而牵系于阴小之人，此所谓“有疾厉”也。谓情有所溺，而志有所昏，故其疾至于耗惫，而危亡无日也。夫阴小之人，所谓“臣妾”是也。初与二处己之下，而九三为之主，则“畜臣妾”之象也。当阳进之时，不知退藏以远祸，而乃系志于阴小之人，不知疾生于所溺，而危亡将至，甚矣其惑也。盖阴小之人怙宠而得志，则阳道必至于衰危，此岂九三之吉邪？其曰“畜臣妾吉”者，以言在臣妾则吉，在九三则危也。夫阳大而阴小，阳贵而阴贱，以九三刚阳之才，而系志于阴小之人，岂能及于远大之谋邪？夫九三所谓远大之谋，何如也？曰：遯藏以远祸是也，不为此举则必致疾惫而危亡无日矣。故曰：“‘畜臣妾吉’，不可大事也。”乱世之君子，不知全身远害，而贪位慕禄，日与小人为偶，而忘其明哲保身之道，如西汉之扬雄、东汉之范滂，唐之王涯、贾餗是也。

九四，好遯，君子吉，小人否。

《象》曰：**君子好遯，小人否也。**

四属外体，已遯在外矣。夫身既遯夫外，宁复内顾乎？故虽有初六之应，舍之而不顾矣，故曰“好遯”。好，如姻好之好，谓与初相好者也。夫君子有所好爱，然义当遯去，则舍其所好而去之不疑，所谓以道制欲、以义断事者也，故曰“君子吉”。若小人则不然，牵于所爱，昵于所私，如所谓“系遯，有疾厉”是矣。此不知变通[①]者然也，故曰“小人否”，谓不通也。九四复设小人之戒者，以阳居阴而复应阴，惧其或泥而不通，故有此戒。

九五，嘉遯，贞吉。

《象》曰：**“嘉遯，贞吉”，以正志也。**

《传》曰“嘉偶曰妃”。六二，九五之嘉偶也，舍之而遯焉，故曰“嘉遯”。夫六二、九五皆中正也，而居相应之地，以中正之道相与可也，而五又何为而遯去夫二也？曰：当此之时，六二以静为正者也，而九五则以动为正焉。以静为正者，嫌于动也，动则害阳矣；以动为正者，嫌于静也，静则见害于阴矣。此遯之时义也，故九五不得不遯去夫二也。若不以遯去夫二为义，而惟其应之相求焉，则消长之义亟矣。《象》曰“以正志也”云者，言当此之时，阳之志以遯为正，遯则不失正矣。程曰：“遯非人君之事，故不言君，然人君之所以避远者，乃遯也。”盖尝论之，人君之所以避远者，何事也？曰：天下之治乱，社稷之存亡，君子小人之贤否，生灵之利害，吾身动静之吉凶。避凶

① 变通，宋刊本作“通变”。

而从吉，除害而去利，舍否而用贤，戒亡而图存，去乱而即治，其所避远者此其凡也。在《象》则曰“刚当位而应”，谓应夫二也；而在爻则以避去夫二为义，而不取乎应者。非相戾也，当时行则与时行，当正志则正志固也。

上九，肥遯，无不利。

《象》曰：“肥遯，无不利。”无所疑也。

昔扬子云以范蠡遗文种书，而曰“至蠡策种肥哉”。盖尝论之，夫为人谋而不忠乎，莫若蠡之策种也，而谓之肥，可乎？且以蠡之身既遯于五湖之上，其姓名既遯而为鸱夷子皮，又遯而为陶朱公矣，三徙成名，赀累巨万，散而复积，是遯也可谓肥矣，可谓“无不利”矣。然而文种今日得书，明日复得赐剑，而不得为子皮、朱公之肥者，盖教人疑人，是乃所以促人之死也。蠡遗种之书曰：“蜚鸟尽，良弓藏；狡兔死，走狗烹。越王为人长颈乌喙，可与共患难，不可与共安乐。子何不去？”此教人疑人也，夫蠡教种疑勾践，是乃教勾践疑种也。种今日得书，明日复得赐剑，又何怪乎？遯上九之《象》曰：“‘肥遯，无不利’。无所疑也。”则以蠡策蠡可也，所谓无所疑也；以蠡策种不可也，所谓教种疑勾践也。夫教种疑勾践[①]，是乃教勾践疑种也。岂得谓之无所疑也乎？吾故曰：为人谋而不忠者，莫若蠡之策种也。子云身居乱世，窃禄苟容，欲为遯去之计如大夫蠡而不可得，日惧文种之祸至，故其取舍贸乱，方寸不宁，无惑乎有是云也，然亦可哀也哉！耿希道曰：“上九最远于内，不系于阴，无所疾惫，故称肥。”

① 勾践，宋刊本作“夫差”。

乾下震上 ䷡

大壮：利贞。

《彖》曰：大壮，大者壮也。刚以动，故壮。大壮“利贞”，大者正也。正大而天地之情可见矣。

四阳之长，为大壮。壮，盛也。阳居其四而阴则二尔，此阳盛之卦也，故曰“大壮”也。夫物之壮也，其基厚则壮，自初至四皆阳也，其基厚矣，故其壮为大。“刚以动，故壮”，此合乾、震二体之用以言壮也。夫下刚而上动，则上动而下不摇，非壮者能之乎？然大壮之道，利于正而已矣。壮而不利于正，则强暴之为尔，此岂大者之事乎？所谓大者，在爻，则刚阳；在人，则君子是也。“正大”云者，正而大也，正而大则其发用也无适而非正矣。所谓无适而非正者，天地发生之用是也。今夫天地之发生也，生而为春，长而为夏，揫而敛也而为秋与冬，此所谓天地之情也。时乎春也则生，时乎夏也则长，时乎秋与冬也则揫而敛，而未尝或失吾正焉，故万物于此莫不各正性命而无夭阏之患，此正之大也。故欲见天地之情，即正大而可见矣，此天地之所以为壮也，使其非壮，则正大之理安能如此之不穷乎？程曰：“天地之道常久而不已者，至大至正也。正大之理，学者默识心通之可也。”

《象》曰：雷在天上，大壮。君子以非礼弗履。

天，健物也，以雷之威而在其上，威而健者也，故为大壮之象。天下暴乱之祸，惟礼可以已之，故语天下之壮者莫如礼。礼，天理也。君子克去已私，事事欲与天理合为一，此又非勇而健者不能也。其曰“非礼弗履”，则凡一举足必惟礼之是循也，以谓履之非礼之地，则必至失足而陷于祸败矣，此非所以为壮也。

初九，壮于趾，征凶，有孚。

《象》曰："壮于趾"，其孚穷也。

初九以刚在下，而勇于前进，用壮于趾之象也，故曰"壮于趾"。夫以刚用壮，虽在上犹不可，况居下乎？征，往也。以此而往，其凶必矣，故曰"征凶，有孚"。孚，信也，谓信其征之凶也。所谓征之凶者，困穷而致败之谓也，故又曰"'壮于趾'，其孚穷也"，谓信其有困穷之凶也。《语》曰："人而无恒，不可以作巫医。"子曰："不占而已矣""不恒其德，或承之羞"。以言人而无恒，则不占而信其有羞也。大壮之初九曰"征凶，有孚"，曰"其孚穷也"，则亦不占而信其有困穷之凶也。

九二，贞吉。

《象》曰："九二，贞吉。"以中也。

夫居柔而处中，则刚不为过，九二是也。大壮，阳盛之卦也，夫苟又以阳居阳，则刚过矣。王辅嗣曰："未有违谦越礼，而能全其壮者也。"故阳爻皆以居阴为美，夫阳爻而居阴，非九二与九四乎？然九四之比九二，又不如二之中矣，故九二之所以贞吉，以中也；而九四之贞吉又必以悔亡继之，谓以九居四非中也故有悔，以其吉于正也故悔亡。然则以刚履柔而不用壮以为壮，此所谓壮之正也，而又得中焉，何吉如之？程曰："贞非以九二为戒乎？曰《易》取所胜为义。以阳刚健体当大壮之时，处得中道，无不正也。在四，则有不正之戒。人能识时义之轻重，则可以学《易》矣。"

九三，小人用壮，君子用罔，贞厉。羝羊触藩，羸其角。

《象》曰："小人用壮"，君子罔也。

九三以刚处刚，此虽正也而过乎中，刚之过也。夫他卦以刚过而居多凶之地，皆不免于危厉，况大壮阳盛之时乎？故以小人目之，而曰“小人用壮”。君子知危知惧，而不以壮为用者也，故曰“君子用罔”。罔，无也。谓无所用也，犹之曰“罔有所用”云尔。其所以刚有所用之者，居刚正之位而当以危厉自警故也，故曰“贞厉”。苟不知此，则用壮之过而有“羝羊触藩”之象矣。夫九四居前，间在二卦之间而为二体之限，此藩象也。藩之为物也，不纯乎柔，亦不纯乎刚，九四是也，而三用壮以触之，其能全其壮锐矣乎？故有“羸其角”之戒。程曰：“凡物莫不用其壮，齿者啮，蹄者踶，角者触，羊壮于首，羝为喜触，故取为象。”夫兑为羊，九二，乾也，乃取羝羊为象；六五、上六，震也，而亦取象于羊。坤为大舆，而九四震也，则曰“壮于大舆之輹[①]”。《易》之取象大率类此。故，坤非马也，而曰“牝马”；离非牛也，而曰“牝牛”。颐之初九，震也，而有取于龟；六四，艮也，而有取于虎。凡此类者岂泥诸爻象以求之乎？求之不得，则卦变、动爻、伏象、互体无所不取，而圣人之意愈失矣，此学《易》之大戒也。世之嗜奇好异者，徒知左右附会而仅得之，则曰学《易》者当如是也，而何以正直坦夷之说为哉？此予之所否也。王辅嗣曰：“义苟合顺，[②]何必坤乃为牛；义苟应健，何必乾乃为马。而或者定马于乾，按文责卦，有马无乾，则伪说滋蔓，难可纪也。”辅嗣此言，不可谓不知《易》也。

九四，贞吉悔亡。藩决不羸，壮于大舆之輹。

《象》曰：“藩决不羸”，尚往也。

大壮之卦德曰“大壮，利贞”，谓以阳居阴，其在此时不用其壮，故得谓之正也。于正既吉则于悔斯亡矣，四之所谓悔者，以其不得如

---

① 輹，宋刊本作“腹”，下同。

② 义苟合顺，《周易略例》作“爻苟合顺”。

九二之中故也。故必于贞既吉，则不中之悔可得而亡之矣。六五以阴虚居前，“藩决”之象也，藩限既决，则阳道尚往而无阻碍之伤矣，故曰“藩决不羸”。四不取羝羊之象，而但曰“藩决不羸”云者，四居阴处谦，非九三用壮之比故也，此所谓以正为壮者也。夫四震动之主也，而当四阳上进之时，以正为壮，前无所碍，故有“壮于大舆之輹”之象。舆，善载而能行之具也。舆大而輹壮，前无所碍，当阳长之时，故曰“尚往也”。四，谦虚之位，善载者也，故为大舆。乾以三阳居下，辅上而能行者也，故其輹壮，此所以“尚往”也。夫在事有是理，则“贞吉悔亡”是也；在时有是势，则“藩决不羸”是也；在我有是器，则“壮于大舆之輹”是也。由是理，乘是势，而用是器，此君子之道所以独盛于此时也。

六五，丧羊于易，无悔。

《象》曰：“丧羊于易”，位不当也。

程曰：“羊群行而喜触，以象诸阳并进。”“五以柔居上，若以力制，则难胜而有悔，惟和易以待之，则群阳无所用其刚，是丧其壮于和易也。”以言人君治壮之道，不可以刚也，此说似矣。然按旅之上九，有曰“丧牛于易，凶”，谓旅人于其平易之时，而丧其在己之顺德，今旅以刚亢在上，故莫之与也。夫上九之牛，既于上九取义而无与于他爻，则六五之羊，亦不当于群阳取义也审矣。又况九四方当尚往之时，而有大舆壮輹之象；五，君也，决其藩篱以来之不暇，岂容阻遏其上进之势乎？果有此心，则失人君进善纳贤之道矣。大抵，羊，刚很之物也，五，君位也，而以六居之，则于其平易之时，务丧去其自己刚壮之势而不用，惟以谦虚无我自处，使下之群阳由己以上进，而略无阻碍之势。此九四所以有“藩决”之象者，盖指六五之谦虚而云也。夫当阳长之时，苟以妨贤拒善为心，则不能丧其在己之刚壮而以谦虚为用也必矣。其能无在上之悔乎？其曰“位不当也”者，正所谓去其刚壮之势而不用也。夫惟如是，则当阳长之时，其能无悔宜矣。

上六，羝羊触藩，不能退，不能遂，无攸利。艰则吉。

《象》曰：“不能退，不能遂”，不详也。“艰则吉”，咎不长也。

上六阴柔，亦取羝羊为象者，居震之极、壮之终也。夫震之极则不能自止，壮之终则终于用壮，故亦称羝羊。然上六之藩何所取也？曰：处阴虚之地，旁若无物而蹢躅用壮，然不能退而自止，复不能进而遂意，进退举无所利，亦若有所限隔而然也，故亦设触藩之象焉。然羝羊触藩，以其有刚锐之角也，今不以角取象，则是无角也。夫无角而务触藩，此上六阴柔而用壮之象也，以其用壮故曰“羝羊”，以其纯阴故不以角取象也。小人之用壮也，亦未必皆有刚壮之才，如九三然也，狂躁妄动，不能详审以自安愚分，而至于进退举无毫发之利以自贻厥咎者，则大壮上六是也。《中庸》曰：“愚而好自用，贱而好自专。生乎今之世，反乎古之道。如此者，灾及其身者也。”此皆不能详审之过也。然《易》于此又有“艰则吉”之戒者，闵其用心之非，而开其自省之路也。夫不量己之贤愚，不度势之可否，则于进退之间亦何所利哉？如知其非所利也，而艰畏以自处，而戒其妄动之失，故《易》于此又以“吉”予之，而曰“咎不长也”，以言若上六之为也本有咎也，如知其非利也，而艰畏以自处，则其咎可以损去而获吉也。呜呼！圣人之设心若此，其仁矣哉！

卷十六

坤下离上 ䷢

晋：康侯用锡马蕃庶，昼日三接。

《彖》曰：晋，进也。明出地上，顺而丽乎大明。柔进而上行，是以“康侯用锡马蕃庶，昼日三接”也。

晋合离、坤而成体，离明在上，坤顺在下。上明而下顺，文明之主作于其上，而顺德之臣相属于下，王者宠遇诸侯之日也。夫晋之为义，则进是也，犹之曰“需，须也”。明出地上，即坤与离之象以明晋也；顺而丽乎大明，即坤与离之义以明晋也；柔进而上行，又即六五之爻以明晋也。夫明出地上，则万物咸仰此大明在上之象也，故曰顺德之臣当此时得以附丽于大明之君，而相与以成康民之功焉，故曰“顺而丽乎大明”。其在爻，则六二受兹介福于其王母，六三“众允之志，上行也”是也。“柔进而上行”谓六五以柔顺之道进而行乎上，而离之中爻方其乾坤之相索也，亦实自坤来，今居五位，故曰“柔进而上行”也。夫文明之主作于其上，顺德之臣得所附丽而被其宠光焉，而五也又以柔顺之道行乎上而逮乎下，故曰“是以康侯用锡马蕃庶，昼日三接也”。夫诸侯者，王者所与共安此民也，故曰“康侯”。当晋之时，所谓侯者各以顺体而奉承于上，而无有异志焉，又所谓治世之臣也。夫马有行地之才，而又有承上之德，王用锡之马也，而又至于蕃庶多焉者，所以称其才而表其朋类之纷如也。不惟锡予如此之多且厚也，又见亲礼，昼日之间其按遇之也至于再三焉，则宠遇之隆一至于此，为诸侯者何修而得此于大明之主哉？曰：以其能为治世之臣，而有安民之功故也，故《易》于此谥之曰“康侯”。其曰“昼日”云者，正明出地上之时也。在《诗》之《崧高》，其三章曰“王命申伯，式是南邦”，其四章曰“王锡申伯，四牡蹻蹻”，其五章又曰“王遣申伯，路车乘马”，此诗为宣王能建国亲诸侯，褒赏申伯而作也。《烝民》之诗其三章曰“王命仲山甫，式是百辟”，七章曰“仲山甫出祖，四牡业业”，又曰“四牡彭彭，八鸾锵锵。王命仲山甫，城彼东方”，其卒章又曰“四牡骙骙，八鸾喈喈，仲山甫徂齐，式遄其归”，此诗为宣王能任贤使能而作也。至于《韩奕》之诗，其一章曰“韩侯受命，王亲命之”，其二章曰“四牡奕奕，孔修且张。韩侯入觐，以其介圭。入觐于王，王锡韩侯。淑旂绥章，簟茀错衡”，其三章又曰“其赠维何？乘马路车”，其卒章又曰“王锡韩侯，其追其貊。奄受北国，因以其伯”，此诗为宣王能锡命诸侯而作也。至于《江汉》之诗也，其二章曰“经营四方，告成于王。四方既平，王国庶定”，其三章曰“王命召虎，式辟四方”，其四章曰“王命召虎，来旬来宣”，又曰“肇敏戎公，用锡尔祉”，其五章又曰“厘尔圭瓒，秬鬯一卣。告于文人，锡山土田[①]”，此诗又为宣王能命召公平淮夷而作也。夫即是四诗以观之，则申也、甫也、韩也、召也，其在周宣之世所谓康侯也，而宣王也又能施宠遇之礼如此，其隆且至也。则周家王业之所以能再隆而有光者，此固诸侯之力也，然究其所以然则宣王实使之。故序《诗》者，于《崧高》之诗则曰：“能建国亲诸侯，褒赏申伯焉。”于《烝民》之诗则曰：“能

① 锡山土田，宋刊本作“锡山川土田”。

任贤使能，周室中兴焉。”于《韩奕》之诗则曰：“能锡命诸侯。”于《江汉》之诗则曰：“能命召公平淮夷。”其曰“能”云者，盖以其功归之宣王也。若宣王者，其能宠遇诸侯如此，在《易》之晋则所谓文明之主也，不然，何以有是之文明灿然，以逮下也哉？

《象》曰：**明出地上，晋。君子以自昭明德**。

地者，阴晦之所也。明出地上，则离阴晦之所矣。夫所谓阴晦之所者何也？其在人也，则冥然无所觉知之地是也。夫无所觉知之地既已冥昧，则虽父不能诏之子，虽兄不能晓之弟。非其中心自能明了，如明出地上，骎骎而日进焉，则不可也。故曰：“君子以自昭明德。”夫人性本明，其或不能遽然而明者，是必有所蒙蔽而然也。今也，在晋之时，其进有渐，始于晦，终于明，其于吾之所谓固明者而不失其明焉，此“自昭明德”之谓也。程曰：“明明德于天下，昭明德于外也；明明德于己，故云‘自昭’。”

初六，晋如摧如，贞吉。罔孚，裕无咎。

《象》曰：**“晋如摧如”，独行正也。“裕无咎”，未受命也**。

晋也者，以柔进也，以柔而进则与六五同德矣。初六之进也，乃与九四居相应之地，夫九四之在晋也，非所谓以柔进也，故目之曰“鼫鼠”。而初与之居相应之地，则嫌疑之不免也，故戒之以“晋如摧如，贞吉”，又戒之以“罔孚，裕无咎”。言当升进之时，为初六者固当痛自摧抑，独行其正，无涉于九四，然后吉也。“罔孚，裕无咎”者，无与九四相孚也，无与九四相孚则独行吾正，自有余地，不如鼫鼠之贪且畏也，故能裕而无咎，不然，则窘束迫促，若无容身之地矣。“未受命”云者，吾既痛自摧抑，独行吾正，进退有地，则在己无过，而在人亦不见咎，惟未受命者能之。初六在下，其位甚卑，谨其所予，乃其分也，上命未至而谄以求进，非善处下之道也。

六二，晋如愁如，贞吉。受兹介福，于其王母。

《象》曰：**“受兹介福”，以中正也。**

夫既得是位，而惧其无以称是位；既得夫君，而忧其无以报乎君。此君子所以自尽为臣之道者然也。当晋之时，其道上进，在他人以为喜，而在君子以为愁者，非以为伪也，宠遇既厚则其忧惧有加故也。夫食人之禄，必怀人之事；乘人之车，必载人之忧。凡委质以事人者举皆然也，而况六二处中正之位，而上有同德之主，宠遇于己也既厚，则其忧惧可以自已乎？故曰正吉。谓以中正之德处中正之位，必如是而后吉也。王母，六五也，以柔居尊位，故曰“王母”。六二知忧知惧以中正而获吉者，是乃受此介相之福于六五故也。《彖》曰“康侯用锡马蕃庶，昼日三接”，其受兹介福之谓乎？

六三，众允悔亡。

《象》曰：**众允之，志上行也。**

三与五同功而异位，当晋之时，又其同德者也。坤为众，三居坤极，顺之至也，以顺之至而上同乎五，此同类之所从也，故曰“众允之”。“悔亡”云者，六三居非正中，而与五且非其应，然当柔进之时，顺德既至，而众臣从之以上进，五虽非其应，乃其同德者也，故其悔可亡。或曰：“志上行也”，乌知六三之志，非进与上九为应乎？曰：六五，晋之主也。《彖》曰“顺而丽乎大明”，大明，五也。当晋之时，初以卑而在下，未受命也，犹知舍四而独行乎正，三居人臣之高位，而乃不知惟五之从，舍乎同德之主而应乎进不以柔之人乎？夫苟舍同德之主而应乎进不以柔之人，则众亦不允之矣，能使悔之亡乎？必不能也。噫！此爻又不可以应论也，学《易》者当权轻重之义以论爻可也。

九四，晋如鼫鼠，贞厉。

《象》曰：鼫鼠贞厉，位不当也。

当晋之时，诸爻皆以柔进也，而九四、上九独以刚进焉，于晋之时义悖矣。虽然，就此二爻论之，上九处一卦之外，其进也非有迫乎五也，而所谓迫乎五者惟九四焉，盖九四以炎上之性上侵故也。然，五君位也，当晋之时所谓文明之主也，其宠遇之礼所以逮乎下也亦既厚矣，而下之所以相率而顺附乎上者亦众矣，而四也岂能为之患乎？故以进之时，而以鼫鼠目之。鼫鼠，正诗人所谓硕鼠也，食我黍，食我麦，食我苗，贪而畏人之物也。《子夏传》亦作“硕鼠”是也。夫当柔进之时，而九四处近君之位，而独以刚进焉，其冒进窃位如此，而五又有不可犯之势，则贪而畏人，故有鼫鼠之象。《象》曰“鼫鼠贞厉，位不当也”者，谓当柔进之时独以刚进，失进之义，故于贞为厉，于位为不当也。然则当此之时，居此之位，如之何而可也？曰：以六居四，以柔而进，则于位为正当矣，何厉之云？

六五，悔亡，失得，勿恤。往吉无不利。

《象》曰：“失得，勿恤。”往有庆也。

凡《经》所谓“悔”云者，有所不足于此也；所谓“恤”云者，有所系念于此也。晋之六五以柔进而上行，宜若于刚德有所不足也，然柔而得中，则柔不为过，故曰“悔亡”。六五离明之德无所不照，如日之升，光被万物，亦未尝以察察为明也，故曰“失得，勿恤”。夫恤其得失，则明之所及者自以为得，而明所不及者则以为失，过矣，故以“勿恤”戒之。惟夫不以得失为恤也，则大君之道无往而不吉，亦无往而不利矣。夫苟恤其得失，而以察察为明，则天下或有蒙其祸者矣。如汉宣之核实，而萧、韩诸贤俱受其戮；如显宗之慧察，至自撞郎，而钟离意辈得以为言；至如德宗以强明自任，疑萧复轻己，谓姜公辅为卖直，至用卢杞、赵赞，则至于败乱而不知悔是也，安能庆及臣庶乎？故《象》又曰“失得勿恤，往有庆也”，曰“有庆”云者，则无是汉唐诸君之失矣。

上九，晋其角，维用伐邑。厉吉无咎，贞吝。

《象》曰：“维用伐邑”，道未光也。

晋也者，以柔进也。上九以刚而进，进至上九，无所复进也，故有进其角之象。角之为物，在物之首，刚而锐者也，此以九居上之谓也。程河南曰：“伐四方者，治外者也；伐其居邑者，治内者也；言伐邑，谓内自治也。”晋之上九，晋至其角，无所复进矣，惟能自反自克而内自治焉，则知所以危厉自警而获吉矣，此所以无刚进之咎也。然在柔进之时，而以刚进焉，又必自反自克，而后可以无刚进之咎，则于正道固有所亏而“未光”者矣。故于贞为吝，惟以自反自克为用者，盖所以救其正道“未光”之失也。夫晋至上九，进极必退，穷上反下，《易》之道然也。刚又知变，故上九之爻辞如此。

离下坤上 ䷣

明夷：利艰贞。

《彖》曰：明入地中，明夷。内文明而外柔顺，以蒙大难，文王以之。“利艰贞”，晦其明也。内难而能正其志，箕子以之。

晋者，明盛之时也，明君在上，故群贤于焉而并进。明夷者，昏暗之时也，暗君在上，故贤者于焉而见伤，此明入地中，与明出地上反也。夷，伤也。明而伤焉，当此之时，其在人君则为昏暗，其在贤人则为晦藏也。“明入地中”，此合离、坤之象以言明夷也；“内文明而外柔顺”此合离、坤之用以言明夷也；“利艰贞，晦其明也”，此又即以六居五之义以言明夷也。夫离在坤下，明入地中之象也，明入地中则其明灭矣，故为明夷。以二体言之，内体离也，故内文明；外体坤也，故外柔顺。其在人也，则文明之德蕴于内而不耀，柔顺之心施于外而无忤，《传》所谓“有君民之大德，而又有事君之小心”是也。以此道而蒙犯大难，用能脱其厄祸，而不失其明圣，此文王所用之道以处暗世然也，故曰“文王以之”。明夷之时，暗主在上，贤者切而近之，不敢逃去，故利于处艰厄而不失其正，谓能隐晦其明而然也。其在爻则六五切近上六，而以阴晦居五是也。夫箕子，纣之诸父也，当是时也，罹此家难，故曰“内难”，然正其志以自守，不敢逃去，而亦获免害焉，非能晦藏其明者能之乎？此箕子所用之道以事暗君然也，故曰“箕子以之”。《经》曰：“《易》之兴也，其当殷之末世、周之盛德邪？当文王与纣之事邪？是故其辞危。”明夷之六五曰“箕子之明夷”，而夫子之于《彖》又以文王、箕子兼释之，而纣之事愈彰彰矣。

《象》曰：**明入地中，明夷。君子以涖众，用晦而明。**

昔者，尝即三不欺优劣之论，以论莅众之道矣；西门豹治邺，民不敢欺；子产治郑，民不能欺；子贱治单父，民不忍欺。魏文帝问群臣：“三不欺于君德孰优？”钟繇、华歆、王朗对曰：“臣以为君任刑，则下畏罪而不敢欺；君任察，则下畏觉而不能欺；君任德，则下感义而不忍欺。”优劣之县在于权衡，非徒低昂之差，乃钧铢之较也。夫任刑固非莅众之道矣，而任察尤非莅众之道也。莅众之道，在于有宽厚含容之德，而不任察以为明也。夫苟无宽厚含容之德，而徒任察以为明，则以人不能欺之为得计也，而不知人情由此鵻雁而不安，疑惧以生变，而群起以轧我矣，此又非计之得也。由是观之，则莫明于用晦，而莫不明于任察也。昔有问安边之策于班超者，超告之曰：“凡居边者类非忠臣孝子，察见渊鱼不祥。”问策者笑曰：“此但平平尔。”忽其言不用，而边果以叛闻，岂非莫明于用晦、莫不明于任察乎？明夷之《象》曰：“明入地中，明夷。君子以莅众，用晦而明。”信乎用晦而明也，凡居人上者不可不知此。

初九，明夷于飞，垂其翼。君子于行，三日不食。有攸往，主人有言。

《象》曰：“君子于行”，义不食也。

初九居明夷之初，初见伤者也。上六暗主之在上也，初之于上，位卑而势隔，然明者见微而虑早，故为是飞扬之计。龚深甫曰：“明夷之难在上，而初极远之，宜下而不宜上者也，故明夷于飞垂其翼，不宜上而就下也。”夫“君子于行”，谓去其禄也；“三日不食”，谓去其禄位，则义不食其禄故也，谓之“三日”，则虽饥而死不顾也，此初九在下位之事也。夫当暗乱之世，处下位而无益于人之国家，而力又不能复还夫暗主之明，则义当引去。夫苟复为是往就之计，则主人亦莫我信矣，何补乎？故曰：“有攸往，主人有言。”以伊尹之五就桀也，终不能移桀而之善，徒以促其亡尔。以三仁之在商也，所谓周亲也，而不能回商辛之听而免宗国之覆，疏远之臣其如之何？得以免害，幸矣，此初九之君子所以义在引去而不顾也。

六二，明夷，夷于左股，用拯马壮，吉。

《象》曰：六二之吉，顺以则也。

六二文明之主也，《彖》曰“内文明而外柔顺，以蒙大难”，《传》曰“有君民之大德，而又有事君之小心”，则六二是也。盖以六居二，又为柔顺之至也，而夫子释之曰“六二之吉，顺以则也”，此爻非文王而当明夷之时，其谁当之？而诸家或以初爻为伯夷、太公，此爻为太颠、闳夭。夫以初爻为伯夷、太公犹可也，何者？以其避纣也。以太颠、闳夭当此爻，此何义哉？岂不以在下体而辅诸九三乎？未也。盖诸家或以九三为文王之爻，非也。此徒泥“不可疾贞”一言，而谓此文王之事也，此未识爻义也。夫九三，武王之爻也，非文王事也，欲尽文王小心事纣之义而以救世为心，又能脱于厄祸而不失明圣，则非六二一爻不足以尽之，夫股，在下而有行之具也。明夷于左股则左股尝见伤矣，此所谓羑里之厄也。六二阴也，故曰“左股”，然左股见伤，而强壮者犹无恙焉，则所以为文王者犹故也，谓非祸难之所能害也。虽然，彼君也，我臣也，天命未革，则为臣之分，吾所不敢违也。而上以承乎君，下以安乎民，此吾之心不敢不自尽也。当此之时，用拯之道，岂敢不用力哉！所谓用拯之道，何也？曰：上欲拯吾君而为无过之君，下欲拯斯民而为无难之民，此吾所以不敢不用其力也。此文王自尽之道然也，故曰“马壮，吉”。夫马之所以吉于壮者，徒以能拯载乎人也。而文王之心亦曰：吾之用力，上以承乎君，下以安乎人者，盖不敢不如是之自尽也，以吾之顺德而不敢失乎为臣之则者然也。而赞《易》者则推原其本心，而因其“马壮”之“吉”也，而赞之曰“六二之吉，顺以则也”，此可谓得文王之本心也。吾故曰：六二一爻在明夷之时，非文王不足以当之。

九三，明夷于南狩，得其大首，不可疾贞。

《象》曰：南狩之志，乃大得也。

他卦九三与上六为正应，在明夷则为至明克至暗之象也。盖九三明之极也，而在下卦之上；上六暗之极也，而处穷极之地，此以明除暗之义也。程曰“斯义也其汤武之事乎”是也。九三离也，离明方也，在明夷之时而兴除乱去害之事，故曰“明夷于南狩”。然南狩之志在于得其大首，而不可疾贞之也。上六居一卦之上，大首也，当明夷之时所谓暗乱之魁者也，故当克而获之。“不可疾贞”者，耿希道曰：“以明除暗，如昼夜之进退，何可疾哉？”按《史记》载盟津之役，诸侯不期而会者八百，诸侯皆曰纣可伐也，武王曰：“女未知天命，未可也。”乃还师，归居二年，闻纣暴虐滋甚，于是告诸侯曰：“殷有重罪，不可以不毕伐。”师渡盟津，诸侯咸会，武王乃作《泰誓》。故《泰誓》一作而殷亡矣，此所谓“不可疾贞”也，若疾以贞之，则武王为不知天矣。夫圣人之志，亦志于除乱去害而已矣，若志不在此，则悖乱之为也。故《象》曰“南狩之志，乃大得也”，犹之曰九三之志所以“大得”者，以“南狩”也。曰“南”云者，谓其有是明也；曰“狩”云者，谓其除乱而去害也。然则有汤武之德，然后可以为汤武之事。

六四，入于左腹，获明夷之心，于出门庭。

《象》曰：“入于左腹”，获心意也。

六爻自初至五，当暗乱之世，明者见伤，故初曰“明夷于飞”，二曰“明夷于左股”，三曰“明夷于南狩”，五曰“箕子之明夷”，惟四也以阴居阴，属坤阴之体，无明之可伤，而爻辞但曰“入于左腹，获明夷之心”，此正以阴邪柔从为事。程河南所谓“邪臣之事暗君，必先蛊其心”是也，而诸家或泥“于出门庭”之一语，而曰此微子去商归周之义也，则亦误矣。夫邪臣之事暗主，其能易获其心意者，盖必有深入而阴中之计也。左，阴所也；腹，善容纳者也。入于左腹，谓六四之所以见纳于上者，以柔邪之道从阴僻中而入也，夫如是故有以得乎暗主之心矣。方当暗乱之世，以小人为之君，必以小人而为之臣，其心同志合，岂待至深至久而后至此哉？方其因缘获进之初，而深入阴中之计已行矣，故曰“获明夷之心，于出门庭”。然则此非小人之奸巧而入之之易也，盖君心暗乱而入之之不难也，此心意之所以易获也。夫人君之心或不谨，而易为阴小之所入，天下虽欲不为暗乱之世，得乎？禹之戒舜曰：“安汝止，惟几惟康，其弼直。”夫汝止不安，则易动而易惑，不知几康之是念，故辅弼之臣安得而直，邪佞之人安得而不易入乎？然则大智如舜，而禹之戒犹及于此，况愚暗之主乎？

六五，箕子之明夷，利贞。

《象》曰：箕子之贞，明不可息也。

他卦六五鲜有非君之位者，此卦乃以为箕子之爻，何也？曰：以六居五，内阳明而外阴晦，此乃晦其明之义，以纣之暗乱，又将有失位之象，不足以当此爻也。箕子其亲臣也，义不远去其君，此时商家无主，故《易》于此乃以六五处箕子，为其能晦其明而且切近上六故也。上六阴暗之极，则移纣以居此位，以阴暗既极，有在上而失位之象也，此《易》之微义也，不如是则非《易》矣。夫上六阴暗之极，其在明夷之时，故为明夷之主。六五切近明夷之主，若不能自晦其明，则必见伤害，故箕子之当此时也，义既不当远去其君，而忠言至谏又不能入，乃不得已而为是佯狂之计以免于害。故在《彖》则曰：“利艰贞，晦其明也。”而在爻则曰：“箕子之明夷，利贞。”夫箕子之当此时也，能晦其明，故其明不可息灭。夫箕子之明所以不可息灭者，何也？亦曰：吾正此志以事君，此身可灭，而此正不可灭也；夫吾之正不灭，此其明所以不可息灭也。嗟乎！事君若箕子可矣。

上六，不明晦。初登于天，后入于地。

《象》曰：“初登于天”，照四国也。“后入于地”，失则也。

上六居明夷之极，明伤之极也，明伤之极者何？坤之终也，居坤暗之终则明伤之极矣，故曰“不明晦”，谓不明而晦也，此与“晦其明”反也。夫人君之道无他，在乎终始惟一而已矣。伊尹之训太甲曰：“常厥德，保厥位，厥德靡常，九有以亡，夏王弗克庸德，皇天弗保。”又曰：“今嗣王新服厥命，惟新厥德，终始惟一，时乃日新。”盖尝即是说而论之：夫人君之始服厥命也，虽至庸懦之主盖亦知所谨也，何也？始可能也，而卒为难。此所谓初登于天，照四国也；及其晚也，欲心一萌，则以天下之莫我尊、莫我贵也，吾纵吾所欲，皇恤乎？惟其如是，此主道所以日微，君德所以日失，天下日骎骎而入于暗乱之世矣。此所谓“后入于地，失则也”。司马温公曰：“其言失则者何？国家之所以立者，法也。故为工者，规矩绳墨不可去也；为国者，礼乐法度不可失也。度差而机失，网绝而纲紊，[①]纪散而丝乱，法坏而国家从之。”呜呼！为君子者可不谨哉。

① 纲绝而网紊，各本皆为“网绝而纲紊”，据《温公易说》原文改回。

卷十七

离下巽上 ䷤

家人：利女贞。

《彖》曰：家人，女正位乎内，男正位乎外。男女正天地之大义也。家人有严君焉，又母之谓也。父父、子子、兄兄、弟弟、夫夫、妇妇，而家道正。正家而天下定矣。

《易》有同人焉，有家人焉。同人之道在于无所不同，故其卦德曰“同人于野，亨”；家人之道在于无所不正，故其卦德曰“利女贞”。何者？正家之道以女正为之本，亦以女正为成功，女而正，则家之正可知矣。孔子曰：“惟女子与小人为难养也，近之则不逊[1]，远之则怨。”此岂易正也邪？今而女正则亦无所不正矣，故家人以女贞为利，其在爻则六二、六四是也。“女正位乎内，男正位乎外”，此即六二、九五二爻以明男女之位正也。“家人有严君焉，父母之谓也”，此即九三、上九二爻以论父母之为严君也。“父父、子子、兄兄、弟弟、夫夫、妇妇，而家道正。”此又谓自初至上六爻之皆得其正也。或曰：初九、六二、九三、六四、九五正也，上九正乎？曰：家人以阴居阳位，则非正也；以阳刚居一卦之上，讵非正乎夫？以六居二，而位乎内卦之中，此女正位乎内；也以九居五而位乎外卦之中，此男正位乎外也。

① 逊，原作“孙”，宋刊本作“逊”，据《论文》原文和宋刊本改。

男女各正其位，则尊卑上下之义得矣。然此非人为之所能为也，盖天地之大义然也，何者？论天地化育之功，则虽由于二气之交感，然上下之位固有所谓不易者矣，此其义之大者。夫六二、九五，男女之象也；则九三、上九，父母之象也。何者？二与五各在一卦之中，而三与上各在一卦之上故也。是故男女则欲其正，而父母则欲其严，二与五阴居阴、阳居阳，正也；九三、上九刚而过中，严也。故父母俱称严君焉，以其各尸内外之尊故也。李博士元量曰："九三、上九父母之严者，谓之君，则主于出命以正一家，犹国之有君焉。有国者主于义，过于义者常至于伤恩，故为君者欲如父母之子万民，《书》以"元后作民父母"是也。有家者主于恩，过于恩者常至于害义，故为父母者欲如君之正一家，《易》以父母为严君是也。"夫一家之中，有父子焉，有兄弟焉，有夫妇焉。曰父父、子子，则父子各尽其道也；曰兄兄、弟弟，则兄弟各尽其道也；曰夫夫、妇妇，则夫妇各尽其道也。尊卑上下各尽其道，则家道庸有不正矣乎？家道既正，则天下庸有不定矣乎？盖风化自近始，天下者一家之积也，治天下之道即治一家之道也，家道正于此，天下定于彼矣。故圣人于此，又要其必至之效，而终之曰"正家而天下定矣"。不云"正家以正天下"，而云"正家而天下定矣"，此又有所谓自然之感通，而无远近内外之间焉。《经》曰："惟神也，故不疾而速，不行而至。"此自然之感通，而无远近内外之间者然也。

《象》曰：风自火出，家人。君子以言有物而行有恒。

风者，变化之物者也；火者，著见之物者也。风自火出，则外之有所化者，由于内之有所著见乎外者也。夫正家而天下定者，家人之道然也。在内者无所著见于外，则在外者亦何所观而化乎？故曰"风自火出”为家人之象，君子观此象以为风化之本皆自内出，故一言一行不敢易焉。言有物而行有恒，此君子不敢易其在我者然也。夫有形可指谓之物，言而有物，此诚然之言也；不改其度谓之恒，行而有恒，此诚然之行也。君子之言行其不敢易也若此，则自内而出者足以著见乎外矣，彼得之观感者庸有不化矣乎？故夫君子之言行，所谓著见乎外者，火之象也；得之观感而无不化者，风自火出之象也。

初九，闲有家，悔亡。

《象》曰：“闲有家”，志未变也。

初，正家之始也，九以刚明之才当正家之始，宜如何哉？曰：正家之道，莫先于制其始，始之不制，末如之何矣。人有常言：“涓涓不遏，将成江河。毫末不去，将寻斧柯。”此言始之在所制也。夫一家之内有长幼焉，有男女焉，当正家之始，苟不有以制其变于未然之初，则长幼失序、男女无别，害恩义、害伦理将自此始也。能无悔乎？故曰“闲有家，悔亡”，而《象》曰“闲有家，志未变也”。夫惟于其志意未变之初，而尽其所以防闲之道，谨其序，严其别，无使渎乱而失其有家之则，此悔之所以亡也。程曰：“不云亡悔者，群居必有悔，以能防闲故亡尔。”鲁桓公之于文姜也，不能防闲之使为二国之患，故诗人所为赋《敝笱》也。郑庄公之于叔段也，不知早为之所，遂至于同气交兵，故激祭仲蔓草之谏。此无他，不知家人初九“闲有家”之戒也。

六二，无攸遂，在中馈，贞吉。

《象》曰：六二之吉，顺以巽也。

六二以柔顺之德居中履正，而与九五居相应之地，夫何为哉？阳倡而阴和，男行而女随而已，故曰“无攸遂”。遂，专也。语曰“遂事不谏”，以谓夫人既专是事也，何谏之云尔。《春秋传》曰“大夫无遂事”，示不敢专也，而或专之，故《春秋》之所为书也，如“公子遂如京师”“遂如晋”是也，此坤所谓“先迷”也。九五，二之应也，则二者亦何敢有“先迷”之失乎？此所以“无攸遂”也，夫所谓“无攸遂”云者，示不敢有所专也。然六二之职其亦有所专矣乎？曰：有之，在中馈是也，此六二所专之职也。盖九五在上，二当以巽顺之道承事之，凡九五之事既不敢专，其所专者，专其职守而已；妇人之职守，亦不过曰奉祭祀、馈饮食而已，此外无他事也，诗曰“无非无仪，惟酒食是议”是也，故《诗》有采蘩以奉祭祀，为不失职；采苹以供祭祀，为能循法度。此虽指夫人与大夫妻而云也，然推而上之、推而下之，其职守莫不然也，夫是之谓贞而吉也。盖不顺则不能顺承乎上，而有“先迷”之失，不巽则不能居为下之道，而旷其职守，故曰“六二之吉，顺以巽也”。夫为人臣之道，亦若是而已矣。故在家人则六二是也，若在坤则六三是也。

九三，家人嗃嗃，悔厉吉。妇子嘻嘻，终吝。

《象》曰：“家人嗃嗃”，未失也。“妇子嘻嘻”，失家节也。

三处内卦之上，主治内之道也，故以“家人”“妇子”言之。然以九居三，刚过者也，故云“嗃嗃”，谓刚厉之过也。夫治家之道，不知宽猛适中之为尚，而惟嗃嗃然，此悔也。然董之以威，束之以礼，使在下者肃然而有畏惧之心，故虽厉而吉，何者？于家道未为失故也，苟惟不然，使“妇子嘻嘻”然，笑乐无节，则终至于恣情适欲，弃礼乱伦，而家道衰微矣。故曰“终吝”，而《象》曰“失家节也”。然则与其嘻嘻而失家节也，宁嗃嗃而未失也。程曰：“在卦，非有嘻嘻之象，盖对嗃嗃而言，谓与其失于放肆，宁过于严也。”

六四，富家大吉。

《象》曰："富家大吉"，顺在位也。

《易》以阴阳相得为富，家人至六四,二卦之中也，当刚柔相际之地而以阴静之才处之，所谓居而有之者也，故曰"富家大吉"。盖家人六位，内外终始俱得其人，而四以镇静无营处近五之位，故能大富家之吉，则五之所委任者得其人可知也。夫六四以阴居阴，正也，而以至柔顺至刚，刚柔相济而与六二故无忌嫉之嫌，此家道之所以殷富也。大抵家人六爻各得其正，故虽阴阳错居举无嫉妬，使四也比五而有妬二之心，使二也应五而有嫉四之嫌，又使三也在下而侵四之志，则四也安能顺在此位，而大富家之吉乎？家人之卦德曰"利女贞"，至于此乎见之矣。

九五，王假有家，勿恤吉。

《象》曰："王假有家"，交相爱也。

家人六位俱得其人者，以九五为之君也，故有家之道莫此为至，为五者复何忧乎？故曰："王假有家，勿恤吉。"假，至也；恤，忧也。夫有家之道既极其至，则上下内外之心莫不交相亲爱，此岂复有督责迫促而使之然欤？故"勿恤"而"吉"也。夫以二、五言之，则二爻居相应之地，二有内助之德而五爱之，五有刑家之道而二爱之，此所谓"交相爱"也。以六爻言之，则六爻刚柔各得其正，而以正道交相亲爱，此九五所以得为一家之主也，故以"假有家"独归之五焉。以天下言之，则王者尽此有家之道，以达之天下。故亲其亲，以及人之亲；长其长，以及人之长；幼其幼，以及人之幼。使天下之内无远近、无小大、无众寡，交相亲爱，雝雝睦睦、济济有叙，若在一堂之上焉。则王假有家之道至此，又无复有加矣。故《彖》曰："父父、子子、兄兄、弟弟、夫夫、妇妇，而家道正，正家而天下定矣。”尽是道者九五是也。

上九，有孚威如，终吉。

《象》曰：威如之吉，反身之谓也。

家人至上九，家道之大成也。夫能正家而至于家道之大成也，岂无所自而致然欤？盖正家之道，以正身为本。孟子曰：“天下之本在国，国之本在家，家之本在身。”其身不正，则未有能正家者也，况能国与天下乎？夫家道以严终，常人之情，其于妻孥也，则以恩掩义；其于臣妾也，则以慢胜礼。语其能以不失其威严，而使家人有祇畏之心者则未也。虽然，徒能威严乎人，而不能威严乎其身，则在人者，未有能我信而我从者。故威严之道，当先施诸其身，自反自克，使吾之身无一毫之可愧焉，则将不施威而有自然之威矣。何者？人深信之故也。“有孚威如，终吉。”而《象》曰：“威如之吉，反身之谓也。”夫家道以严终，是故吉于用威也，然语其有自然之威，而若未尝用威而人我从焉者，则以人之深信我也。夫人之深信我者，非信乎我之能用威乎人也，而信我之能用威乎我之身故也。夫惟能用威乎我之身，则所以信乎人也自有不威之威矣，虽欲人之不我从不可也。孟子曰：“身不行，道不行于妻子。”是言也，盖为不能用威乎其身，而徒用威于人者设也。然则不能用威乎其身，而徒能用威于人，则虽妻子亦不吾信而吾从也，况他人乎？呜呼！吾以是知《易》之有家人也，圣人不以责之家人，而责之吾之身也。

兑下离上 ䷥

睽：小事吉。

《彖》曰：**睽，火动而上，泽动而下。二女同居，其志不同行。说而丽乎明，柔进而上行，得中而应乎刚，是以小事吉。天地睽而其事同也，男女睽而其志通也，万物睽而其事类也，睽之时用大矣哉。**

天下之物自至理之外，君子亦听其势之如何尔，未尝强同之也，此《易》之所以有睽。睽，乖也。睽，合离、兑以成卦。离，火也；兑，泽也。离为中女，兑为少女。“火动而上，泽动而下”，此即离、兑之象，以言在物之睽也。“二女同居，其志不同行”，此又即离、兑之象，以言在人之睽也。“说而丽乎明，柔进而上行，得中而应乎刚。”此则合离、兑之义，与六五之下应九二以言睽之小事吉也。夫泽、火二物俱以动为用，未始不同也，然或动而上，或动而下，在物之睽有如此者；中、少二女生而同居，亦未始不同也，然志各有归，其行不同，在人之睽有如此者。即物与人以论睽，而睽之义晓然矣。兑，说也；离，丽也。离又为明，以说顺之道而附丽于离明，得所附也，当睽乖之时，说而不丽乎明，则私昵之情尔，如睽何？六五之君以柔进而上行，居尊得中，而下应乎九二刚明之臣，当是时也，虽不能合天下之睽，成天下之大事，则亦可以小济矣，故曰“是以小事吉”也。胡安定曰：“夫睽乖之时，上下之情异，虽有大才德之人，亦不能大有所为，但小事则可以得吉也。”“天地睽而其事同也，男女睽而其志通也，万物睽而其事类也，睽之时用大矣哉。”此又广言睽之时用，以明天下有不同之物而无不同之理也。夫天高地下，此天地之睽也，然二气交感而成化育之事则同也；男阳女阴，此男女之睽也，生而有室家之愿而相求之志则通也；万物散殊，长短小大各各不同，此万物之睽也，然赋性禀命、出入生死之事则类也。夫睽，乖也。天下之物固有以睽而合者，此又物理之不异也。圣人明物理之不异，故天地之大，人物之众，圣人不务强同其势而务嘿通其理，此所以处睽之时、尽睽之用而能和合万类也。夫举天地之大，人物之众，圣人以一理通之而能合万类之睽，其用若此，此天地人物之所不外也，故赞之曰“睽之时用大矣哉”。

《象》曰：**上火下泽，睽。君子以同而异。**

火与泽，燥湿之性既不同，而上下之势复尔异，此睽之象然也。虽然，火与泽，以理观之固亦未尝不同也，何也？为火者必上，为泽者必下，此盖理之所谓不得不然者，夫以理观之，知其不得不如是也，非同乎？然以燥湿之性与夫上下之势观之，则诚异矣。君子之心固未尝欲自异也，然或所居之位、所守之职有不同焉者，人曰此异也，而君子则曰此即吾之所谓以同而异焉尔。如孟子论禹、稷、颜子与曾子、子思，概以同道目之是矣。其次，若鲁之男子以吾之不可学柳下惠之可，是亦以异而同也。

初九，悔亡。丧马，勿逐自复，见恶人，无咎。

《象》曰：**“见恶人”，以避咎也。**

睽之六爻，惟初与四居敌应之地。夫当居睽乖之时，而居相应之地者，乃敌应也，则两刚龃龉之势其乖异可知，此有悔也。悔而能亡者，谓初居下位而不与四校得丧故也。夫马者所以行也，“丧马，勿逐自复”者，谓虽丧其所行之具，而不与之校也，故曰“勿逐”。曰“勿”云者，戒之之辞也。夫当睽异之时，身处下位而能不与人校得丧，则吾之所以行之具，初亦未尝丧也。故曰“自复”，谓其虽丧而无丧也，此悔之所以亡。恶人即九四也，所谓与初九为敌应者是也。夫彼以刚在上与吾为敌应，而吾复以刚与之校焉，不可也。然不与人校固可也，而其失也，又易至于弃绝夫人，则于悔虽亡，而于怨咎又不能无也。盖以刚傲然居上，而吾惟以不校之说是守焉，则或至于一切弃绝之，而睽异之势又何自而合邪？故曰“见恶人，无咎”，而《象》曰“以辟咎也”。此处睽异之道而然也，不然，悔亡虽在所取也，不能免咎又焉足尚乎？

九二，遇主于巷，无咎。

《象》曰：“遇主于巷”，未失道也。

睽自二至上，各以阴阳相应，然睽乖之时，火动而上，泽动而下，阴阳之情乖异而不通，故相应之道比之他卦特不同尔。夫二以刚中之才，上应六五柔中之主，亦足以行其道矣。然睽之时小人当路，正道否塞，非君臣上下道合志同之日也，故当委曲宛转以求通上之意，然后可以变睽离而为遇合也。故曰：“遇主于巷。”巷者，委曲之道也；遇者，遇合之谓也。以言当此之时，小人未去，正道未辟，其所以能遇合于君者，在委曲宛转引之于当道云尔。故曰“无咎”，而《象》曰“未失道也”。夫当尧舜之时，朝廷清明，无有蔽欺，为君者以“予违汝弼”望乎下，为臣者以“无若丹朱”戒乎上，直言正论，或吁或俞，故无待于委曲宛转以觊其遇合也。孟子之于战国则不然，是时杨、墨塞路，仪、秦纵横。故孟子于此，因齐王之好色也，则亦对之以好色之说；好货也，则亦对之以好货之说；好勇也，则亦对之以好勇之说。此委曲宛转以觊其遇合者然也。然对之好色也，则以太王为言；对之好货也，则以公刘为言；对之好勇也，则以文武为言。此虽遇主于巷也，曾何失道之有？若商鞅之说秦也，帝不入则王，王不入则伯，此虽有所遇合也，然失道多，能无咎乎？

六三，见舆曳，其牛掣，其人天且劓，无初有终。

《象》曰："见舆曳"，位不当也。"无初有终"，遇刚也。

当睽之时，九四独无其应，而六三以阴柔近而比之，所谓起疑似而招陵犯者也。夫舆者所以行也，牛者所以行是舆也，六三欲往以应上九，而四阻之，其能免侵陵之患矣乎？故见舆曳而不进，其牛掣而有所止。"其人天且劓"而重有所伤也，何者？位不当故也，使其以阳刚居此位，则无是患矣。夫天，髡其首也；劓，截其鼻也。首所以上向，而鼻所以上通也，而重见伤焉者，盖四也欲阻其上向、绝其上通，而怒其不惟己之从故也。虽然，睽极则有终合之理，三与上居正应之地，其能终睽矣乎？特以所处之位遇乎九四之刚，故初虽不免于见伤，而终获其应也，故曰"无初有终，遇刚也"。凡寇难在己之下，则曰"乘刚也"，若屯六二之于初九是也；寇难在己之上，则曰"遇刚也"，则睽六三之于九四是也。夫同人之世宜若无所不同也，而九五又居天下之利势，其在当时容有不顾于分并起而争其应者，九三、九四是也，又况睽异之时乎？然则六三之不免见伤，无足怪也。

九四，睽孤，遇元夫。交孚，厉无咎。

《象》曰：交孚无咎，志行也。

于时既睽，所处又无应，故曰"睽孤"。虽然，初以阳德居下位，所谓同德之君子也，四能去其刚傲之气而与之遇焉，则未为"睽孤"也，故曰"遇元夫"。初以刚阳居一卦之始，以不校为勇，以辟咎为智，所谓善士也，故称"元夫"。虽然，遇合之道不可苟也，吾不彼忌而后彼不吾疑，夫苟疑忌之情未能尽去，则睽异之势又何自而合邪？故四必得初，交相孚信，而后四可以无狐危之咎也，故曰"交孚，厉无咎"。以言四既以孚信下交乎初，则初亦以孚信上交乎四，则虽孤危，其咎可无也。而《象》曰“交孚无咎，志行也”者，夫在睽而求通，方孤而思合，处危而欲安，患其无道尔。今也诚意一孚而同德相遇，则反睽而为通，不孤而有合，去危而即安，特在于一交孚之际尔，四之志安得而不行邪？此其所以无咎也。虽然，四之遇初则曰“元夫”，而初之见四则曰“恶人”，初之待四无乃太甚矣乎？曰：君子不以时之方睽也，而睽其所守；不以己之无与也，而与非其应。四之无得于三，命也，而能使三之曳其舆，掣其牛，天且劓其人，以滋上九之群疑者，孰使之然哉？得非四之过邪？四也所为若此，若以初之不校之德视之，岂不薰莸之异臭而凤鸷之异禀欤？故在四则目初曰“元夫”，贵初也；在初则目四曰“恶人”，愧四也。此《易》奖善嫉恶之微旨也。

六五，悔亡。厥宗噬肤，往何咎。

《象》曰：“厥宗噬肤”，往有庆也。

夫古今天下未尝无睽异之时，然究其所以然也，则其咎宜谁归？归之天下之人不可也，归之群臣亦不可也，而人君实任此责尔，此六五所以不能无悔也。然而其悔可亡者，盖以谦柔自处，而能下应乎刚明之臣故尔。夫惟能以谦柔自处，而所宗敬者九二，刚明之臣也，故虽当睽异之时，小人当路、正道否塞，而九二以刚明之才噬而去之。其噬也易，若噬柔脆之物然，故曰“厥宗噬肤”。则五于此得以往而与二合，夫何咎之有？盖小人之胜君子也尚矣。以六三不当位之才，而居睽卦之中，所谓起疑似而招陵犯之人也。二之于五居相应之地，能为五之所宗敬，则力于济睽者也。故以刚明之才，噬去此小人，若噬肤然。去其否塞以通道乎五，而五遂得往与二合，君臣共济以成此济睽之功，则在五也，岂不谓之有庆矣乎？夫四与初在下而非其应也，徒以同德相遇，尤能使其志之行，则五之于二居君臣相应之地，其效宜如何？故爻曰“往何咎”，而《象》又赞之曰“往有庆也”，然《易》于此时勉进六五之意深矣。

上九，睽孤。见豕负涂，载鬼一车。先张之弧，后说之弧。匪寇婚媾，往遇雨则吉。

《象》曰：**遇雨之吉，群疑亡也。**

六四无应故曰“睽孤”，上九有应亦曰“睽孤”，何也？程曰：“居卦之终，睽之极也。阳刚在上，刚之极也。在离之上，用明之极也，睽极则咈戾而难合，刚极则暴躁而不详，明极则遇察而多疑。上九有六三之应，其实不孤，而其才性如此，自睽孤也。如人虽有亲党，而自多疑猜，妄生乖离，虽处骨肉亲党之间，而常孤独也。”夫“见豕负涂，载鬼一车”，此多疑之象也。豕，秽畜也，而又身被[①]其涂泥，秽莫甚焉。三，兑体也，阴物而居泽，豕负涂之象也。上九视三，鄙其行之丑恶，故其象如此。车，人所乘也。鬼，非人也。而载之一车，载非其人之象也，上九谓三自下乘四而不惟己之是应，故又有是象焉。“先张之孤”，始疑而恶之，欲射之也；“后说之弧”，而弗射，则释疑而睽解矣。盖物极必反，睽极必通，《易》之理然也；若睽极而不通，则终于睽而已矣，此岂《易》之理也哉！《系辞》以弧矢取诸睽，故睽之上九有张弧、说弧之象，夫后说之弧而弗射之者，以三非与寇为婚媾，是故弗射之也。夫惟嫌疑既释，则往而应之得所遇合矣，故曰“往遇雨则吉”。夫阴阳和则雨，终也睽合而和，此睽之所以吉也，向之所谓群疑者，如豕负涂、如车载鬼之类也，岂不一切释去之邪？故曰“遇雨之吉，群疑亡也”，夫睽生于疑而孤又生于睽。今也，群疑既

① 宋刊本此处有“负”字。

亡，则睽者合矣，又何孤云？此上九之于六三，所以有遇雨之吉也。故上九有“先张之弧，后说之弧”之象，则六三亦有“无初有终”之辞，二爻必以先后终始为言者，以言向也睽而今也通，《易》之理然也。

卷十八

艮下坎上 ䷦

蹇：利西南，不利东北。利见大人，贞吉。

《彖》曰：蹇，难也，险在前也。见险而能止，知矣哉。蹇“利西南”，往得中也。“不利东北”，其道穷也。“利见大人”，往有功也。当位“贞吉”，以正邦也。蹇之时用大矣哉。

蹇合坎、艮以成体，坎水在前，艮山在后，前有险，后有阻，何适而可哉？此所以为蹇也。蹇之为义，有止塞而无流通，故曰“蹇，难也”。蹇难之世，君子不幸而会逢其时，则亦奈之何哉？在我者，务知所以处蹇之道而已矣！故蹇之所以为难者，以坎险之在前也，见险而能止，此处蹇之道也。《彖》合坎、艮之义以言处蹇之道，故曰“险在前也”。见险而能止，夫险难在前，人所共见，固不待明者而后见之也。然蹈危履险、亡躯害人而无益于救难者，明者不然也。故君子于此体艮之止而止焉，其曰“能止”，则救难之心非若是恝也，相时度势而不以冲冒强聒为能故也。此之所见，又在人所共见之外也，故赞之曰“知矣哉”。以言见人之所见者不足谓知，于人所共见之外而又有所谓能焉者，斯足谓之知也矣。夫所谓相时度势者，何也？卦之德曰“利西南，不利东北”是也。西南之维，坤实位焉。夫坤，地也。其势宽平而顺易，以宽平顺易之道往以济难，则其难舒矣，故“蹇利西南，往得中也”，此即九五一爻以言济蹇之道也。夫当蹇难之时，往以济难而不得中正之道焉，则是与难争也，与患难争锋而求以济难，惑也矣。何谓中正之道？曰：宽平而顺易是也。以九居五而得中正之位，则是往以济难而得中正之道也。五实坎体而谓之“利西南”云者，盖坎体本坤，九往居中而成坎，夫九以刚明之才而往处坤之中位，非“利西南，往得中也”之义乎？若夫不知西南之为利，而反其所诣焉，则有所不利矣，故《易》于此指其所之而避其所忌，而以利不利明以告之。夫东北之维，艮实位焉，此正坤之对而西南之反也。盖艮，山也，其势险阻而危极，以险阻危极之道而济难，何难之能济乎？故曰“不利东北，其道穷也”，此即艮上有坎以言蹇之所以为难也。“利见大人，往有功也”，此又即六二往应九五，以言济蹇之有功也。“当位正吉，以正邦也”，此又谓自初至上，六爻皆得其正，以言蹇之必济也。或曰：六二、九三、六四、九五、上六正也，初六正乎？曰：当蹇之世，阳居下位，则阳为失位，以阴居下位，讵非正乎？夫以九居五，有阳刚中正之德，所谓大人也，六二以柔中之德往而应之，则其见之也何利如之？此所以能相与而成济蹇之功也。六爻自初至上，阴阳各当其位，此《易》所谓正也。在人则为贵贱履位，贤不肖袭情，上下各守其分而不相踰越，以此道而正邦，邦则自正矣，又何蹇之不济乎？此所以吉也。夫天下之所以不理，患难之所以难去者，以上下之分不明也。今也，六爻之间其刚柔素定如此，则求以济蹇也，又岂必他求云乎哉？盖正之在人也，所谓其本心也，以人之本心也而还以正之，则不劳而功成矣。尽是道而成是功者，则六二之与九五是也，故卦之德曰“利见大人，贞吉”。由是观之，则当蹇之时，尽蹇之道，而以为蹇之用也，岂不大哉？故“蹇之时用大矣哉”。何谓“时用”？曰：正而已矣。

《象》曰：山上有水，蹇。君子以反身修德。

曰“蹇”云者，有止塞而无流通之谓也。山上有水，则无下流之象也，此岂有他哉？盖有所止塞之故也。夫山上之水无有止塞，则建瓴之便，孰能御之？其曰“有水”云者，有而未决之义也。君子之道所以未孚于人、未亨于世者，亦岂有他哉？时使然也。故夫水之蹇也，反其流而丰其蓄而已。其蓄既丰，则盈科而放海矣，孰能吾蹇邪？君子之蹇也，反其身而修德而已，吾德既修，则己正而物正矣，亦孰吾蹇邪？孟子曰“行有不得者，皆反求诸己”而已矣，求诸己者既至，则其行也岂复有不得矣乎？呜呼！此君子之学以自反为之本也。夫自反之学其在平夷无事之时犹不可舍，而况蹇之时乎？故蹇之六爻，皆以往为蹇、来为宜也。

初六，往蹇，来誉。

《象》曰：“往蹇，来誉。”宜待也。

夫可以行则行，可以止则止，出处之大致然也。又况当蹇之时，而居诸下位，其可以冒昧而轻进乎？故曰往则有蹇，来则有誉。夫初六以柔而居下，当斯时也，众人皆以冒昧轻进而失，而吾独以谨重待时为得，庸非誉乎？其曰“宜待”云者，戒之也。

六二，王臣蹇蹇，匪躬之故。

《象》曰：“王臣蹇蹇”，中无尤也。

六二以柔静知止，在蹇之时为远于难，可以无蹇矣。然身虽无蹇，而与九五大人居相应之地，蹇而不济，难而不救，将焉用居此位也。故必尽王臣之义，而后居此中位，可以无愧矣。“蹇蹇”，谓时之方蹇，而吾当力任此蹇之责，此虽非其躬之蹇也，而上而吾君、下而天下之民皆予赖也，予其敢谓其非躬之故，而不以为蹇也乎？惟能如是，故居此中位，隐于吾心而可以无过尤也。中，以位言之，则二之位也；以人言之，则王臣之心也。昔退之作《争臣论》，尝引此爻与蛊之上九以讥阳城矣，而曰："若蛊之上九，居无用之地，而致匪躬之节。以蹇之六二，在王臣之位，而高不事之心，则冒进之患生，而旷官之刺兴。志不可则，而尤之不能无也。"亦曰居此位者，则必及此事，若视政之得失，若越人视秦人之肥瘠，忽焉不加休戚于其心，则过矣。夫谏诤，言官也，犹不可旷，而况居大臣之位，而当蹇难之时，其可以自处于静止之地而已乎？

九三，往蹇，来反。

《象》曰："往蹇，来反。"内喜之也。

九三，艮之主也，内之二阴所以能自立于蹇难之世者，以三为之捍蔽也。三若舍内而之外，则往而蹇矣，故莫若来而反诸内体之上，以为二阴之主，则在内者得所附矣，其喜慰之心宜如何哉？《春秋》书"季子来归"，谷梁子曰："其曰季子，贵之也；其曰来归，喜之也。"盖当庄公死，子般弑，庆父主兵，季友力不能支，固尝避难而出奔矣。当是时也，鲁国方危，内难未定，国人思得季友以安宗社，故闵公即位之元年，书公及齐侯盟于落姑。盟，纳季子也。而公羊子亦曰："其言来归何？喜之也。"何休释之曰："季子来归则国安，故喜之。"此则蹇之九三，所谓"往蹇来反，内喜之也"之谓也。

六四，往蹇，来连。

《象》曰："往蹇，来连。"当位实也。

四，阴位也，而以六居之，当位者也。夫居其位而轻去之，则往而蹇矣。故亦莫若来而连下之诸爻，以静止自守，则得其所安矣。实，诚实也。夫处蹇之道，在于以诚实为本。处蹇而不以诚实为本，则内无所执守，外无所据依，人谁我与哉？故往既蹇矣，必欲来而连乎下之诸爻，相恃以为安，则莫若以诚实为之本也。《象》曰“当位贞吉”，此不云“当位正也”，而云“当位实也”，何也？程曰：“上下之交，主于诚实，用各有其所也。”

九五，大蹇，朋来。

《象》曰：“大蹇，朋来。”以中节也。

六爻皆蹇也，而九五则处坎险之中，所谓蹇之大者。夫有刚健中正之德，而以身任天下之大蹇，则亦何所不可？而古者圣帝明王于此，则又必汲汲焉，务于来天下之助焉者，以为戡难而正邦者，非群才之助，不可也。此九五处大蹇之任，而又有赖于朋来之助焉。《象》曰：“当位贞吉，以正邦也。”盖谓收正邦之功者，虽九五也；而所以正邦者，则上下六爻皆当其位而然也。然则处大蹇之任，以中正之道节正天下者，非有赖于朋来之助，可乎？蹇之六位皆正人也，故曰“朋来”，夫既得朋来之助，而以中正之道节正天下，此九五所以收正邦之功欤？

上六，往蹇，来硕，吉。利见大人。

《象》曰：“往蹇，来硕。”志在内也。利见大人，以从贵也。

蹇至上六，蹇之极也，又复何所往乎？往则自为蹇蹙尔，非真有蹇也，故亦曰“往蹇”。硕，大也。宽绰舒肆之谓也。来则从五应三，其志在内而难赖以纾，故[①]曰“来硕，吉”。夫蹇至上六始言吉者，以为蹇至此极，物极必反，蹇极则通故也。《象》曰“利见大人”，大人谓九五也，夫九五朋来之主也，当此之时利见之者，岂惟上六也哉？

① 故，宋刊本作“政”。

而上六独云尔者，处一卦之外，尤不可以不知所从故也。不然，当此之世不宁方来，而上六独后乎五，故不能无凶。上六之在蹇也，可不知所从乎？其曰“利见大人，以从贵也”者，《易》之于上六也，惧其或恃己之尊，忘己之贱，而不知有所从也，故为之戒云。呜呼！圣人厌乱之心，即此亦可见矣。

坎下震上 ䷧

解：利西南，无所往，其来复吉。有攸往，夙吉。

《彖》曰：解，险以动，动而免乎险，解。解利西南，往得众也。其来复吉，乃得中也。有攸往，夙吉，往有功也。天地解而雷雨作，雷雨作而百果草木皆甲拆。解之时大矣哉。

天下未尝有无难之时，亦未尝无济难之道，顾人谋如何尔？人谋一至，则反有难而为无难，特其余事尔，此《易》之所以有解。解合震、坎以成体，震，动也；坎，险也。“解，险以动，动而免乎险，解”，此即震、坎之体以言解也。“解利西南，往得众也”，此则即震九四一爻以言解也。“其来复吉，往得中也”，此则即坎九二一爻以言解也。“有攸往，夙吉，往有功也”，此又即震九四之爻以言解也。夫需也，蹇也，皆险在前也，而当解之时险既散，则险不在前矣。故曰：“险以动，动而免乎险，解。”犹之曰：“曷谓乎险，以动也，盖动而出乎险之外，已免乎险难”云尔，险难既免，此所以为解也。夫所以济难者，以宽平顺易之道，蹇之利西南是也。今难之既解也，此道奚宜置哉？成汤之代虐以宽，及其既代虐也，亦不闻废是宽也，此得众之道也。其在卦也，则震体本坤，九以一阳往居坤下，是以成震。夫九以一阳而往居坤之下，非“利西南，往得众也”之谓乎？坤为众，故曰“得众”，九四所谓“朋至斯孚”是也。夫天下之难既已解散，则是无所往也，既无所往，则当来而复诸安静之地，使天下知有息肩之暇、奠枕之安矣。此吉也，不然，则乱去而兵未休，财匮而赋愈急，民疲[①]而役不止，难何时而可解邪？此殆非所谓时中之道也。其在卦也，爻惟二阳，阳在四则为震，阳在二则为坎，坎中之一阳来居二位，此所谓“乃得中”也。虽然，难既解矣，既已无所往矣，治不忘乱，安不忘危，此又人君之至戒也。其可以难之既解，而恝然忘其所谓警戒之心哉？若有攸往，尤当夙致其警戒之念可也。益之戒舜曰“警戒无虞”，而皋陶亦曰“屡省乃成，钦哉”，此有攸往而以夙为吉也。夫惟能夙致其警戒之心，则有所不往，往而有功矣，其在卦也，则亦震之九四是也。震之为义在于恐惧修省，而九四居动而免乎险之地，故又以“有攸往，夙吉”为之戒云。夫《彖》之所言者皆人谋也，人谋既至，则天下无不解之难，而天地之解实如之。故又以天地之解以终一《彖》之义，天地解而雷雨作，此又即震、坎之象以言天地之解也。夫震为雷，坎为雨，雷雨一作而百果草木皆甲拆，则天地之内容有不解之物矣乎？此天地之解也，夫百果草木皆甲拆，惟解之时为然，天下之难无不散，亦惟解之时为然。然则古今之时，孰大于解也乎？故终赞之曰：“解之时大矣哉。”

《象》曰：雷雨作，解。君子以赦过宥罪。

昔孔子诵成汤之言曰：“万方有罪，罪在朕躬。百姓有过，在予一人。”盖以天下之有罪与过者，皆由上之所化故也。孟子曰：“文武兴则民好善，幽厉兴则民好暴。”是也。夫当大难方解之初，天下之人始出涂炭，去昏而即明，去乱而归治，苟惟上之人追罪其罪、追尤其过

① 疲，宋刊本作“瘦”。

而尽诛之，则更起天下之难矣，此非所以为解也。故必也法天地之解，有耸动之大号、滂沛之大恩，如雷雨之作，而万物均被其泽焉，则向之有罪与过者，咸释然有更始自新之望矣，故曰“君子以赦过宥罪”。赦者，舍也；宥者，宽也。于过误则赦而舍之，于罪恶则宥而宽之，此虽不能无轻重浅深之异，然待之以不死一也。虽然，人君之政有所谓赦宥云者，特因乱难既解之后而有是也，若屡行而不已焉，则适所以长寇而滋奸，非政也。其后世之过乎？此驳赦之论所以作于五代之张元。

初六，无咎。

《象》曰：**刚柔之际，义无咎也。**

夫当解难之初，类非柔弱之才所能胜也。然身居下位，能以己之柔而济夫二之刚，使二之刚得已之柔以为辅，而亦以刚际夫柔，则刚柔相资，于解之义为无咎矣。不然，位既不足而才复歉然，当解之初岂能无咎也欤？盖九二坎之主也，初六以阴柔之才当解之初，近而际诸九二，而九二亦自近而际之，此所谓刚柔之际也。夫同居内体，柔者能以柔而际刚，而刚者亦以刚而际柔，同心居内以赞成解难之功，得之矣，又孰得以才之不足而咎初也乎？或曰：初与四居相应之地，今而谓之与二相际，何也？曰：初为坎底，势不上达；四为动主，性非下逮。凡曰“际”云者，上下相邻之谓也，泰之九三曰“天地际也”是也。故初虽与四为应，而无际四之象。

九二，田获三狐，得黄矢，贞吉。

《象》曰：**九二贞吉，得中道也。**

田，狩事也；狐，疑物也；黄，中色也；矢，直器也。二以刚中之才为坎之主，受解之任，卦德所谓“无所往，其来复吉”，而《象》

所谓“乃得中也”是也。夫天下之难，常生于人情之疑惑，方其未解也，故不免于田狩之事。“三狐”者，人情众多之疑也。九二则以“田”而“获”之，既获矣，夫复何所往哉？来而复诸安静之地，以中直之道待天下而已矣，故曰“得黄矢”。此九二之贞吉，而《象》谓之“得中道也”。夫方其难之未解也，受是解之任，而不以任是解之责，此固非二之所谓正也。及其难之既解也，“三狐”之既“获”，而不知中道之为得，此又岂二之正也欤？

六三，负且乘，致寇至，贞吝。

《象》曰：“负且乘”，亦可丑也。自我致戎，又谁咎也。

夫乱难既解，则贵贱履位，朝廷清明，容有非据之人加诸上位，则其致寇戎也必矣。六三以阴柔居下之上，所谓小人而处高位者也，夫小人宜在下者也，故三有“负且乘”之象。《系辞》释之曰：“负者，小人之事也；乘者，君子之器也。”则以六居三之谓也。夫以负荷之质，而且乘车，非所宜据可知矣，安得不召寇戎也哉？故《系辞》曰：“小人而乘君子之器，盗斯夺之矣；上慢下暴，盗斯伐之矣。”何者？以小人而加诸上位，天下之所不容故也。若昏乱之世，则彼之志得以行矣，其孰能谁何之哉？“贞吝”云者，以六居三，不正者也，故于正道为可丑吝。而《象》曰：“负且乘，亦可丑也。”夫人必自侮，然后人侮之；国必自伐，然后人伐之。六三之“负且乘”，自侮自伐亦甚矣，则其致寇戎也，孰使之然哉？无所归其咎矣。故曰：“自我致戎，又谁咎也。”“我”谓三也。《象》曰“又谁咎也”，疑“贞吝”下有“无咎”二字，今逸之。

九四，解而拇，朋至斯孚。

《象》曰：“解而拇”，未当位也。

夫处近尊之位，遇有为之时，又有能为之才，而其事业或未能厌满于人心者，此九四所以有“解而拇[1]”之象，而《象》曰“未当位也”。拇之为物，在下体而微者也，初六之象也。四与初正居相应之地，其所解者至微至狭，而其功未足以称乎其位，故有是象也。惟夫解之所及者，不特至微至狭而已，使凡朋类之至，而吾无所不用其孚焉，则解之功大矣，斯足以当夫位矣。故又曰“朋至斯孚”，是言也所以勉四也。夫当解之时，在上而有功乎下也易，在下而致力乎上也难，故四与初虽居相应之地，初无际四之象，而四有解初之功，惜乎其未大也，此所以有“朋至斯孚”之勉焉。

六五，君子维有解吉，有孚于小人。

《象》曰：**君子有解，小人退也。**

夫天下之难所以未去者，在于小人有不肯已之心故也。夫小人之心所以不肯已者，非果难已之也，以君子之举动无以保信之，而彼遂不肯已也。！呜呼小人之心而至于不肯已也，此天下之难所以作而不休，而君子日夜用其智、竭其谋求以已其难，而难卒未已也。然则如之何而可以保信之乎？曰：维有解而已矣。君子维有解，则彼小人者必曰：“吾君子，我赦也，不我殛也；我宥也，不我迫也。吾有更生之望矣，吾有自新之路矣。曩者吾以为斯世之弃人也，今复得以齿于天地之间矣；曩者吾以为逃刑避罪之不暇也，今复得以为太平之人矣。吾何为而为此乱民也哉！”如此，则虽不用智、不竭谋以与小人争一旦之命，而彼之不肯已之心释然散去而无余，而难自已矣。何者？盖吾有以保信之故也。故曰“君子维有解，有孚于小人”，而《象》曰“君子有解，小人退也”，曰“退”云者，已其不肯已之心，而无复与

① 拇，原作“㧸”，据宋刊本，参上下文，改为“拇”。

我争衡故也。然则已难之道，其事甚约，其效甚速也，如此。夫武王之既伐商也，归马于华山，散牛于桃林，示天下不复用兵，此维有解之谓也；而又发巨桥之粟，散鹿台之财，大赉于四海，而致万姓之悦服，此有孚于小人也。当是时也，为小人者虽欲不已其不肯已之心，得乎？《彖》曰“解之时大矣哉”，尽是大者则六五是也，于古人则武王是也。

上六，公用射隼于高墉之上，获之无不利。

《象》曰："公用射隼"，以解悖也。

解至上六，解之功已成矣，故极言解悖之道。夫隼，鸷悍之禽也，所谓上慢而下暴，六三之象也。解之六爻，惟三与上各处一卦之上而非其应，故上以震动之极而尤在诸爻之上。于位则正，于势则便，于器则利，于时则宜，以正而去不正，获之盖无难者，故曰“公用射隼于高墉之上，获之无不利”。三居下之上，内外之限也，故有高墉之象。若同人九四“乘其墉”，则内外之限又在九四矣。《系辞》之释此爻也，而曰“隼者，禽也；弓矢者，器也；射之者，人也。君子藏器于身，待时而动，何不利之有？动而不括，是以出而有获。语成器而动者也。”此又申解悖之道也。

卷十九

兑下艮上 ䷨

损：有孚，元吉，无咎，可贞，利有攸往。曷之用？贰簋可用亨。

《彖》曰：损，损下益上，其道上行。损而有孚，元吉，无咎，可贞，“利有攸往。曷之用？”二簋可用享。二簋应有时，损刚益柔有时。损益盈虚，与时偕行。

昔者，圣人之作《易》也，盖所以抑人欲而就天理者也。始终六十四卦大抵然也，而其尤深切著明者，予又于谦也、节也、损也之三卦见之矣。是何也？盖人之情，莫不欲倨肆之为便，而夸尚之为高也，而圣人则抑之曰是不可也。《易》有谦退之道焉，此卦之所以有谦。人之情，莫不欲侈纵以自适，而满溢以自盈也，而圣人则抑之曰是不可也。《易》有节止之道焉，此卦之所以有节，人之情莫不欲裒克以自肥，而忿戾之是骋也，而圣人则抑之曰是又大不可也。《易》有自损之道焉，此卦之所以有损，圣人之心何其仁也！盖圣人者，天理之盟主，微《易》则斯人天理日负，而人欲日胜。《易》微此三卦，则所以抑人欲而就天理者，又或缓而未切、晦而未明者矣。夫卦之所以为损者，圣人曰“损下益上，其道上行”，诸儒之言曰“损乾之九三益坤之上六，此之谓其道上行也”。噫！未也。此泥于卦变而曰此卦自泰来也，而予之所见则曰：圣人之心不如是之徒然也，以徒然之学而求圣人之心，此所谓终日谈饮食而无益于饥渴者也。又况其所谈者，非真可饮真可食之物也，如饥渴何？然则其说何也？曰：予闻之，六子之卦，皆由乾坤父母、阴阳二气相感而然也，八卦成列，因而重之，则以艮重兑是以为损，非谓以坤重乾而为泰，复由泰而为损也。故夫所谓“损下益上”云者，以卦之才言之，不过曰乾三索于坤而得兑，而兑之在损也则为下体，故曰“损下”，谓六三之为阴也；坤三索于乾而得艮，而艮之在损也则为上体，故曰“益上”，谓上九之为阳也。如是足矣，又何用自泰来乎？以卦之义言之，则兑之三爻以说居下，而皆上应，说以奉上者也。故凡天下之有余才余智者不自有也，损之以益上，则献替之道行于上矣；凡天下之有余粟余布者，亦不自有也，损之以益上，则供奉之道行于上矣，故曰“其道上行”。虽然，损之道以诚信为本，损而不本于诚信，则有余才余智者损之则以为屑，有余粟余布者损之则以为怨。此无吉而有咎，非可贞之道不可行也，其能举天下之君子、小人以仰事一人矣乎？故损而有孚，则元吉而无咎矣，此之谓可贞之道有攸往而利也。所谓“有攸往而利”者，无施而不可也。且以享祀言之，享祀之礼其文虽繁，然以诚敬为本，“曷之用”谓何用乎？文之繁也。夫苟诚敬，则于其享祀也，虽二簋之简且薄亦可用矣。何者？以“有孚”故也。左氏曰：“苟有明信，涧溪沼沚之毛，苹蘩蕰藻之菜，筐筥锜釜之器，潢污行潦之水可荐于鬼神，可羞于王公。”是也。而夫子从而释之曰：“二簋之简且薄，而可用以享者，惟损之时为然。夫末之胜而本之衰，文之盛而实之衰，则二簋亦可用以享矣，此所谓当损也。”夫苟本实未丧，而过用裁损，则又失之矣。故曰“应有时”，谓时然而然，而吾之应之不可泥也，故又继之曰“损刚益柔有时”。夫刚易失之强，强则或过；柔易失之弱，弱则不足。损刚以益柔，损强以益弱，损过以益不足，此时中之学也。故又终之曰："损益盈虚，与时偕行。"夫易之为易，时焉而已矣，君子之于易，亦随时以从道而已矣。或损也，人曰此虚也；或益也，人曰此盈也。而不知君子无容心于此也，与时偕行而已矣，夫惟与时偕行，则或损也，或益也，而惟时之为听。则当此时也，而二簋之是用，不亦可乎？此卦之德所以有曰"有孚，元吉，无咎，可贞，利有攸往。曷之用？二簋可用享"也。

《象》曰：**山下有泽，损。君子以惩忿窒欲。**

山下有泽，泽寇山而山塞泽也，夫彼日为吾寇，而吾日有以塞之，则吾之所以塞彼之寇者用力多矣。盖塞之者，止其勿吾寇而已也，吾非从彼也，夫吾非彼之从，则其能自克者甚矣。此所谓损也，君子于此故"惩忿窒欲"。程曰："天下之害，无不由末之胜也。"损者，损过而就中，损浮末而就本实也。淫酷残忍，本于刑罚；穷兵黩武，本于征讨。此君子之忿在所惩。峻宇雕墙，本于宫室；酒池肉林，本于饮食。此君子之欲在所窒。有所惩、有所窒者，皆损之力也。

初九，已事遄往，无咎，酌损之。

《象》曰：**"已事遄往"，尚合志也。**

兑体三爻，皆损下以益上也。然九二则以弗损而为益，六三则以独行而得友，初九之阳方盈在下，则当损下之盈，以益上之虚，此所谓出粟米丝麻以事其上者也。夫耕获蚕缫之事既以已矣，则当速往以奉于上，乃能不失以下事上之职而获免厥咎。虽然，损下之道又不可过，过则害民，故当酌而损之。量其势，度其宜，使下之所以供于上者其心不厌，而上之所以取乎下者其道不穷。如是则君民之志庶几其可合，而上下无龃龉之嫌矣。然则下事方休，而速往以继之，其孰曰不可？已，止也；遄，速也；酌，量也；尚，庶几也。

九二，利贞，征凶，弗损益之。

《象》曰："九二，利贞"，中以为志也。

庸人之事君也，惟知曲意媚说、竭力顺从而以为忠也，而曰此益上之道然也，然以媚说顺从为事，则在己者所损多矣，安能裨益于人主之万一哉？君子于此，则以无所损于己者益于上也。夫所谓无所损于己者，何谓也？曰：中正是也。君子以中正之道自守，自守如此，则虽不若世之庸人曲意媚说、竭力顺从而以为忠也，而益上之实尢出诸此，此乃所以益之也。故曰："利贞，征凶，弗损益之。"而《象》曰"九二，利贞，中以为志也。"九二说体也，故有"利贞，征凶"之戒，然以九居二，中也，中则正矣，故知"弗损益之"之义。《书》曰"若射之有志"，夫射期于中也，故设鹄以为志，而射者之志亦志于鹄，君子之志亦志于中而已矣。中以为志，则在己者无失，而益上之实亦无出诸此，又何待于枉己而曲从，损己以为益也哉。李大亮之都督凉州也，台使至，讽大亮献名鹰，大亮密表曰："陛下绝田猎久矣，而使者求鹰。如陛下意，乃乖昔旨。如有擅求，是使非其才。"太宗报书曰："有臣如此，朕何忧。"倪若水为江州刺史，明皇遣使江南采鸡鹕，若水论之，为反其使。李德裕之在浙西也，诏造银盝子妆具二十事、织绫二千疋，德裕上疏极论罢之。又诏益州织半臂、背子、琵琶捍拨、镂牙合子等，苏颋不奉诏。唐家诸臣所以益上也如此，正得"利贞""弗损益之"之义。

六三，三人行，则损一人。一人行，则得其友。

《象》曰："一人行"，三则疑也。

程曰："三人，谓下三阳、上三阴。三阳同行，则损六三以益上。

三阴同行，则损上六以为三。”此未免泥于卦变，而谓损自泰来一也。然则所谓“三人”云者，舍损以泥泰，亦惑矣。夫兑之三爻，皆志于益上，然初九、九二则以刚应柔，而六三则以柔应刚，故三人同行而语其自损之至者，则六三也，故曰“损一人”，是“一人”也，独往以应上。故艮兑相合，男女搆构精，而尽天地交感之义，而成万物化育之功矣，此所谓得其友也。盖六三者，兑之主；而上九者，艮之主。少女、少男，阴阳相配，夫妇之道贵于专一，若三人行则疑所主矣。故《象》曰“一人行，三则疑”也，而《系辞》于此爻又以致一之说释之。坤之《彖》曰:“西南得朋，乃与类行。东北丧朋，乃终有庆。”亦是意也。

六四，损其疾，使遄有喜。无咎。

《象》曰:“损其疾”，亦可喜也。

六四以柔顺之才处近君之位，所谓人臣之高位也，处此之位，当损之时宜如何哉？务在顺民之心，损其疾苦，而又不至于困惫，然后加检省焉，则天下之心以为上之人我恤而不我忘也，其孰不举欣欣之喜色，而以为庶几无疾病也，又孰我咎乎？孟子谓邹穆公曰:“凶年饥岁，君之民老弱转乎沟壑，壮者散而之四方者，几千人矣，而君之仓廪实，府库充，有司莫以告，是上慢而残下也。”夫饥馑之来，赈之邮之，惟恐其后，如六四之所谓“使遄有喜”可也，今也，不能损其疾苦，使之流离转徙，及至兵戈之日，斯民疾视其长上而不救其死，则怨咎之心至此始获逞矣，为穆公者又从而尤之，则上下相咎，何时而已邪？故曰“夫民今而后得反之也，君无尤焉”，谓其既不能使下之无咎于上，而上之人又安可归咎于下乎？

六五，或益之，十朋之龟，弗克违，元吉。

《象》曰："六五"，"元吉"，自上佑也。

夫居天下之中，而能虚中而无我，自损以逮下，此甚盛之德也，故天下之益皆归焉。其曰"或益之"，谓益之不一也，故有"十朋之龟"之象焉。夫龟，灵智之物也，古者用之以稽疑。一人虚中而无我，自损以逮下，则天下智者效其谋、才者奏其技，而有不能自已之心焉，其为吉也不亦大乎？夫人谋之从违，天命之予夺也，一人自损于上，而天下之益皆归焉。此人也，而天之理实行乎其中矣。故《象》又曰："'六五'，'元吉'，自上佑也。"《诗》之《卷阿》，言求贤用吉士而作也。其首章曰："有卷者阿，飘[1]风自南，岂弟君子，来游来歌，以矢其音。"诗人之意盖曰：一人虚中无我，自损以逮下，若卷阿然，则飘风可得而入矣，故来游来歌者于此得以矢其音焉。其七章曰："蔼蔼王多吉士，维君子使，媚于天子。"其八章曰："蔼蔼王多吉人，维君子命，媚于庶人。"则益之不一，其势盖如此也。然于其四章乃曰："尔受命长矣，茀禄尔康矣。岂弟君子，俾尔弥尔性，纯嘏尔常矣。"则"六五元吉，自上佑也"，又可知也。然则成王之所以能为持盈守成之主者，此盖有得于损之六五也欤？

上九，弗损益之，无咎贞吉。利有攸往，得臣无家。

《象》曰："弗损益之"，大得志也。

夫损极必益，处损之极，若以刚亢在上，损下不已，是非处上之道也，故上九以不损而益下为义。夫君子之志，志于益下而已，方其益下之功未及于斯人也，则吾之此志未为得也。益人之功所及者一二，而所不及者犹不可胜计也，则吾之此志亦未为大得也。及其位人之上，而曾无损于下焉，惟有益于下而已也，则吾之平日穷之所养，而见于

① 宋刊本作"凱"。

达之所施也，容有少慊云乎哉？故曰“大得志也”，如是则位人之上，可以无咎过也，揆之正理，庸非吉乎？夫执此之志以往益于下，此上九之所利也。卦德有曰“元吉，无咎，可贞，利有攸往”，上九以之，故论其所得，则上九处人臣之极位，而专以益下为心，岂遑家谋乎？夫六三以阴柔在下，专应上九，故有一人行之义。上九以阳刚居上，得损极必益之理，故志在益人而不遑家谋。易之为《易》，随爻取义，类皆如此，不可泥也。

震下巽上 ䷩

益：利有攸往，利涉大川。

《彖》曰：益，损上益下，民说无疆。自上下下，其道大光。利有攸往，中正有庆。利涉大川，木道乃行，益，动而巽，日进无疆。天施地生，其益无方。凡益之道，与时偕行。

益合震、巽而成体，以卦之才言之，坤一索于乾而得巽，而巽之在益也则为上体，故曰“损上”，谓六四之为阴也；乾一索于坤而得震，而震之在益也则为下体，故曰“益下”，谓初九之为阳也，此主初九、六四二爻以言益也。夫阳本居上，今也初九居一卦之下，又有自上下下之义，亦如屯之初九，以贵下贱之谓也。此再指初九一爻以言益也。以卦之义言之，则凡人君损四海之供奉，以益天下之不足，则天下之心以为此吾君之惠也，其为说怿岂有纪极也邪？损万乘之尊严，以下天下之贤者，则天下之心又以谓此吾君之谦也，其道下济岂不“大光”矣乎？夫损四海之供奉，以益天下之不足，宜若所损者偏在上，而所益者偏在下也，而民说无疆，则所益又在上矣。损万乘之尊严，以下天下之贤者，又宜若所损者偏在上，而所益者偏在下也，而“其道大光”，则其所益又在上矣。然则益之为道，上下俱享其利矣，故卦德曰“利有攸往”“利涉大川”，无适而不利焉。“利有攸往，中正有庆”，此指震、巽二、五各得其正以言益也；“利涉大川，木道乃行”，此指巽、震二体皆为木而以言益也；“益动而巽，日进无疆”，此又指巽、震二卦之用以言益也；“天施地生，其益无方”，此又指乾、坤一索而得震、巽长子、长女相与用事，以言益之功用之所以大也。至于“凡益之道，与时偕行”，则结一彖之文以言，益之道与益之时所以相为无穷者也。夫以九五居中履正为益之主，六二居中履正为益之臣，二五以中正居君臣相应之地，当益之时相与以成益之功，何往而不利哉？此所以有庆也。益之为言，利济夫物之谓也。“利涉大川”云者，《易》之所谓济世之大功也。夫涉大川，则舟楫之是恃也，有舟楫之足恃，则亦何不济之云乎？益之时贵于无所不济也。今也，合巽、震而成卦，则木道固无所不足矣，以之而济物，此木道之所以行也。震，动也；巽，顺[①]也。益动而巽，则凡有所动顺乎理之谓也。夫循理而动，则人伪去尽而诚意有余，以此为益，则其进也日进而无已也。彼天施而地生，其所以益万物也，未尝以一方拘者，是亦循理而动焉尔。故一气既施，而感是气者无远迩、无小大，莫不于此而肇其生焉，则天地之益岂以一方拘之乎哉？以是言之，则大凡益之为道，本于顺理而动，而极于天地，其大者又可以一言而尽也，何也？曰：诚而已矣。诚则始焉而日进无疆，终焉而其益无方，此非至诚之德与时偕行而无有穷已，其能至是乎？噫！大哉诚也。

《象》曰：风雷，益。君子以见善则迁，有过则改。

雷以动之，风以散之，雷、风二物相继有序，此雷、风所以为恒。

① 顺，宋刊本作“巽”。

风得雷而威益彰，雷得风而声益远，雷、风二物相益为用，此风雷所以为益。君子观风雷相益之象，而尽其所以相益之道。故见善则迁，不以是善之在人也而忌之；有过则改，不以是过之在己也而吝之。外不忌，其在人者；内不吝，其在己者。此外内之义相益之道然也。

初九，利用为大作，元吉无咎。

《象》曰："元吉无咎"，下不厚事也。

他卦以九居初，虽有刚明之才而处下位，不可以有为也。在益则初九震之主也，上之人方且自损以益下，而投之以艰大之事，其责之也厚。倘或避难辞重，而无以副上之责，则在己者为不胜任矣。故居此之任者，以用大作为利，谓其所利者利于成大功、集大事，盖初与四居相应之地，而九五在上，又有同德之君。四，巽之主也；初，震之主也。震、巽相与当益之时，而艰大之事义不可辞故也。故有能为之才而当可为之时，而上又有同德之君、知己之大臣，则其成大功、集大事也何往而不利？故居一卦之初而有"元吉"也，谓其得吉也，处众贤之先而且大也，既有"元吉"，则在己者无有不胜任之咎矣。夫当此之时，事之投我者既厚，吾苟以其位之下也，而厚其事焉，则避难辞重，不能成大功、集大事，人且以不胜任咎之矣。故《象》曰："元吉无咎，下不厚事也。"彼卫之忠臣不得其志，诗人为之赋《北门》。其二章曰："王事适我，政事一埤益我。我入自外，室人交遍谪我。"其三章曰："王事敦我，政事一埤遗我。我入自外，室人交遍摧我。"夫所以适我、益我、敦我、遗我者，若是其厚也；疑若得我之志而展我之才矣；然我入自外而谪我、摧我者又若是其众，而无有我知而我信者，则我之志亦安能得，而我之才亦安能展邪？欲如益之初九"元吉无咎"，难矣。然则君子于此当如之何？曰：亦归之天命而已矣。

故诗人为之三叹曰:“已焉哉！天实为之，谓之何哉！”

六二，或益之，十朋之龟。弗克违，永贞吉。王用享于帝，吉。

《象》曰:“或益之”，自外来也。

益之六二即损之六五也。在损为六五，则为获益之君；在益为六二，则为获益之臣。语其能虚中无我，自损以逮下则一也，故二爻无异辞也。昔者，鲁欲使乐正子为政，而孟子为之“喜而不寐”。而公孙丑乃疑而问之曰:“乐正子强乎？”“有智虑乎？”“多闻识乎？”孟子皆曰:“否。”但曰:“其为人也好善。”而已。盖尝论之矣，强则自用，有智虑则多疑，多闻识则务以所长盖人，人心有是三累，其能使四海之内轻千里而来告之以善乎？夫惟好善之心胜，则虽非强也，虽非有智虑也，虽非多闻识也，此正秦穆公所谓一个[①]臣之无他技者，然其心休休能容，而天下之益皆归焉，以是而辅相人主，优于天下矣，此好善之力也。然损之五则曰“元吉”，而益之二则曰“永贞吉”，何也？以六居二虽正也，然震体也，震则动，动则不常矣，故以“永贞”戒之，以言永得其正则吉矣。“王用享于帝，吉”云者，谓以二之虚中而且永贞，故虽王者用此道以享上帝，则上帝降格，犹可以获吉，又况用此以逮下，则四海之内其有不轻千里而来告之以善乎？是宜或益之者自外而来之多且众也。夫以卫文公臣子多好善，贤者乐告以善道，而诗人犹为赋《干旄》以美之，又况六二为益之大臣矣乎？其益之之多且众宜也。

六三，益之用凶事，无咎，有孚。中行，告公用圭。

《象》曰：益用凶事，固有之也。

天下未尝无凶患之事，此古今之所固有也，当益之时，无所不用

① 个，宋刊本作“介”。

其益而后可也。夫古今天下固有所谓凶患之事也，苟坐视而不之救，此岂居民上者之职欤？虽然，用是事也，类非拘常而袭故者所能为也，是必有所谓沉鸷渊谋之才，而后能处此。六三之在益也，居下之上，所谓在民上者也；以六居三，又有所谓沉鸷渊谋之才者也。以如是之才居如是之位，而当如是之时，知天下固有所谓患难凶灾之事也，则抚机应变以尽其所以益之之道，乃其所长者。故天下之人赖我以得益，而在我者既无用事之咎，而上之人亦信之而无疑矣。夫既无我或咎，而且有以信乎我，故曰“无咎，有孚”。如是则九五中行之君，自有告命之至，以为六三有救患之公心，而用圭瑞以锡之也。故又曰：“中行，告公用圭。”泰之九二曰：“得尚于中行。”盖“中行”之君谓五也。《诗》之《崧高》，美宣王褒赏申伯而作也。其曰：“锡尔介圭，以作尔宝。”盖圭之为瑞也，所以达上之信也。六三既无用事之咎，而有见信之实，故九五中行之君有达信之告命以旌其人也。三与四，皆公位也，故六三曰“中行，告公用圭”，六四曰“中行，告公从”而大有之九三亦曰“公用享[①]于天子”，鼎之九四亦曰“覆公餗”也。夫天下未尝无凶患之事，此古今之所固有也，然亦未尝无善救凶患之才，则六三是也。故《象》又曰：“益用凶事，固有之也。”汉武帝时河内失火，上使汲黯往视之，黯还报曰：“家人失火不足忧。臣过河内，河内贫人伤水旱万余家，或父子相食。臣谨以便宜持节，发河内仓廪以赈贫民，请归节伏矫制罪。”上贤而释之。夫益之六三无用事之咎，而有见信之实，汲黯以之。

六四，中行，告公从，利用为依迁国。

《象》曰：“告公从”，以益志也。

---

① 享，宋刊本作“亨”。

四，巽之主也。以巽顺之道，辅九五中行之君，此所谓以柔乘刚、以巽为益者也。故中行之君亦有告命之及，以六四有益国之志也，从其所为而成其公焉。六四当此之时，以吾君之我从也如此，则用其所为之利者，当何如哉？亦曰：吾既以益国为志，则凡国家之所当依者依之，而不敢迁；所当迁者迁之，而不必依。或依或迁，吾无容心也，视国家之如何，而尽吾之所以益国之志而已矣。四之志其公如此，宜乎中行之君有告命之及，从其所为而以成其公也。夫五等之爵，惟公为盛，苟非以至公为心，奚称哉？今也六二公于益民，六四公于益国，是宜中行之君皆有告命之及，谓之公而无愧也。

九五，有孚惠心，勿问，元吉。有孚惠我德。

《象》曰：**“有孚惠心”，勿问之矣。“惠我德”，大得志也。**

夫圣人之益天下也，必有至诚惠益之心，行之于不言之间，而非家至而人提之也，此所谓益之大者。故曰：“有孚惠心，勿问，元吉。”而“元吉”之效见于天下，则天下之蒙益于圣人也，亦皆至诚以归惠乎上之德，此以诚召诚之道然也。夫举天下之大，皆知以至诚以归惠乎上之德，则其为益也孰大于是？故曰“元吉”，而《象》谓之“大得志也”。夫圣人惠益天下之志，至是而大得焉，非其益之大，孰至于是？且圣人之益天下也，自夫使之丝身谷腹、仰父俯子各遂其生之外，岂无劳苦恐惧之事使之趋之？而天下皆曰：此上之人所以生我也，所以安我也。则上之所以益乎下者，岂非有至诚惠益之心？而天下之所以蒙益乎上者，亦岂非至诚以归惠乎上之德而然哉？以诚召诚，理固然也，又岂待于区区告问之劳，而后致其我信也哉。夫圣人之心本乎至诚，然必曰“勿问”云者，此所以设后世人君务行小惠者之戒也。

上九，莫益之，或击之。立心勿恒，凶。

《象》曰："莫益之"，偏辞也。"或击之"，自外来也。

夫益极必损，处益之极又以刚亢在上，求益不已，此岂处上之道哉？故莫有益之者，谓其求益不已，知益己而不知益人，而人亦莫之益也，故曰"'莫益之'，偏辞也"。若知己与人为无异，岂曰"偏辞"云乎哉？夫六二以虚中无我，自损以逮下，故益之者众，而曰"'或益之'，自外来也"。上九以刚亢居上，既莫益之，则伤之者亦众矣，故曰"'或击之'，自外来也"。然则人之立心，其可以求益为常乎？其曰"立心勿常，凶"，此圣人戒人鉴上九之失，而曰勿以求益为常，此凶之道也。夫所谓凶者，"莫益之，或击之"是也。

卷二十

乾下兑上 ䷪

夬：扬于王廷。孚号有厉。告自邑，不利即戎。利有攸往。

《彖》曰：**夬，决也，刚决柔也。健而说，决而和。扬于王庭，柔乘五刚也。孚号有厉，其危乃光也。告自邑，不利即戎，所尚乃穷也。利有攸往，刚长乃终也。**

君子之去小人也，虽有去之之势，不敢恃也。刚强果敢，惟恐或过；警惧戒勑，惟恐不及。故反之于己也无或失，则施之于彼也无不当，此君子去小人之道然也。夫当夬之时，以五刚决一柔，宜若势有余矣，无复有可虑者矣。而卦德乃曰“扬于王庭”“孚号有厉”“告自邑，不利即戎”，而圣人深致之意如此其严且至也。然后乃曰“利有攸往”，此岂恃有去之之也哉？盖不如是，则非全胜之道故也。“夬，决也，刚决柔也”，此五刚决一柔以言夬之义也。夫刚则能决，而夬之为卦五刚而一柔，刚有终长之势，而柔无不尽之理，此夬之义有取于刚决柔也。“健而说，决而和”，此合乾、兑二体之用以言夬之道也。夫健而济之以说，则其所以决小人也，无刚暴之失，而有和柔之善。故吾不彼疾，而彼不吾忌，邪正之辨、黑白之分脱然而解，不相疑也。东汉之君子不知出此，而乃切齿厉色，日与小人争锋，故小人之谋日深，而君子之党日危，以至忠良尽歼而社稷随之。向使即健而说之说，而悟决而和之旨，无是祸也，夫何小人之不可决去之乎？“扬于王庭，柔乘五刚也”，此又指上六之一柔不容于众君子，而众君子公去之也。夫王庭者，公道所自出之地也，卦有五刚，君子之道已盛，然以一柔而乘五刚，小人凭陵自肆于上，众君子在下犹未安也，故相与扬公道于王庭，以共去此小人也。夫去小人，而不以公道去之，则是李训之谋也。昔李训之谋去宦官也，而假甘露以赤其族，此盗贼之谋也，以盗贼之谋去小人，小人不可去，徒炽其焰而逞其毒尔，谋何在邪？“孚号有厉，其危乃光也”，此又言虽以公道去小人，又当不忘戒备也。夫孚其大号以警戒于众，使知以此之甚盛决彼之甚衰，犹有危道不可易也，如是则虽危无危，而决小人之道光矣，此与众弃之之谓也。朱翊善曰：“若舜之诛四凶，而天下服是也，若隐其诛，如唐之李辅国，则不光矣。”“告自邑，不利即戎，所尚乃穷也。”此又言去小人之道必先自治，而无尚于刚武也。程曰：“邑，私邑也。告自邑，先自治也。君子之治小人，以其不善也，必以己之善道胜革之。故圣人诛乱，必先修己。舜之敷文德是也。”朱翊善亦曰：“告自邑者，告戒自我私邑，云自治也。君子将治小人，必先自治，自治则以我之善去彼之不善，小人所以服也。舜修文德，文王无畔援，歆羡自治也。”夫戎，兵戎也。决小人之道，在于扬公道于王庭，孚号于有众，以与众共弃之。苟或以兵戎为尚，此刚夬之过也，故圣人以“不利即戎”戒之，而曰“所尚乃穷也”。朱翊善曰：“自古用兵去小人，如汉唐之季召外兵以去近习，其祸至于覆宗，圣人之戒不亦深乎！”“利有攸往，刚长乃终也”，至此则言所以去小人者既尽其道，则小人终去之无难也。夫君子之所以去小人者既尽其道，则由夬以为乾，往无不利矣，此所谓刚长乃终也。若刚之长至夬而不终，则余孽未亡，祸胎犹在，终为众君子之患矣。朱翊善援桓彦范不诛武三思以为喻是也。始五王提卫兵诛嬖臣，中兴唐室，其功卓矣。张柬之将遂夷诸武，而彦范乃曰："三思，几上肉耳，留为天子藉手。"俄而武三思因韦氏盗朝权，彦范等流逐戮辱若放豚然，而唐室为之再危，此刚长之不终也。向使即"利有攸往"之说，而悟刚长乃终之旨，无是祸也，又何小人不可终去之乎？

《象》曰：**泽上于天，夬。君子以施禄及下，居德则忌。**

泽之为水，本在下也。今也，上升于天，其势不居，必决而下也，故为夬之象。君子观此象也，故有所取、有所忌。其所取者，谓取其决散之意[①]也，故施布禄泽以及乎下，此有所取也；其所忌者，谓不取其决散之意也，故居畜吾德以积诸身，此有所忌也。他卦之象皆取一义，此卦象设彼此二义者，亦如诸卦之爻，一爻含一义，或一爻兼取二义者。圣人之意，设彼此以相明，以谓不有所反，则学者或得此而失彼矣。

初九，壮于前趾，往不胜为咎。

《象》曰：**不胜而往，咎也。**

九以则动之才居夬之初，唱决柔之谋者也，故曰"壮于前趾"。所谓居众动之先，先众而动之象也。夫先众而动以决去在上之小人，决意而往，未有咎也；往而不胜则为咎矣。何者？首决柔之谋者，必有全胜之道而后可，不胜而往，咎将谁执？则夫首决柔之谋者，其可轻动而躁进也哉？宋申锡之谋诛宦官也，在唐文宗之世实首其议，当对上言请渐除其逼，谋固善矣。然不能谨其密、处以渐，谋未必及施而身被其祸，伊谁之咎邪？然则首决柔之谋者，其可轻动而躁进也哉？

九二，惕号，莫夜有戎，勿恤。

① 意，宋刊本作"义"，下同。

《象》曰："有戎"，"勿恤"，得中道也。

上六以一柔乘五刚，五刚之所耻也，然耻之甚者莫甚于九五，何者？以其逼近而厚其侵陵迫胁之辱者也。虽然，五之辱，二之辱也，何者？以同德而居相应之地，故不得不负此辱也，负其辱则决柔之责二实任之矣。夫任人之责而赞行决柔之事，岂可易也？故当内怀警惕、外严诫号，而后可以无忧。夬，所以去小人者也。特患其谋不谛[①]，戒备无素，而小人之谋或先我而发尔。宋申锡之谋未及施，而郑注之诬告已为王守澄地矣。此无他，不知内怀警惕而外严诫号之过也，夫惟内怀警惕而外严诫号也，既有其素，则虽有戎作于莫夜，可无忧矣，何者？吾固[②]有以待之故也，故曰"得中道也"。何谓中道？曰：吾之谋未及发，而小人得以先之，非中也；小人之谋既已发而吾无以待之，亦非中也。以九居二，故得中道。

九三，壮于頄，有凶。君子夬夬，独行遇雨。若濡，有愠，无咎。

《象》曰："君子夬夬"，终无咎也。

九三，上六之应也。应之者，决之也，亦如明夷九三之于上六是也。而《易》家惑于"独行遇雨"之一语，皆咎九三应上六之为非也，而胡安定、程河南、朱子发又皆前后相承，谓九三爻辞差错，至再易之，此盖惑此一语，求其意而不得，故不免均以差错待之也。殊不知九三以阳居阳，又处乾健之极，不患刚决之不足也，患于太过尔。夫以太过之刚、当夬决之时，与小人居相应之地，宁复有相顺之理矣乎？故曰"壮于頄"，此圣人戒其刚过也。夫頄之在颜面也，所谓颧也。颧，刚物也。壮于頄，则尤非能以柔顺待人者也，况待小人乎？

① 谛，宋刊本作"缔"。
② 固，宋刊本作"故"。

此以九居三之象也，而圣人之戒之若曰：当此之时健而说、决而和者，此决小人之道也。居乾健之极，与小人居相应之地，而疾恶之心见于颜面而不知济之以和说焉，此凶之道也。何者？小人之或我疑故也。小人我疑，则君子之祸至矣，可不知所戒乎？故告之以“有凶”而使知戒也。然以阳居阳，又处健之极，夬夬之才如此，其将何以济之？曰：君子之所谓“夬夬”云者，夬之至也，以和说之道而济是“夬夬”，则亦终何“夬夬”之为咎也？盖应之者乃所以决之也，则众阳同行以决上六，而吾则独行以“遇雨”也，虽若有沾濡之失，而未尝无愠忧之心，思必决之，则其“遇雨”也又何嫌也？此“夬夬”之所以终“无咎”也。若夫以是“夬夬”而居小人相应之地，而惟“壮于頄”之是尚焉，则虽欲无凶，不可得也，又安能无咎矣乎？然则君子当夬决之时，不幸与小人居相应之地，当以有凶为戒，以有愠为心，而以无咎为善，如九三所云可也。《易》以阴阳和为雨，三与上应，故有“遇雨”之象。

九四，臀无肤，其行次且。牵羊悔亡，闻言不信。

《象》曰：“其行次且”，位不当也。“闻言不信”，聪不明也。

五阳决一阴，其志甚锐也，而决道之不足者莫九四若也，何者？以阳居阴，而所处之位不当故也。夫以阳居阴，此于刚实之德既有所不足矣，而乾之三阳复自下进，故四于此失其所安而有“臀无肤”之象。夫决道不足则无勇进之义矣，而又曰“其行次且”，谓滞泥而不前也。夫当决柔之时，而众阳皆决策上进，而四独有此之象，何以鞭其后邪？故《易》于此又设其象以勉进之，而曰“牵羊悔亡”，谓与诸羊相牵勉而前，则次且之悔可亡也。张横渠曰“牵羊，让而先之”，盖牵羊者非挽拽之谓也，让之使先行则有肯前之势故也。四也“次且”而前，既有悔矣。天下之众阳让而先之，相牵勉而前，则其悔可亡。虽然，当斯时也告之以“牵羊悔亡”之说，在爻固有是言也，而决道不足，则虽闻是言也，而亦若不闻也。何也？不足于决，则疑畏之心胜而见义之勇消，故不以斯言为可信故也，聪于闻善言顾如是乎？然九四之失亦未必至是也，圣人特以其所居者阴也，故谆复以详其戒。或曰：九二亦居阴也，何无是戒乎？应之曰：夬之九二则以中道论，不以居阴论也，盖二与五居相应之地，赞五以决柔之事，既得中道，岂或以居阴为嫌乎？

九五，苋陆夬夬，**中行无咎**。

《象》曰：“中行无咎”，中未光也。

九五，决柔之主也，既以阳德居阳位，又藉众阳之助往决一柔，宜若易然，故有“苋陆夬夬”之象。苋陆，董遇云：“苋，人苋也。陆，商陆也。”朱子发曰：“苋，蕢泽草也。叶柔根小，坚且赤。陆，商陆，亦泽草也，叶大而柔，根猥大而深，有赤、白二种。”此以苋陆为二物也。《子夏传》云：“苋陆，木根而草茎，刚上柔下也。”程河南曰：“今所谓马齿苋也，曝之难干，感阴气多者也，而脆易折。”此以苋陆为一物也。要之，草之易决者也，又况九五以阳居阳，又藉众阳之助，此之为决所谓“夬夬”者也。夫以天下之至决，而决天下之易决者，又岂特摧枯拉朽之比哉？于此而又曰“中行无咎”云者，盖健而说、决而和者，决之善也，苟有刚暴之失则过矣，故必中行而后无过咎也。夫必贵于中行而后无过咎也者，以中道之未光也，若有刚过之失而无和柔之善，则虽合天下之力足以胜一小人，揆之中道未为光大也。九五刚而中者也，然必云尔者，谓其刚长至此，五阳之势强盛，故戒其或过也。九三以阳居阳而处乾健之极，九五以阳居阳而藉众阳之助，故曰“夬夬”云。

上六，无号，终有凶。

《象》曰：**无号之凶，终不可长也。**

夫夬之五刚所以日夜持严不忘警备者，徒以上六故也。今也刚长将极，阴消将尽，一阴处刚长乃终之地，此《杂卦》所谓小人道忧之时也。故虽号刚以求免夫祸，无庸及也，终亦凶必矣，何者？终不可长也。程河南曰：“或曰：圣人之于大恶，未尝必绝之也。今直使之无号，谓必有凶，可乎？曰：夬者，小人之道消亡之时也。决去小人之道，岂必尽诛之乎？使之变革，乃小人之道亡也，道亡乃其凶也。”

巽下乾上 ䷫

姤：女壮，勿用取女。

《彖》曰：**姤，遇也，柔遇刚也。“勿用取女”，不可与长也。天地相遇，品物咸章也。刚遇[1]中正，天下大行也。姤之时义大矣哉。**

予闻之，邵康节曰：“复次剥，明乱中生治乎！姤次夬，明治中生乱乎！时哉时哉，未有剥而不复者，未有夬而不姤者。是以圣人重未然之防。”呜呼！是言也，治乱倚伏之机其在是矣！夫姤之所以为姤者，前夫此则夬也，夬以一柔乘五刚，所以为之日夜持严不敢忘戒备者，盖以上六一阴之故也。一阴既决，而一阴复出乎五刚之下，若不期而会焉。呜呼！此岂吉征也邪？虽曰若不期而然也，而倚伏之机已发于此时，又殆非所谓偶然者。是以古今享治之君谓治无乱，遇乱之君已乱无术，此所以治世少而乱世多者，无怪也。圣人之于姤，又安得不以“女壮，勿用取女”为戒乎？姤，遇也，柔遇刚也。此以一柔

① 遇，宋刊本作“柔”。

遇五刚，以言姤之义也。夫古者有遇礼，谓不期而会也，而春秋乱世之君私相会约，简略慢易，无两君相见之礼，则多自托于不期之会。故《春秋》书遇者七，而书内之遇者三而皆书“及”。如隐公四年夏，公及宋公遇于清之类是也；书外之遇者四而皆书爵，如隐公八年春，宋公、卫侯遇于垂之类是也。夫既简略慢易，无两君相见之礼，则莫适为主矣，然《春秋》之所讥者，亦不过讥其无礼云尔，未有大变也。姤，遇也，柔遇刚也，此岂特无礼而已哉？顾虽若不期而会也，然阴长于内、阳消于外，阴为主而阳为客，为主者日胜，为客者日负，则亦理势之必然者。呜呼！此岂偶然小变也耶？故又戒之曰：“‘勿用取女’，不可与长也。”此指初六之一阴有消阳之渐，以言姤之戒也。夫女弗用取者，以其壮也。或曰：非以巽为长女也，而谓之壮乎？曰：是固然也，然圣人之意又不专在是也。奚在乎？曰：一阴在下，此消阳之渐也，圣人即微以见著。此初六所以为“女壮”也，自此以往则为遯、为否、为观、为剥以至于为坤者，皆初六之为也，非“女壮”而何？吁！女壮如此，岂可与之长久也哉？故圣人不得不为之戒曰：此勿用取之女也。以类言之，则过恶之方萌，奸邪之始长，盗贼之初炽，夷狄[①]渐盛，此皆何可与之久也？惟智者见微而辨早，当有以处之矣。虽然，姤，遇也，以一柔而遇五刚，而有消阳之渐，是故在所戒也。若夫天地之大，人事之要，又岂无待于相遇也乎？故圣人于此，又必援天地、君臣以广言遇道也。“天地相遇，品物咸章也。”此即姤之时，以言天地相遇之功也。夫以月建言之，则姤也者，建午之月也，六阳至巳而极，则一阴生于午矣，此天地相遇之时也。夫万物“相见乎离”，离正位乎午，当建午之月而万物各以品目章章乎天地之间。故

① 原注“缺”，按宋刊本补“夷狄”。

于斯时也，在《说卦》则曰“万物相见”，在姤则曰“品物咸章也”。“刚遇中正，天下大行也”，此即二五同德之应，以言君臣相遇之功也。夫刚而中者，二也；刚而中且正者，五也。然谓之刚遇中正，则二刚相遇而九二亦得为中正也。何者？《易》以阴居阳则为不正，以阳居阴而且得中，岂得谓之不正矣乎？当是时也，有是君有是臣，以同德相遇，其道可以大行于天下矣。苏东坡曰：“阴之长，自九二之亡而后为遯，始无臣也；自九五之亡而后为剥，始无君也。姤之世，上有君，下有臣，君子之欲有为，无所不可。故曰：刚遇中正，天下大行也。”夫当姤之时，以天地、君臣相遇之义论之如此，其不可废也，岂不大哉？故赞之曰：“姤之时义大矣哉。”程河南曰：“天地不相遇，则万物不生；君臣不相遇，则政治不兴；圣贤不相遇，则道德不亨；万物不相遇，则功用不成。姤之时与义，皆甚大也。”司马温公曰：“姤，消卦也。孔子何大焉？夫世之治乱、人之穷通、事之成败，不可以力致也，不可以数求也，遇与不遇而已矣。舜遇尧，而五典克从、百揆时叙；禹遇舜，而地平天成、六府三事允治；伊尹遇成汤，而格于皇天；师尚父遇文王，而天下大定。”姤之时义岂不大哉！

《象》曰：**天下有风**，姤。**后以施命诰四方**。

天为尊矣，其所以与万物相遇者，以有风也，故风一披拂而万物为之鼓舞而感动焉，故曰风者天之号令也。人君之尊天也，其所以与民相遇者，亦如风之于万物焉，则能使之鼓舞而感动者矣，故曰“后以施命诰四方”。盖天之所以与万物相遇者，莫捷于风，而人君之所以与万民相遇者，亦莫疾于施命故也。然不曰号、不曰令，而曰命云者，盖命，天理也。天下之事惟天理不容伪，以伪言告之施之，跬步不可也，况四方乎？《盘庚》曰：“王播告之修，不匿厥旨”“罔有逸言，民用丕变”。夫人君之所以诰四方也，尚容有或匿之旨，而不能无或逸之言，欲天下之丕变也难矣。故人君之尊天也，其一话一言，亦无违天理而已矣。夫天理所在初无定体，在天则曰天命，在君则曰君命，生死予夺，物无不听者，非谓天与君之尊而听之也，听夫理而已矣。及其失也，则不然，朝号暮令而诚意不加，家至户晓而众心愈玩。此所谓徒挂墙壁之具尔，又安知姤之象有所谓施命之旨也哉？

初六，系于金柅，贞吉。有攸往，见凶。羸豕孚蹢躅。

《象》曰：“系于金柅”，柔道牵也。

夫姤之所以为姤者，在此一爻也，而吉与凶实于此乎判。何也？有以制之则吉，无以制之则凶故也。夫所谓制之之道，何也？曰：犹之止物也，必有镇重之器止之使勿动也，柅之为器，所以止物也，而金为之，所谓镇重之器者也，此九二之象也。初之一阴始生，君子惧其动也，从而牵系之于其所谓“金柅”者，使柔道于此止而不得有所往，则君子小人各正其位，此吉也。故曰有以制之则吉。苟或不然，在我者镇重之器有所不足，则彼失所系而纵其所往，故阴日长而阳日消，小人日进而君子日退，必见凶害矣。故曰无以制之则凶。初六爻辞，圣人既设吉凶两端，使君子知所戒矣，然虑之也深，而防之也周。故又设“羸豕”之象，使君子不以一阴之微而忽之也。夫豕，丑秽之畜也，而且羸弱，宜若无足虑者，此一阴在下之象也，然徒知今日如是之羸豕，而不信其能“蹢躅”而害物，则误矣。一阴微而在下，可谓羸矣，然徒知今日如是之一阴，而不信其能强盛而害阳，不亦误乎？故曰“羸豕孚蹢躅”，此圣人重设其戒也。朱子发曰：“一阴虽弱，方来也，五阳虽盛，既往也，其可忽诸？自古祸乱，或始于床第之近、给使之贱、夷裔荒服之远，易而忽之，驯致大乱。反求其故，必本于刚正不足。若柔道有牵，君子、小人各当其分，祸乱何由而作？”

九二，包有鱼，无咎，不利宾

《象》曰：“**包有鱼**”，**义不及宾也**。

东坡曰：“姤者，主求民之时，非民求主之时也。故近而先者得之，远而后者不得也，不论其应与否也。”河南曰：“在他卦则初正应于四，在姤则以遇为重。”此二之于初，则曰“包有鱼”，四之于初则曰“包无鱼”。夫鱼，阴物也，贪饵而善逝，民之象也，初六是也。当遇之初，二与初相遇为密也，故近而包之，则口“有鱼”矣。何也？盖无常怀者民也，近之则亲，远之则疏，二居近民之位而有遇民之道，故民亦从而亲之，盖理势然也，又何咎乎？宾，谓四也。夫初既主二，则四虽初之应也，然其势睽隔而阻于外，故以“宾”目之。夫初六之民，既主于二，此岂四之利欤？故曰“不利宾”。盖以理义言之，一民不可以事二君，初既主二，则义不及四明矣，而二有之，庸何咎也？不然，则民将散乱无所主制，而群小之祸作于下矣，岂特宾之不利乎？为九二者，亦将岌岌乎殆矣。然则九二之“包有鱼”也，亦其势不得不有之也，何也？已乱之道无出乎此故也。

九三，臀无肤，其行次且。厉，无大咎。

《象》曰：“**其行次且**”，**行未牵也**。

夫初六之民，既主于二，四其正应也，义且不及，三何有焉？三若乘二而求与初遇，失所安也，故曰“臀无肤”。夫乘二既不安也，则当反乎其处可也，而遇情未忘，不能遽去，而有迟迟顾恋之态，故曰“其行次且”。虽然，九三刚而正也，刚而正则知其非义之遇，而不可以过求也，而自厉自警，虽有争初之咎，可以少损矣，故曰“厉，无大咎”。然三既知厉矣，未能无咎而止曰“无大咎”，何也？曰：如知其非义也，斯速已矣可也。今也虽其行也未牵系于初，而犹不免于“次且”焉，故其咎未可能尽无也。夫当遇之时，一阴在下，众阳之情皆所欲遇也。然相遇之道不贵踰越，以三之刚正，固不宜非义以求遇，然不免于此者，盖巽其穷也躁，而三者巽之穷故也。凡人不能自反自克、以道制欲而安其素分者，皆躁之为也，故圣人于此以“厉”责之。夫姤之三与夬之四，亦无异辞也。姤也者，夬之反也。

九四，包无鱼，起凶。

《象》曰：**无鱼之凶，远民也。**

夫远民者，民亦远之；近民者，民亦近之。九四远而包初，遂失其应，而曰“无鱼”，盖失遇民之道故也。夫遇民之道，不可远也。四之“无鱼”，而其起也凶祸随之，而《象》则以远民罪之云者，此非四之远民也，乃四之自远也。何也？上之人有所动起也，而辄罹其凶，曾无亲上死长之民，非自远而何？鲁昭公之去季氏也，宋乐祁讥之曰：“政在季氏三世矣，鲁君丧政四公矣，无民而能逞其志者，未之有也。”鲁君失民矣，靖以待命犹可也，动必忧矣，既而昭公伐季氏，果不胜而死于外。以是观之，“无鱼之凶”，吁！可畏也。盖尝因是而论之，姤之初与四，其正应也，初不四之应而惟二之遇。何也？远与近之间也。有夏之民，癸之民也，民不癸之应而汤之遇，癸实远之，而汤实近之故也。有商之民，辛之民也，民不辛之应而文、武之遇，辛实远之，而文与武实近之故也。然则古人所谓“民无常怀，怀于有仁”云者，此非民之无常也，上之人所以遇之之道无常故也。

九五，以杞包瓜，含章。有陨自天。

《象》曰：**九五含章，中正也。“有陨自天”，志不舍命也。**

张子厚曰：“杞，周于下者也。夫杞枸，檵也木之美者也。其才高，其叶大而荫，故周于下，九五之象也。而瓜者，草之蓏者也，滋于此而蔓于彼，其实甘脆，藆藆然也，亦民之象也。夫瓜之溃也，必自内始，初六之阴，自内卦而长之象也。九五当阴长之时，处高而强盛，必当有以庇乎下而豫防乎民之溃，故有以杞包瓜之象。”子厚所谓厚下以防中溃，是也。夫以九五居中而正者也，当阴长之时有中正之美，含之以俟天命，何所容其心哉？故当是时也，一阴浸长，阳道消剥者，天也；厚下以防中溃者，人也。在我者未中欤、未正欤，吾之忧也。在我者既中矣、既正矣，虽或不遇而至陨越者，则亦天之命也。吾独奈之何哉？故含章以俟天命者，九五之志也，子厚所谓“尽人谋而听天命”是也。虽然，命，天理也，在天谓之命，在人则中正之德是也。中正之德蕴蓄于内，则在我之外无别有天矣。故人谋既尽，天命在是，天人之理相合而不相舍，则天命之修短又在我而不在天矣，夫何陨越之有哉？昔召公作《召诰》一书以诰成王，专以天命告之也。然一书之旨，则在于“祈天永命”之一语而已尔。及吾求其所以“祈天永命”云者，则又不过于敬吾之德焉，观其悉数夏商而告之曰：“我不敢知曰，有夏服天命，惟有历年。我不敢知曰，不其延。惟不敬厥德，乃早坠厥命。我不敢知曰，有殷受天命，惟有历年。我不敢知曰，不其延。惟不敬厥德，乃早坠厥命。”夫“有历年”与“不其延”，或修或短，召公以为凡此皆天命也，命在天，故皆非我所敢知也，然我所以敢知者，惟知“不敬厥德，乃早坠厥命”云尔。然则“厥命”之“早坠”云者，乃在于“厥德”之“不敬”，而疾于敬德者，又“祈天永命”之要学也。故曰：“肆惟王其疾敬德，王其德之用，祈天永命。”呜呼！吾以是知九五有中正之德，志不舍命，其能祈天永命矣。“有陨自天”，非所患也。

上九，姤其角，吝无咎。

《象》曰：“姤其角”，上穷吝也。

刚居一卦之上，亢穷而无所遇，角之象也。夫相遇之道，不可远也，以九四之于初也，虽应而无所遇。故《象》以“远民”罪之，况上九乎？盖亢则自绝，刚则喜触，以是遇人，人望而畏却矣。其谁与遇哉？噫！当遇之时而无与之遇，何吝如之？夫我有遇人之道而人不我遇，则其过在人。然孟子于此犹有言曰：“仁者爱人，有礼者敬人。爱人者，人恒爱之；敬人者，人恒敬之。有人于此，其待我以横逆，则君子必自反也，曰：我必不仁也，必无礼也，此物奚宜至哉？自反而仁矣，自反而有礼矣，其横逆由是也，君子又自反也，曰：我必不忠矣。自反而忠矣，其横逆由是也，君子至此，则不得已而以妄人目之，以禽兽侣之。”由是观之，则我无遇人之道而人不我遇，则其过又谁在乎？噫！在我而已矣。此上九之“姤其角”，无与之遇，既以为吝也，而又无所归其咎也。噫！是咎也既无所归，归之已可也，故又责之曰“无咎”。

卷二十一

坤下兑上 ䷬

萃：亨。王假有庙。利见大人，亨利贞。用大牲吉，利有攸往。

《彖》曰：萃，聚也。顺以说，刚中而应，故聚也。“王假有庙”，致孝享也。“利见大人”，亨，聚以正也。用大牲吉，利有攸往，顺天命也。观其所聚，而天地万物之情可见矣。

《易》之有“萃”云者，谓天也人也，鬼神也，君与臣也，民也物也，交相会通之时也。故其卦德曰“萃亨”，而《彖》则释之曰“萃，聚也”。夫萃之所以为聚者，合兑与坤而言之则曰“顺以说，”即五与二而言之则曰“刚中而应”，此萃聚之故也。夫坤，顺也而在下，则下有以顺乎上也；兑，说也而在上，则上有以说乎下也。下既有以顺乎上，而上又有以说乎下，此上下之萃也。以九居五，刚而中者也，上有刚中之君，而下应乎柔中之臣，刚柔相应，君臣聚会，此君臣之萃也。所谓萃聚之故如斯而已矣，故曰“萃，聚也。顺以说，刚中而应，故聚也。”“王假有庙，致孝享也。”此又言人神之萃也。胡安定曰：“夫人之生，则精神萃于身，及其死也，虽欲见其容貌而有不可得。王者观萃之卦，设为庙祧，以萃祖宗精神于其间，以尽孝子之心。使天下当萃之时，皆知尊事其祖先也。”王谓九五也。假，至也，尽也，所谓致孝享是也。“利见大人，亨，聚以正也。”此又言君民之萃也。大人亦谓五也，夫当萃之时，天下之人所以惟见大人之为利者，以九五大人所以萃天下者，以其有是中正之德故也。河南曰：“人聚则乱，物聚则紊。非大人治之，则萃所以致争乱也。萃不以正，则人聚为苟合，财聚为悖入，安得亨也？故利在于正。”“用大牲吉，利有攸往，顺天命也。”此又言天人之萃也。夫时在天，随乎时者在乎人，当损之时二簋可用享，则萃之时用大牲非吉欤？当剥之时，不利有攸往，则萃之时有攸往非利欤？盖不如是非所谓顺天命也。天命即天理也，随时而动，无违天理，此所谓顺天命也。“用大牲吉”，亦承上文所谓“王假有庙”而明“用大牲”之意，然当此之时凡事皆吉于用“大”，亦不特“大牲”而已也。成大功、立大事、兴大利、去大害，凡此皆吉于“用大”者也。故继之以“利有攸往”，谓凡有所往惟此时为利故也。夫观坤、兑之顺、说，而知上下之萃；观二五之相应，而知君臣之萃；观致孝以享庙，而知人神之萃；观以正聚人，而又知君民之萃；观天命之不可不顺，而又知天人之萃。则天地万物所以萃聚之情，岂容有所遯乎哉？故蔽之曰：“观其所聚，而天地万物之情可见矣。”程河南曰：“凡有者皆聚也，有无、动静、始终之理，聚散而已。故观其所聚，而天地万物之情可见矣。”

《象》曰：**泽上于地，萃。君子以除戎器，戒不虞。**

泽水上聚于地，则其聚者多矣，故为萃之象。然所聚者既多，则播荡汇漾之患生矣。故地大而物众，人繁而事丛，则兼取并夺之祸常生于此时。若以为时方和会也，而忘其所可戒，此正秦人夷名城而销锋镝者也。夫四海已囊括矣，天下已席卷矣，当此之时，自以为豪杰既徂，海内一统，子孙万世帝王之业。故向之天下之兵，今也聚之咸阳，为十二金人，宜其无有可虑者矣。居无何，陈涉以氓隶之人斩木为兵，揭竿为旗，天下云合响应而秦亡矣。是何也？不知不虞之为可戒也。龚深甫曰：“兵作于睽，偃于萃，萃久则弊，然则除其弊而新之，惟此时为然。”兵法曰“天下虽安，忘战必危”，此之谓也。

初六，有孚不终，乃乱乃萃。若号，一握为笑，勿恤，往无咎。

《象》曰：“乃乱乃萃”，其志乱也。

初与四居相应之地，以阴而应阳，萃之正也。然三以无应与四相比，而有近而相聚之嫌，故初之孚于四也，而不终其孚焉，故曰“乃乱”，谓相信之志疑乱而不一也。然居萃聚之时，上下相求，下顺而上说，故初之志虽疑乱而不一，而四也必说而应之，故曰“乃萃”。“若号”谓乃乱也。“一握为笑”，谓乃萃也。夫初之志既疑乱而不一也，故有“若号”之象焉，谓以忧疑自沮也。四也说以应之，则一握之顷复变号咷而为笑乐矣，谓得其所聚也。夫如是，则初也，又何必忧疑自沮，而至于“若号”乎？故戒之曰“勿恤”。夫既勿用忧恤而往应于四，则亦孰我咎乎？故又勉之曰“往无咎”。大抵初以阴柔之才而居下位，才与位俱不足者也。当萃之时，其才与位既俱不足，而六三又以无应而与四有相聚之嫌，故初疑四之不已应也，而相信之志至于疑乱而不一，圣人于此可不戒之而勉之乎？

六二，引吉无咎，孚乃利用禴。

《象》曰：“引吉无咎”，中未变也。

孟子曰：“丈夫生而愿为之有室，女子生而愿为之有家。父母之心，人皆有之。不待父母之命、媒妁之言，钻穴隙相窥、踰墙相从，则父母国人皆恶之。”此言正喻君臣相聚之道然也。故又继之曰：“古之人未尝不欲仕也，又恶不由其道，不由其道而往，是钻穴隙之类也。”夫必由其道而往，此六二之所以吉于有引也。盖以六居二，正也，而九五在上亦正也，二、五居相应之地而其聚也以正，故无不由其道之失。五之于二也，既有引而进之之礼，则二之于五也亦必吉于引矣，故其聚也以正，其谁咎之？夫孚者，萃之本也。二以正道许五，则所谓中心之诚然者未始或变也，如此则上下相聚，不待文饰而诚意交通矣，犹之祭也以诚敬为主，故虽简薄可用以荐也。“孚乃利用禴”，禴，祭之简薄也，谓诚意交通，又何以文饰为哉？虽然，同此时也，《象》以用“大牲”为吉，而六二以用禴为利，何也？曰：备物者，王者所以随其时；有孚者，人臣所以通乎上。

六三，萃如嗟如，无攸利，往无咎，小吝。

《象》曰：“往无咎”，上巽也。

当萃之时，以阴比阳，若有所萃也，故曰“萃如”。然萃贵于正，三之于四非萃之正也，故若有萃而实无所萃也，故曰“嗟如”，谓欲萃于四而不获也。夫欲萃而无所萃，又何利乎？故又曰“无攸利”。夫三与上居相应之地，虽非正应，犹愈于无所萃者，若往而与之萃，则亦所谓以类聚也。又况各居顺说之极，下顺而上说，以同类相与，又何咎欤？故又勉之曰“往无咎”。曰“小吝”云者，夫以阴与阳萃，则以晦求明，以弱资强，而萃聚之道为有益也。今以阴萃阴，特求免于穷悴无萃之嗟尔，何所益哉？此于萃聚之道，小而吝也。上六无与为萃者，若六三者往而与之萃，则巽而受之，此亦上六之所欲也。故曰：“往无咎，上巽也。”

九四，大吉无咎。

《象》曰：“大吉无咎”，位不当也。

当萃之时，上比九五之君，得君之聚也；下比群阴，得民之聚也。得上下之聚，可谓善矣，然四以阳居阴，非正也，虽得上下之聚，必大吉然后无咎，大，周遍之义也，无不周然后为大。夫天下之聚固有不由正道而得者，非理枉道而得君者，自古多矣；非理枉道而得民者，盖亦有之。如齐之田常、鲁之季氏是也，其得为大吉乎？得为无咎乎？此程河南之说也。

九五，萃有位，无咎，匪孚。元永贞，悔亡。

《象》曰：**“萃有位”，志未光也。**

五，萃之主也。夫当萃之时，为萃之主，莫大于有其位，又莫大于有其道。盖位也者，所以一天下之聚者也。而道也者，又所以久天下之聚者也。九五曰“萃有位”，则所以一天下之聚者，谓有是位也。又曰“元永贞”，则所以久天下之聚者，又必有其道也。夫当萃之时，有是位而无是道，则九五之志岂得谓之光大矣乎？虽能无咎，而天下不我信者亦众矣。故曰“匪孚”，谓天下之人容有言曰：上之人但以位而萃我也，而其道则未至也。此岂能无“未光”之悔乎？故必“元永贞”而后“悔亡”。元始也，永终也，贞不变之谓也。惟夫九五之德居中履正，而能终始不变焉。则萃天下之道无余事矣，故无“未光”之悔，而曰“悔亡”也。程河南曰：“元永贞者，君之德，民所归也，故比天下之道与萃天下之道，在此三者。”

上六，赍咨涕洟，无咎。

《象》曰：**“赍咨涕洟”，未安上也。**

夫以阴柔之才而处萃之上位，而欲下之已聚者，难矣。又况当萃之时，诸爻刚柔皆有其应，而上六独无焉，其安能居此上位乎？宜其“赍咨”嗟叹而至于“涕洟”也。郑康成曰：“目出曰涕，鼻出曰洟。”夫上六，萃之终也，说之极也。萃久则散，说极则悲，盖其势然也。当是之时，比五而居上，此盖小人之得志者也，宜若得所萃矣。然萃久则散，说极则悲，向者以为甚安也，今也，反以为未安焉，小人而乘非所据，故不能终保其位，大抵然也。其曰“无咎”云者，在君子以为无足咎之故也。

巽下坤上 ䷭

升：元亨。用见大人，勿恤。南征吉。

《彖》曰：**柔以时升，巽而顺，刚中而应，是以大亨。“用见大人，勿恤。”有庆也。“南征吉”，志行也。**

夫天下之事，有所谓日进而不穷者，盖亦顺夫理而已矣。夫苟于理而未顺，未有能日进而不穷者，此《易》之所以有升，而卦德则曰“元亨”也。夫升之所以元亨者，以坤居巽上而言之，则曰柔以时升。合巽与坤而言之，则曰巽而顺。指九二之于六五而言之，则曰刚中而应。此其所以元亨也。夫柔之为物，非能强进者也，自非务顺乎理，安能升乎？其曰“柔以时升”云者，时之在天也，积百刻而成日，积日而成月，积月而成时，积时而成岁。初若甚微，终则甚著；初若甚近，终则甚远。柔之能升也，盖亦如此而已矣。何也？与时俱升故也，故曰“柔以时升”。坤，顺也；巽，亦顺也。下巽而上顺，其曰“巽而顺”，则亦无适而不用其顺也，以此为升，非顺乎天理矣乎？以九居二，刚而中者也，上应六五柔中之君，故曰“刚中而应”。夫当升之时，虽曰以柔而升也，然犹之木也，其能自下而升诸上者，苟其中之不刚，则亦委靡而已矣。此又柔之不可无刚也，故以九二之刚中，而上应六五之柔中，内有所主而外有所应，以此为升，是亦顺乎理者也。合是三者以言升，此升之所以元亨也。故曰“是以大[1]亨”。“用见大

① 大，宋刊本作“夫”。

人，勿恤，有庆也。南征吉，志行也。”此又申言大亨之效，有所戒有所勉，而使君子之必知所升也。夫升之所以大亨也如此，则用此道以见大人，又何忧其不升也？故二之与五刚柔得中，君臣相应，何庆如之！夫苟或忧其不升而遽已焉，则安能大亨矣乎？其曰“勿恤”云者，戒之也。南，明方也，升之所谓大亨者，盖亦舍晦而趋明之谓也，故以“南征”为吉，而曰“志行也”。夫君子之志，亦志于明而已矣，不志于明又安能大亨者也？其曰“南征”云者，又勉之也。夫圣人之彖升也，既言其所以大亨如此，又有所戒，又有所勉，为君子者可不务乎？然则人臣之进君，学者之进学，临事而从长，皆然也。

《象》曰：地中生木，升。君子以顺德，积小以高大。

天下之物由微以至著、自下而之上者，地中之生木也。何也？顺使然也。盖坤顺也，巽亦顺也，以顺生顺，故坤地之中生巽之木，始于毫末，终于寻丈者，以顺故也，此升之象然也。德之在君子，亦犹木之于地也，何也？君子之性顺也，而德出于性，亦顺物也。以顺生顺，故其积也不已，则始于小善，终于为圣为贤，其高且大孰御焉！孟子曰：“孩提之童，无不知爱其亲，及其长也，无不知敬其兄。”夫爱亲，仁也；敬长，义也。君子之仁，始于爱亲而已，及其以爱亲之仁积之而至于无所不爱，则仁满天下矣；君子之义，始于敬兄而已，及其以敬兄之义积之而至于无所不敬，则义满天下矣。夫由爱亲而至于无所不爱，由敬兄而至于无所不敬者，非顺德不能也。吾故曰：天下之事，亦有所谓日进而不穷者，盖亦顺乎理而已矣。

初六，允升大吉。

《象》曰：“允升大吉”，上令志也。

升，以柔升者也，然初六以柔巽之才居升之初，非有刚明之援与之同升，则亦未易升也。惟初也以柔巽欲升之志，上承九二刚明之贤，故九二亦以其同体也，而与之合志以同升焉，故曰“允升”。允，信也。夫九二方且信我，而与我合志以同升焉，则其为吉也孰大于此？盖谓之大吉，则当升之初，上下相信而不相疑，由此而升则功业可以被天下矣。所谓吉之大者，实基于此故也。

九二，孚乃利用禴，无咎。

《象》曰：**九二之孚，有喜也。**

《彖》曰“刚中而应”，谓二之于五也。当柔升之时，卦惟二刚，而九二刚而中，又巽体也，故无过刚之失，而足以上应柔中之主。故曰：“孚乃利用禴，无咎。”谓二、五刚柔之得中，而君臣之相应故也。夫君臣之志患不相孚，苟孚也，则虽简薄可用也，何也？无事于文饰故也，故以用禴为利，谓以诚敬为主也。如是当柔升之时，庸讵以过刚为咎乎？河南曰：“自古以刚强之臣事柔弱之君，又当升之时，非诚意于交，其能免咎乎？”夫九二能以诚意上通于君，亦岂为臣之道无咎而已乎？道合而志行，则其利泽可以被于天下，此九二之孚所以有喜也。萃以上萃下者也，故六二“引吉无咎”，而复以“孚乃用禴”继之；升，以下升上者也，故九二曰“孚乃利用禴”，而复以“无咎”继之。此虽升者萃之反，而九者六之反也，而以诚敬上通乎五，则亦一也。

九三，升虚邑。

《象》曰：**“升虚邑”，无所疑也。**

夫当柔升之时，而九三之升也，乃独以刚过之才升焉。如涉无人之墟，故有“升虚邑”之象。夫其升也，如“升虚邑”然，又何疑沮之有哉？龚深甫有曰：“李元量、耿希道皆以此爻为汤、武之升，而以六五为舜、禹之升。”盖六四“王用亨于岐山”，既为文王之升矣，则以此爻为汤、武，六五为舜、禹故也。今辄依之。李元量博士曰：“初与二，臣之升也，过乎二则非纯臣之象，是以九三之升惟汤、武足以当之。方夏之末、商之季，法度废矣，礼乐堕矣。故国虽大谓之邑，其曰虚又若无人耳。”

六四，王用亨于岐山，吉无咎。

《象》曰：“王用亨于岐山”，顺事也。

六四以柔顺之德居谦虚之位，顺之至也。昔者文王有君民之大德，又有事君之小心，故自处谦顺，而其德则升，其道则亨。故六四之升，有“王用亨于岐山”之象。盖谓文王尝用此至顺之道而亨于岐山矣，以是为亨，则吉于亨矣，其谁咎之乎？乃若后世之权臣强诸侯，不知王者有至顺之事而包藏祸心，至于攘夺僭窃者，难免乎万世之咎矣，况欲吉，得乎？李博士曰：“孔子曰：‘我欲托之空言，不如载之行事为深切着明也。’盖谓示后世已然之事，其功过于空言，故明夷取于箕子，升取文王岐山，凡此亦载之行事欲其深切着明也。”

六五，贞吉升阶。

《象》曰：贞吉升阶，大得志也

《彖》曰“柔以时升”，盖谓五也。李博士曰：“凡人君皆升乎天位，而所以升则不同。有去民之害，顺乎天而升，若汤、武者矣；有功德被于天下，荐诸天而升，若舜、禹者矣。”六五，贞吉而后升阶，盖言于正既吉，升而有序，尧、舜、禹是也，故以阶言之，谓宾主以揖逊而升者也。耿希道曰：“舜、禹之事，圣人所欲也；汤、武之事，岂圣人所欲哉？”故“贞吉升阶”为“大得志也”。若夫明夷之九三，其所以大得者，乃南狩之志尔，非圣人之本心也。

上六，冥升，利于不息之贞。

《象》曰：**冥升在上，消不富也。**

升至上六，无所复升矣。坤阴既极，冥昧无睹，故曰“冥升”。夫消息盈虚之理，曷可常也，有息必有消，有盈必有虚。升至上六，无所复升矣，而犹不已，则有消而无息，有虚而无盈矣。上六曾不知此，冥于升者也，故曰“冥升在上，消不富也”。然以上六不知止息之心，用之或得其正，则又利矣，故复晓之曰“利于不息之贞”。孟子曰：“仁义忠信，乐善不倦，此天爵也。”此不息之贞也，惟施于此为利，若施于消息盈虚之际，则不富矣。

坎下兑上 ䷮

困：亨，贞大人吉，无咎，有言不信。

《彖》曰：**困，刚揜也。险以说，困而不失其所亨，其唯君子乎。“贞大人吉”，以刚中也。“有言不信”，尚口乃穷也。**

《易》之六爻，大率以阳为君子、阴为小人，如姤、复等卦，则阴阳虽分多寡而有消长之渐；至泰至否，则阴阳之势均矣，然亦大率以往来屈信为君子、小人之胜负。至困，则阴阳之势亦均，此虽非消长之卦，不以往来屈信论，而阳爻又杂于群阴之中，为之掩隔，此君子不偶之象也。故圣人名其卦曰“困”而《彖》曰“困，刚揜也”，所谓刚者，九二、九四、九五是也。二之刚，为初与三之所揜。四与五之刚，为三与上之所揜。故曰“困，刚揜也”，此指三阳爻见揜于三阴以言困也。“险以说”，此又合坎、兑二体之用，以言乎困之道也。夫困也者，所谓险难之时也。当险难之时，而能说以处之，则乐天安义而不失其所守，故时虽困矣而其道则亨也。夫时虽困而道则亨，此非君子不能也，故继之以“困而不失其所亨，其惟君子乎。”子思子曰：“君子素患难，而行乎患难，无入而不自得焉。”此之谓也。若小人则安平无事之时，犹失所守，况当险难之时乎，又焉得亨矣？“贞[①]大人吉，以刚中也。”此又指二、五之刚中，而能尽处困之道也。夫正者，在天则为命，在人则为性，而在事与物则为理。古今有殊时，而此正则不变；万物有成败，而此正则固存。故是正者，在困之爻则二、五是也，在人则大人是也。何者？以其刚中故也。其中也刚，则此正不移，投之困穷险难之地，何往而不吉乎？非能吉也，能不失其正故吉也。或曰君子、或曰大人云者，亦无异义也。卦德于“大人吉”之后，又继之以“无咎”之辞，谓当此之时，以大人之德不能无困，然在我者有处困之道，故有吉而无咎也。《象》文省此二字者，谓既吉则无咎矣。朱子发引范谔昌之言曰：“《象》文脱‘无咎’二字，恐未必然。”“有言不信，尚口乃穷也。”此又指兑说在上或至于“尚口”，以为处困之戒也。夫当险难之时，固在于说以处之，然不知自说之道，而徒尚口舌以求说于人，欲以免夫困，人谁信之哉？只自取困穷尔。故曰：“有言不信，尚口乃穷也。”前言以说处困而亨，此又言尚口乃穷者，盖言当此之时，自说可也，说人不可也。此圣人重复发明兑说之旨，恐万世之下处困之君子，误用其心也。

《象》曰：**泽无水，困。君子以致命遂志。**

泽也者，水之所钟之地也。今也，坎水在下，兑泽在上，见泽而不见水，泽无水者也。夫其泽存、其水亡，此困乏之义也，故为困之象。君子当困穷之时，而至于空乏其身，行拂乱其所为，宜然而不然，若泽之无水焉者，此世人所谓有不可知者存也，而君子于此则务致其

① 贞，原为“正”，据上下文，改。

命焉。子曰:“不知命无以为君子也。”又曰:“穷理尽性以至于命。”君子之学不至于命，如处困穷何？故处困穷之道在于致命，谓欲至其所至之地也。命之学至之而无余，则在我之志者亦无所不遂者矣。君子之志，志于行吾义而已。学而不至于命，则一为穷困患难之所撄，必至于丧其所守矣。义何在焉？故夫知义与命之为一者，可与处困矣。

初六，臀困于株木。入于幽谷，三岁不觌。

《象》曰:**“入于幽谷”，幽不明也。**

夫柔之所附者刚也，刚既见揜，则柔亦失所附矣。夫刚揜则刚困，柔失所附则柔困，故初之与四虽居相应之地，然四方困于见揜，而未能下应于初，初欲上应于四，又为九二之刚所碍，则居失所安矣。故有臀困于株木之象，株木指九二也。夫阴柔之人，一有所碍遂不能安其所遇，而至于迷惑自失，入于困穷幽暗之地。故曰“入于幽谷”，谓坎险之底而不能自拔也。夫不能自拔于幽暗之地，则虽上有九四之应也，三岁之久其能觌乎？此无他，阴柔之人既无明见，一遇困难遂至颠冥失错，理固然也。故《象》曰:“入于幽谷，幽不明也。”

九二，困于酒食，朱绂方来，利用享祀，征凶无咎。

《象》曰:**“困于酒食”，中有庆也。**

《彖》曰“正大人吉，以刚中也”，夫以大人刚中之才，而处人臣正中之位，则九二是也。九二以刚居中则安其所遇，故虽困穷险难，曾何足以动其心？但处人臣正中之位，而未能推君之惠泽，以充足天下之愿欲，而使之饱满酣适焉，则吾以是为困也，故曰“困于酒食”。虽然，二、五之大人以正相应，亦不终困也。故又曰:“朱绂方来，利用享祀。”盖“朱绂方来”云者，五之下接乎二也;“利用享祀”云者，二之上通乎五也。夫朱绂之为服者，王者所以蔽膝也，九五方来下接乎二，故取蔽膝之服以为象。享祀之礼，以至诚默通乎神明者也，九二自守于下，利用至诚以上通乎五，故取享祀之礼以为喻。夫上有以接乎下，而下有以通乎上，此大人以正相与而不终困者然也。然又以“征凶无咎”戒之者，谓方困之时，为九二者若不知以至诚自守，而往求遇合，此非大人之道也，犯难罹凶乃其自取尔。又谁咎乎？夫以九二之刚中，犹不免于戒，处困之道庸可易乎？故《象》又申之曰“困于酒食，中有庆也”，盖谓当是时也，虽未能推君之惠泽以遍及天下，惟以刚中自守，而无庸有所往焉，则自有“朱绂方来”之庆矣。程河南曰：“自昔贤哲困于幽远，而德卒升闻、道卒为用者，惟自守至诚而已。”

六三，困于石，据于蒺藜，入于其宫，不见其妻，凶。

《象》曰：“据于蒺藜”，乘刚也。“入于其宫，不见其妻”，不祥也。

石，坚重之物也，而非阴柔之才所能胜也，往而犯之，只自困尔。故《系辞》曰：“非所困而困焉，名必辱。”谓九四、九五二刚在上，坚重不可犯也，而三犯之，以取困也。蒺藜，蔓草之有角刺者，不正之人，滥乘非据而处正人之上，岂所安也？故《系辞》曰：“非所据而据焉，身必危。”谓九二之刚中岂可乘也，而三乘之，非其所安，犹藉刺负芒然也。夫六三所以轻犯二刚，以取困者，徒以上六吾配故也。六三阴也而居阳，自以为阳也，故求配于上六。然上六，宫则是也，而非其妻，故曰“入于其宫，不见其妻”。小人轻进妄动，无与亲合，危辱困极如此，岂吉祥之征也哉？故不免于凶祸也。《系辞》于此又言其所以凶也，而曰：“既危且辱，死期将至，妻其可得见邪。”盖甚之也。以是观之，当困之时，不善处困者，三阴之爻皆然也。然君子为之商其尤不善者，六三是也，初六次之，上六又次之。

九四，来徐徐，困于金车，吝有终。

《象》曰："来徐徐"，志在下也，虽不当位，有与也。

坎中之一阳，下碍初六，故曰"株木"；其为材也刚，上冲九四，故曰"金车"。凡此，皆九二之象也。夫初既"困于株木"，而不能上进；四又"困于金车"，而不能下逮。何咎如之？然九二有"朱绂方来"之庆，九五又有"徐有说"之理，二、五自以同德相应，而九四应初之志，可以徐徐而来也。"徐徐"，谓有困窒而未遽前也。夫处不当之位，动辄有碍，而未遽如意，所赖者有与在下，终必遂志，非终困也，故虽吝而有终。河南曰："有终者，事之所归者正也。初、四正应，终必相从也。寒士之妻，弱国之臣，各安其正，苟择势而从，则恶之大者，不容于世矣。"

九五，劓刖，困于赤绂。乃徐有说，利用祭祀。

《象》曰："劓刖"，志未得也。"乃徐有说"，以中直也。"利用祭祀"，受福也。

《彖》曰："正大人吉，以刚中也。"夫以大人刚中之才，而处人君正中之位，则九五是也。然当困之时，刚有所揜而志未得通，故有"劓刖"之象。"劓"之谓伤于上也，"刖"之谓伤于下也，上下皆揜于阴，为其伤害故也。夫五之困如此，故远近隔绝，应效未至，故其说未遽有也，故"徐徐"焉尔。而《象》又推原九五所以致说之道，而曰"中直也"。盖言二、五大人以此道相许久矣，但时方困，刚方揜，故其说徐有也。祭祀者，人君所以礼神也，夫祭祀之事必以诚敬为主，而后获福佑之报。九五之下交于二也，不以诚敬默通乎二，安能获其应助之力乎？故曰："利用祭祀，受福也。"夫二、五皆以至诚相感通，故同以祀事明之，然要之获应助之力者五也，此"受福也"之言所以独归之五焉。礼有祭天神、祀地祇、享人鬼之别，五居尊，故言祭；二在下，故言享。各以其所当用也。

上六，困于葛藟，于臲卼。曰动悔有悔，征吉。

《象》曰："困于葛藟"，未当也。"动悔有悔"，吉行也。

困至上六，困之极矣。六三非其正应也，徒以阴柔相缠系而已，非果能脱己之困束也，故困于葛藟。九五不可乘也，阳刚中正之君，方务去刚揜之困，而上以阴柔乘之，岂其所安？故又曰"于臲卼"。夫上六有此二困，而不知物极则反、困极则通，何也？无乃自谋之拙乎？"曰"云者，自谋之辞也，如是自谋曰"动则有悔也，姑求安于臲卼之地，而甘心于缠系之人也"，而不知不动乃所以有悔也。然则为上六者，又何锢于不动而以动为讳乎？故圣人于此明以告之以"征吉"，谓其舍臲卼乃所以安，释缠系乃所以脱其困束也。由是观之，甘心于缠系者未为计之当也，若以动为悔乃所以有悔也，则莫若吉于行也。圣人所以为上六谋者，至此可谓审矣，为上六者舍其自谋以从圣人可也。朱子发曰："范雎困于郑安平，虞卿困于魏齐，犹能解相印以全其躯，况体易之君子乎？"

卷二十二

巽下坎上 ䷯

井：改邑不改井，无丧无得，往来井井。汔至，亦未繘井，羸其瓶，凶。

《彖》曰：巽乎水而上水，井。井养而不穷也。“改邑不改井”，乃以刚中也。“汔至，亦未繘井”，未有功也。“羸其瓶”，是以凶也。

朱子发曰：“此卦《彖》文脱错，当曰‘巽乎水而上水，井。改邑不改井，乃以刚中也。无丧无得，往来井井，井养而不穷也。汔至亦未繘井，未有功也。羸其瓶，是以凶也’。”以文义考之，理当然也。井之为物，体用备者也。君子之学，备夫体与用者也，故体欲其居，用欲其不居，体居则其德有常，用不居则其功不匮，德有常而功不匮，井之所以为井也，而君子实得之。巽在物为木，其义则入也，巽之木入乎坎水而上出之，则井之功用见乎外矣。故曰“巽乎水而上水，井”，此合坎、巽之义，以言井之功用也。井田之法，八家为井，四井为邑。邑者，人所聚；井者，人所食。然邑可改迁，而井不可改也，何也？水之所在故也。犹君子可以富也，可以贫也，贵可使为王公，贱可使为匹夫，此邑可迁改也。道之所在，不为尧存，不为桀亡，此井不可改也。何者？以其刚中也。如使其中之不刚，则易涸矣，安在其不可改邪？尽乎此者，于爻则二、五是也。故曰：“改邑不改井，乃以刚中也。”此指二、五之爻，以言井之体也。夫井之为物也，取之而不竭，无丧也；存之而不盈，无得也。无丧无得，则凡有求于我者，皆赖我以为用故也。得乎我而往者，井井然也；未得乎我而来者，亦井井然也。然井之所以为井者，未尝不一也，何者？有所谓不穷者存也。故曰：“无丧无得，往来井井，井养而不穷也。”此又合井之体用，以言井之所以不穷也。汔几也，繘绠也，夫井以济用为功，几至于井而未及于济用，则亦与未施绠于井同也。何也？无益于用故也。君子之道推己以及物而已矣，虽曰知推之而未尝及物，则亦与不知推者同也。何也？无补于物故也。故曰：“汔至亦未繘井，未有功也。”此又言井以济用为功，而不可以中废也。若夫所以上水者瓶也，而或羸焉，则又非特未有功而已，终于无功焉尔矣。何也？未至者可勉而至，已坏者终于无成故也。夫君子有善用之才，则取之于己，用之于人，有余也。在我之才，或至于不善用焉，则如东汉不知谨密之君子，自保其身之不暇，又何暇于济世而救物也哉？故曰：“羸其瓶，是以凶也。”此又因井以言不善用其才者之戒也。吾故曰：未至者可勉而至，已坏者终于无成。

《象》曰：木上有水，井。君子以劳民劝相。

巽为木而在下，坎为水而在上，其曰“木上有水”云者，木上本非有水也，以木巽乎水而上水故也，此木上有水所以为井之象也。夫水之蓄聚乎井也，其初盖未尝劳也，及夫以木巽之，登水于木，则动荡汲引，以至于或灌、或濯、或烹、或煎，其用始劳矣。君子之于民也亦然，春使之涂足而耕，夏使之曝背而耘。以至于为商也，则使之竭力于负贩；为工也，则使之精心于技能；为士也，则使之锐志于行艺。何其劳也？盖以谓不如是，则不免为无用之弃民故也。而民之趋之，亦曰："此虽上之我劳也，然不如是，则吾其弃民矣。又安得不如是之劳也？"所谓"劝相"云者，木一物也，水亦一物也，二物相合而后井之功用见矣。若木自木、水自水，则如功用何？君子之于民也既劳之，其道盖有以使之相资以为用者，若六府之交修、三事之咸和，其出入也相友，其守望也相助，其疾病也相扶持。至于父子以仁亲，君臣以义合，夫妇以礼别，长幼以序秩，朋友以信遇，此皆劝相之大凡也。

初六，井泥不食，旧井无禽。

《象》曰：**"井泥不食"，下也。"旧井无禽"，时舍也。**

初在下而居阴，井之泥也。泥则不可食，不可食则废而无用矣，故曰"旧井"。夫养而不穷者，井也。无得无丧，往来井井，又安有新旧之间乎？夫惟废弃而不用，则无日新不穷之功矣。故目之曰"旧井"云，谓之"无禽"，则禽鸟且不至，况人乎？此泥浊在下，为一时之所弃也。小人污辱之行，人所不取也，以至于禽类亦舍弃之，则初六之井泥是也。程河南曰："舍，上声，与乾之'时舍'不同。"

九二，井谷射鲋，瓮敝漏。

《象》曰：**"井谷射鲋"，无与也。**

他卦九二少有可议者，惟井之九二则异于是，何也？九虽阳刚也，而居阴，阴虚则下漏，又巽体也，巽之阴虚在下而复缺，无有隄防之者。夫缺漏在下，故无所容蓄，而井之水注射于下，以此为井，未也，乃涧谷也。故曰"井谷"，而有"瓮敝漏"之象。瓮之为器也，完则能蓄，今也敝且漏焉，宜其注射于下也。鲋鱼，生长于涧谷之间者也。井谷之水，初无停积，从注射鲋鱼而已。鲋鱼，物之在下而微也，初六之象也。若使在下而有阳刚之助，则能隄防此水，而不为井之谷也。故《象》曰："井谷射鲋，无与也。"困之九四曰："来徐徐，志在下也，虽不当位，有与也。”九四所谓“有与”云者，指初六也；今九二井谷之水注射于下，初六阴虚在下，而无有隄防之者，故曰“无与也”。程河南谓“上无应援”，朱子发谓“九五不应，无与之者”，皆误矣。或曰：九二之在井既有瓮敝漏之象，而《象》乃例称之曰“改邑不改井，乃以刚中也”，何也？曰：涧谷之水尤非易涸者也，此岂可改易者邪？以其漏下，故曰“井谷”，然语其刚中则亦自若也。或者又曰“羸其瓶，凶”，此岂非九二之所谓“瓮敝漏”邪？曰“羸其瓶”云者，此为不善用其才者之设也。“瓮敝漏”则以喻井谷也，其所指异矣。学《易》者观象而得其影，非善观象者也，凡此皆诸家之误也。

九三，井渫不食，为我心恻。可用汲，王明，并受其福。

《象》曰：“井渫不食”，行恻也。求王明，受福也。

九三以阳居阳，阳为实，为明。明则无初之泥，实则无二之漏，其渫也固宜。渫云者，清之谓也。水既清矣，此可食也，而或不见食焉，孰不为九三恻心邪？“恻”云者，悯其不食故也。“我”谓三也，盖君子有可用之实，而不见用于时，君子无庸过自恻也，为我“心恻”者人也。《象》曰“行恻”云者，以九三之行清渫如此，而不见食焉，岂不为人所恻邪？“可用汲，王明，并受其福”，此亦恻者之辞也，此九三之清渫之行如此，可以汲之而食也。汲之者谁乎？王之明也。谓以我之渫、王之明，两者不可相无故也，如此则并受其福矣。王者享任贤之福，而贤者有福天下之功，非并受其福而何？《象》曰“求王明”云者，求谓汲之也，知九三有可汲之实而遂求之者，此非王者之明不可也。在九三也，有可汲之实；在王者，又明知其可汲也，而遂求之。则贤者之福遍及上下矣。若王不明，而不知九三之是求焉，则为九三恻者将何时而已邪？此人主之不幸，而生人之无福也，又何并受其福之有？司马子长曰："王之不明，岂足福哉？"此之谓也。

六四，井甃，无咎。

《象》曰："井甃，无咎。"修井也。

六四以阴居阴，阴虚亦敝漏也。然在已虽漏而下，有九三隄防之助焉，则其与九二之得初六亦异矣，故有"井甃"之象。谓在已虽陋，而修治隄防之力则有赖焉尔，此所以能补其过而无咎也。朱子发曰："古者甃井为瓦里，自下达上。"然则二之所谓"瓮敝漏"云者，则亦瓦里之不修故也。瓦里之不修，非初六之在下乎？夫以敝漏之资，所与处者曾无修治隄防之助，此九二所以无与也；所与处者，有修治隄防之助而免敝漏[①]之患，此六四所以无咎也。然则君子之所与处者，欲其有补于己，而异乎九二之无与，则不可以不谨所与也。

九五，井洌，寒泉食。

《象》曰：寒泉之食，中正也。

九五以坎中之阳，而居正北方之位，故其为井也洌，其为泉也寒。夫以中正之德居中正之位，此尧、舜、禹、汤、文、武之君，所以有功于养人也。故曰："寒泉之食，中正也。"若孔子、孟子，有养人之德而无养人之位，此九三之井渫而不食，而万世之下犹有为之恻心者。虽然，渫与洌，性也；食与不食，命也。孟子曰："性也，有命焉，君子不谓性也。"又曰："命也，有性焉，君子不谓命也。"君子之所谓性、命云者，而九三、九五之爻求之过半矣。

上六，井收勿幕，有孚元吉。

《象》曰：元吉在上，大成也。

井至上六，井道之大成也。夫井道既大成矣，宜无物我之嫌可也，

① 漏，宋刊本无此字。

故戒之曰“井收勿幕”。上六以阴居阴，阴道吝啬，故为之戒云。“收”谓其井道之功成也。夫井道至此功成矣，若居有其成而不以与人，犹为未成也，故以“勿幕”戒之。惧其以成功自居也，能若是则有孚矣。何者？我不拒人，而人亦不以我为拒人故也，其为吉也，岂不大乎？故圣人于此以“元吉”与之。夫井与鼎，皆养人之具也。鼎之上功已成矣，则不可以无铉；井之上功已成矣，则不可以有幕。何也？幕所以覆井，而铉所以举鼎也，鼎之功已成，而无以举之，功犹未成也；井之功已成，而或有以覆之，得为成功矣乎？故井之上曰“井收勿幕，有孚元吉”，而鼎之上则曰“鼎玉铉，大吉，无不利”。

离下兑上 ䷰

革：已日乃孚，元亨利贞，悔亡。

《彖》曰：**革，水火相息，二女同居，其志不相得，曰革。“已日乃孚”，革而信之。文明以说，大亨以正，革而当，其悔乃亡。天地革而四时成，汤武革命，顺乎天而应乎人。革之时大矣哉！**

予学《易》至于革，喟然而叹曰：噫！革之在《易》也，其变易之尤大者乎！何也？得失之报、理乱之数、始终之变具在，诸卦未尝不历历焉及之，惟革命一说必待革而后尽其辞，此其故也。而或者必曰：文王之于卦德也，特曰“已日乃孚，元亨利贞，悔亡”而止耳。其子文公之于九五也，特曰“大人虎变，未占有孚”而止耳。至于孔子，然后广及革命之事。噫！夫岂知微其辞于卦德者，此文王之旨也；又微其辞于九五者，此文公之旨也。即是辞是旨而申之以其事、实之以其人而无复隐讳焉者，此则孔子之旨也。孔子之于《春秋》也，而曰：“我欲托之空言，不如载之行事为深切著明也。”今于《易》亦然，故夫托之空言而使人默[1]喻夫革者，文王、文公是也；载之行事而使人欲明夫革者，孔子是也。然则《易》微孔子，革之旨或几乎晦矣，又孰知夫革之在《易》也，其为变易之尤大也乎？故夫革之所以为革也，以离火、兑泽言之，则为水火相息；以离中女、兑少女言之，则又为二女之不相得。夫水得火而竭，火得水而灭，今也泽在火上，则水火相止息者也，如此亦岂物理之常也？二女虽均女也，今也少女反乘中女，故虽同居也，其志岂相能哉？此亦非人情所可常也。即是人情、物理而并论之，革之所以为革也如此。故曰："水火相息，二女同居，其志不相得，曰革。"此合离、兑二体之象，以言革之义也。夫圣人之举动也，初无待于积日持久，而人皆知其为当然也，此所谓"已日乃孚"也。已，止也，乃断[2]辞也。止于一日之间，而无有不孚者，此岂有它哉？盖其为革也，有以深信夫人故也，是说也，在爻，则为九五"未占有孚"；在圣人，则为成汤之彰信兆民是也。故曰："已日乃孚，革而信之。"此指九五以言革之效也。夫暗乱之与人心怨怼，时乎革也，则革暗乱而文明，革怨怼而为和说。文明，离也；兑，说[3]也。故曰"文明以说"，此又合离、兑二体之用，以言革之时也。革之六爻皆正也，故初九、六二、九三、九五、上六正也，而以九居四，以阳居阴，亦正也。乃若统摄众正而尸革之功者，此又九五所以为革之大人也。故卦德曰"元亨利贞"，而《彖》以"大亨以正"释之，此又总六爻之正，而尸之五以言革之道。夫当革之时，去乱而即治，舍故而趋新，此生常事也。然苟揆之人心而然，质之天地万物之理而皆合，蔽之古圣贤之说而无异辞，则是事也虽若越常异者，而有悔也，然革之

① 默，原作"嘿"，据宋刊本及上下文改。
② 断，宋刊本作"继"。
③ 说，宋刊本作"悦"。

而当，又何悔云？成汤之既伐于夏也，有惭德焉，曰“予恐来世以台为口实”，此有悔也；而仲虺则曰：“天锡王勇智，表正万邦，缵禹旧服。兹率厥典，奉若天道。”此则悔亡也。夫革道患不当尔，苟当也，则虽成汤有南巢之役可以无惭，又况天下之事，所谓小小变革也乎？故曰：“革而当，其悔乃亡。”此又曰“大亨以正”，此言革道之善也。夫世事之推迁而天地之变易也，故《彖》于此又以天地之革以明汤武之革焉。夫革春而为夏，革秋而为冬，虽曰寒暑之不同，而二气之相推、四时以成，则一而已。革夏而为商，革商而为周，虽曰世代之不同，而其上顺天命、下应人心，则亦一而已。一者何也？所谓理之当然是也，天地圣人均所不能违也。夫天地变易，世事推迁，以时为大，故又赞之曰“革之时大矣哉”。噫！知革之时为大，则予所谓革之在《易》也，其变易之尤大者，信乎其尤大也。

《象》曰：**泽中有火，革。君子以治历明时。**

离，火也，而在下；兑，泽也，而在上。故曰“泽中有火”，此即《彖》之所谓水火相息也。时之运于天也，日月之相推，寒暑之相荡，此水火相息之谓也。然人皆知日月之相推、寒暑之相荡如是也，而不知其所以相推相荡之由，此历学之所由设也。故夫历之设也，以二至明阴阳之始，以二分正阴阳之中，以闰余定阴阳之终、始、中、终具举，而日月星辰之运动不失其序。故天道运于上而人事应于下，而无有圭撮之异矣，此革道之明效也。

初九，巩用黄牛之革。

《象》曰：**“巩用黄牛”，不可以有为也。**

《中庸》有曰：“虽有其德，苟无其位，亦不敢作礼乐焉。”则革之初九是也。夫九以刚明之才当变革之时，宜若可以有为也。然其位在下也，以能为之才处在下之位，而或过为改作之事，此岂所谓君子之时中矣乎？故处此之位，惟以中顺之德自守而已可也。故曰“巩用黄牛之革”，而《象》曰“巩用黄牛不可以有为也”。巩，固也；黄，中色也；牛，顺物也。夫革，变革之谓也。其曰“黄牛之革”，则坚而不变。此又不革之革也，以况则君子在下，以中顺自固，而无过动之愆，此所谓时中也。

六二，已日乃革之，征吉无咎。

《象》曰：“已日革之”，行有嘉也。

六二以中正之德，上应九五中正之君，当革之时，无有可愧者矣。卦德所谓：“已日乃孚，元亨利贞，悔亡。”则六二与有劳焉。故曰：“已日乃革之，征吉无咎。”而《象》曰：“‘已日革之’，行有嘉也。”夫卦德所谓“已日乃孚”云者，人之深信乎五也。六二所谓“已日乃革之”云者，二之有功于五也。人之深信乎五，初无待于持久焉者，以二之有功于五也，亦初无待持久之劳故也，是何也？中正之德相革之主，成革之功不难而易故也。以是而行，故有嘉美而无过咎，此《象》所谓“革而当，其悔乃亡也”。而六二则曰“征吉无咎”，又曰“行有嘉也”，以言革道之善如此也。

九三，征凶，贞厉。革言三就，有孚。

《象》曰：“革言三就”，又何之矣。

呜呼！吾观革九三，而知革道不可以或过也。夫天下之弊，不可以不革也，不革则弊不去。弊既革矣，亦不可以过于革也，过于革则下不安。九三居下体之终，所谓革道之小成也。而又以刚处刚，或过用其刚焉，此革之所戒也，故曰“征凶，贞厉”。自古不明此戒，而或至于过用其刚者多矣。夫朝纲不振，吏治苟且，纠之以严可也。严而不已，以至祸及缙绅、动罹戮辱者，此刚过也。奸宄害治，罪恶既稔，惩之以刑可也。刑之不敬，以至禁网苛密、刀锯横施者，此亦刚过也。戎虏伺衅，猾我中夏，威之以兵可也。兵或不戢，以至中外骚扰、民不堪命者，此又刚过也。夫以九居三，正也。刚而或过，得为正乎？纠吏治以严，惩奸宄以刑，威戎虏以兵，正也。严而不已，刑之不敬，兵之不戢，得为正乎？然则处九三之时者，宜如何？曰：当以危厉自警，而无愆于是正，斯可矣。故又晓之曰“革言三就，有孚”。盖以革道言之，自初至三已三就矣，谓革道之小成也。“有孚”谓亦已[①]著信于人矣，此岂可以复有往欤？故《象》又申之曰“‘革言三就’，又何之矣”，则九三征凶之戒，不其著明矣乎？

九四，悔亡，有孚，改命吉。

《象》曰：改命之吉，信志也。

九四以刚阳之才，处近君之位，而当水火相革之际，事之可悔者从而革之，革之而当，故曰“悔亡”。夫处近君之位而所改革者，何事也？曰：子从父之令，不得谓之孝；臣从君之，不得谓之忠。惟四也，近而亲五，以同德佐上，而其孚信素结主心。故上有所命，当改则改之，在我不为嫌，而在君子亦不为疑，嫌疑两忘，此所以吉也。故曰“有孚，改命吉”，而《象》曰“改命之吉，信志也”。夫事君之道，以诚信为本，又况居献替亲密之地，命在上出也，而我乃得以改之，自非孚信之志素结主心，安能有此吉乎？唐太宗尝欲以郑仁基息女为充华，典册已具，魏征言之，帝即诏停其册；高昌王曲文泰将入朝，西域诸国欲因文泰遣使奉献，帝诏迎之，征又言之，帝追止其诏。至于遣使立叶护可汗也，使者未还，复遣使诸国市马，征又言之，帝为之

① 已，宋刊本作“以”。

止。凡此类者，所谓改命也。然苟非征也展尽底蕴、不事形迹，而剀切之诚上当帝心，则“改命”之“吉”未易至是也。

九五，大人虎变，未占有孚。

《象》曰：“大人虎变”，其文炳也。

乾之九五，有大人飞龙之象，革之九五有大人虎变之象，均是人也，而象则异云者，亦各乘其时故也。夫革之五，革命之主也。特爻辞不显言之尔，盖其为德也大，故其发见也亦大。当此之时，举事应变，文理昭著，犹之虎变也，炳然之文有不可揜，而其威信所格罔有不服。故无待于占决，而知天下有信顺之心焉。噫！非上顺天心、下应人心，其孰能变化感通如此，其至矣乎！

上六，君子豹变，小人革面。征凶，居贞吉。

《象》曰：“君子豹变”，其文蔚也。“小人革面”，顺以从君也。

革至上六，革道之大成也，又不特九三“革言三就”而已也，故以君子、小人并言之，以言革之成效也。向也君子隐于岩穴，遁迹自晦，今也离隐而之显，见于有道之世，功业著见，如豹之变其文，蔚然而盛也，向也小人苟免虐害，悱然不服，今也去虐而归仁，中悦而诚服，曾无矫饰之态，故革去面从，而以悦顺之心从乎君也。夫举天下之君子、小人莫不皆有所革，如此则革道之大成也。当此之时，岂可复有所往哉？务在镇静以安人心。以汉承秦之后，萧规曹随，以兴清静之化可也。夫苟昧此，则斯民又未有息肩之暇矣！故又戒之以“征凶，居贞吉”。盖天下之弊，始则患乎不能革，故六二应五，当革之任，则勉之曰“征吉”。弊已革，又患乎不能守也，故九三、上六俱以“征凶”戒之。然三之“征凶”则曰“贞厉”，而上之“征凶”则曰“居贞吉”者，革于三则防其刚过，于上则以阴静终也。

巽下离上 ䷱

鼎：元吉亨。

《彖》曰：**鼎，象也。以木巽火，亨饪也。圣人亨以享上帝，而大亨以养圣贤。巽而耳目聪明，柔进而上行，得中而应乎刚，是以元亨。**

鼎也者，致洁以养人之具也，故鼎有新义。凡天下之事，所谓日用而日新者，必曰鼎新，以其致洁故也。《序卦》曰“革物莫若鼎”，《杂卦》曰“鼎取新也”，是也。《易》也者，日用而日新之道也，故其卦有取于鼎焉。古者制器必取诸象，鼎之为卦也，实具鼎之象焉。故以全卦观之，则分植乎下者足也，初六是也；完实乎中者腹也，二、三、四是也；对峙乎上者耳也，六五是也；横亘乎上铉者也，上九是也。夫物有足有腹、有耳、有铉，非鼎乎？故曰“鼎，象也”，此以卦之六画，以言鼎之象也。以二体观之，则巽为木也，而在下；离为火也，而在上。以木巽火而火出乎木，则又鼎之功用见矣，故曰“以木巽火，亨饪也”。此以离、巽二体言鼎之用也。夫鼎之为用至重也，天下莫不用之，然惟圣人为能极其用，故继之曰“圣人亨以享上帝，而大亨以养圣贤”。盖以是惟新之命而畀之圣人者，上帝也，故圣人必有以享之。然于享上帝必曰“亨”，而养圣贤则曰“大亨”云者，孔氏《疏义》曰：“享上帝尚质，特牲而已，故直言‘亨’；圣贤既多，养须周遍[①]，故亨‘上’加大‘字’也。”朱子发曰：“以享上帝之心，推之以养圣贤，人有不乐尽其心者乎？”其曰“圣人亨以享上帝，而大亨以养圣贤”，此又即鼎之用，以言惟圣人为能极其用也。“巽而耳目聪明，柔进而上行，得中而应乎刚，是以元亨。”此则即巽、离之用与

① 周遍，各本皆同，孔《周易正义》作“饱饫”。

六五之柔中以言卦德之所以元亨也。夫鼎之为卦，巽下也，故有人君卑巽下贤之象；离上也，离为目，又六五鼎耳也，故有耳目聪明之象。夫人君能卑巽以下贤，则天下之贤孰不为吾用哉？故以天下之耳为耳，则其耳聪；以天下之目为目，则其目明。此所谓“巽而耳目聪明”也。夫人君之耳目既聪明矣，则以柔居尊位，无愧也。故柔顺之道，巽于下，则为下贤；进于上，则为六五而且得中焉，以与九二刚中之贤居相应之地，此所谓“柔进而上行，得中而应乎刚”也。夫巽而耳目聪明，则巽之效也；柔进而上行，则柔之效也；得中而应乎刚，则中之效也。鼎之君，具此三者，故卦德曰“元吉亨”，而《彖》曰“是以元亨也”。盖谓之元亨，则吉在其中矣。河南曰：“凡卦，离上者皆云‘柔进而上行’。柔，在下之物也，乃居尊位，进而上行也。”斯言也，不惑于卦变矣。

《象》曰：木上有火，鼎。君子以正位凝命。

李博士曰：“木上有火，非鼎也，鼎之用也。犹之木上有水，非井也，井之功也。语井而不及功，语鼎而不及用，非观象知意也。”夫鼎之为器也，其形端正，其体镇重，其用日新。故鼎之奠于此也，而木上之火亦凝然于此，而后亨饪之功见焉。君子之观此象也，则亦正其位而已矣。其位既正，则命令遂于此而凝焉。如木火之凝然于鼎也，则造化之功亦于此见矣。盖木火相资以成变化，有凝命之象。凝，聚也。《中庸》曰：“苟不至德，至道不凝焉。”予亦曰：“苟不木火，鼎之用不凝焉。”然则鼎之用不凝，则鼎也者无用之器也；君子之位不凝，则位也者亦岂非无用之器乎？故曰：“语井而不及功，语鼎而不及用，非观象知意也。”

初六，鼎颠趾。利出否，得妾以其子，无咎。

《象》曰："鼎颠趾"，未悖也。"利出否"，以从贵也。

初，鼎之最下，趾之象也。鼎当致用之初也，倾而倒之，去其故秽以取新洁，故曰"颠趾"。夫趾颠，则鼎覆矣，此宜若非顺道也。然时乎当颠也，则于理为未悖也，故秽者不去，则新入者亦秽矣，庸可以颠趾为嫌乎？故曰"'鼎颠趾'，未悖也。'利出否'，以从贵也。"其在人则弃不善以从善也。夫鼎趾之颠，不正者也，然出否以从贵，则虽颠未悖也。故又曰"得妾以其子，无咎"，盖妾非正者也，犹之鼎之颠也，然而有子焉，则不正之咎可无也。何者？有可贵者在也。故夫善之出于不善也，君子不以尤前之不善也，而弃夫今日之善，若追其前日也而尤之，则殆非弃瑕录善之道也。苏东坡曰："圣人之于人也，贵其身不问其所从，论其今不考其素，苟骍其角，犂牛之子可也。"朱子发曰："得贱臣者，苟利于宗庙社稷，则或出于屠贩、奴隶、夷裔、俘虏，不问其素可也。"

九二，鼎有实。我仇有疾，不我能即，吉。

《象》曰："鼎有实"，慎所之也。"我仇有疾"，终无尤也。

九二，以刚实居中，此鼎之有实而居中者也。夫受任而得中，则任无过分，而能有其实矣。否则必致满溢之愆，如九四之覆餗，实何有焉？此君子所以贵于自谨也，故《象》曰"鼎有实，慎所之也"。若九四不知自信，而有覆溢之愆，则所之之不慎故也。我仇谓六五也，四缪当高位重任，而上比乎五，其得君亦既专矣；五欲下应以助二，而四实间之。故曰："我仇有疾，不我能即。"夫五之不我能即，则惟四之是即可知矣。此过分之任、莫大之责，不以加之二而四实当之，故二也得以适当其分而无过其实，而不失之也，故曰"吉"。而《象》曰："'我仇有疾'，终无尤也。"夫五之"有疾"，乃所以为二之"无尤”，使二也不知慎其所之，而冒越以干五，则过分之尤，终亦有所不免矣。其能无尤矣乎？王辅嗣曰：“有实之鼎，不可复有所取；才任已极，不可复有所加。”胡安定曰：“鼎之实必有齐量，若过其盈溢，则有覆餗之凶。君子有才德，亦有分限，若职事过其才分，则亦有瘝官之谤。”

九三，鼎耳革，其行塞，雉膏不食。方雨亏悔，终吉。

《象》曰：“**鼎耳革**”，**失其义也**。

九二，鼎实之得中也；九三，则鼎实之将盈也。而又以阳居阳，其实充充然，美且甘也，是故可食也。然君子能为可食，不能使人必食之。故曰“鼎耳革，其行塞，雉膏不食。”夫鼎耳，六五也。五以无为为鼎之主，而尸举措之功，然其所以举措者又在乎铉。铉，上九也。九三与上九，非其应也，故上不以铉而授之五，则五亦不以耳而听之三，此鼎耳之革也。“革”云者，谓失其所以相从之义也，如此则鼎有滞塞，而无行移矣。故三虽有美且甘之可食者，如雉膏然，又何望于见食已乎？虽然，蕴其德，久而必彰；守其道，其终乃亨。以五之耳目聪明，决非弃才之主；以上之刚柔有节，亦非蔽贤之士。方将阴阳和而雨焉，则不食之悔可以亏去，而终获其吉也。为九三者宜守其正，以有待焉可也。

九四，鼎折足，覆公餗，其形渥，凶。

《象》曰：“**覆公餗**”，**信如何也**。

鼎之实，自二至四，无余地矣。无余地则溢，溢则覆，此理之常也。又况以九居四，中非九二而正非九三，其才与德视二与三固已有慊矣。而且居近君之地，位高位、谋大谋、任重任，其能无倾覆之患矣乎？此所以不胜其任，下折而上覆也，故曰“鼎折足，覆公餗”。

足，初六也。四本应初，今也，鼎折其足，此非初之误四也，乃四之累初也。餗，鼎之实也。覆公餗，如汉王所谓“败乃公事”也。夫足折而餗覆，则淋漓于外，鼎之形体为之污辱也，任不胜而公事败，则丑恶外见，堂堂国体岂不为污辱已乎？废兴存亡，未可知也，故曰“其形渥，凶”。原其所以至是者，何也？《系辞》曰：“德薄而位尊，知小而谋大，力少而任重故也。”故《象》曰：“‘覆公餗’，信如何也。”夫不度德，不量力，而遽当其任，以致凶患，何如其信也？昔吴起与田文论功，起发三问，而文皆应之曰：“不如子。”起曰：“此三者皆居吾下，而位居吾上何也？”文乃曰：“主少国疑，大臣未附，百姓不亲，方是之时属之子乎？属之我乎？”起默然良久曰：“属之子矣。”王陵让平、勃以阿吕后意，背高帝约，平曰：“于面折庭争，臣不如君；全社稷定刘氏，君亦不如臣。”卒之诛吕安刘者，平与勃也。夫田文、陈平，方之古大臣虽曰未可，然位高位、谋大谋、任重任，言与事符，亦庶几于能信者。

六五，鼎黄耳，金铉，利贞。

《象》曰：“鼎黄耳”，中以为实也。

六五，以中虚之德为鼎之主。中则不亢，虚则能受，此所以居无为之地，而尸举措之功者也，故曰“鼎黄耳”。然在鼎之上，受铉以举鼎者，耳也，六五之象也；在鼎之外，贯耳以举鼎者，铉也，上九之象也。上既曰“玉铉”矣，而五又曰“金铉”，何也？曰：六五之中虚，而资上九刚实之助，故谓上九曰“金铉”；以上九之履柔不纯乎刚，而且与五接也，故又曰“玉铉”。铉即上九也，亦犹耳即六五也。而诸家乃谓“金铉”九二也，“鼎耳革”九三也，夫二与三既为鼎之实矣，而复得为铉为耳；五与上既为耳为铉矣，而复不得专为耳为铉，此何义欤？又况鼎之形模度数，古人盖于此尤严也。自铉至趾，其位分固自有次第，其法象固自有颠末，不应如是之重复而倒置也。六五之有取于“金铉”云者，盖谓以虚而受实，体柔而纳刚，以六五之中虚，而能来上九刚实之助，此黄耳之得金铉也。以是为正，非所利欤？故曰“利贞”。然则，人君欲受人之实而以为己之实也，非有所谓中虚之德则不可。故《象》又曰：“‘鼎黄耳’，中以为实也。”

上九，鼎玉铉，大吉，无不利。

《象》曰：玉铉在上，刚柔节也。

铉，居鼎之上，鼎之外物者也，非若耳、趾之类之相联属焉者也，此上九之象也。然鼎之举措在乎耳，而其所以举措者又在乎铉。铉也者，虽鼎之外物也，舍是则不可，何者？烹饪之事既已也，则是铉也，必也勇然相五以尸举措之功，而惟恐其覆。功既成矣，则是铉也，复脱然无所累，而自处于鼎耳之外，若无与焉。其动也、其静也，无适而不得其宜如此也。此之为德，盖不可以一偏名也，求之于物，必也谓之“玉铉”而后可。盖玉也者，不偏于刚，而亦不偏于柔，刚柔之有节故也。鼎之上九，处一卦之外，以刚而履柔，得动静之宜，此玉铉在上，刚柔之有节也。故圣人于此侈言其功，而曰“大吉，无不利”。盖铉也，而金为之，特为其刚而已，犹未足以语其德之全也；语其德之全而有刚柔之节者，非玉不可。古之君子，不以禄位累其心，时然后应，功成而不居，动静进退无适而不利者，盖其德全故也，此上九“玉铉”之象也。

卷二十三

震下震上 ䷲

震：亨。震来虩虩，笑言哑哑，震惊百里，不丧匕鬯。

《彖》曰：**震亨。“震来虩虩”，恐致福也。“笑言哑哑”，后有则也。“震惊百里”，惊远而惧迩也。出可以守宗庙社稷，以为祭主也。**

震者，阳始生之卦也。夫阳生必自下始，故乾、坤之交一索而成震，其在六子则为长子，谓一阳之始生也，然阳刚非居下之物也，故有发动之义。其取象也，则于物为雷，雷之为物也，奋击以达阳气，则震之一阳处重阴之下之象也。上下皆震，是为重震，故《大象》又有洊雷之象。夫阳动于下，其势上达，故震有亨之道焉。“‘震来虩虩’，恐致福也。‘笑言哑哑’，后有则也。”此指初九居重震之初，以明震之所以亨也。夫笑乐不能生笑乐，而所以生笑乐者，恐惧也。初九以刚明之才居长子之任，当震动之初而震惧之来，虩虩然其恐惧也，则其与鲁哀公所谓“寡人未尝知忧，未尝知惧”者异也，岂不足以致福乎？故以“笑言哑哑”继之，盖始于恐惧，终于笑乐者，此先后之序，而理之所不能违也。故曰：“后有则也。”“震惊百里，惊远而惧迩也。出可以守宗庙社稷，以为祭主也。”此又再申“震亨”之义也。夫“震来虩虩”，惧在我也；“震惊百里”，惧在人也。警诸我者无失，则施诸人者无嫌矣。犹之雷也，震及百里，远者惊，迩者惧，其威浸广矣。

故夫迩之惧，则自初九之身始；远之惊，则震不于其躬于其邻，又可于上六见之。夫威之所加者广，则下之所服者众；下之所服者众，则出而守宗庙社稷而主其祭祀也，又宁惧于丧乎？此卦德所以有“不丧七鬯”之吉也。程河南、朱子发、徐氏皆云《象》谓“出可以守宗庙社稷，以为祭主也”上文脱“不丧匕鬯”一句，以文义考之，是也。夫有国之事，祀为大，大器之重长子是主，故长子之出也，而宗庙社稷之主在是焉。匕，《诗》所谓棘匕也，谓以棘薪为之，所以登鼎实于俎也；鬯，书所谓秬鬯也，谓以秬黍为之，所以灌地以求神也。二者皆所以祭也，而长子能不丧之焉，可以守宗庙社稷，可以为祭祀之主矣。吾原其所以可，则亦始于恐惧、终于获福而已矣。不然，则宗庙也、社稷也，此岂可以慢易守之欤？昔者成王盖足以语此矣。尝观之《诗》，清庙之祀、执竞之祀，此有事于宗庙也；载芟之祈、良耜之报，此有事于社稷也。而天下后世徒知成王能守宗庙、主祭祀如是也，而不知《清庙》之作，固有所谓“闵予小子，遭家不造，嬛嬛在疚”之惧，《我将》之享，又有所谓“我其夙夜畏天之威，于时保之”之惧。则成王恐惧之心，盖未尝一日忘于怀也。呜呼！此其所以荷太平之休，享假乐之福欤！

《象》曰：洊雷震，君子以恐惧修省。

上下皆震，故曰“洊雷”。洊雷，与“水洊至”之洊同。盖一坎既盈复至一坎，谓之“水洊至”；一雷既震一雷继之，谓之“洊雷”也。君子之法此象也，则亦有不一之恐惧者矣，故曰“以恐惧修省”。盖恐惧云者，作于其心，此一恐惧也；“修省”云者，见于行事，此又一恐惧也。夫然后有合于重震之象。李博士曰：“《诗》美宣王，遇灾而惧，侧身修行，天下喜于王化复行。知恐惧而不能修省，则见于声音颜色之间而已，非所以为恐惧也。”

初九，震来虩虩，后笑言哑哑，吉。

《象》曰：**“震来虩虩”，恐致福也。“笑言哑哑”，后有则也。**

初九成震之主也，以刚明之才当震动之初，疚心于恐惧而尽卦之德。故爻之辞即卦之辞，不嫌其重袭，而夫子亦以所以释卦者而释爻，不以重袭为嫌也。或曰：九四亦震也，圣人何不以此予之？曰：以阳居阴，震遂泥也，恐惧有所不足矣。解见卦彖。

六二，震来厉，亿丧贝，跻于九陵，勿逐，七日得。

《象》曰：**“震来厉”，乘刚也。**

夫当恐惧之时，人皆怵于有所丧，而君子则独安焉而不之惧者，盖吾有所谓深足恃焉者存也。夫其所恃者何也？曰：在已者足恃，则不肯役于得丧之间，以失其正，而惟正之是守；在人者足恃，则知其必不以不正之祸而加诸守正之人。初九，震之主也。以九之刚威动而上奋，孰御之者？而六二乃以至柔当其锋，岌岌乎殆哉，而其丧失者多焉。故曰：“震来厉，亿丧贝。”何者？彼方来而我乘之故也。然六二方不降其操、不移其守而安处自若，曾不怵于所丧，而有“跻于九陵”之势，与所谓“勿逐，七日得”之理焉。曷为知其为厉也，而反跻之？又曷为所丧之既多而所得之可必也？亦曰：时虽当惧矣，其人亦足惧矣。然吾之正，或弃而不守，此则大可惧也，吾安能舍其大可惧者，而惟区区之得丧是计哉？此之谓在已有足恃也。彼初九也，亦将曰：吾当震惧之初，而自恐自惧之不暇，安敢妄加恐惧于人哉？况当此时，与吾同体守正道、为正人，如六二者几人哉？在我欲其亨，而在六二则所处如此之危；在我致其福，而在六二则所丧如此之多。吾之心亦岂所安也？然则六二所以“跻于九陵”而无患，得所丧而无逐者，亦赖有此耳，此之谓在人有足恃者。夫“震来厉”，时也；“亿丧贝”，势也；“跻于九陵”，勇也；“勿逐，七日得”，智也。以勇处时，以智审势，孰谓六二之至柔，而勇且智若是乎？此无他，当恐惧之时，而所恃以无惧者以正自守故也。厉，危也。亿，多也。郑氏云：“十万曰亿。”六五“亿无丧”，《象》曰“大无丧也”。亿，大数也。贝，货也。二所有之资也，居则其位、用则其财也。跻，登也。九陵，即初九也。九在初，其势上进，故曰“九陵”，“跻于九陵”即《象》所谓“乘刚”也。勿，戒之也。逐，追也。七日者，程河南曰：“卦有六位，七乃更始，事既终，时既易也。”得，对丧言之也。

六三，震苏苏，震行无眚。

《象》曰：“震苏苏”，位不当也。

《传》曰：“爱我者，美疢也；恶我者，药[1]石也。”六三，处两震之间，前之震惧未去，后之震惧又来，三处其间不敢宁居，追尤塞愆，故得以起废立懦、神回气醒而生理复还矣，不其幸欤？故曰“震苏苏”。既殪而复生曰苏，六三之在震，不正而且不中，无足取者，以斯人而处斯世，其见恶多矣。然恶之者，能使之不遑宁居、追尤塞愆，乃所以生之也，故《象》曰“震苏苏，位不当也”。然三当此时能自震惧，以不中不正慊然于心，不敢当位而宁居也。夫惟能自震惧，则其见于有行也，可无眚过，去不善以从善矣，故又曰“震行无眚”。呜呼！吾以是知天下未尝有可弃之人也，一不幸而生于无事安乐之世，耳闻谀言，目见谀事，居前无丧，处后无恐，迷年没齿，终无警悟，以至于委靡不振，积尤累衅而比屋皆可诛，故不得不为可弃之人矣。岂不谓之不幸矣乎？若六三者，不中不正，宜若可弃矣，然生震惧之

① 药，原为“恶”。据宋刊本及《左传》改。

世，处两震之间，动辄震惧，遂得以起废立懦而为无眚之人，此君子所以为之喜幸也。朱子发曰："震为反生。三，震之极也，反生苏也。"

九四，震遂泥。

《象》曰："**震遂泥**"，**未光也**。

九四离下体而之上体，其位高矣，然比之初九则所慊多矣。何也？以阳居阴故也。夫阳刚震动之物也，而反居阴，阴则底滞而不能亨。不能亨，岂震动之义欤？故曰"震遂泥"，而《象》曰"未光也"。夫离下体而之上体，宜若震道至此光矣，然乃滞泥而未光者，是则其在己也，威德虽修而未隆也，勇断虽行而或止也；其在人也，众心虽服而犹疑也，群情虽畏而尚玩也。此震道所以为未光也。以唐宪宗之刚明果断，自初即位，慨然发愤，志平僭叛，而捍命者诛，悔过者服，固可称矣。然淮西既平而骄侈浸生，信用非人而功业不竟，故史臣止称之曰"唐之威令，几于复振"而已。夫威令之复振也，而曰"几"云者，未光之辞也，岂非有所泥而然欤？

六五，震往来厉，亿无丧有事。

《象》曰："**震往来厉**"，**危行也。其事在中，大无丧也**。

震之成体，虽在于初九、九四二爻，而得尊位大中，以主天下之动者，则六五是也。夫五之所以能主天下之动者，以是大中故也。故当此之时、处此之位，恐惧戒谨，务危其行，往来之间不敢失足，则能无丧其所有之事矣。盖五之所有之事者，不在乎他，在乎中而已矣。中之为道，天地得之而覆载，日月得之而照临，维斗得之而不穷，尧、舜、禹得之而相授受，皆在此一事耳。苟于此事也，而无或丧失之焉，则其大者在我矣。故曰"亿无丧有事"，而《象》曰"其事在中，大无丧也"。亿，大也。六五之所谓大者在于中，于其大者而无丧焉，则随宜随变而不越乎时中，此所以能主天下之动也。然则非能于往来之间而务其行，则亦未易至此。故先之以“震往来厉”，而《象》曰“危行也”，而后继之以此。

上六，震索索，视矍矍，征凶。震不于其躬于其邻，无咎。婚媾有言。

《象》曰：**“震索索”，中未得也。虽凶“无咎”，畏邻戒也。**

上以阴柔之才居震动之极，中无所主而惊惧之甚者也。夫中无所主则外有所眩，故曰“震索索，视矍矍”。夫以中无所主之人惊惧既甚，何往而可哉？故戒之曰“征凶”。然处恐惧之外，而恐惧之来未切于己，而过为是恐惧，则与其恐惧既至而不知恐惧者固有间矣。故圣人于此又以“无咎”予之，而曰“震不于其躬于其邻，无咎”。谓二刚在下，尚远于己，而其邻若六五者，于往来之间如彼危厉，故上六睹此邻戒，亦生畏惧，则虽凶而无咎矣。夫当此之时，中无所主，而惊惧太甚，使其有亲己之人，恃之以为应援，亦岂至此？故曰“婚媾有言”，谓其无与为应也。司马温公曰：“震不于其躬于其邻者，祸在彼而恩在此也。楚人灭江，秦穆公为之降服、出次、不举、过数，曰‘吾自惧也’。君子曰：诗云‘维彼二国，其政不获。维此四国，爰究爰度’，其秦穆公之谓乎？”

艮下艮上 ䷳

艮：艮其背，不获其身；行其庭，不见其人，无咎。

《彖》曰：**艮，止也。时止则止，时行则行，动静不失其时，其道光明。艮其止，止其所也。上下敌应，不相与也。是以“不获其身；行其庭，不见其人，无咎”也。**

凡物处不当其所则动，震之一阳是也；当其所则止，艮之一阳是也。艮以一阳处当其所于上，而二阴亦处当其所于下，上下各当其所，此艮之所以为止也。以艮重艮，则上下二体亦无不然者矣。夫天下有当然之理，无乎不在，在止则为止，在行则为行。惟随其当然而各止其所止者，常得之；而拘之者，则失之也。故时止则止，止也；时行则行，亦止也。何则？当然之理散在行止之间，是为当止之地，人能于其当止之地也，而止于其所当止，不以行止二其见焉，则在止亦止也，在行亦止也。故圣人于此一言以蔽之，曰“时”。所谓“时”云者，亦不过曰当然而然也。夫其静而止也，其动而行也，均不失其时焉，此在我所谓不穷者，故曰“其道光明”。彼认止以为止，而蔽于时止之止；认行之非止，而蔽于时行之亦止者，果足与语止道哉？昔孟子以“可”之一言断孔子之行止久速，又以“时”之一言断孔子之圣，其知夫子亦审矣。至其形容之也，又曰：“金声也者，始条理也，玉振也者，终条理也。”夫圣人于其始终之际也，皆有所谓条理云者，此时止之为止，而时行之亦止也，此夫子所谓不穷者，宜其道之光明至于今而犹不揜也。艮之卦德曰“艮其背，不获其身；行其庭，不见其人，无咎。”此即艮之卦体以明艮止之道也。夫背之在人者，止于其所不见之地者也。人之所以不能止其所止者，以其牵于欲也。欲牵于前，则求其止有不可得。故艮之道当艮其背，谓所见在前而背乃背之，则止于其所不见之地，莫或为吾乱矣。王辅嗣所谓“目无患也”是也，故曰“艮其止，止其所也”，谓得其所止之地也。《大学》曰“于止，知其所止”，此止其所之谓也。而其所止之目则曰：“为人君，止于仁；为人臣，止于敬；为人子，止于孝；为人父，止于慈；与国人交，止于信。”则当然之理，无乎不在，患不知所止焉尔。艮之为卦也，上下二体刚柔相敌，无相与之义，故命之曰“敌应”。夫相应则相亲，不相与则相背，此所以有“艮其背”之象也。“艮其背”，故“不获其身”，此时止之为止也；“行其庭，不见其人”，此时行之亦止也。何者？艮止其所，而吾之所知者，则止其所而已，自止其所之外，皆吾所不知故也。故夫艮之为艮也，吾知其为背而已矣，又何求于身之获也哉？此时止之为止也。然时乎行之也，吾亦未尝不行也。故虽行之于庭除也，亦不见其人焉，此时行之亦止也。行止之间，无适而不得其所也如此，于止之道所以为“无咎”也。夫近而不相得则凶，《易》之情大抵然也。然艮止之时，故虽上下敌应，不相与也，而不以为过，何者？当止故也。故曰“无咎”，乃若施之他卦，则不能无咎矣。

《象》曰：兼山，艮。君子以思不出其位。

上下皆艮，故曰兼山。夫两山兼峙，各止其所，重艮之象也。君子体此象，故曰“思不出其位”。程河南曰：“位者，所处之分也。万事各有其所，得其所则止而安。若当行而止，当速而久，或过或不及，皆出其位也，况踰分非据乎？”张横渠曰：“如素夷狄行乎夷狄，素患难行乎患难也。”朱子发曰：“位者，所处之分，君子据正循分，亦各止其所而已。周公之忠，大舜之孝，皆分当然也。”耿希道曰：“不出其位，其身止也。思不出其位，其心亦止也，所以象兼山也。”

初六，艮其趾，无咎，利永贞。

《象》曰：“艮其趾”，未失正也。

苏东坡曰：“艮，自趾而上至于辅，与咸一也。咸以上六为辅而五为脢，艮之辅在五而脢不取，何也？脢则背也，艮之爻皆取于动者而已。艮何取于动也？曰：卦合而观之，见两艮焉，故取其体之静者而配之，曰‘艮其背’；爻别而观之，各见其所遇之位，位有不同而吉凶悔吝生焉，故取其体之动者而不取其静，以为其静者已见于卦矣。”夫艮，既以人身取象，则初六艮体之极下者，趾之象也。其体则下，其事则初也。夫事止之于初，而其止早矣，故曰“艮其趾”。当止之初而或不知所止者，则必失正而有咎；今也，止之于初，故未至于失正而能无咎也。其曰“利永贞”云者，戒之也。趾之为物也，在下而好动，易于失正，而初六不纯乎柔，非能守正者，故当止之初为之戒云。司马温公曰：“君子于其所止，不可不谨择也，止于永贞，利莫大焉。”

六二，艮其腓，不拯其随，其心不快。

《象》曰：**“不拯其随”，未退听也。**

六二处下体之中，腓之象也。腓，足腹也，处足之阴，足之动止而腓实相之者也。夫以六居二，中且正者也，当艮止之时，宜若其所止在己而不在人也。然九三下体之主也，故二之行止系乎所主而己不与焉，犹之腓也，动止在股而不在腓也。夫以中且正之人，又当艮止之时，而其所止不自夫己，而自夫人，曾不能自救其随人之失，则其心宜如何？想其退听以随夫人也，殊非其本心也。故曰：“艮其腓，不拯其随，其心不快。”而《象》曰：“不拯其随，未退听也。”夫以二之中且正之才，而不获自施而施于人焉，于己则不能自拯其随人之失，于人则又未甘心而退听之。其愤懑不自足如此者，诚为中正之累者矣。古之人或不幸而类乎此者，西京之扬子云是也。吾读班孟坚《汉书》，见其尝以“清净无为，少嗜欲”称之矣，又尝以“不汲汲于富贵，不戚戚于贫贱”称之矣，又尝以“非其意，虽富贵不事也”与“三世不徙官”“恬于势利”称之矣，而子云亦有“知玄知默”“爱静爱清”等语以自称述。吾切意当有汉之季，守中蹈正者莫子云若也。夫何新室既建，子云乃受止而不辞。及《法言》之作，乃有“明哲保身”之语，又有“龙以不制为龙”之语，又有“鸿飞冥冥，弋人何慕”之语。吾窃谓此岂子云快于其心而为是言邪？盖亦聊摅其愤懑尔！然则能为中正之累者，子云有焉。

九三，艮其限，列其夤，厉薰心。

《象》曰：“**艮其限**”，**危薰心也**。

九三，下体之终也，以上下二体观之，则交际之地也，故曰“限”。夫人之身虽有体节程度或高或下，然其脉络血气必也周流会通，曾无上下之间。然后耳目聪明、手足便利而中外无恙，故能屈伸俛仰无不如意，而心得以夷然居中，而享其无事之乐。今也，“艮其限”而有所止焉，则上体自上、下体自下，截然不相关属，而其所谓“夤”者不得不列矣。夤，膂肉之下接者也。夤之列，则所谓心者，其能独宁乎？吾见其岌岌焉危矣。何者？上下二体之相绝，则不堪其忧者心也。故曰：“艮其限，列其夤，厉薰心。”苏东坡曰：“忧之及心也，谓之薰。”程河南曰：“止道贵乎得宜，人之固止一隅，则处世乖戾，与物睽绝，艰蹇忿畏，焚挠其中，岂有安裕之理？”

六四，艮其身，无咎。

《象》曰：“**艮其身**”，**止诸躬也**。

身者，百体之总名也，四已离下体而之上体，故得总百体而谓之身焉。“艮其身”，谓施止道于其身也。夫人之一身，患不知所止尔，如知其所止，则能置其身于无过之地。以此齐家，以此治国，以此平天下，皆自此身始矣。可不知所止乎？孔子曰：“射有似乎君子，失诸正鹄，反求诸其身。”太甲自怨自艾之言曰：“欲败度，纵败礼，以速戾于厥躬。”古之圣贤，施止道于其身也，盖汲汲如此，诚知所本矣。孟子曰：“天下之本在国，国之本在家，家之本在身。”身与躬，即一物也。或者有身信而躬屈之说，非也。

六五，艮其辅，言有序，悔亡。

《象》曰："艮其辅"，以中正也。

艮之成体虽在于九三、上九二爻，而以中正之道主天下之止者，则六五是也。夫五之所以主天下之止者，虽不在于区区之话言，而一嚬一笑之微，实足以系天下之休戚，而召当世之治乱，可无戒乎？故五在上，出命者也。其在上体，则言语所自出之地者，辅也，故有取于辅焉。夫言轻发而无叙，则有悔。五，施止于辅颊，以中正之道自守，故有所不言，言必中节而无招忧之悔矣。故曰："艮其辅，言有序，悔亡。"而《象》曰："'艮其辅'，以中正也。"或曰：五，于正有所不足，而云"以中正也"者。曰：以中故正也，惟其以中故正，则以此道而主天下之止，[①]乎何有？

上九，敦艮，吉。

《象》曰：敦艮之吉，以厚终也。

上九，成艮之主也，夫艮至上九，艮之终也。艮之终，则笃实之德愈久而愈坚。故曰："敦艮，吉。"而《象》曰："'敦艮'之'吉'，以厚终也。"河南曰："人之止，难于终久，故节或移于晚，守或失于终，事或废于久，人之所同患也。上九能敦厚于终，止道之至善，所以吉也。"夫震莫善于初，而艮则莫善于终，而九三、九四不与焉者，艮者震之反，艮之上九即震之初九故也。君子以是知震贵始、艮贵终。

① 逗号之后，"乎"字之前，原文注"缺"，各本皆同。

艮下巽上 ䷴

渐：女归吉，利贞。

《彖》曰：**渐之进也，“女归吉”也。进得位，往有功也。进以正，可以正邦也。其位，刚得中也。止而巽，动不穷也。**

《易》中多以男女夫妇发其义者，盖亦本阴阳而作也。阴阳之用，见于造化，则为天地；施之人事，则君臣也；而其较然易知者，则男女夫妇也。然人皆知发生之德皆属诸阳，而抑知阳之不得阴，则发生之功将施之何地邪？故夫天必得地，而后成造化之功；男必得女，而后有生育之理；君必得臣，而后致升平之效。其相须之势固如此也。然上之所以须乎下者，固若是其急也；而下之所以往就乎上者，亦未宜遽然也。何也？上之汲汲乎下也，则于礼为无阙；而下之或汲汲乎上者，则于礼为深讳故也。惟其然也，故女子无轻动之失，而君子有难进之风。此《易》之所以有渐，而渐之卦德所以有“女归吉，利贞”之辞也。盖渐之为义，未遽然之谓也。天下之理，于其未遽然之中，虽日望之不足也。犹之木也，始于毫末，终于合抱，此岂一朝一夕之故哉？而其进也，盖亦自有渐也，故《彖》曰“渐之进也”，以言天下之理，固有所谓未始遽然者存也。女子之归于人也，其始也纳采，其次问名，其次纳吉，又其次请期，而后继之以亲迎之礼，于是夫妇之道始成。此所谓渐之进也，以此为进，故曰“女归吉”也。朱子发曰：“臣之进于君，人之进于事，学者之进于学，君子之进于德，未有犯分躐等而能进也，而渐专以女归为义者，礼义廉耻之重，天下国家之本，无若女之归也。”夫男女之合，礼所重焉，故君子之仕也亦然。孟子曰：“丈夫生而愿为之有室，女子生而愿为之有家。父母之心，人皆有之。不待父母之命、媒妁之言钻穴隙相窥，踰墙相从，则父母、国人皆贱之。古之人未尝不欲仕也，又恶不由其道也。不由其道而往者，与钻穴隙相窥之类也。”夫不由其道而往，则不得谓之“女归吉”也，安得谓之正矣乎？惟其进也以渐，则不愆于正矣。“进得位，往有功也。进以正，可以正邦也。”此则指渐之六爻，各得其正以言渐也。夫渐之六爻，六二、九三、六四、九五正也，而初、上二爻虽不当位，亦阳上而阴下，得尊卑之正矣。阴阳各得其正，此所谓进得位也，此所谓进以正也。夫位，位也；而正，则道也。有是道而无是位，则功无自而成；有是位而无是道，则下无所观法矣。故大所谓有功者，必口得位；而所谓正邦者，必曰以正也。位，犹马也；正，犹辔勒也。有是马矣，而致远之功固在是矣，然而无是辔勒焉，则颠蹶之患随之矣。欲正，得乎？故正也者，位之所宝而渐之利也。“其位，刚得中也。”此又专指九五一爻以言渐也。夫进得位，进以正，此六爻之所同也，然语其位之刚得中也，则九五之所独也。夫惟以九居五，刚而得中，此所以履至尊、总众正而成渐之功也。“止而巽，动不穷也。”此又合艮、巽二体之用，以言渐之所以有功也。夫止，立我之道也；巽，应物之道也。知有我而不知有物，则有止而已矣，非能动也；知有物而不知有我，则丧其所止而动易穷矣。何者？不动，则无渐进之义；动而穷，则是躁动也。夫渐之义，非戒于动也，而戒于躁动焉。则止于此而巽于彼，而立我应物之道两得而无遗，此动之所以不穷也。夫在我有不穷之理，则亦无越乎是正而已矣。渐之所利者正，而六爻之位各得其正，此不穷之源，盖有所自来也欤？

《象》曰：山上有木，渐。君子以居贤德善俗。

艮为山，巽为木。山固高矣，上有木焉，则木又出于山之上矣。夫木之所以能如此之高者，夫岂一朝一夕之故哉？其所由来者渐矣，惟其有渐，故始于毫末、终于合抱，而有不可御之势焉，此盖止于此而巽于彼之道然也。君子将以善天下之风俗也，亦岂一朝一夕之所能致哉？贤善之德，居之在我而所止于此者，既足以为风化之本原矣，而至诚未有不能动者，故其美化流行自身而家、自家而国、自国而天下，此所谓止于此而巽于彼之道也。《彖》曰“止而巽，动不穷也”，其是之谓欤？

初六，鸿渐于干，小子厉，有言无咎。

《象》曰：小子之厉，义无咎也。

渐之卦德，有取于“女归”；渐之《大象》则有取于木渐；渐之六爻，则又有取于“鸿渐”。或取诸人，或取诸物，所取不同，其所以发明渐进之义，则亦一也。鸿之为物也，非其往不往，非其居不居，其行有叙，往来有时者也。六爻之位自初至上，尊卑小大各得其正，故有取于“鸿渐”焉。六以阴柔之才初有所进，固未离乎下位也，故有“于干”之象。干，水湄也，未得位之象也。夫当始进之初，进未得位，而又上无应援，故当以谦卑自处，而致其危警之心，则于进退之义可无过咎也。“小子”云者，此古人之谦辞也，汤曰“予小子履”，武王曰“予小子发”，周公曰“予小子旦”。初六以谦卑之志处此下位，自危自警，不敢妄进而恐失进退之义，故曰“小子厉也”。“有言”，犹所谓有说也。夫初六之所以自危自警如此者，盖有说也。其说谓何？亦曰：吾当始进之初，上无应援，故不得不如是之自危自警故也。夫如是，则于其进退之义，夫何有一毫之失欤？故曰：“小子之厉，义无咎也”。

六二，鸿渐于磐，饮食衎衎，吉。

《象》曰：“饮食衎衎”，不素饱也。由于而之磐，君子得位之象

也。

磐，石之平夷而可据者，而鸿也渐乎其上，莫安之地也。君子处莫安之地，而饮食乎其上，则有宽闲和乐之道，而无迫促顾惧之忧矣，故曰“衎衎”。谓以六居二，居中履正，而以中正之道上应刚中之君，故居其位、食其禄而无愧焉，故曰“吉”。夫君子居人之位、食人之禄，患不称尔。苟在我者居中履正，而以中正之道上应于君，而得以行其道，则进居其位，安享其禄，不为素饱也。“不素饱”犹诗人所谓“不素飧”，言不徒食其食也。

九三，鸿渐于陆，夫征不复，妇孕不育，凶。利御寇。

《**象**》**曰**：“**夫征不复**”，**离群丑也**。“**妇孕不育**”，**失其道也**。**利用御寇，顺相保也**。

九三之视六二，其位抑又高矣，故有“于陆”之象。《尔雅》曰：“高平曰陆。”鸿以渐而得高平之地，君子得高位之象也。然君子之进也，不难于得位而难于守正。以九居三，正也，上无其应而比于六四；以六居四，亦正也，而下亦无应而比于九三。三、四相比，疑于以不正而合，此渐道之所忌也。故为之戒曰：“夫征不复，妇孕不育，凶。”三与四俱无其应，故以夫妇目之，谓三也若离其群往与四合，而不复于正道；四也亦失于正道，而得孕于三，而不成乎字育。如此则凶矣。故《象》曰：“夫征不复，离群丑也。妇孕不育，失其道也。”征，往也；丑，类也。谓渐之六爻皆无不正，三若独往而不复于正道，则是离其群类也。妇人未有孕而不育者，四若失其道，而得孕于非交，此所以不育也。三与四各得其正，未应至是，而《易》于此必云尔者，以二爻既俱无应而且相比，故为之戒也。既戒之，又勉之曰“利御寇”。夫嗜欲之寇人甚于盗贼，惟礼义可以已之。使三也以道制欲、以礼制心而不失吾正，则四也亦不陷于不义矣，此顺以相保之道也。朱子发曰："夫人之所以致非道之交者，罔不自己求之。我无隙以乘之，彼何自而来乎？"程河南曰："君子之与小人比者，自守以正，岂惟君子自完其己而已乎？亦使小人得不陷于非义。是以顺道相保，御止其恶，故曰'利用御寇'。"然则圣人独以"利用御寇，顺相保也"之辞而责之九三者，盖谓御己之寇以自保者，乃所以保四也。为四御寇以保四者，乃所以自保也，凡此皆九三之责也，四何与焉？此盖圣人责备贤者之义然也。夫三，艮之主也，贵于知止，故发此义。

六四，鸿渐于木，或得其桷，无咎。

《象》曰："或得其桷"，顺以巽也。

六四之视九三，其位抑又高矣，故有"于木"之象。盖四巽体也，处艮之上，山上之木也。然鸿之掌不能握木，则位虽高矣，岂鸿之所安也？而语其所安之地，则或得其桷而后可也。盖桷者，木之方平而其才之可以中榱桷者，然后为得所安焉尔。夫君子之所恃以为安者，亦必曰正而已矣。今而进处近君之地，以正道居正位，则能顺事乎上而有所入焉。以六居四，柔顺而正者也，又为巽之主，是皆体顺巽之德，而不失其正焉。此所以进处高位，而无冒进之咎也。

九五，鸿渐于陵，妇三岁不孕，终莫之胜，吉。

《象》曰："终莫之胜，吉。"得所愿也。

《尔雅》曰："大陆曰阜。大阜曰陵。"九五得尊位大中，故有"于陵"之象。朱子发曰："鸿，水禽也。进而至陵，其位莫高焉，然非其乐也。君子之乐，王天下不与存焉。故曰'鸿渐于陵'。"夫五之妇，二是也，二、五以中正相许，久矣。然当是时也，三与四以无应介乎其间，圣人方且有失正之戒。故二也，其进不遽，以正自守，而至于

“三岁不孕”焉，又何遇合如是之难也？盖正者妇之德，而孕者妇之功，君子之心与其汲汲于有功，无宁汲汲于守吾之正故也。虽然，中正之道有必合之理，故始虽难进，而终莫为之间焉。故曰：“终莫之胜，吉。”而《象》曰“得所愿也”，盖五之所愿者，愿得正臣以为吾中正之辅；而二之所愿者，亦愿以正道而事中正之君故也。

上九，鸿渐于陆，其羽可用为仪，吉。

《象》曰：“其羽可用为仪，吉。”不可乱也。

胡安定释上九“鸿渐于陆”而口：“陆，当为逵字。逵，云路也。”而程河南是之，窃因二先生之意而深考六爻之义，则知以陆为逵者，诚是也。何者？古人之文章多尚音律，而于《易》尤多焉，以渐之六爻观之，初之干、言；二之磐、衎；三之陆、复、育；四之木、桷；五之陵、孕、胜；而上之逵、仪。何疑焉？又况上，渐之极也，而在六爻之上，所谓一卦之外也，宜有于逵之象，不应复为九三之于陆也。《尔雅》曰：“九达谓之逵。”以言虚旷无蔽碍之谓也。鸿之渐也，于其云路则翾翾其羽，进退可观，故可以为在下之表仪，此于渐之道为吉也。何也？其来往也有时，其进退也有度，盖有所谓不可乱者存也。故曰：“‘其羽可用为仪，吉。’不可乱也。”程河南曰：“于渐之时，居巽之极，必有其序，如鸿之离所止而飞于云路，在人则超逸乎常事之外者也，进至于是，而不失其渐者，此贤达之高致也。”

卷二十四

兑下震上 ䷵

归妹：征凶，无攸利。

《彖》曰：归妹，天地之大义也。天地不交而万物不兴，归妹，人之终始也。说以动，所归妹也。“征凶”，位不当也。“无攸利”，柔乘刚也。

夫《易》之道，贵于不穷，而恶于或穷。故圣人之于《易》也，于其所贵者，则每每援引天地大义而以告夫人；于其所恶者，则又重为之戒而以明示夫人。是何也？所不可灭者，天理也；所不可不戒者，人欲也。人欲之纵而天理之害也。夫惟天理之不可灭也，故于家人，则曰“男女正，天地之大义也”。圣人又引天地大义为“归妹”言者，亦非他也，人之终始又在于所重故也，此之谓天理之不可灭者也，吾故曰“《易》之道，贵于不穷”。乃若人欲之纵，而能为天理之害者，则尤在于所戒焉尔，故于姤则曰“勿用取女，不可与长也”。圣人于姤既曰“勿用”，又曰“不可”云者，此非恶夫柔也，恶夫柔之能为刚害也。柔能害刚，则归妹之位不当，柔乘刚，所以有“征凶，无攸利”之戒也。此之谓人欲之纵而天理之害不可不戒也，吾故曰：“《易》之道，又恶于或穷。”夫归妹之义所以得为“天地之大义”云者，盖归妹合震、兑二体而成卦。震，东方也；兑，西方也。此天地生成之义然也。其在人也，则震，长男也；兑，少女也。古者制嫁娶之礼，男以三十而娶，女以二十而嫁，故其所归妹也。妹，少女之称也。天地之大义，而震与兑见之，故曰“归妹，天地之大义也”，此即震、兑相合以明归妹之义也。大抵天地不相交感，则万物之既衰者无自而复兴；女不归男，则生生之理废矣。又安能前者有终而后有始，如是之不穷矣乎？故又继之曰：“天地不交而万物不兴，归妹，人之终始也。”此又即天地之大义，以明人之终始然也。由是观之，岂非《易》之道贵于不穷矣乎？“说以动，所归妹也”，此合震、兑二体之用，以示归妹之戒也。夫说者，小人之情也，其所归者妹也，故说以动，然说无纪极而动无止息，鲜有不失其正者。故继之以“征凶”，以言惟说是动，则纵其所往莫之知止，而凶随之矣。何者？失正故也。以六爻之位观之，九二、六三、九四、六五位皆失正，初与上虽当阴阳之位，然阳在下，阴在上，亦不当位也。阴阳所处，俱不当位如此，何动而不凶乎？故曰“征凶，位不当也”，此又言六爻俱不当位，以明归妹之所以“征凶”也。虽然，不特位不当也，又有乘刚之过焉，以兑之六三而乘初九、九二之刚，以震之上六、六五而乘九四之刚。夫以柔乘刚，则下制乎刚；刚为柔所乘，则受制乎柔。刚柔易位，尊卑贸乱而家政替矣。又何往而利乎？故又继之曰：“无攸利，柔乘刚也。”此又指三阴乘刚，以明归妹之所以“无攸利”也。程河南曰：“夫阴阳配合，男女交搆，理之常也，然纵欲而流放，不由义理，则淫邪无所不至，伤身败德，岂义理哉？此归妹之所以凶也。”又曰：“男女有尊卑之义，夫妇有倡随之礼，此正道也。苟不由正道，狥情肆欲，惟说是动，则夫妇渎乱，男牵欲而丧其刚，妇狃说而忘其顺，如归妹之乘刚是也，此所以无往而利也。”由是观之，岂非《易》之道又恶于或穷矣乎？夫由前之言以观，则《易》之道贵于不穷，由后之言以观，则《易》之道又恶于或穷。圣人惧天理之或灭也，此《易》之所以有归妹；圣人又惧人欲之或纵，而天理之或害也，此归妹之卦辞所以又重为之戒云。噫！微吾圣人，则天理之盟主伊谁尸欤？

《象》曰：**泽上有雷，归妹。君子以永终知敝。**

夫泽之为物也，钟莫说之性，必有所说也，而后泽水为之动摇。今也，泽上有雷，阳之气既以奋震，则泽水从而感动于其下。此女从男之象也，故为归妹。程河南曰："雷震于上，泽随而动，阳动于上，阴说而从。"是也。然阴阳之相感也，虽至于动说，而动说之不已，则又失"永终"之道焉。何谓永终之道？曰：男女有尊卑之序，夫妇有倡随之礼是也。此道或失而动说不已，则狥情肆欲、弃礼乱伦，女无鸡鸣之诲，士无昧旦之警，而家政日废，丑德日彰矣，欲"永终"，得乎？君子知此弊之所由生也，常生于动说之不已，故于女也，惧其狃于说而忘其顺也，则帅之必以礼；于男也，惧其牵于欲而丧其刚也，则其动必以正。以此而始，以此而终，又何弊之有哉？不独夫妇之道为然也，天下之事莫不有弊，知其弊之所由生也，而致其谨焉，则终无弊矣。讼之《象》曰"君子以作事谋始"，亦是意也。

初九[①]**，归妹以娣，跛能履，征吉。**

《象》曰：**"归妹以娣"，以恒也。"跛能履"，吉相承也。**

初，下位也；九，阳德也。当归妹之时，以阳德居下位，乃诸娣之贤明者。诸侯娶妻，诸娣从之。韩侯之诗曰"韩侯迎止，于蹶之里""诸娣从之，祁祁如云"是也，故初有"归妹以娣"之象。夫娣不正而合者也，故称"跛"焉，然而能执谦之志以说承上，故曰"跛能

① 九，各本均作"六"，据归妹卦改。

履”。夫有贤明之才执谦卑之志，安恒处分以助承其君，而不失厥职，以是为得，故曰“征吉”。而《象》曰：“‘归妹以娣’，以恒也。‘跛能履’，吉相承也。”

九二，眇能视，利幽人之贞。

《象》曰：“利幽人之贞”，未变常也。

孔氏释义曰：“九二不言归妹者，既在归妹之卦，归妹可知，故略不言也。”苏东坡曰：“九二亦娣也，其不言归妹何也？因初九之辞也。”而龚氏、耿氏又皆指二为“嫡”，而曰“初以娣承二，二以嫡承五”，今以文义考之，俱未然也。夫九二正得下体中位，不应取“娣”象，而六五位上体之中，以贵为行，既称其君矣，则所谓“嫡”者五也，二亦不应复为“嫡”也。然不言“归妹”，何也？曰二处下体中位，居阴守常，未适乎外，所谓女子之贤明而妹之未归者。故爻辞但以女子守常为正，而以“幽人”象之，而曰“眇能视，利幽人之正”而已。盖以九二贤明之才，位下体之中，当斯时也，何所用其明哉？但当居阴守中，而自托于幽眇之地，夫然后不失其常矣。故曰：“眇能视，利幽人之贞。”而《象》曰：“未变常也。”盖谓“眇能视”者，以二有贤明之才，未始自鬻自衒，而其视不过寄诸幽眇之地，以是为能而已矣。此九二所以不言“归妹”，不取“娣”象，亦无“嫡”义，而独取“幽人”以为象欤！“幽人”，犹诗人所谓“窈窕淑女”，有幽闲正静之象。

六三，归妹以须，反归以娣。

《象》曰：“归妹以须”，未当也。

苏东坡曰：“古者谓贱妾为须，故天文有须女。”朱子发亦引“天官书”云：“须女四星，贱妾之称。”夫三，下体之高位也，不应有贱须之名。然以六居三，居不当位，德不正也，柔而尚刚，行不顺也，为说之主，以说求归，动非礼也。夫女子之可贵者，为其正也、顺也、动以礼也。今也，六三犯此三不韪，其目之曰“须”也固宜，此《象》所谓“未当也”。夫归以“须”，六三也；归以“娣”，则初九也。若以六三而比初九，诚相反也，何也？初有贤明之才，执谦卑之志，处常安分，用获其吉，三有是乎？夫三与初，既如是之相反也，则虽欲为娣，不可得也。宜其惟须之为也。故曰“反归以娣”，谓三之归以“须”与初之归以“娣”相反也，夫是之谓“未当”。

九四，归妹愆期，迟归有时。

《象》曰：愆期之志，有待而行也。

九二，妹之未归也，故不以“归妹”言。九四，妹之可归而未归者，故曰“归妹愆期”。何也？九四贤明之才，虽与二同，而所处之位则与二异故也。夫二与四皆居阴也，何谓其所处异也？曰卦爻有六，已居其四，以九居四，已离兑体，此所谓“愆期”之“归妹”也。夫女子于归妹而或愆者，何也？曰：礼以女子二十而嫁，或有大故，则以二十有三为节。九居四位，既离兑体，此所以有愆其期而迟其归之象也，何也？有时而然，而非悖于《礼经》故也。夫生而愿为之有家者，女子之志孰无是也？然或有待而行，而至于愆其期焉者，亦各言其志也而已矣。故曰：“归妹愆期，迟归有时。”而《象》曰：“愆期之志，有待而行也。”四虽上体，然亦居阴，故有迟滞而不遽前之象，若阳货谓孔子曰：“怀其宝而迷其邦，可谓仁乎？好从事而亟失时，可谓知乎？日月逝矣，岁不我与。”而夫子从而诺之曰：“吾将仕矣。”夫时之失而日月之逝，在夫子岂不知此？然夫子之志盖亦有待云尔，故尝以椟玉自况，而曰：“我待价者也。”又尝以匏瓜况其不然，而曰：“吾岂匏瓜也哉！”则圣人之志，非固为是愆期之事，以取诮于人也，亦曰“迟迟吾行”者，此非我也，时也。

六五，帝乙归妹，其君之袂，不如其娣之袂良，月几望，吉。

《象》曰：“帝乙归妹”，不如其娣之袂良也，其位在中，以贵行也。

五，君位也，归妹之处此位也，所谓嫡夫人、小君位也，莫尊且贵焉。虽然，尊且贵也，以六居五，体谦从礼，而无亢满之失，故曰“帝乙归妹”。《子夏传》曰：“天乙，汤也。”汤嫁妹之辞，有所谓“往事尔夫，必以礼义”之言，则欲其无亢满之失可知。故泰之六五，去骄去泰，与此爻同象。夫惟虽尊且贵，而能体谦从礼也，故尚礼而不尚饰。衣袂所以为容饰也，而曰“其君之袂，不如其娣之袂良”者，其良在德不在袂也。良，美好也。若娣，则以容饰为事者也。袂之良，则其德未必如袂也。何也？其君、其娣各有所尚故也。《葛覃》之称后妃也，不过曰“刈”“濩”，是中谷之葛，以为絺绤而服之云尔，及其薄污也，而又薄澣之，以为后妃恭俭节用之德，则其良在德不在袂可知也。夫阴阳之义，配日月也，日君也，月则小君也，小君体谦从礼，而无亢满之失，以况则“月几望”也。夫五，君位也，当归妹之时而以小君位焉，可谓尊且盛矣。然以六居之，则虽盛未盛也，则月之几望是也，此非六五之所谓吉乎？若夫月望则与日并，阴盛则与阳敌，此女娲、吕、武所以乱天下也，其祸可胜言哉！然其所以至此者无他，不知亢满之是戒云尔。乃若归妹之六五，以帝乙之贵行谦逊之德，而不失乎处中之道，宁有是过乎？故《象》又曰：“其位在中，以贵行也。”

上六，女承筐无实，士刲羊无血，无攸利。

《象》曰：上六无实，承虚筐也。

夫妇女之职，所以辅相夫、子，承先祖、供祭祀者也。故诗之《采蘋》述其采彼蘋藻，盛之筐筥，湘之锜釜，奠之室牖，尸之者有齐季女也。《礼》，亦称祭祀之礼，主人亲割牲、取血以祭，而“执其鸾刀，以启其毛，取其血膋，是烝是享”。而《信南山》之诗亦以此责幽王之不能，则夫先祖之是承，而祭祀之是供也，孰大于是？今也，上六处归妹之终，势已穷也；居震之极，动不静也；柔弱无能，才不堪也；阴虚不实，诚不存也；愚暗处上，好自用也。有是数者，以女言之，则“承筐无实”矣；以士言之，则“刲羊无血”矣。其如承先祖、供祭祀何？未见其有所利也，故曰“无攸利”。而《象》则特取“虚筐”“无实”以为言者，盖归妹上六，女子也，女子不才，重责之也。

离下震上 ䷶

丰：亨。王假之。勿忧，宜日中。

《彖》曰：丰，大也。明以动故丰。“王假之”，尚大也。“勿忧，宜日中。”宜照天下也。日中则昃，月盈则食，天地盈虚，与时消息，而况于人乎！况于鬼神乎！

丰者，时之极盛者也，何谓极盛？曰：在万物，则为众多；在生齿，则为繁庶；在幅员，则为广远；在庶事，则为详备；在人材，则为茂盛；在国家，则为殷富；在天下，则为平治；而在功业，则为光明而盛大也。故卦之德曰：“丰：亨。”而《彖》曰：“丰，大也。”夫卦之所以为丰者，合离、震而成也。离明而震动，明则足以有照，动则足以有行。明、动相资，此致丰之道也。故曰“明以动故丰”，此合离、震二体之用以言丰也。夫数椽之室，非甚大也，功力不至，则积日累岁而不能成。丰大之世，其所谓大也，固若是其盛也。为人君者，苟无其道以致是大，则是大也其能如是其盛乎？故夫致丰之道，惟王者为能至之，何则？所尚者大也。何谓所尚之大？曰：明以动是也。非明，则无以照；非动，则无以行。故夫所以致是丰者，此道也。语其能尽此道者，非王者则不可。故曰："王假之，尚大也。"假，至也。此又即明以动之义，以言惟王者为能尽致丰之道也。夫所谓致丰之王者，非六五乎？六五，以阴柔居尊位，而属震体，有震惧惊忧之象。当此之时，圣人则戒之以勿忧。离明在下，日未中之象也。日而未中，则照有所不周，当此之时，圣人又勉之以宜日中。盖以惊忧自沮，则动有所不足也；照有所不周，则明有所不足也。此非尚大之谓也，圣人于此又不得不有所戒，又有所勉也。故曰："勿忧，宜日中，宜照天下也。"此又即六五与震、离之象，以为王者之戒与勉也。虽然，致丰易，保丰难，人知今日之丰生于前日之不丰也，又乌知后日之不丰生于今日之丰邪？故圣人于此，又因勿忧宜日中之一辞，而别演其义曰："日中则昃，月盈则食，天地盈虚，与时消息，而况于人乎！况于鬼神乎！"所以示万世人主处丰之大戒。夫日既中矣，则当倾昃；月既盈矣，则当缺食。此丰不常丰之譬也。何则？天地之理，时息则盈，时消则虚。今日之盈，乃后日之虚息而不已之所致也；后日之虚，又今日之盈消而不已之所致也。是理也，此天地之所不能违也。故夫天地之盈虚，在阴阳则为进退，在万物则为盛衰，而其章章在目，可以日夜验之者，则日之中昃与月之盈食也。由是观之，则时消时息而盈虚继之，此虽天地之大犹不能违，而况人与鬼神乎？盖天地之间，聚而为人，散而为鬼神者，此即天地盈虚之理然也。《经》曰："精气为物，游魂为变，是故知鬼神之情状。"是也。夫观日月之昃食，而知天地之盈虚；观天地之盈虚，而知人鬼之聚散。天地万物之理不可常，盖如此也。不因此之理而知丰之不常丰也，而尽其所以保丰之道，可乎？何谓保丰之道？曰：持其盈、守其成，如成周之成王是矣。夫成周之世，以万物，则盛多矣；以四方民，则和会矣；以土宇，则昄章而孔厚矣；以礼与乐，则庶事大备矣；以人才，则荡荡乎其多矣；以曾孙之稼之庾，则如茨如梁、如京如坻矣；以当时之治，则既醉太平矣；以功业之盛，则又有酌以告成矣。此所谓丰大之世，而极盛之时也。使其不能持其盈、守其成，安能保是丰邪？然成王所以持其盈、守其成者，何如？曰：吾尝以《诗》考之，"嬛嬛在疚"，见于朝庙之言；"成王不敢康"，见于郊祀之什；"予其惩，而毖后患，莫予荓蜂"，又见于求助之作。此其故也。

《象》曰：雷电皆至，丰。君子以折狱致刑。

雷既至，电亦至焉，两者相会而震耀于天地之间，使人掩耳闭目之不暇，何其盛哉！此雷电皆至所以为丰之象也。夫震雷、离电施之人事，则刑狱也。故《传》曰："为刑罚威狱，以类天之震曜。"然刑狱之事，岂君子之得已也？不过将以耸惧夫人，而使之皆知警畏云尔。故夫法离明以折狱，象震动以致刑。明以折狱，则足以照其幽枉之情；动以致刑，则足以施其刚威之用。震曜并行，下皆警畏，此所以法雷电皆至之象也。河南曰："噬嗑，以明在上而丽于威震，王者之事，故为制刑立法。丰，以明在下而丽于威震，君子之用，故为折狱致刑。旅，明在上而云君子者，旅所以慎用刑与不留狱，君子皆当然也。"

初九，遇其配主，虽旬无咎，往有尚。

《象》曰："虽旬无咎"，过旬灾也。

初九，明之初也；九四，动之初也。在他卦，则阳与阳为非应；

在丰卦，则雷电皆至，明动相资以成其功。盖明而非动，则明无所用；动而非明，则动无所之。两者可以相有，而不可以相无，故初遇四，则谓四为“配主”；四遇初，则谓初为夷主也。配，如“广大配天地，变通配四时”，以言其均敌也。夷，等夷也，犹之曰莫适为尊卑也，故两者相遇皆曰“主”云。夫人之情势均则不相下，不相下则怨隙生矣，惟丰之初与四，明动相资，故虽势均而力敌，不为过咎。故曰：“虽旬无咎。”旬，十日也。十日之数，天地相函，奇耦错居，而无或赢或踦之处。何者？适均故也。初与四，其势虽均而非其应，往与之遇，明动相资以成其功。故曰：“往有尚。”“有尚”云者，谓有功也。故坎曰：“行有尚，往有功也。”是也。虽然，明动相资以成其功，则不以势均力敌为过咎也。或有求胜之心，而无相济之意，则相先以相失，嫌怨搆而灾害生矣。此灾害不生于相资，而生于相胜也。故《象》复戒之曰：“‘虽旬无咎’，过旬灾也。”

六二，丰其蔀，日中见斗，往得疑疾。有孚发若，吉。

《象》曰：“有孚发若”，信以发志也。

六二，明之主也，无应而不动，有明而无用者也，故体柔居阴以自蔽晦，而有“丰其蔀”之象。蔀，草芥阴蔽之地也。当明之时，而居阴蔽之地，不丰其明，而“丰其蔀”者也。日中，明盛之时也。当明盛之时，而所应者六五昏暗之君，故曰“日中见斗”。斗，昏见也，居中而主运平，六五之象也。夫二与五居相应之地，然以阴应阴，未能必其见用，乃所以自取嫌疑忌嫉也。何者？嫌疑忌嫉之心，暗主之所不免也。明而复昏，故《易》得此，故曰“往得疑疾”。虽然，当此之时，居此之位，以其见疑见嫉也，而遂已乎？曰：未也。程河南曰：“君子之事上也，不得其心，则居其至诚，以感发其志意而已。苟诚意能动，则虽昏蒙可开也，虽柔弱可辅也，虽不正可正也。古人之事庸君常主，而克行其道者，己之诚上达而君见信之笃尔。管仲之相桓公，孔明之事后主是也。”故曰：“有孚发若，吉。”而《象》曰：“信以发志也。”

九三，丰其沛，日中见沬。折其右肱，无咎。

《象》曰：“丰其沛”，不可大事也。“折其右肱”，终不可用也。

按陆氏《释文》云：“沛，古本或作旆，谓幡幔也。”王辅嗣、胡安定、程河南、朱子发、苏东坡皆因之。又曰：“沬，《字林》作昧，斗杓后星也。郑氏亦读作昧。”《子夏传》云：“昧，星之小者。”胡安定、程河南亦云：“昧，微星也。”朱子发依《字林》所释，曰：“昧，斗后小星，微昧之光。”夫幡幔，悬于上而蔽于下，障蔽光明之物也，此上六之象也。五，有斗象，上居五后，则沬居斗后也，则沬亦上六之象也。九三，以阳居阳，有能为之才者也。然当此之时，为丰之主者六五也。五既柔暗，而三之所应者又上六也，则上者既有以蔽乎下，而九三虽有能为之才，亦无所施也。故曰“丰其沛”，以言其有所障蔽而然也。又曰“日中见沬”，以言其所见者微而昧也。肱之在人也，所以辅佐上体者也，所谓右肱，尤其有力者，此九三以能为之才而应乎上之象也。然三固有是才矣，而其所应者昏暗之人也，则无以施其用矣此。所谓“折其右肱”也。然则当此之时，有能为之才而无所用也，又何所归咎乎？故曰：“折其右肱，无咎。”以言君子之心初无所怨无所尤也。《象》曰“丰其沛，不可大事也”者，夫丰大之世，明动相资乃能成丰，三有是才，而上之人既无足赖，如此则丰大之功何自而可成邪？故曰：“不可大事也。”人之所恃者，右肱也，所谓可以大事者，此其具也。今也，右肱既折，所以胜大事也者，无其具矣。故又曰：“折其右肱，终不可用也。”此盖重叹九三有是才，而其用不获施也。

九四，丰其蔀，日中见斗。遇其夷主，吉。

《象》曰：**“丰其蔀”，位不当也。“日中见斗”，幽不明也。“遇其夷主”，吉行也。**

九四，动之主也，当明盛之时，处近君之位。然其所居者，阴也，而又位重阴之下，故与六二同其象，而曰“丰其蔀，日中见斗”。而《象》曰：“丰其蔀，位不当也。日中见斗，幽不明也。”盖二之“丰其蔀，日中见斗”，体柔而居阴，而所应者又阴也；四之“丰其蔀，日中见斗”者，居阴而位重阴之下，而所承者亦阴也。虽然，当明以动之时，而四也，实为动之主，岂以“位不当也”与“幽不明也”而可以已乎？曰：未也。初与四居相应之地，同德而相济，所谓“夷主”也。四若下而与初遇，则当此之时，其为辅助岂小也？未可以势均力敌而不下应之也，故曰“遇其夷主，吉行也”。

六五，来章，有庆誉，吉。

《象》曰：**六五之吉，有庆也。**

程河南曰：“六五[①]阴柔居尊而震[②]体，无虚中巽顺下贤之象。”圣人设来章之爻以为教耳。愚窃谓，未可以此罪五也。何也？盖以六二、九四见斗之象观之，则五也，诚暗主也。然当丰大之时，所谓“以柔暗居尊而正体，无虚中巽顺下贤之象”者，则上六之“丰其屋，蔀其家”是矣。六五则未然也，何也？其所处者，中也，所处者中，则无自丰自亢之失矣。夫古之人君，固有暗而明者矣，何也？暗者，我也；明者，人也。以人之明而为我之明，则我虽暗，何嫌焉？固有弱而强

① 六五，《周易程氏传》为“五”。
② 震，原为“正”，据《周易程氏传》及下文（上六爻释文）改。

者矣，何也？弱者，我也；强者，人也。以人之强而为我之强，则我之弱，何嫌焉？夫惟六五之所处者，中也，故虽阴柔也，而无不断之失，虽体震也，而无过动之愆。此爻辞所以有“来章”之吉也。夫“章”云者，刚柔之杂而成体者也。《经》曰：“分阴分阳，迭用柔刚，故《易》六位而成章。”六五以暗而资明，以弱而资强，则自初至四，所谓明以动之才者皆入吾彀中矣。何者？盖吾有以来之故也。君臣之相得曰“庆”，有是实而名随之曰“誉”。当丰大之时，而五也，有“来章”之吉焉，故曰“有庆誉，吉”。盖谓有庆有誉，此六五之所以吉也，而《象》特曰“有庆”云者，举庆以见誉焉。

上六，丰其屋，蔀其家。窥其户，阒其无人，三岁不觌，凶。

《象》曰：“丰其屋”，天际翔也。“窥其户，阒其无人”，自藏也。

上六，丰之极也。丰之极必亢，以六居上，所谓愚自用、贱自专也，其谁与之？夫在上曰“屋”，取其能覆而已矣。今也，“丰其屋”，翔于天际，亢高之象也。在下曰“家”，取其可居而已矣。今也，“蔀其家”，掩蔽其内，幽暗之象也。夫屋虽丰而家则蔀，则莫之与居矣。故又曰：“窥其户，阒其无人。”暗，寂也，以言居幽处暗、亢高自绝，而人莫之与也。故曰“自藏也”，谓之自藏，则非人之远己也，乃己之远人也。至于三岁之久，而人犹不之觌焉，欲无凶，得乎？此九三所以甘心于折肱，而无所归其咎也。然则，程河南所谓“阴柔居尊而震体”，无虚己下贤之象也者，非六五也，乃上六也。

艮下离上 ䷷

旅：小亨，旅贞吉。

《彖》曰：旅，小亨，柔得中乎外而顺乎刚。止而丽乎明，是以小亨旅贞吉也。旅之时义大矣哉。

入而丽乎内者，处家之象也，故合巽、离而为家人；止而丽乎外者，旅人之象也，故合艮、离而为旅。旅也者，圣贤失位之时也。夫君子之道，固无往而不亨，然时乎得位，则其亨在于天下；时乎失位，则其亨止于身。故卦之德曰“旅，小亨”而已。孟子因周霄之问仕也，而曰:“士之失位也，犹诸侯之失国家也，故君子三月无君则皇皇如也。”而公明仪亦曰:“古之人三月无君则吊。”曰“古之人”云者，盖指孔子也，以其皇皇如也，故以吊言之，夫孔子以皇皇一旅人，今日之齐，明日适卫，然进以礼，退以义，得之不得曰有命。故吾孟子得以知其心，断然以或者之言为非是，而曰:“若孔子主痈疽与侍人瘠环，则何以为孔子？”此卦之德又曰“旅贞”也。而《彖》复释之曰:“旅小亨，柔得中而顺乎刚。止而丽乎明，是以小亨旅贞吉也。”此则指六五一爻与艮、离二体之用，以言旅之所以小亨与贞吉也。夫用刚，非旅道也，故莫尚乎用柔，然柔不可过也，故莫尚乎得中。旅人失位而寄乎外，夫苟徒以媚说顺从乎人而已也，此固柔也，而不得谓之得中。孔子见南子、诺阳货，此所谓顺乎刚也，然而无失中之柔焉，则亨德在孔子矣。其在爻也，则以六居五，得中位而属外体，丽乎二刚之间。故曰:“柔得中乎外而顺乎刚。”此释旅之所以小亨也。孟子曰:“吾闻观近臣，以其所为主；观远臣，以其所主。”何者？君子有所止也，不可以不丽乎明故也。故孔子亦曰:“君子之居是邦也，事其大夫之贤者，友其士之仁者。”诚如或者之言，于卫主痈疽，于齐主侍人瘠环，则旅之正不在孔子矣，非所谓丽乎明也。故曰“止而丽乎明”，此释旅之所以贞吉也。夫失位者，旅之时也；亨与贞者，旅之义也。当旅之时，非亨则旅道穷矣，非正则旅道失矣。故旅之卦德曰“旅小亨”，又曰“旅贞吉”。旅，一也，而再言之，盖谓其时义之大，在此两者故也。故孔子于此又叹之曰：“旅之时义大矣哉！”

《象》曰：山上有火，旅。君子以明慎用刑，而不留狱。

山，高远之地也；火，明曜之物也。山上有火，则明寓高远，足以有照，而其势迅疾，不能久留，旅不处也，故其象如此。夫刑非轻用之物，而狱非可久留之地。故君子观旅之象也，而得之明无不照之义，则于刑也，每致其明而谨用之；得其迅速而不留之义，则于狱也，亦随而决之而不留焉。大抵旅道宜慎而不宜留，刑狱之事适与相类，故象取其义云。

初六，旅琐琐，斯其所取灾。

《象》曰：“旅琐琐”，志穷灾也。

初六，以阴眇之才居卑下之位。当羁旅之时，非所谓行道救世之志也，此不过谋小利、为小人而已尔。故曰：“旅琐琐。”夫君子之志，固有所谓远且大者存也，何也？欲行道以救世故也。夫如是，故旅道不穷而亨、无灾而吉，若卦德之所云是矣。今初六之旅也，琐琐然也，则其志穷矣。穷则无动而吉，此其所以自取灾害也。

六二，旅即次，怀其资，得童仆贞。

《象》曰：“得童仆贞”，终无尤也。

次，旅之居也；资，旅之用也；童仆，旅之役走者也。“旅即次”，则其所舍也，有其居；怀其资则其所蓄也，有其用；得童仆，则其所以奔走而服役也，又有其人。旅道何修而得此哉？盖以六居二之为正故也。夫旅道患不正尔，正则吾无尤于物，而物亦莫吾尤也，此其所以有安而无危、有得而无丧也。而《象》特曰“得童仆贞”云者，此省文之例也。而程河南、朱子发皆云：“得童仆之忠贞者，亲信之而不疑。”此于义固无害，然九三“丧其童仆，贞厉”，而《象》曰“以旅与下，其义丧也”，则又上之所以遇下也，其失固有在也，而非童仆不正之罪也。

九三，旅焚其次，丧其童仆，贞厉。

《象》曰：“旅焚其次”，亦以伤矣。以旅与下，其义丧也。

九三，以刚居刚，刚之过也，处下体之上，又艮之上，自高也。夫自高，则不能顺乎上而上不与，故曰“焚其次”，谓离火在上有焚象也。过刚，不能柔乎下而下不附，故曰“丧其童仆”，谓刚止于上无逮下之象也。夫《易》恶亢而戒刚，大过刚亢，平时犹不可用也，而况于旅乎？故九三之“焚其次”，诚异夫二之“即次”矣；“丧其童仆”，又异乎二之“得童仆”矣。何也？以九居三，此虽正也，然而刚过则于正为厉故也。故《象》又曰：“‘旅焚其次’，亦以伤矣。以旅与下，其义丧也。”盖谓既已有“焚其次”之伤矣，而又“丧其童仆”焉，此暴厉之过也。夫旅，亲寡之时也，朝夕之所与者，童仆而止尔，岂可以旅视之也？九三以旅视乎下，则彼童仆也，亦必以旅视乎上矣，其能久留乎？此丧其童仆，其人固然也。曾子曰：“上失其道，民散久矣。”夫上之于下也，能来之而不能留之，则上下相视皆旅人也，欲其不丧，得乎？故《书》曰：“民罔常怀，怀于有仁。”九三之厉，可谓不仁矣，而又当旅之时，用其不仁之术，宜其然也。或曰：九三之与六二固异矣，而不曰亡其资，何也？曰：其次既焚，资何有焉？举重以见轻也。

九四，旅于处，得其资斧，我心不快。

《象》曰：“旅于处”，未得位也。“得其资斧”，心未快也。

九四，以阳动之才而居阴静之位，得所处也，故曰“旅于处”。然阴静之位宜若可处也，当旅之时，旅于外，犹未为得位也。资，货用也；斧，利物也。夫君子以行道救世为心者也，位未得而道未行，故虽身旅乎外，得其所处而货利之交至也，君子之心盖亦未快于是也。孟子之在齐、在梁、在薛也，兼金之馈或受或不受。其受之也，或曰馈赆，或为兵馈，以其有辞；其不受之也，则以无处而馈之也。故曰：君子而可以货取乎？此四之虽得资斧，而我心未始以是为快也。或曰：用刚非旅道也，而四亦刚也，何也？曰：处上体之下，而又居阴位，故无亢刚之失。

六五，射雉，一矢亡。终以誉命。

《象》曰："终以誉命"，上逮也。

程河南曰："人君无旅，旅则失位。"故五虽君位，不取君义，此一爻孔子之象也。夫雉，文明之物也。六五，离之主，故取雉象。矢，射雉之器也。离为戈兵，故取矢义。夫有文明之才，斯有文明之化，圣人之志盖在是矣。然圣人之志虽在于是，其如一矢之遗亡何？谓其失位而旅故也。春秋之君，盖亦有知孔子之为圣人者矣，若鲁哀公、卫灵公、齐景公、楚昭王是也，其次则孟僖子、季康子、楚子西、吴太宰嚭之类，盖亦不乏人也。然而不能用也，故虽终以誉命而上逮乎己也，徒足以致旅之小亨而已矣。而文明之化卒不见于当世，可不为之重叹矣乎？

上九，鸟焚其巢，旅人先笑后号咷，丧牛于易，凶。

《象》曰：以旅在上，其义焚也，"丧牛于易"，终莫之闻也。

上九之视九三，尤为刚亢者也。凡物栖高处亢而寄诸危地者，鸟之巢是也，故旅之上取以为象。夫高极必危，离火有焚象也，故曰"鸟焚其巢"，以况则旅之好尚自取焚害，其义固然也。"先笑"，谓喜居物上也；“后号咷”，谓巢焚之故也。夫牛，顺物也。旅道以柔顺谦下为本，上九丧其至顺之德于其笑乐平易之时，今也以巢焚之故而“号咷”也，其谁与闻邪？盖言刚亢自绝一至于此，而终莫之与也，此上九之所以凶也。

卷二十五

巽下巽上 ☴

巽：小亨。利有攸往，利见大人。

《彖》曰：**重巽以申命，刚巽乎中正而志行。柔皆顺乎刚，是以“小亨。利有攸往，利见大人。”**

八卦之德，语其刚柔之履位者，无若艮之与巽也。何也？艮，以一刚履诸上位，故止于上而为二阴之主；巽，以一柔定位乎下，故上顺二刚而甘处乎下。夫在上者，能使在下者顺之而不我违；在下者，能顺乎上而不之违。此岂上之于下也，有所胁迫；而下之于上也，有所畏惧而然哉？理之所在，不得不然也。故卦德曰：“巽：小亨。利有攸往，利见大人。”盖所谓“小亨”云者，指下卦之一柔而云也。夫巽以一柔而处卦之下，有顺入而不迫之义，故《易》以巽为风。上下皆巽，是为重巽，故有申命之义。今夫风之播于物也，夫岂遽焉而已哉？披之拂之，鼓之舞之，在此者有不能自已之诚，则在物也，亦将披靡动荡，而惟风之从，有不能自已者矣。是故上之所以命乎下也亦然。孔子曰：“不戒视成，谓之暴。”孙武子曰：“约束不明，申令不熟，将之罪也。”必也先后之告戒、终始之谆复，而后下之观听也既熟，则顺从乎上者斯众矣。王辅嗣所谓：“上下皆巽，不违其令，命乃行也。”是也。故曰“重巽以申命”，此指上下二巽以言巽之象也。夫巽，虽以一阴为主，然在巽之时，二、五以阳刚而居中正之位，则是刚亦巽也。刚而亦巽，则刚无过刚矣，故二与五以同德而居相应之地，巽乎中正，为巽之大人而志行乎下。初与四各居一卦之下，皆以柔而顺乎上。夫以初与四之柔，处一卦之下，以其才则微也，以其位则卑也，此《易》之所谓“小”者。小者乌能亨欤？盖皆顺乎刚而然也。是故居二之位者，以大人而为之臣，而初六之柔顺之；居五之位者，以大人而为之君，而六四之柔顺之。刚中正者之志既行，则小者亦亨矣。此巽之一柔其在初也，所以为巽之始；其在四也，所以为巽之终。故夫体此道以有往，与夫所以见大人也，宜无不利者矣。故曰：“刚巽乎中正而志行。柔皆顺乎刚，是以小亨，利有攸往，利见大人。”此指二、五之刚与初四之柔，以言巽之所以亨与利也。朱子发曰：“九五之刚，巽乎中正。”而于九二之刚，则不以正予之，特曰“巽乎中”而已。又曰“六四，利有攸往，利见大人”，而不以大人与二也。夫岂知九二居中正之位，亦得谓之“中正”，解之九二“贞吉，得中道也”是也；乾之二、五以同德相应，故俱称“大人”，何独于巽之二、五而疑之乎？若程河南之论则不然，其曰“如二、五之刚中正，大人也”，此则于二、五无异辞矣。

《象》曰：随风，巽。君子以申命行事。

巽以申命为义。《彖》以重卦言之，则曰“重巽”；《象》以二象言之，则曰“随风”。曰“随”云者，前之风既播，后之风继之，相随逐而不已之谓也。亦如“洊雷”为重震之象，“水洊”至为习坎之象也。夫上之所以命乎下者，为行事而设也。将行是事，知所以命乎下，而不知所以申夫前日之命焉，则观感之未孚，而听从之不一。吾欲是事之必行，而在人者未有不以为上之人有所胁迫乎我，而强乎我之必从也。然则，先后之告戒，始终之谆复，此岂上之人为是过巽不情之举哉？盖入之既深，令之既熟，则在我者无拂民以从欲，而在彼者无傲上而从康者也。

初六，进退，利武人之贞。

《象》曰："进退"，志疑也。"利武人之贞"，志治也。

初六居重巽之下，巽而又巽者也。夫巽而又巽，亦有二义而已矣。何谓二义？曰：当与否是也。所谓否者，志之疑也；所谓当者，志之治也。志之疑，则或进或退，初无决择，此巽而又巽者然也；志之治，则巽而又巽云者，吾非过于巽也，将以审处时宜、断决物情，而未敢遽焉故也。夫如是又何恶于过巽已乎？盖过于巽者，所以为决也，故曰"利武人之贞"。夫武人以沉鸷而不暴为贞，若过于悍勇，非正也。夫过于悍勇，则亦不免于乱耳，何治之云？履之六三曰"武人为于大君"，六三履之主故也；巽之初六亦曰"利武人之贞"云者，初六重巽之主故也。夫一爻而具二义者，巽之初六之类是也。

九二，巽在床下，用史巫纷若，吉，无咎。

《象》曰：纷若之吉，得中也。

昔者，孔子尝有言曰："事君尽礼，人以为谄也。"夫礼，少有缺失则为未尽。又况礼也者，顺乎理之谓也。于理焉既顺矣，若有所未尽，又焉得为顺已乎？巽之为义，盖言顺也。二之于五，以刚应刚，在巽之时，或有不顺焉，则失其义矣，故有"巽在床下"之象。夫床，所以安也，在床下则退巽而不安乎其居之谓也。二之于五也，谨其事上之礼，退巽谦抑如是之甚者，非谄也。谓吾于礼焉而未尽，则事上之道实有缺失故也。故夫下之事上也，如人之于神焉。史巫者，事神之人也。用史巫之道以事上，是以事神之礼事乎上也。如是则其获吉也，纷纷乎其多矣，故曰“用史巫纷若，吉”。夫孔子尽礼，人以为谄，则疑于有咎矣。然世皆倨，我独恭，于礼焉既尽，则人以我为谄无害也。何也？理之所在，人以我为谄，而我以我为当然故也，故曰“无咎”。谓于当然之理而无或过也，故《象》又曰“纷若之吉，得中也”。所谓“中”云者，当于理之谓也。是道也，在巽，则为九二之中位；在人，则为孔子之尽礼也。

九三，频巽，吝。

《象》曰：**频巽之吝，志穷也。**

九三，居两巽之间，一巽既尽，一巽复来，故曰“频巽”。夫谓之“频巽”，则频失可知。盖九三以刚处刚，又居下体之上，非能巽者，当巽之时，勉行巽事，以救频失故尔。夫卑巽之志，不出于自然而勉为之，则前倨后恭，动而易穷，岂其志欤？故曰“吝”，而《象》曰“志穷也”。盛德之君子则不然，谦恭顺巽，本于自然，如孔子之于乡党则自然恂恂，于宗庙朝廷则自然便便，与下大夫言则自然侃侃，与上大夫言则自然誾誾，以至或与与，或踧踖，或色勃，或足躩，或鞠躬，或战色，随处随当，动出而不穷，何其盛哉！此无他，执谦之志曾无不足故也。若九三频巽之吝，其志穷也，何足以语此？

六四，悔亡，田获三品。

《象》曰：**“田获三品”，有功也。**

巽至六四，离下体而居近五之位，承乘皆刚，宜于有悔。然柔顺无忤，居巽之道。以此承上，则其道上信于君；以此与下，则其道下信于人。此悔所以亡也。夫巽道施诸上下，举无少失如此，故以田狩之事喻之。夫三品之获，田狩之有功也。古者，以田狩之获分为三品，一为干豆以奉祭祀，一供宾客与充君庖，一颁徒御，此三品也。三品之获，遍及上下，以况则四之巽道施诸上下而无失也。夫四居巽之道如此，非特悔亡也，而又有功焉，可不谓之善处巽矣乎？

九五，贞吉悔亡，无不利，无初有终。先庚三日，后庚三日，吉。

《象》曰：九五之吉，位正中也。

九五以阳刚居中正之位，出命之主也。夫命出于上，得中正之道，则下无不从，故曰“贞吉悔亡，无不利”。盖不正则有悔，于贞既吉，则悔斯亡矣。以九居五，贞也，故无不贞之悔，此所以“无不利”也。“无初”，谓始未善也，夫始既未善，故不得不有所更；“有终”，谓既更斯善矣，若初之既善，则又何更为也？故继之以“先庚”“后庚”之说。庚，更革也。十日，自甲、乙至戊、己为中，过中则当变，故谓之庚。盖庚于五行为金，于四时为秋。金主断制，秋主严厉。自甲、乙至戊、己，春、夏生物之气既已备矣，庚，则能成物之气，当施于此时。故华者落之，实者完之，此有更革而然也。夫变更，事之大者，此岂可易也？亦如造物之初，戒之警之，而不敢忽焉可也。蛊，造事之初也，故以“先甲”“后甲”言之；巽，更事之日也，故以“先庚”“后庚”言之。夫当未更之先也，则必一日、二日至于三日，致其戒谨之心，更之欲其善也；及既更之后也，则又一日、二日至于三日，致其戒谨之心，虑其未尽善也。如此则吉于变更矣，故曰“先庚三日，后庚三日”。或曰：蛊言“先甲”“后甲”，而曰终则有始；巽言“先庚”“后庚”，而曰无初有终。何也？曰：甲者，十日之首，而事之始也，此有始也；庚者，十日之过中，而事之当更者也，此无初而有终也。蛊之六五尚夫柔也，故曰甲；巽之九五尚夫刚也，故曰庚。扬子云曰“庚断义，甲断仁”是也。

上九，巽在床下，丧其资斧，贞凶。

《象》曰："巽在床下"，上穷也。"丧其资斧"，正乎凶也。

九二，居下体之中，巽而得中，则巽在床下，乃以为得，故曰"得中也"。上九，居重巽之极，巽过极矣，则巽在床下，乃以为丧，故曰"丧其资斧"。资，所有也；斧，利物也，所以断也。阳刚则能断，此上九所本有也。今也，丧其本有，失孰甚焉，故于正道为凶也。夫居上而过于巽，此岂通变之道也？又焉得为正乎？曰：非正也，乃于正而凶也。故《象》又曰："巽在床下，上穷也。丧其资斧，正乎凶也。"朱子发曰："鲁自襄公三家分其民，四世从之。至昭公失国，无所窜伏。盖处上极巽，亡其资斧，乃正凶也。"

兑下兑上 ䷹

兑：亨，利贞。

《彖》曰：兑，说也。刚中而柔外，说以利贞，是以顺乎天而应乎人。说以先民，民忘其劳。说以犯难，民忘其死。说之大，民劝矣哉！

夫兑，以一阴居二阳之上，柔说外见，故曰"兑，说也"。卦以"亨，利贞"为德者，盖说有致亨之道，谓内外之情交通而无壅也。然所利者又在于贞，盖说之非其道，则失正矣。如夫妇之以淫姣、朋友之以谄谀、君臣之以媚佞是也。惟在我之刚存诸中而无失，柔顺在外接于物而无忤，内外两得，此说之所谓正也，故曰"刚中而柔外"。"说以利贞"，此指二、五之刚，与三、上之柔以言兑也。夫正道之在天下，此天、人之心也。正道尽于此，则上之所以顺乎天者，此道也；下之所以应乎人者，此道也。此汤、武所以出斯民于水火之中，而民大说者，天、人之心实在于是故也。故曰"是以顺乎天而应乎人"，此人即说以利贞，以言说之功也。朱子发曰："夫就佚辞劳，好生恶死，民之常情，用之以说，乃忘四体之勤，决一旦之命而不顾，非说之以道，能如是乎？古之人有行之者，周公之东征是也。故曰'说以先民，民忘其劳。说以犯难，民忘其死。'""说之大，民劝矣哉"，此又极说道之大，而其效若是也。

《象》曰：**丽泽，兑。君子以朋友讲习。**

程河南曰："天下之说不可极，惟朋友讲习。虽过说无害，盖兑、泽有相滋益处。"又曰："两泽相丽，交相浸润，互有滋益之象，朋友讲习互相益也。"朱子发曰："兑为口[①]，为讲，两兑为习。"苏东坡曰："取其乐，而不流也。"

初九，和兑，吉。

《象》曰：**和兑之吉，行未疑也。**

初九虽刚，然居下位，当说之时，未见其有用刚之失也。故曰"和兑"，以言虽刚也而反处下，说而能和者也，此其所以吉。《象》曰"行未疑也"者，以言其行未有可疑，未见其失故也。河南曰："阳刚则不卑，居下则能巽，处说则能和，无应则不偏，此所以吉。"

九二，孚兑，吉，悔亡。

《象》曰：**孚兑之吉，信志也。**

《彖》称"刚中"，在兑之下体，则九二是也。夫以刚居中，则诚实之德充足乎内，未尝非道以求说。故当兑之时，自信有余而无失己之嫌，故曰"孚兑，吉"。夫六三阴柔而不正，所谓非道以求说者也，而二比之，疑于有悔矣。然二居中自信，故虽与三同体而未尝说之，此其悔所以亡也。河南曰："二，刚实居中，志存诚信，岂至说小人而

① 口，各本均作"江"，据《汉上易传》及《周易》经文改。

自失乎？”朱子发曰：“夫石碏、石厚，父子也；叔向、叔鱼，兄弟也[①]；子产、伯有，同族也。虽比也，岂能说之？”

六三，来兑，凶。

《象》曰：**来兑之凶，位不当也。**

六三，居两兑之间，一兑既尽，一兑复来，故曰“来兑”，以言左右媚说，相继而不绝者也。夫以不正之才，居两兑之间，处四刚之际，左右逢迎，惟以容说为事。此小人之失正者，故于兑为凶，而《象》曰“位不当也”。夫上下四刚皆君子也，三以小人厕乎其间，而所居之位又高位也，岂其当乎？

九四，商兑。未宁介疾，有喜。

《象》曰：**九四之喜，有庆也。**

夫当兑之时，九五，兑之主也，六三、上六皆五之疾也。当此之时，欲去五之疾，所赖者谁欤？九四是也。盖四以刚德处近君之位，则进谋献议，欲去君之疾而后已。吾君之疾未去，则吾之所以商此二兑也，其能自宁已乎？是必去此二疾，而后有喜也。“介”云者，介于其间，以刚辅上，而欲去此二疾故也。二疾既去，此九四之喜，而天下之庆也。故《象》曰：“九四之喜，有庆也。”昔楚庄王日夜为乐，令国中曰：“有敢谏者死。”伍举入谏，庄王左抱郑姬，右抱越女，坐钟鼓之间。伍举曰：“愿有进隐。”庄王曰：“举退矣，吾知之矣。”居数日，淫益甚，大夫苏从入谏，王曰：“若不闻令乎？”对曰：“杀身以明君，臣之愿也。”庄王于是罢淫乐，任伍举、苏从以政，国人大悦。此所谓九四之“喜有庆也”。

九五，孚于剥，有厉。

① 兄弟也，各本均缺，据《汉上易传》补。

《象》曰："孚于剥"，位正当也。

《彖》称"刚中"，在兑之上体，则九五是也。夫以九居五，以阳刚之德而居正中之位，所谓刚明之主也。宁有孚于小人之失，而致是剥道也哉？盖当说之时，近比上六，故《易》于此设是戒也。河南曰："尧、舜之盛，未尝无是戒也。"是也。又曰："虽舜之圣，且畏巧言令色，安得而不戒也？""有厉"云者，剥阴消阳也。五，孚于剥而不之疑焉，此危道也，故为之戒云。《象》曰"位正当"云者，此责九五之辞也，若曰：五以阳居阳，位正当也，而惟小人之是孚焉，则有厉矣，岂所宜然？

上六，引兑。

《象》曰："上六，引兑。"未光也。

夫兑之所以为兑者，六三、上六是也。上六之位尤高于三，此又阴小之尤见幸者。故其为媚说也，必九五引之而后发，非若三之左右逢迎，以求容悦也，故曰"引兑"。昔者，褒姒不好笑，万方皆不笑。幽王为熢燧以召诸侯，寇至，则举熢燧。诸侯悉至，至而无寇，褒姒乃大笑，幽王说之，为之数举熢燧。然虽得笑于一女而失信于诸侯，此所谓引兑也。夫引之而后说，其无意味甚矣，故《象》曰"未光也"，犹之曰：以说事人已为非矣，而又待引焉，未足多也。苏东坡曰："六三、上六皆兑之小人。""六三履非其位，而处于二阳之间，[①]以求说为兑者，故曰'来兑'，言初与二[②]不招而自来也，其心易知，其为害浅，故二阳皆吉而六三凶。上六超然于外，不累于物，此小人托于无求以为兑也，故曰'引兑'，言九五引之而后至也，其心难知，

① 各本缺"而处于二阳之间"，据《东坡易传》补。
② 各本缺"初与二"，据《东坡易传》补。

其为害深，故九五孚于剥。”

坎下巽上 ䷺

涣：亨。王假有庙。利涉大川，利贞。

《彖》曰：**涣，亨，刚来而不穷，柔得位乎外，而上同。王假有庙，王乃在中也。利涉大川，乘木有功也。**

涣，散也。以巽重坎，是以为涣。其象则有取于风行水上。盖风行水上，无有凝碍，其行迅疾，而水亦为之动荡而流散。其在人，则奔走而从事之时也。夫当奔走从事之时，必也有所谓刚柔共济之才，而后致涣道之亨。今也，涣以九之刚来居于二位，而有不穷之义，以六之柔得四之位，于涣之外体，而上同乎五，此所谓刚柔共济之才也。故九五于此得以尽有庙之道，居中履正，为涣之主，乘巽之木以济坎险，而有利涉大川之功也。此涣之所以亨欤？萃与涣皆云“王假有庙”者，萃，聚也，欲祖宗精神之聚于此也，故“假有庙”以亨之。涣，散也，惧其散也，又假有庙以收之，鬼神之理聚散而已矣。王者以孝治天下者也，故设为庙祧，以萃祖宗之精神于其间，常欲其聚而或惧其散，此于萃、涣而并及之，所以起天下孝子顺孙思亲之心，而尽奉先之道也。卦德有曰“利贞”云者，九五正位乎上，利以正道奔走天下之群才，而成此涣功也。《彖》释卦德而不及“利贞”，《彖》辞之末疑有逸文，盖于中孚可见矣。

《象》曰：**风行水上，涣。先王以享于帝立庙。**

风行水上，上下散动，涣之象也。先王观此象，故为之设其郊祀之礼，以享上帝，则神明通矣。又为之立其庙貌，以萃祖宗之精神，而尽其奉祀之心，则散者聚矣。河南曰：“系人心、合离散之道，无大于此。”

初六，用拯马壮，吉。

《象》曰：初六之吉，顺也。

夫当涣散之初，则时未至于涣也。居坎难之始，则难未至于极也。当此之时，顺此之势，而亟救之，财用拯之道得矣，然必有是才而后可。初六之才，顺有余矣，而所不足者健也。故必马壮而后吉，谓以壮济顺，而后用拯之道为全然。初，阳位也；六，阴德也。以阴德居阳位，则亦刚柔之不偏也。而爻赞独曰“初六之吉，顺也”者，盖多其能因时顺势而亟救夫涣也。

九二，涣奔其机，悔亡。

《象》曰：“涣奔其机”，得愿也。

《彖》曰“刚来而不穷”者，谓九二也。故爻辞又有“涣奔其机”之象，谓当涣之时，九以阳刚来居二位。二，安静之位也，故有“奔其机”之象，此刚来之所以不穷也。若以九居二，而失所安焉，则刚之来不能不穷也，岂机之象乎？夫惟安静。然后能一天下之动。五奠王居于上，而二奔其机于下，二、五以同德居相应之地，而各得所安，此所以能合天下之涣也，岂非君子救世安民之志愿然欤？故《象》曰“得愿也”。所谓“悔亡”，何也？曰：二居坎难之中，宜若有悔，然九二行乎患难而不动声色，而卒以涣其难，故曰“悔亡”。王辅嗣、胡安定、程河南、苏东坡以初六为机，龚深甫、耿希道、洪成李以九五为机，朱子发又以六四为机，此皆未深究夫“刚来而不穷”之义，而知机即二也。其则不远又何远之求？

六三，涣其躬，无悔。

《象》曰：“涣其躬”，志在外也。

三，居坎难之极，当涣之时，志于涣难而出险，而其涣也止于其身而已，不遑他恤也，故曰“涣其躬”。夫“涣其躬”与“涣其群”固异矣，然与其不能于其躬，如坎之六三险且枕，而以危为安者不亦远乎？故曰“无悔”。上九之“涣其血去逖出”，而涣以“无咎”与之，谓其能远害也。六三与之居相应之地，而《象》曰“涣其躬，志在外也”，其亦慕上九之为乎？其能无悔宜矣。

六四，涣其群，元吉。涣有丘，匪夷所忍。

《象》曰：**“涣其群，元吉。”光大也。**

《象》曰“柔得位而上同”者，谓六四也。九五，涣之君也，以阳刚正位乎上，以主天下之涣。六四，五之佐也，以巽顺居近密之地，以涣天下之难。故曰“涣其群”，谓其所涣也，涣乎天下之众，而不止于其身，如六三而已也，此其吉所以为光且大也。夫六四能涣天下之难，则能合天下之涣矣。故曰“涣有丘”，丘，聚之大也，合天下之涣而聚之，此其吉所以大也。夫岂“涣其躬”而已哉？故又曰“匪夷所思”。夷，等夷也，谓六三也。夫四与三均是柔也，然三“涣其躬”而已，四则“涣其群”，而能合天下之涣而聚之，此岂六三思虑之所及也？河南曰：“四、五二爻爻义相须，故通言之。”方涣散之时，用刚则不能使之怀附，用柔则不足为之依归。四以巽顺之正道，辅刚中正之君，君臣同功，所以能济涣也。“元吉，光大”不在五而在四者，二爻之义通言也。朱子发曰：“宣王承厉王之后，天下离散，召伯之徒佐王建国，亲诸侯，遣使劳来安集，涣其群也。”

九五，涣汗其大号，涣王居，无咎。

《象》曰：**王居无咎，正位也。**

九五，涣之君也。当涣之时，为涣之君，宜有新民之大命、合涣之大政，以施诸人。故曰“涣汗其大号”，谓其号令一涣而不复反也，故取“汗”为象。“涣王居，无咎”,《象》曰“王居无咎，正位也”者，朱子发曰：“涣之时民思其主，故王居正位乃无咎，在他时安居不能顺，动则有咎矣。故禹别九州而始于冀，汤胜夏而归于亳，武王胜商而至于丰，王正位，则涣散者知所归矣。”涣一也，而再言之者，“汗其大号”取其散所以欲涣也，“王居正位”取其正所以合涣也。

上九，涣其血，去逖出，无咎。

《象》曰：**“涣其血”，远害也。**

上九以阳刚之才，当涣散之终，祸难既散，脱然处无用之地所，谓功成而身退也。故曰：“涣其血，去逖出。”血，有所伤也，“涣其血”则能远去祸害而无所伤矣。逖，远也。时当避去，而犹昧夫远引之义，则亦未能无谤咎也。故去必逖出而后无咎，此张子房从赤松子游，大夫蠡去越之时也。

兑下坎上 ䷻

节：亨，苦节不可贞。

《彖》曰：**节，亨，刚柔分而刚得中。“苦节不可贞”，其道穷也。说以行险，当位以节，中正以通。天地节而四时成，节以制度，不伤财，不害民。**

有一言足以尽天下事物之理，曰：中是也。中则无过，无过则可以通行而不穷，否则易穷矣。《易》之有节，以言事之有所止也。所止者何？止于中而已矣。惟中故亨，此卦德所以言亨也。夫天下之事不刚则柔，刚过则暴，柔过则纵。惟节之六爻，以六三之柔而节初九、九二之刚，以九五之刚而节六四、上六之柔。刚柔有节，各居其三，而九五、九二又居二卦之中，刚而不至于过，此节道之所以亨也。故曰:“节，亨，刚柔分而刚得中。”此指六爻三刚三柔，与二、五之刚中以言节之亨也。夫节贵于中，不中则过，过则苦矣。此非人情之所堪也，岂可以此为正乎？上六之“苦节，贞凶”是也。朱子发曰:“凡物过则苦，味之过正、形之过劳、心之过思，皆曰苦，苦节则违性情之正，物不能堪，岂正道也哉？申屠狄之洁，陈仲子之廉，非不力也，立节太苦，不可正也。”故曰:“苦节不可贞，其道穷也。”此又指上六以戒苦节之过也。夫人之情，乐干纵肆而恶于止节，今也，务行乎人情之所恶者，而于人情之所乐者则务禁止之，凡此皆人情之所难者。夫务行乎人情之所难行之事，凡《易》之所谓“行险”者。然有道焉，使人于其所难行者行之而不惮，而惟上之从焉者，盖有以说之故也。夫惟有以说其心，则俾之行其所难行者将如履平地矣，又奚以险为哉？此节道之善也，故曰“说以行险”，此又指兑、坎二体之用以言节之义也。司马温公曰:“兑，说也，和易也。坎，险也，严峻也。知说而不知险，则民不肃；知险而不知说，则民不亲。不肃则慢，不亲则乖，慢与乖，乱亡之道也。是以说以行险，得节之宜也。”夫节物者，无其位则不能行，无其道则不可久。九五，节之位也。以九居五，于位为当，此节物之有其位也。中正，节之道也。既中且正，可以通行而不穷，此节物之有其道也。故曰:“当位以节，中正以通。”此又指九五一爻以言节之主也。虽然，节之为道，此岂特人道为然也，而天地之道亦莫不然。今夫天地二气之运行也，十有五日一气，四十有五日一节，故一岁之中，凡为气者二十有四，而为节者八，而后四时由此而成。使其无节，则二气失序矣。制度之立也实似之。故十一者，取民之制；而量入以为出者，用财之度。财用于上，既无或伤，则上之取民亦无所害。故曰:“天地节而四时成,节以制度,不伤财,不害民。”此又即天地之节以明人君之节也。然则中正也者,固节之道;而制度也者,又中正之道所寓焉。

《象》曰:**泽上有水,节。君子以制数度,议德行。**

泽,水所钟也。泽上有水,当其分限而止,不满溢也,故为节之象。数度,所以为节也。德行,欲其中节也。古者之制器用、宫室、衣服也,莫不有多寡之数、隆杀之度存乎其间,使贱不踰贵,下不侵上,以是为节。故贵贱上下各安其分,存于中为德,发于外为行,随时合宜,无过不及,则为中节,如禹、稷之于平世,颜子之于乱世,曾子之去,子思之守是也。而孟子于此数君子也,则概以同道与之,其善议德行也欤?

初九,不出户庭,无咎。

《象》曰:**“不出户庭”,知通塞也。**

节,当止之时也;初,至下之位也;九;能动之才也。夫当止节之时,居至下之位,虽有能动之才,未可动也。故曰:“不出户庭,无咎。”户庭,所处之尤邃,而不与物接者也。夫有能动之才,以时与位之未可者也,故谨密以自守,而非务为离世绝俗之事,故无过咎。大抵通则行,塞则止,吾非戾通以就塞也。当此之时,居此之位,分所当然故也,所贵乎君子者知此而已。故《象》曰:“‘不出户庭’,知通塞也。”此回居陋巷之时也。

九二,不出门庭,凶。

《象》曰:**“不出门庭,凶。”失时极也。**

二,视初位已得中,中则不塞而通矣。故有“门庭”之象,盖门庭之视户庭,已非尤邃故也。夫苟以时当止也,吾虽有能动之才,亦宜如初之不出焉，则有失时之凶矣。夫通则行、塞则止，此君子之所当知也。初塞则止，二通则行，斯不昧于通塞矣。而二也，亦效之而“不出”焉，则其失时一至于此，能无凶乎？故《象》又曰：“‘不出门庭，凶。’失时极也。”极，至也。谓其当出不出，失时之至也。然九二之刚得中，亦未必至是也。《易》特因初九知通塞之义，而示之戒云，此韩退之贻书少室山人之时也。

六三，不节若，则嗟若，无咎。

《象》曰：不节之嗟，又谁咎也。

三，说体也，而居下体之极，失正而不中，所谓极乎说而不知节也。夫说极则忧来，忧之来皆不自节致之，何所归咎乎？故曰：“不节若，则嗟若，无咎。”而《象》曰：“‘不节’之‘嗟’，又谁咎也。”君子以礼约己，以道制欲，非无所说也。说而不至于极，故无“不节”之“嗟”。若六三，极乎说而不知节，何足以语此？朱子发曰：“此爻与离之九三‘不鼓缶而歌，则大耋之嗟，凶’，象异而意同。”

六四，安节，亨。

《象》曰：安节之亨，承上道也。

夫天下之事，不可以勉强为也，而节道尤不可以勉强为也。盖节而勉强，则在己者，为难行；而在人者，为难从。此非可久之道也。九五居中履正，为制节之主。而四也，以柔居柔，正也，上乘乎五，故刚柔相济，而成制节之功，此非有所勉强而然也。故曰：“安节，亨。”而《象》曰：“承上道也。”盖中正者，九五之节道也。六四以柔顺利正之德，承之而无所违，此非安于节者，能若是乎？其亨宜矣。河南曰：“节以安为善，强守而不安，则不能常，岂能亨也？”

九五，甘节吉，往有尚。

《象》曰：甘节之吉，居位中也。

《彖》曰“当位以节，中正以通”，盖谓五也。五当位居中，以中正之道制节于上，在己则安行，在人则易从，故曰“甘节吉”，谓其无苦刻难行之道故也。夫其为节也，无苦刻难行之道，则自斯以往可以通行而无穷，无穷则有功矣。故曰“往有尚”，“有尚”谓有功也。坎曰“行有尚，往有功”是也。安定曰：味之甘，人所嗜也；节之道，人所恶也。今五为制节之主，能以中正为之，使人乐从如嗜甘味也，所以得其吉矣。

上六，苦节，贞凶，悔亡。

《象》曰：“苦节，贞凶”，其道穷也。

司马温公曰：“三极说而过乎中，故曰‘不节若，则嗟若’；上极险而过乎中，故曰‘苦节’，不可贞。”盖节道至九五为中且正，过乎此则非中正矣。上六所处，过乎五而极乎险，人所难堪者也。此所谓节之苦也，故于贞为凶，而其道不得不穷，谓其道不可通行于世也。然又曰“悔亡”，何也？曰：世之单人匹夫，行一介之行，以佛氏之寂灭、老氏之空虚，往往自信其说，至于老死而不知悔者，类皆如此。此上六之悔所以亡也。

卷二十六

兑下巽上 ䷼

中孚：豚鱼吉，利涉大川，利贞。

《彖》曰：**中孚，柔在内而刚得中。说而巽，孚乃化邦也。“豚鱼吉”，信及豚鱼也。“利涉大川”，乘木舟虚也。中孚以利贞，乃应乎天也。**

昔左氏以“信不由中”责周、郑二国。《易》有中孚，信之由中者也。以成卦观之，在二体，则为中实；在全体，则为中虚。盖中不虚则有所累，有所累害于信者也。中不实则无所主，无所主则又于信为失矣。故曰“中孚，柔在内而刚得中”，此指三、四之中虚，与二、五之中实，以言中孚之成卦也。夫在人有自然之心，天下有自然之理，得其自然之心，而顺其自然之理，则说于下而巽于上矣。此非诚信足以为感化之本，其能致然欤？故曰：“说而巽，孚乃化邦也。”此指兑、巽二体之用，以言中孚之及万民也。中孚卦德有取于“豚鱼吉”者，盖豚躁而鱼畏，物之难感者也。信能感豚鱼，则其信至矣。朱子发曰：“先王之交万物，无非信也。取之必有时，用之必有节。《风》有《驺虞》，信及豚也；《颂》有《潜》，信及鱼也。动物蕃息莫如豚鱼，信及豚鱼，上下草木鸟兽无所不及，而至诚之道可以赞天地之化育，如是乃吉。”故曰“豚鱼吉，信及豚鱼也”，此指豚鱼以言中孚之及物也。

夫诚信之道无所不利，仗诚信以济险难，则如乘虚舟而无覆溺之害矣。岂有不利者乎？朱子发曰："乘木之利，乘桴不如乘舟，重载以越险，[①]不如乘舟之为安，仗诚信以蹈大难，犹乘木而其中枵然，岂复有风波之虞哉？古人虚己游世，五兵兕虎不能害，用此道也。"故曰"利涉大川，乘木舟虚也"，此又指卦画之中虚，以言中虚之可以济难也。夫诚者，天之道也。天之道，在人则曰性，而在性则曰正而已矣。正者中孚之本，故中孚之卦德，所利者贞，而此性之贞，发为是孚，无非用中之信也。天人相感通之理，尽在是矣。故曰"中孚以利贞，乃应乎天也"，此又指中孚之所本者正，以言中孚之可以应天也。夫诚信之道，大可以化邦，微可以及物，高可以应天，险可以济难。此非中虚而无所累，中实而有所主，其效岂足以至是哉？

《象》曰：泽上有风，中孚。君子以议狱缓死。

程河南曰："水体虚，故风能入之；人心虚，故物能感之。风之动于泽，犹物之感于中，故为中孚之象。"夫物之感动乎中者，无若刑狱之最可恻者也。盖死者不可复生，而刑者一成而不可变，故君子于此加恻焉，而尽吾中心之诚以处之。皋陶之称舜也，而曰"罪疑惟轻"，又曰"与其杀不辜，宁失不经"。故汉法于疑狱则有谳，而《周官》亦有八议之辟。盖不如是，以其一成而不可变之刑，而加诸不可复生之死，非君子所谓尽心者。故议狱者，所以缓其死，谓其有未必死者存也。程河南[②]曰："君子之于天下之事，无所不尽其忠，而议狱缓死，最其大者。"是故中孚之象有取于此。

初九，虞吉，有他不燕。

---

① 重载以越险，《汉上易传》作"重载以乘险者"。

② 程河南，宋刊本作"河南"。

《象》曰：“初九，虞吉”，志未变也。

夫君子，以自信为本。不能自信，而汲汲焉以求人之我信，则末矣。世之庸人浅夫，中无所得，人之见信则以为喜，或不之信则歉然也。夫岂知君子有自信之学也哉？九以刚明之才，处中孚之初，于位则下，于事则始也。当此之时，固宜审度，以自信为本，故曰“虞吉”。夫苟未能自信而求信于人，则是有他也，志或有他，则中心摇摇失其所安矣。故曰“有他不燕”，谓其信否不卜之己，而卜之人故也。夫惟当中孚之初，必先自信而不变其志，以求信于人，此初之所以吉于虞也，故《象》曰“‘初九，虞吉’，志未变也。”

九二，鸣鹤[1]在阴，其子和之，我有好爵，吾与尔靡之。

《象》曰：“其子和之”，中心愿也。

中孚二、五爻义互相发明，盖二与五以同德居相应之地，分则君臣也，义犹父子也，而其莫逆则朋友也。故夫五唱于上而二和之，则有“鸣鹤在阴，其子和之”之象；五有“好爵”而与二“靡之”，则有尔我之称。夫五与二居相应之地，中有二阴为之隔，此鸣鹤之在阴也；五以诚信发之于上，而二亦以诚信应之于下，此所谓“其子和之”也。故《象》特指之曰“其子和之，中心愿也”，谓二以中心之孚愿应乎五也。我谓五也，五，中孚之主故也，尔谓二也，五有好爵而与二共之，则五亦以中心之孚愿应乎二，可知也。好爵，美爵也。靡，《徐音》云亡彼反，《韩》诗云共也。大抵，五有唱于上，而二亦既和之于下矣。苟不与之共天位、食天禄，此孟子所谓士之尊贤，而非王公之尊贤者也。夫惟上有九五为之君，下有九二为之臣，上下以同德相应，而后中孚之化可成，此二、五爻义所以互相发明也。

① 鸣鹤，原作“鹤鸣”，据《周易》原文改。

六三，得敌，或鼓或罢，或泣或歌。

《象》曰："或鼓或罢"，位不当也。

二与五以同德，远而相应；三与四以同德，近而相比。近而相比，故曰"得敌"，谓得与四为匹敌，如艮所谓"敌应"也。朱子发亦引《子夏传》云"三与四为敌是也"。夫三与四虽均以阴虚处一卦之中，然六三德不当位，岂四之比哉？故或鼓张而作，又或罢废而止，或悲泣而忧，又或歌乐而喜，此所谓无常之人也，岂足与言诚信也哉？此无他，不中失正，而非中孚之所尚故也，故《象》曰"位不当也"。

六四，月几望，马匹亡，无咎。

《象》曰："马匹亡"，绝类上也。

夫阴道畏盈，而孚志贵一，中孚所以为中孚者，三与四也。夫三既不足与四比矣，则四也，处近君之位，为成孚之主，当以满盈为惧，而一志以从上，故有"月几望，马匹亡"之戒。夫月望，则与日敌矣；阴盛，则与阳角矣。惟"月几望"，而不至于满盈焉，则得臣道之正矣。夫四与三，均以阴虚居一卦之中，近而相比，然处近君之位，不惟五之承而三之比焉，则孚之志不一矣。故爻[①]曰"马匹亡，无咎"，而《象》曰"绝类上也"。夫两马为匹，匹类也，诗曰"两服上襄，两骖雁行"是也。凡驾车，用马四谓之驷车，两服在前，故曰"上襄"；两骖次之，故曰"雁行"。今四不三之比而惟五之承焉，故有"马匹亡"之象，谓云绝其匹类，而独上承乎五也，此所以为成孚之主而无满盈之咎也。然则三虽得敌，而四又亡其匹，阴道畏盈而孚志贵一也，如此夫？

九五，有孚挛如，无咎。

① 爻，宋刊本作"又"。

《象》曰："有孚挛如"，位正当也。

五，中孚之主也，近而六四以谦虚承我者也。远而九二以刚中应我者也。而五复以刚实之德位乎正当之位，所谓以诚信交诚信者也。故曰"有孚挛如"，谓自近及远，以诚信之道绸缪固结，如相挛引然也。当孚之世有君如此，又何过之可言哉？此九五之所以"无咎"也。

上九，翰音登于天，贞凶。

《象》曰："翰音登于天"，何可长也。

上巽体也，《说卦》曰"巽为鸡"。翰音，鸡也。《礼》曰："鸡为翰音。"夫鸡谓之翰音者，盖鸡之鸣也，鼓其羽翰而后鸣，犹《诗》所谓"斯螽动股，莎鸡振羽"是也。夫鸡非登天之物，向使鼓其羽翰，盖亦不免于控地而已矣，何可长也？处中孚之极，诚信之道不能悠远，故有是象。夫正也者，中孚之所利也。诚信之道不能悠远，岂所谓利欤？于正为凶，故曰"贞凶"。

艮下震上

小过：亨，利贞。可小事，不可大事。飞鸟遗之音，不宜上宜下，大吉。

《彖》曰：小过，小者过而亨也。过以利贞，与时行也。柔得中，是以小事吉也。刚失位而不中，是以不可大事也。有飞鸟之象焉，"飞鸟遗之音，不宜上宜下，大吉。"上逆而下顺也。

昔者，圣人之重卦也，以兑重巽，四阳聚于中爻，故命其卦曰"大过"，谓阳过也；以震重艮，四阴分于上下，故命其卦曰"小过"，谓阴过也。阳过于中，则本末弱也，故大过有栋桡之象；阴过于上下，则上逆而下顺也，故小过有"飞鸟"之象。盖易者象也，有是理则有是象，有是象则起是义。程河南所谓：“至微者理也，至著者象也，体用一元，显微无间。”是也。夫阳大而阴小者，安能亨哉？以过故亨也。天下固有越常救失之事，如《象》所谓行过乎恭、丧过乎哀、用过乎俭是也，不有所过，安能亨哉？故曰：“小过，小者过而亨也。”然过道又利于贞，不利于贞，则凡有所过者皆伪也。所谓正云者，不失时宜之谓也。盖事固有时，而当过者过之，则以为当；不过，则以为失。如夏葛冬裘，随时而已，故曰“过以利贞，与时行也”。“柔得中”，谓二与五也；“刚失位而不中”，谓三与四也。二、五之柔俱得中位，故当小过之时，可小事而已，故曰“是以小事吉也”。乃若所谓事之大者，则非阳刚之才得位、得中，不能济也。今也，三与四俱失位而且不得中，失位，则无所用其刚；不中，则其才又过乎刚。故当小过之时，不可以大事，故曰“是以不可大事也”。夫小过之成卦，四阴分与上下，故取“飞鸟”为象。盖鸟之飞也，羽翼分张，故小过上下四阴有两翼之象，而初与上皆取象于“飞鸟”，而曰“飞鸟以凶”，又曰“飞鸟离之，凶”。大抵过道顺行则吉，逆施则凶，犹之飞鸟也。腾上决起时或有遗音焉，安能上彻乎？此所谓“不宜上也”，何者？上逆故也。音遗于下，下所共闻也，此所谓“宜下也”，何者？下顺故也。以卦画考之，五与上二阴爻，下乘四与三[①]刚爻，故曰“上逆”；初与二二阴爻，上承三与四二刚爻，故曰“下顺”。夫过宜然而然，则虽过非过也，而以逆顺为吉凶，此所以取象于“飞鸟”也。故曰“有飞鸟之象焉，‘飞鸟遗之音，不宜上宜下，大吉。’”上逆而下顺也。夫卦德以宜下为大吉，则以不宜上为大逆[②]可知，何者？逆顺之不同故也。

① 张天杰认为，“三”后似脱落“二”字。笔者认同此观点。
② 逆，宋刊本作“凶”。

《象》曰：山上有雷，小过。君子以行过乎恭，丧过乎哀，用过乎俭。

雷之始也出于地上，及其壮也在于天上，今也，山上有雷，小有所过之象也。行过恭，丧过哀，用过俭，时乎当然，故君子不得不少有所过也。盖不如是，则不能矫正一时之失矣，故夫当过而过，不以为过，苟不当过而过，则过矣。朱子发曰："考父之过恭，高柴之过哀，晏平仲之过俭，非过于理也，小有所过乃所以为时中也。"

初六，飞鸟以凶。

《象》曰："飞鸟以凶"，不可如何也。

夫当过而过，不以为过；不当过而过，则过矣。初以阴柔在下，当阴过之时，轻动躁疾，有飞鸟之象，犯"不宜上宜下"之戒，此所以凶也。《象》曰"不可如何也"，谓不宜然而然，盖甚之也。鼎之四，不知自信以至"覆餗"，故曰"信如何也"。小过之初，不知其不可以至于凶，故曰"不可如何也"，皆甚之之词也。下之九三之《象》"凶如何也"，亦是意也。

六二，过其祖，遇其妣；不及其君，遇其臣，无咎。

《象》曰："不及其君"，臣不可过也。

初，一卦之始也，故有祖象。二居其上，所谓"过其祖"也，二与初同体也，近而相比，故曰"遇其妣"。三，成艮之主也，故有"君"象。而六二居其下，所谓"不及其君"也。二以阴乘阳，以下奉上，故曰"遇其臣"。盖对祖言之，故曰"妣"；对君言之，故曰"臣"。妣与臣皆二也。曰"遇"云者，适当其时与分之谓也。六二或过或不及，皆适当其时与分，而不愆于中焉，此在过之道为无过也，故曰"无咎"。刘仲平博士云："过乎祖，则有继世之誉；过乎君，则有犯上之嫌。故《象》曰‘不及其君，臣不可过也’。”

九三，弗过防之，从或戕之，凶。

《象》曰：**“从或戕之”，凶如何也。**

以九居三，在他卦则为过刚，在阴过之时，则不以刚过为过也，故曰“弗过”。夫九三，既不以刚过为过矣，则当以阳刚艮止防遏阴过，故又曰“防之”。苟失此戒，不知预防之道，而惟阴之是从焉，则阴道过盛，莫之止遏，而阳为之伤矣。故又戒之曰：“从或戕之，凶。”夫阴道过盛，为君子者不知预防其害于其未害之前，及其委已而从之，而为其所害也，则无及矣。故《象》又曰：“‘从或戕之’，‘凶’如何也。”重为之戒云。

九四，无咎，弗过遇之。往厉必戒，勿用永贞。

《象》曰：**“弗过遇之”，位不当也。“往厉必戒”，终不可长也。**

阴过之世，圣人闵九三、九四二刚之失位而不中也，为之再三以致其戒，恐其罹害故也。又皆以“弗过”言之，谓当此之时，所过者阴也，而非阳也。然九三之刚，弗以为过者，处二阴之上，在于防遏二阴，为三者不知防之而反从之焉，则有或戕之凶。九四之刚弗以为过者，处二阴之下，适与二阴相遇，为四者刚不当位，不能止遏二阴，惟以谨守自处为本。故先之以“无咎”之辞，而后之以“往厉必戒，勿用永贞”戒之。盖二阴过盛，处一卦之上，九四不幸适与之遇，既不能止遏，其势惟以谨守自处，为去小人之道可也。苟或不知量时度势，而往往与之角，则阳道危矣。岂可用此以为常乎？盖以阳制阴，此永贞之道也。如九三之下防二阴是矣，九四刚不当位，又非三比也。故曰“往厉必戒，勿用永贞”，圣人再三为君子谋也如此。《象》曰“往厉必戒，终不可长也”者，朱子发曰“盛衰相循，无小人常过君子之理”，又引陆震云“小人之过，终不可长也，戒而悼之，以俟其复”，斯言是也。大抵，四，震之主也，然所居者阴，而又位二阴之下，其势与位俱不足也。苟恃刚动之才，而轻与阴角，此圣人之所戒。不若戒谨以俟其复之，为无咎也。

六五，密云不雨，自我西郊。公弋取彼在穴。

《象》曰：“密云不雨”，已上也。

五，尊位也。当阴过之时，而以阴德居之，故与小畜同。其《象》而曰“密云不雨，自我西郊”，盖小畜之所以为小畜者，六四之一阴也，而小过则四阴之过也。以六居五，又阴居盛位，故有是象。夫阴气过盛，而阳不之应，安能和而雨乎？故曰“密云不雨”。西郊，阴位也。我，谓五也。“自我西郊”以言阴之过盛，实自五致之。小畜曰“密云不雨，尚往也”，以言密云之所以不雨者，徒知尚往故也，此为四戒也。今此《象》曰“密云不雨，已上也”，则为五戒也，然则阴其可以过盛矣乎？羿、莽、操、懿之祸，此四贼皆过也。盖自此西郊发之。苏东坡曰：“已上者，不可复下之辞也。六五之权，足以为密云，而终不为雨者，次于西郊而不行，岂真不能哉？其谋深也。”当是时也，必有穴其间而为之用者，故戒之曰“公弋取彼在穴”。君子之居此，苟无意于盗，莫若取其在穴者，以自明于天下，而天下信之矣。盖在穴者，阴物也，所谓五之腹心是也。“公”谓五也，五若无他，则于彼在穴者弋而取之，而去其所谓腹心之隐疾，则阴过之祸庶乎其可无也。故《易》于此“公”之，所以救其过也。

上六，弗遇过之，飞鸟离之，凶。是谓灾眚。

《象》曰：“弗遇过之”，已亢也。

四阴之过极于上，六又处震动之极，岂复有与物相遇之象？惟有过亢而已。故曰“弗遇过之”，而《象》曰“已亢也”。初六在下，犯“不宜上宜下”之戒，故曰“飞鸟以凶”。上六阴极以亢，岂复能下也哉？亢而不已，犹之飞鸟也，必离之凶而后已，谓终离网罟之害也，是以谓之“灾眚”。河南曰：“灾者天殃，眚者人为。岂惟人眚、天灾并至，谓天理、人事皆然也。”

离下坎上 ䷾

既济：亨小，利贞，初吉，终乱。

《彖》曰：**既济亨，小者亨也。“利贞”，刚柔正而位当也。“初吉”，柔得中也。终止则乱，其道穷也。**

坎、离者，天地之用也，故上经终于坎、离；既济、未济者，又坎离之用也，故下经终于既济、未济。既济之象，水火相交，相与为用而生养之功成，故曰“既济”。其为爻也，三阴得位，三阳下之，《子夏传》曰：“阳已下阴，万物既成。”是也。故亦曰“既济”。夫以阳下阴，宜若非正矣，惟下之者亨之也，此以大亨小之义也。盖既济之世，圣贤之功业既成，教化已行，无一民一物不得其所，至于至纤至悉无所不亨。故卦德曰：“既济，亨小。”而《彖》曰：“既济亨，小者亨也。”此以三阳下三阴言既济之所以“亨小”也。朱子发曰：“《彖》文当曰‘既济亨小，小者亨也’，脱一小字。”考之文义，当然。胡安定曰：“亨小者，盖传写之误也。按《彖》曰‘小者亨也’，当曰‘小亨’。”而程河南则曰：“小字在亨下，语当然也，若言小亨，则为亨之小也。”当从河南说。夫既济之道所利者贞，故初九、九三、九五阳皆居阳，六二、六四、上六阴皆居阴，阴阳各当其位，此正也。其在人，则君子小人各安其分，而无失正之嫌，此既济之所利也。故曰

"利贞，刚柔正而位当也"，此又以三阴三阳当位而言既济之所以利贞也。夫天下之功，常成于可为而坏于无为，既济之功，离明在下，无所不烛。六二之柔来济夫刚，得中而亨，此既济之功所以吉也。及其终也，以天下为无事而不复有所事，故以废怠而止，而坎、离复作矣。上六之"濡其首厉，何可久也"，是也，此既济之终所以乱也。故曰："初吉，柔得中也。终止则乱，其道穷也。"此又指卦之初、终而言既济[①]之戒也。胡安定曰："创业之主盖得于忧勤，故多吉。守成之君盖生于宴乐，故多忽。然则圣人特于此言初吉终乱也者，将以为万世守成之戒。"

《象》曰：水在火上，既济。君子以思患而豫防之。

水火相交，相与为用，而生养之功成，此既济之象也。然常人之情，每当此时，则饮食无营而已，宁复有所思乎？盖谓无复有患故也。而不知鸩毒常生于宴安，而马跌常在于平地，其可不预防之乎？昔者，益戒舜曰"儆戒无虞"，傅说告高宗曰"惟事事乃其有备，有备无患"，此守济之道也。

初九，曳其轮，濡其尾，无咎。

《象》曰："曳其轮"，义无咎也。

九，刚动之才也，故有轮象。初，一卦之后也，故有尾象。当济之初，摇曳其轮，进虽不亟也，濡润其尾，济虽不速也。然而君子不之避也，盖以时方图济，而吾有能济之才，苟以其难也而避焉，则功业何时而成，险难何时而济乎？夫惟如是，故于济之义而无过咎。盖所以成大功而济大事者，其初不能无难。故虽有能济之才，亦不能亟进而速济，惟其任其难而不辞，此当济之初所以无咎也。

① 既，宋刊本作"乱"。

六二，妇丧其茀，勿逐，七日得。

《象》曰："七日得"，以中道也。

六二阴虚守中，既济之纯臣也；九五阳盈在上，既济之骄主也。当此之时，以纯臣而事骄主，则在上者与贤之意或消，而在下者行道之志不遂，故二有"妇丧其茀"之象。茀，车之蔽也。妇人之车丧其所蔽，则不可行。五不下应，为二者以中正自守可也。若逐其所丧，从物而往，则失其素守矣，故戒以"勿逐"。虽然，志不行于今，亦必行于后，盖中正之道无终废之理，故《易》于此又必其辞曰"七日得"，谓先之丧而后之得也。卦有六位，往复数之，故曰"七日"，七日而得其所丧，此以时变推之也。《象》曰"七日得，以中道也"者，盖谓二以柔中之道自处，而不汲汲于用舍得丧之间，此理之所在有所不能违者，故七日而得其所丧也。河南曰："自古既济而能用人者鲜矣，以唐太宗之用人尚怠于终，况其下者乎？于斯时也，刚中反为中满，坎、离乃相为戾矣。"

九三，高宗伐鬼方，三年克之，小人勿用。

《象》曰："三年克之"，惫也。

既济至九三，济道已盛矣，当思有以保其盛可也。不知出此，则将劳内而事外，勤兵以伐远。故虽以贤圣之君，仅有克获之功，亦不免于有过刚之失，而失于困惫也。故曰"高宗伐鬼方，三年克之"，而《象》曰"惫也"。夫高宗，古所谓贤主也；鬼方，其小丑也。以贤主而伐一小丑，历时滋久，至于三年而仅克之，则其功固不足多，而在我者老师费财，亦已甚矣，况用小人乎？盖小人之心，不过于贪功而肆忿，贪功则生事，肆忿则残民。外难未去，而内难复作矣，岂不为济道害耶？故以"小人勿用"戒之。卫、霍连年出伐，而汉业已亏，此用小人之明验也。

六四，繻有衣袽，终日戒。

《象》曰："终日戒"，有所疑也。

六四已离下体，此济道将革之时也。夫济道将革，则罅漏实生于此时。四，坎体也，故取漏舟为义。王辅嗣、程河南、苏东坡、龚深甫皆云"繻作濡"，谓濡，漏也。衣袽，衣之絮也。夫舟之濡也，必有衣袽以窒其隙漏。终日疑惧，不忘戒谨，而后可以免覆溺之患，此舟师之智之所及也。济道将革，独不知其所以戒也，而可乎？故既济六四，其象若此。

九五，东邻杀牛，不如西邻之禴祭，实受其福。

《象》曰"东邻杀牛"，不如西邻之时也。实受其福，吉大来也。

诸家皆以东邻九五也、西邻六二也，而胡安定又以纣居东都、文王居岐山，言东邻、西邻者，取文王与纣之事也。窃以谓东邻固既济之九五也，而西邻则未济之六五也。何以知之？曰：以《象》之所释知之也。《象》曰："'东邻杀牛'，不如西邻之时也。"曰"时"云者，谓既济之时与未济之时，其时既异，则其事之丰约而诚意之所寓，自有厚薄之不同故也。大抵既济之主，以丰盈自居，虽有杀牛之盛礼而诚意不加，故不如未济之主，以谦光为德，虽禴祭之薄实足以受大来之福。何者？时使然也。夫未济求其济，既济不求济，二者虽相邻而甚相反，有如东西之异位。故圣人以二卦之相为反复也，而曰此固时使然也，而皆自其君致之。故于既济九五而兼发是义，以谓人主持心处己，当如未济之六五，而后有受福之实也。不然，虽有盛礼缛仪，抑文具尔，此岂守济之道欤？

上六，濡其首，厉。

《象》曰："濡其首，厉。"何可久也。

夫济道既终，治极必乱之时也，而又以阴柔之才居诸上位，其晏溺可知。夫处一卦之上，故有首象。其体坎也，坎水善溺，当斯时也，无救于济道，乃且晏溺以速倾危。故曰"濡其首，厉"，而《象》曰"何可久也"。《彖》曰"终止则乱，其道穷也"，其是之谓乎？

坎下离上 ䷿

未济：亨。小狐汔济，濡其尾，无攸利。

《彖》曰：未济亨，柔得中也。"小狐汔济"，未出中也。"濡其尾，无攸利。"不续终也。虽不当位，刚柔应也。

既济终乱，济道穷矣。故《序卦》于未济则曰："物不可穷也，故受之以未济终焉。"《易》之道讳穷也如此。盖未济者，事之未然，功之未成，而不穷之理复自此始故也，故卦之德曰"未济亨"，亨则不穷矣。夫未济之所以能亨者，以六五之柔得中故也。六五以柔得中，故能虚己任贤，赖之以济。此所以近而九四以刚而承，远而九二以刚而应，故所以济者在人，而享其成功者在五，此所以能亨也。"小狐汔济，未出中也。"此谓二也。夫济道以谨畏为本，故取狐为象，盖狐，疑物也，涉而善疑，故无不济。汔，几也。小狐尤其勇也，然几于济而未能出夫险之中者，是必有以为之累者，则初六之"濡其尾"是也。故继之曰"濡其尾，无攸利，不续终也。"盖初居一卦之后，故有尾象。夫以九二之刚勇，自可出险，今几于济而未出中者，是乃初以阴柔无能济之才，见濡于尾。犹之勇小之狐，固有必济之才，而为尾所累也。夫终之不续，则前功废矣，此所以"无攸利"也。苏东坡曰："初六濡其尾，虽九二亦病矣。"是也。"虽不当位，刚柔应也。"此又指六爻而言也。夫六爻如初六，六三、六五皆以阴居阳，九二、九四、上九皆以阳居阴，此所谓不当位也。然皆以柔应刚、刚应柔，刚柔之相济如此，孰谓其无可济之理乎？苟能顺时度势，上下内外同力共济，未有不济者也。此所以济者在人，而六五得以享其成功而亨欤！

《象》曰：**火在水上，未济。君子以慎辨物居方。**

夫水在火上，则水火相交，相与为用。今也，火在水上，岂惟不相为用也，而又不当其处焉。夫物不当其处，则祸害至矣。君子观此象，不得不致其谨而审处之，是故辨其物宜，使之各居其方而不相侵害，是乃善处乎物者也。大当未济之世，济道未成而祸害先见，此岂图济之道也哉？宜乎君子莫先致谨于此也。

初六，濡其尾，吝。

《象》曰：**"濡其尾"，亦不知极也。**

未济之初与既济之初俱在二卦之后，故同谓之"尾"。未济之上与既济之上，俱在卦之首，故同谓之"首"。然二卦之初，所谓"濡其尾"则同，而其义则异也。何也？时方既济，九有能济之才，然不免于"濡"云者，当济之初不能速济故也。时方未济，初无能济之才，而亦求济焉，此岂所宜哉？是盖不知势极力殚，而沦胥以溺，以至于此也。此既济初九"濡其尾"所以"无咎"，而未济初六"濡其尾"所以为"吝"，而《象》曰"亦不知极也"，才殚力微曰"吝"。

九二，曳其轮，贞吉。

《象》曰：**九二贞吉，中以行正也。**

若夫未济九二与既济初九，位虽曰不同，而同曰"曳其轮"，其言则一也。何也？其才同故也。夫当既济之初，虽有能济之才，犹不免于亟进之难，况未济之时乎？又况二居险中乎？又况初六之尾，不能为吾助而反为吾累矣乎？其不能亟进可知矣。然当是时也，五以谦光在上，而所赖以共济者，外则有四，内则有二而已。二与四，分内外之任，故专征伐之权，以戡难于外者四也，而二不知；骋运动之才，以济难于内者二也，而四不知。时方艰难，济道未成，为九二者又焉得而易诸？故虽摇曳其轮，体刚居中以行吾正，君子不以为怯也。故《象》曰“九二‘贞吉’，中以行正也。”

六三，未济征凶，利涉大川。

《象》曰：“未济征凶”，位不当也。

既济至九三，济道已盛，犹戒勿轻用其盛；未济至六三，其曰“利涉大川”，犹为未济也。何也？六三之才不足以有济故也。夫才不足以有济，则虽位此高位，而无补于未济之万一，有所往则凶败随之矣，故曰“未济征凶，位不当也”。然六三既曰“征凶”，又曰“利涉大川”，何也？曰：时当然也。而三之才则非必能然也。夫三处下体之上，语其位则甚高，语其才则甚歉。当此之时，居此之位，而居之以利涉大川，则未必能当焉。圣人于斯时而为是言也，盖亦所以愧耻天下后世之位高位者。

九四，贞吉悔亡，震用伐鬼方，三年有赏于大国。

《象》曰：“贞吉悔亡”，志行也。

未济者，既济之反。故既济之三，即未济之四也。是以二爻皆有鬼方之伐，然其事则同，而其义则异也。何也？九三劳内以事，外而九四则捍外以安内故也。故九三则以刚履刚，不免于过用其刚而至于惫。九四则以刚履柔，刚柔得宜，故贞吉而悔亡。盖刚柔得宜，则不愆于正而吉，而用刚之悔可亡矣，又何恶于用刚矣乎？故诛不庭，则震吾之威以用燮伐之道，虽三年之久而下不告劳，大国有赏而功无不报。大臣济世之志皆得以行于此时者，盖有贞吉以为之本，故无可悔之事故也。故《象》又曰："'贞吉悔亡'，志行也。"

六五，贞吉无悔，君子之光，有孚吉。

《象》曰："君子之光"，其晖吉也。

四之"贞吉"，谓履柔也；五之"贞吉"，谓体柔也。四有用刚之悔，故贞吉而悔亡；五无用刚之悔，故贞吉而无悔。何者？六五体柔居中，盖未济之谦主也。夫惟如是，故当图济之时，谦光下逮而人信之。近而九四以刚而乘，远而九二以刚而应，故所以济者有其人，而享成功者在乎我。离明之德不显而自光，由中之孚不言而自信，何吉如之？故曰："君子之光，有孚吉。"《象》曰"'君子之光'，其晖吉也"者，程河南曰："晖者，光之散也。光盛则有晖。"然则晖生于光，而光又生于谦，此六五所以为未济之谦主也。岂非能用禴于西邻，而有受福之宜，而既济九五之所以不如也乎？

上九，有孚于饮酒，无咎。濡其首，有孚失是。

《象》曰：饮酒濡首，亦不知节也。

未济至上九，济道既成。此武王在镐，饮酒乐岂之时也。夫武王在镐之乐，至幽王之时君子犹思之，而为之赋"鱼藻"焉。夫岂有不见信于人，而容有非咎之者？此上九所以有曰"有孚于饮酒，无咎"也。若夫济道既成，而无思患预防之念，如幽王之荒废无度，而兴卫武公"初筵"之刺焉，则沉湎淫佚而有濡首之失矣。故威仪一也，而有反反、幡幡、抑抑、怭怭，前后之异焉，岂不失是孚也哉？故其诗曰"不知其秩"，又曰"不知其邮"。此《象》所谓："饮酒濡首，亦不知节也。"然则饮酒亦一也，为武王则君子思之，为幽王则武公刺之。此无他，有是孚与失是孚之异故也。夫《易》有三百八十四爻而成书，其半阴也，其半阳也。然《易》为君子谋，故以乾之初九始焉，而未济之上九终焉者，贵阳道也。是以圣人于乾之初九也，则戒之以“潜龙勿用”；于未济之上九也，则戒之以“饮酒濡首”。呜呼！吾以是益知《易》之始终为君子谋也盖周。

卷二十七

序曰：岁在戊戌，予著《易传》计三十卷。其于《系辞》《序卦》《杂卦》未暇也，然早夜思之，慊然于中，若有所负，盖以谓勤苦述著，未及终篇，不得为全书故也。越三载，岁在辛丑，蒙恩赐第还乡。加我之年，兹惟其时，日月逾迈，不敢不勉。噫！此续传之所由作也。淳熙八年冬十月二十有四日丁丑，宗传谨识。

系辞上

系辞有三：系于卦下者，卦之辞也，如乾曰“元，亨，利，贞”，坤曰“元，亨，利牝马之贞”之类是也，故《经》曰“圣人设卦观象，系辞焉而明吉凶”，又曰“设卦以尽情伪，系辞焉以尽其言”，此指卦之辞而曰系辞也；系于爻下者，爻之辞也，如乾初九曰“潜龙勿用”，坤初六曰“履霜坚冰至”之类是也，故《经》曰“系辞以断其吉凶，是故谓之爻”，又曰“系辞焉而命之，动在其中矣”，此指爻之辞而曰系辞也；系于《易》后者，亦谓之系辞，此上下二系是也。亦如卦辞，《经》谓之彖辞，《经》曰：“彖者言乎其象也。”又曰：“观其彖辞则思过半矣。”而夫子释彖之辞亦谓之“彖曰”，不以为异也。

天尊地卑，乾坤定矣。卑高以陈，贵贱位矣。动静有常，刚柔断矣。方以类聚，物以群分，吉凶生矣。在天成象，在地成形，变化见矣。是故刚柔相摩，八卦相荡。鼓之以雷霆，润之以风雨。日月运行，一寒一暑。乾道成男，坤道成女。乾知大始，坤作成物。乾以易知，坤以简能。易则易知，简则易从。易知则有亲，易从则有功。有亲则可久，有功则可大。可久则贤人之德，可大则贤人之业。易简，而天下之理得矣；天下之理得，而成位乎其中矣。

呜呼！予学《易》至《系辞》，首诵此章，乃知圣人作《易》之大旨尽在于是，无遗蕴也。何以明之？曰：圣人本天地以作《易》，非有他也，故所以发明人心之妙用。人心之妙用，即天地之变化也。天地之变化，见于万物成象成形之际，与夫雷霆风雨、日月寒暑之运动；人心之妙用，则为可久可大之德业，其实皆无越乎自然之理而已矣。所谓自然之理者，易简是也。是理也，天得之而尊以位乎上，地得之而卑以位乎下，人得之则参天地以位乎中，而三才之为三才，吾不知所以异矣。然则吾于此章，知圣人作《易》之大旨，其果有余蕴矣乎？何谓圣人本天地以作《易》？曰："天尊地卑，乾坤定矣。"此圣人本天地以设卦；"卑高以陈，贵贱位矣。"此圣人本天地以立爻；"动静有常，刚柔断矣。"此圣人本天地以论易之体；"方以类聚，物以群分，吉凶生矣。"此圣人本天地以论易之用；"在天成象，在地成形，变化见矣。"此又圣人本天地以论易之功。

试详言之，夫天有自然之尊而位乎上，圣人作《易》，以三奇之乾象之，故乾为天，则乾以天之尊而定矣；地有自然之卑而位乎下，圣人作《易》，以三耦之坤象之，故坤为地，则坤以地之卑而定矣。故曰："天尊地卑，乾坤定矣。"此圣人本天地以设卦。六爻自初至上，其位有等[1]威之别，有贵有贱，而其序不紊，此“卑高以陈”也。盖卑者陈于下则其位为贱，高者陈于上则其位为贵。以天地定体言之，则曰尊卑；积平以为高，则曰卑高。而卦爻之画亦自下而上，而后六爻已备。故曰：“卑高以陈，贵贱位矣。”此圣人本天地以立爻。

天地其初亦一物尔，阳动而阴静，则判而为二体。夫惟有二体也，故动静有常。夫所谓“有常”云者，岂足以尽易也哉？特谓乾坤、刚柔之辨，乃阳动阴静各有其常而然也。故曰：“动静有常，刚柔断矣。”此圣人本天地以论易之体。

然曰“断”云者，初非谓刚自刚，柔自柔。柔矣，而无待于刚；刚矣，而无待于柔。两者不相为用也。乃若变动不居，刚柔相易，则有常之动静，又不足以断刚柔矣。方，诸儒之说皆异也，初不知圣人本天地以立卦，即八方之卦而重卦，故以一重八，遂盈八八之数。如以坤重乾是以为泰、以震重乾是以为大壮之类也，此八方之卦，各以类而聚也。物，诸儒之说亦异也，初不知圣人本天地以立爻，即阴阳之物而为物。如所谓：“乾，阳物也；坤，阴物也。”凡丽乎阴阳者，无非物也。故圣人即是而立爻，而以刚柔别之，其在六爻则九与六是也，此阴阳之物皆以群而分也。八方之卦皆以类而聚，阴阳之物皆以群而分，夫然后相亲相离，或近或远，而情伪不同，则吉与凶自尔而生。如《经》曰“吉”，曰“终吉”，曰“凶”，曰“终凶”之类是也。故曰：“方以类聚，物以群分，吉凶生矣。”此圣人本天地以论易之用，而下文遂以变化之说继之。

易之道无乎不在，亦无乎不为。在天在地，此易无乎不在也；成象成形，此易无乎不为也。人皆曰日月星辰，此在天所成之象也；山

① 等，宋刊本作“等等”，后一“等”字被校读者以朱笔圈之。

川草木，此在地所成之形也。噫！未之尽也，物物皆有是象，物物皆有是形，象与形亦非二物也。吾尝论之矣。形之未著者谓之象，象之既著者谓之形。下文所谓“乾知大始，坤作成物”是也。变化之功，天与地相与为用，象与形相为终始，顾其所在如何耳，而成功见之。故曰:“在天成象，在地成形，变化见矣。”此又圣人本天地以论易之功。

是故“刚柔相摩，八卦相荡”，以至“乾以易知，坤以简能”。此又详言变化之功，其在天地循环终始而不穷者，乾与坤实尸其任也。夫“刚柔相摩，八卦相荡”，曰“相”云者，则有常之动静，是诚不足以断是刚柔也。易之为易，其在兹乎？故乾以刚而摩坤之柔，则为巽、为离、为兑；坤以柔而摩乾之刚，则为震、为坎、为艮，而八卦立矣。八卦既立则各居其方，而变化终始循环不穷。故万物出乎震，以巽荡震，则万物于此乎齐；以离荡巽，则万物于此乎相见；以至以坤荡离、以兑荡坤、以乾荡兑、以坎荡乾；至于以艮荡坎，而复以震荡艮。变化循环，无有穷也。孰得而名之？所可得而名之者，变化之迹也。何谓变化之迹？曰：震雷、离电、巽风、坎雨、离日、坎月相与为用，播其功于天地之间，而寒暑迭推是也。原其所以然，则震、坎、艮三男之阳，实本诸乾，故曰“乾道成男”；巽、离、兑三女之阴，实本诸坤，故曰“坤道成女”。然相与致用以成变化者，六子也；而尸是变化之功者，乾坤也。故以“乾知大始，坤作成物”继之。夫太[①]始者，万物有生之始也。物生之始，有是象而未兆，有是气而未形。当是时也，乾全体之而不遗，故无不知。成物者，万物成体之后也，枝叶具于根荄，羽毛备于胎卵。当是时也，形器既具，自此而渐形，日长月化，

① 大，原作“太”，据宋刊本和上下文改。

莫知其然。然非有以作之，曷尔哉？此则坤之功也。

夫物之太始亦不一矣，而乾之知之无乎不知也。夫岂物物而求知之哉？随其自然，吾无容心，而在物之有始者，举不遗乎我，以此理而知之。故曰“乾以易知”，谓其无难也。物之成形，亦不一矣，而坤之作之无乎不能也。亦岂物物而求作之哉？亦随其自然，吾无他事，而在彼之有形者亦不遗乎我，以此理而作之。故曰“坤以简能”，谓其不烦也。于乾曰“易”，于坤曰“简”，自然之理，亦非有二也。乾始物，坤代终，随所寓而云尔。虽然，自然之理，其在天地者然也。圣人奚取焉？取其在人心者与其在天地者本无以异也。故又发明乾坤之易简，人能尽之，以成德业，则可以与天地参矣。“乾以易知，坤以简能。”此自然之理在天地也；“易则易知，简则易从。”此自然之理在人心也。夫自然之理既云易矣，夫何难知之有？既云简矣，又何难从之有？人之所以异于天地者，心志本来简易故也。吾尝论之矣。易之为易，乾坤是也；乾坤之为乾坤，易简是也；易简之为易简，又吾心之所以自然者是也。知吾心之所以自然者，则乾之易、坤之简在我而已。其所以成德业而参天地者，又何难乎？人以是理为难知乎？生而无不知爱其亲，长而无不知敬其兄，爱敬之外初无异事，夫岂难知也，故曰“易则易知”。又以是理为难从乎？即无不知爱之心，以爱其亲则为仁；即无不知敬之心，以敬其兄则为义。夫岂难从也？故曰“简则易从”。

是理也，非难知也。故非独吾之亲、吾之长，于我也而有所亲；而人之亲、人之长，于我也而亦有所亲。此无他，易知，故其相亲信也亦易。若夫禽兽之为物，或可驯而狎也，然其中有不可测者存，终非可亲也。故曰“易知则有亲”。是理也，非难从也。充无不知爱之心以为仁，则仁满天下，而有不可胜用之仁；充无不知敬之心以为义，则义满天下，而有不可胜用之义。此无他，易从，故其所成就也亦易。若夫暴虎而凭河，人或能之也，然终非可为也，功何有焉？故曰："易从则有功。"曰"有"云者，实然之辞也。凡人之情，不相亲信，则虽朝夕焉不可也。乌可久哉？苟相亲信，则不胶漆而固、不缠索而附矣。故曰"有亲则可久"。天下之事劳而无功，则虽计纤悉之效不可也。乌可大哉？苟为有功，则积微以至著、由近以达远矣。故曰"有功则可大"。曰"可"云者，决然之辞也。久焉者，是理之存夫吾心，未尝一日忘也，虽与天地同其久长可也，故曰"可久则贤人之德"。大焉者，是理之见夫日用，未尝一日息也，虽与天地同其广大可也，故曰"可大则贤人之业"。德与业，非有二物也；犹之易与简，亦非有二理也。曰"贤人"云者，以言非贤于人不能进是也，犹之孟子谓"能勿丧"尔必曰"惟贤者"，若夫伏羲氏、神农氏、黄帝、尧、舜氏、禹、汤、文王、孔子氏之所以圣，亦皆自此涂出也。由是观之，则天下之理，其有外于乾坤之易简矣乎？吾于天下之理既已有得，则吾之德业配天地之高厚，吾之中处参天地之高卑，仰天俯地，宁有或慊矣乎？故曰："易简，而天下之理得矣。天下之理得，而成位乎其中矣。"然则予前所谓本天地以作《易》，正所以发明人心之妙用，而圣人作《易》之旨尽在于是，岂虚言哉？

圣人设卦观象，系辞焉而明吉凶，刚柔相推而生变化。是故，吉凶者，失得之象也；悔吝者，忧虞之象也；变化者，进退之象也；刚柔者，昼夜之象也。六爻之动，三极之道也。是故，君子所居而安者，《易》之序也，所乐而玩者，爻之辞也。是故，君子居则观其象而玩其辞，动则观其变而玩其占。是以自天佑之，吉无不利。

前章既言本天地以作《易》，所以发明人心之妙用，要其成功则与天地参。此章复言作《易》之中所示无非天理，人能尽之，则居处动作无适而非中矣。圣人之有望于天下不其至乎？夫有是卦则有是象，《易》之为卦也不一，则其为象也亦不一。然是卦未设，则是象也何从而观之？所谓卦之象者，其在物也，则为天、地、雷、风、水、火、山、泽，与夫为马、为牛、为龙、为鸡之类；其在人也，则为父、为母、为男、为女、为君、为臣，与夫为首、为腹、为耳、为目之类；其在理也，则下文所谓吉凶、悔吝、变化、刚柔是也。卦之始设，能观其象，而知其此为吉、此为凶、此为悔、此为吝，与夫变化、刚柔之所以然者，圣人也。如古今之君子，欲观其象而无可玩之辞，则安知变化、刚柔、吉凶、悔吝之所以然哉？此卦之既设，而辞又不可以已也。圣人以是不可已之辞，或系之卦下也，则为卦之辞；或系之爻下也，则为爻之辞。卦、爻之辞有所不可已者，非有他也，明吉与凶，将以使夫人知所趋[①]避故也。吉凶既明，则悔吝亦明矣，举重以见轻也。夫吉凶、悔吝，生乎动者也，易者变动不居之道，于六爻焉见之。所谓六爻者，九、六以刚、柔相推是也。阳为主，阴为客，刚推柔也；阴为主，阳为客，柔推刚也。此变化之所由以生也，故下文以吉凶、悔吝、变化、刚柔之四象，为六爻之动。夫见乃谓之象，于其见者而观之，则凡隐而未彰者皆可以类推矣。故夫得失之理微，吉凶之验着，观《易》之吉凶而得失可知，故吉凶为失得之象也。曰“失得”云者，易之道，贵于因失而为得，犹之曰“卑高”，即积卑以为高也。忧虞存乎人心，悔吝见于行事，观《易》之悔吝而忧虞可知，故悔吝为忧虞之象也。进者不骤进也，退者不骤退也。若夫变化，则昔之进者，今

① 宋刊本无“趋”。

且退矣；昔之退者，今且进矣。故又观《易》之变化，而知进退之渐，此变化为进退之象。阳明为画，阴晦为夜，昼夜循环，无毫发之间而有晦明之异，此刚柔相推不穷之道也。故又观《易》之刚柔，而知昼夜之别，此刚柔为昼夜之象。凡此数者，皆圣人设卦之中有象。其别则见诸六爻之动，而有不可揜，其详则圣人皆于《系辞》焉明之。夫六爻之动，其为吉凶、悔吝、变化、刚柔，所以示人者，莫非天理之当然。是谓时中之道，而天地与人皆所不能违也，故曰“六爻之动，三极之道也”。极，中也，圣人以是时中之道教诏天下，君子于此何所容其心哉？

所居而安者，《易》之序也；所乐而玩者，爻之辞也而已矣。所谓《易》之序者，消息盈虚之有其时是也。居之而安，则盛行不加、穷居不损，而与《易》为一矣；苟为居而不安，则其去也必速，犹不居也。所谓爻之辞者，是非当否之有所命是也。乐之而玩，则默而成之、不言而信，而与爻为一矣；苟为乐而不玩，则其得也浅，犹不乐也。君子居处动作无非天理，而《易》中所示曰象、曰辞、曰变、曰占，皆天理也，惟君子为能观而玩之。夫变生于象，占本乎辞。象之在《易》，消息盈虚之不可泥，则谓之变，非于象外有是变也；辞之在爻，是非当否之不可诬，则谓之占，非于辞外有是占也。“观其象，玩其辞”，蓄吾之用也，此居而未动者之事；“观其变，玩其占”，用吾之用也，此变动不居者之事。夫《易》纯乎天，而君子则纯乎《易》，纯乎《易》乃所以纯乎天也。君子纯乎天而不能违乎天，天亦其能违君子乎？以吉佑之，复以无不利佑之，宜哉。

彖者，言乎象者也。爻者，言乎变者也。吉凶者，言乎其失得也。悔吝者，言乎其小疵也。无咎者，善补过也。是故，列贵贱者存乎位，

齐小大者存乎卦，辨吉凶者存乎辞，忧悔吝者存乎介，震无咎者存乎悔。是故，卦有小大，辞有险易。辞也者，各指其所之。

前章既言圣人设卦观象、系辞爻变，而终之以君子观象玩辞、观变玩占。此章复言彖言乎象、爻言乎变，而终之以“辞也者，各指其所之”。虽曰申前言之所未尽，其大旨则无非前后反复推明吉凶悔吝之理，欲夫人之知所趋与所避也。夫吉凶悔吝之理已著而不可揜，是谓之象，有是卦必有是彖，而彖之所言无非此理也，此彖者言乎其象者也。若夫六爻之动，惟变所适，而吉凶悔吝之别，又以逐爻见之，此爻者言乎其变者也。得失之理微，吉凶之验著，若非吉凶，则是失得也，谁与言其所以然哉？悔吝之在人，未为大过也，言乎小疵而已。于过疵之微小者，或能悔之而不吝，亦或吝之而不悔，则吉与凶自此成矣。此无咎者本有过也，有过而能补其过，故无其咎。而圣人则因其善而善之，吉凶也、悔吝也、无咎也，凡此数者，又皆不外乎彖之所言之象，与爻之所言之变也。

虽然，爻者言乎其变也，而列贵贱者又存乎位；彖者言乎其象也，而齐小大者又存乎卦。夫六爻固有贵而无位，如乾之上九，有以贵下贱，如屯之初九者，此亦以变言也。如以位言，则自初至上，卑高以陈，贵贱位矣，高者贵，卑者贱，而成列有序，此“列贵贱者存乎位”也。阳大而阴小，阳卦多阴，则阳为之主；阴卦多阳，则阴为之主。卦之小大虽或不齐，而刚柔得位为一卦之主，则未始不齐也，此“齐小大者存乎卦”也。若夫系辞焉而明吉凶，则吉凶之辨，舍是辞何以哉？“介”云者，细微之物也，所谓小疵也。小疵形于心，忧患恐惧，兹惟其时，若渐长则忧无及矣。凡人之情，有所畏者斯寡过，无所畏者斯多愆，是故以震惊而获无咎者，必以其能悔也。由小大之卦，观吉凶悔吝之辞，则辞之吉者斯平易，反乎此者斯险艰。如乾之九二“见龙在田，利见大人”，则其辞易矣，困之六三“入于其宫，不见其妻，凶”，此岂易辞哉？此无他，其为辞也，吉凶悔吝各有所指，而非固异也，故曰“辞也者，各指其所之”。所之者何？险易之地也。

《易》与天地准，故能弥纶天地之道。仰以观于天文，俯以察于地理，是故知幽明之故。原始反终，故知死生之说。精气为物，游魂为变，是故知鬼神之情状。与天地相似，故不违。知周乎万物，而道济天下，故不过。旁行而不流，乐天知命，故不忧。安土敦乎仁，故能爱。范围天地之化而不过，曲成万物而不遗，通乎昼夜之道而知，故神无方而易无体。一阴一阳之谓道，继之者善也，成之者性也。仁者见之谓之仁，知者见之谓之知，百姓日用而不知，故君子之道鲜矣。

此章又言圣人本天地以作《易》，《易》之书与天地准，《易》之道与天地相似，而终之以“君子之道鲜矣”。道之在人，初无不足；而人之于道，不能无限量之殊也。然深味此章，自“故能弥纶天地之道”至故“君子之道鲜矣”，凡有十故，虽句读长短之不齐，文理昭然，而先儒不察，妄分剂数，不可不辨也。准，则也。《易》之书所以准则天地故也，凡天地之所有者，《易》皆有之。弥，满也；纶，理也。天地之道，即下文所谓一阴一阳是也。是道也，其在天地，则为幽明；寓于始终，则为生死；见于物变，则为鬼神。《易》之为书，弥满无间、纶理有序，而天地之道尽在此书。故在文为明，在理为幽，仰观俯察，而幽明之故无乎不知。故者，其所以然也。始出为生，终入为死，原始反终而生死之说无乎不知。说者，其所谓也。

大凡物之为物，以精与气相聚而然也，精气之散则为游魂，故谓之变，即诸物变而鬼神之情状又无不知。情状，犹言体段也。程河南曰："万物终始，聚散而已。神，造化之功也。然则幽明之故、死生之说、鬼神之情状，无非天地之道。"苟非《易》之书与天地准，弥满而无间，纶理而有序，则是数者何从而知之？惟其如是，故《易》之道即天地之道也，天地之道即《易》之道也。存诸易者如是，则存诸天地者亦如是尔，故曰"与天地相似"。惟其相似也，又何背违之有？扬子云《法言》之作所以准《语》也，然而非《语》；《太玄》之作所以准《易》也，然而非《易》。是无他，求其似而卒不似也。求其似而卒不似，故不免自相牴牾，而多谬于圣人，欲其不违，得乎？

自"知周乎万物"以至"君子之道鲜矣"，此又详言易之道与天地所以相似也。夫无所不知者，易之知也；无所不及者，易之道也。知周万物，无所不知，则有过物之知；道济天下，无所不及，又无过物之道，故曰"不过"。道济天下，旁行也；知周万物，不流也。有济天下之道，而又知无不知而不沦胥于万物，此《易》之时中也。兹其所以为不过欤？乐天安土，此又言《易》之道无适而非天地也。夫天者，制命之君也；土者，宅生之地也；而《易》则性命之学也。乐天，则消息盈虚与时偕行，初无冒昧于时之失，盖所知者命也。所知者命，则无一毫之非吾命，夫何或忧之有？安土，则素其位而行，无入而不自得，初无厌恶不平之念，盖所敦者仁也。所敦者仁，则无一物之非吾仁，又何不爱之有？知命，命之学也；敦仁，性之学也。故曰：《易》，性命之学也，而天地尽在是矣。

天地之化而阴阳二气之相为推移是已，而《易》范围之，则《易》之为书，其模范一出于天地，而圣人无与焉，故无过差之可指。万物之生，虽同于负阴而抱阳也，而有万不同，则至不一也，曲而成之则亦与为不一，故无一物之或遗。昼夜之道，阖辟往来无一毫之间，而

《易》之为《易》，无所偏滞，通乎此道故也。通乎此道，则无乎不知，故知幽明、知死生、知鬼神，初无二知也。如此，则尽天地之妙用，穷阴阳之奥机。无在而无不在，故曰“神无方”；无为而无不为，故曰“易无体”。神与易亦非二物也。张横渠曰：“语其推行故曰道，语其不测故曰神，语其生生故曰易，其实一物，指事而异名矣。”朱子发曰：“一阴一阳，在天，日月之行也，昼夜之经也，寒暑之运也；在人，屈信也，动静也，语默也。推而行之，故以是名之为道。”然是道非可以他求也，求之在我而已矣。在我所谓本然之善者，乃所以继是道也；在我所谓同然之性者，乃所以成是道也。何者？善出于道，而性无不善故也。然仁者见之是道也，则止谓之仁，一于静也；知者见之是道也，则止谓之知，一于动也。至于百姓，日用是道也，则又习焉而不察，行之而不著，漠然而无所知也。要之，是道也，仁者、知者鲜克全之，百姓之愚鲜克知之，此岂在我之善有所不足、在我之性有所不同欤？非也，盖在限量使然尔。君子之道，乌得而不鲜欤？朱子发曰：“君子之道，仁知合，体用一，兼体阴阳而无累，通乎昼夜之道而知。君子者，具仁知之成名，得道之大全也。”

显诸仁，藏诸用。鼓万物而不与圣人同忧，盛德大业至矣哉！富有之谓大业，日新之谓盛德。生生之谓易，成象之谓乾，效法之谓坤，极数知来之谓占，通变之谓事，阴阳不测之谓神。夫《易》，广矣大矣。以言乎远，则不御；以言乎迩，则静而正；以言乎天地之间，则备矣。夫乾，其静也专，其动也直，是以大生焉。夫坤，其静也翕，其动也辟，是以广生焉。广大配天地，变通配四时，阴阳之义配日月，易简之善配至德。子曰：“易，其至矣乎！”夫《易》，圣人所以崇德而广业也。知崇礼卑，崇效天，卑法地，天地设位而易行乎其中矣。

成性存存，道义之门。

前章言《易》之书与天地准,《易》之道与天地相似而终之以仁者、知者鲜克全之，百姓日用鲜克知之。此章复言《易》该隐显、绝忧累，覆被万物，则为德为业，流行乎天地之中。在《易》为乾、为坤，在蓍龟为占，在人为事，在变化为神，而终之以“夫《易》，圣人所以崇德而广业也”。夫圣人德之崇、业之广，以至于效天法地，此即《易》之盛德大业也。是理也，非圣人孰能尽之？夫《易》之为道，天地所以鼓舞万物，生成而不遗，故曰“显诸仁”；然其所以然而然者，密庸而无迹，故又曰“藏诸用”。仁与用，即天地之德业也，故其见于鼓舞万物也，变化难名，此下文所谓“阴阳不测之神”也。惟其如是，故化工之运行，初无容心，夫何忧云？其生其杀，咸其自取，天地未尝加毫末于其间也。程河南谓:“天不为尧存，不为桀亡。”是也。若夫圣人，则成能于天地，一物之不得其生，则曰此吾之责也，故不能无忧。张横渠曰:“《系辞》之言，或说天，或说人，率归一道。”鼓万物而不与圣人同忧，则于是分出天人之道，不可以混。鼓万物而不与圣人同忧，此言天德之至也。故圣人又赞之曰:“盛德大业至矣哉！”以言密庸之化如此其至也

圣人以是说而垂法于《易》之书，故尽发其秘以示夫人。惟恐此道之不明，吾言之不尽，而后学之不知，抑以见圣人有忧也。故以其富有，则谓之大业；以其日新，则谓之盛德。至于曰易、曰乾、曰坤、曰占、曰事、曰神，此所谓尽发其秘以示乎人也。吾故曰：此圣人之有忧也。张横渠曰:“富有者，大而无外也；日新者，久而无穷也。”夫惟如是，故其德业盛大也，孰御焉？是说也，以其变易言之，则为易。观夫四序迭迁，八卦相荡，而万物之终始出入，咸不外乎？是故

阳极生阴，阴极生阳，生生不穷，循环无端，此所谓易也。《经》曰："乾坤其易之门耶？"盖言万物自此出也。夫万物之生，有象有法，法之始兆者谓之象，象之既呈者谓之法，亦非二物也。相为隐显，相为终始而已矣。故成象者，兆端自乾，初无不足，至于坤，则因其有是法也，而效之，亦非有所增益也。《易》曰："乾知大始，坤作成物。"是也。法象既著，则吉凶之变可以前知。故极天地之数，遂知来物，此所谓占也。如惠迪必吉，从逆必凶，消息盈虚之理，不逃乎进退从违之间。故变而能通者常得之，穷而不知变者常失之。所谓事者，即吾之日用是也，故曰"通变之谓事"。此又易之在人也。人能审此变化云为，无一毫之有戾于易，则易有不戾[①]于我矣。夫万物之生，不外乎阴阳。惟神也，变化难明，则运乎阴阳而莫知其然。故曰："阴阳不测之谓神。"

自此以后，又申言夫易、夫乾、夫坤，以言能尽乎此者惟圣人也，故终之以"崇德广业"之说。夫乾为大矣，坤为广矣，合乾与坤以为易，则所谓"广矣""大矣"云者，必归之易。故乾以健久为用，坤以静固为体。以言乎远，盖谓乾也；以言乎迩，盖谓坤也。然则不御之功，无有穷已，乾实以之；静正之体，未尝变易，坤实以之。此所以为坤之广、乾之大也。广大之中化出万有，盈乎天地之间，靡所不备，此又乾坤之功用也。而易实该之，故又曰"备矣"。

《经》曰："《易》之为书也，广大悉备。有天道焉，有地道焉，有人道焉。"亦即此所谓广矣、大矣、备矣之谓也。圣人言此，又虑夫人未知所谓乾坤之所以广与大者何如也，复以静专动直、静翕动辟，以详明乾坤之旨。夫阳动而阴静，此乾坤之有常也。乃若乾坤合德，以

① 今按，戾，各本均为"戾"，据上文改。

成化育之功，则未有乾行而坤止也。故乾动也，而坤亦与有焉；坤静也，而乾亦与有焉；此所谓合德也。然其动静亦不无其辨焉。故乾之静也专，谓其制命自我也，及其动也直，则乾曰“时乘六龙以御天”是也，故其大也，生于专直。坤之静也翕，谓其载物自我也，及其动也辟，则坤曰“含万物而化光”是也，故其广也，生于翕辟。此又圣人以乾、坤之所以为广大者，而详示夫人也。

然圣人又不独发明乾坤广大之义如此也，其曰变通、曰阴阳之义、曰易简之善，无非因此广大以发明乾坤之旨，使人即此以知彼也。且人有不知乾坤之广大乎？观诸天地足矣。苟知天地之广大，则知乾坤之广大无或异矣，故曰“广大配天地”。人有不知乾坤之变通乎？观诸四时足矣。苟知四时之变通，则又知乾坤之变通无或异矣，故曰“变通配四时”。以至不知乾坤阴阳之义，观诸日月亦足矣。苟知日月之阴阳，则知乾坤阴阳之义庸有异欤？故曰：“阴阳之义配日月。”不知乾坤易简之善，观诸至德亦足矣。苟知至德之易简，则知乾坤易简之善，又有异欤？故曰：“易简之善配至德。”夫大而能覆，广而能载，兹非天地之广大乎？而乾之静专动直、坤之静翕动辟，其广大若是，此之谓配天地。生长揫敛、循环不穷，兹非四时之变通乎？而乾之始物于始，坤之成物于终，其变通若是，此之谓配四时。或显乎昼，或显乎夜，此日月之阴阳也。而乾元用九，坤元用六，二者相与为用，乾坤、阴阳之义若是，故配日月。愚者与知，不肖能行，此至德之易简也。而乾以易知、坤以简能，易简之外，初无难事。乾坤易简之善若是，故配至德。

虽然，易之理，亦一而已矣，初无彼此之间，又何配之云乎？盖无有所配者，理之一致也。亦必有所配者，将以致乎一也。圣人欲人明乎一致之学也，故即其所配者而示之，欲其易晓焉尔。故断之曰：“易，其至矣乎！”以言乾坤之至理即易也。是理也，惟圣人为能尽之，故继之以“夫《易》，圣人所以崇德而广业也”。夫德，吾性也，作此《易》以崇之；业，吾德之及物也，作此《易》以广之。则与天地同其高明、卑顺。高明，知也；卑顺，礼也。即知与礼，以效法乎天地之崇卑。此圣人之德所以崇，而业之所以广也。夫天以高明之体，位乎其上；地以卑顺之质，位乎其下；易以盛德大业，流行乎天地之中。圣人之德业，乃能与天地较崇度广，则是易也，又在圣人矣。故曰：是理也，惟圣人为能尽之。原其所以然，亦不过于即吾此性，而以智礼成之，故能存之而弗失。是以或为德、或为业、或效天、或法地，无所往而不当于道、合于义，则是道义又从吾性中而出也。岂不犹易之行乎天地之中邪？故曰：“成性存存，道义之门。”何谓存存？犹之曰“存之至”云尔。惟存之至，故足以配天地之设位，而道义自此而出。噫！自非圣人，其孰能与于此？张横渠曰：“知极其高，故效天；礼着实处，故法地。”又曰：“成性须是知礼，存存则是长存，知礼亦如天地设位。”斯可得之矣。

卷二十八

系辞上

圣人有以见天下之赜，而拟诸其形容，象其物宜，是故谓之象。圣人有以见天下之动，而观其会通，以行其典礼，系辞焉以断其吉凶，是故谓之爻。言天下之至赜，而不可恶也。言天下之至动，而不可乱也。拟之而后言，议之而后动，拟议以成其变化。“鸣鹤在阴，其子和之。我有好爵，吾与尔靡之。”子曰：“君子居其室，出其言善，则千里之外应之，况其迩者乎？居其室，出其言不善，则千里之外违之，况其迩者乎？言出乎身，加乎民；行发乎迩，见乎远。言行，君子之枢机。枢机之发，荣辱之主也。言行，君子之所以动天地也，可不慎乎？”“同人，先号咷而后笑。”子曰：“君子之道，或出或处，或默或语。二人同心，其利断金；同心之言，其臭如兰。”“初六，藉用白茅，无咎。”子曰：“苟错诸地而可矣。藉之用茅，何咎之有？慎之至也。夫茅之为物薄，而用可重也。慎斯术也以往，其无所失矣。”“劳谦，君子有终，吉。”子曰：“劳而不伐，有功而不德，厚之至也，语以其功下人者也。德言盛，礼言恭。谦也者，致恭以存其位者也。”“亢龙有悔。”子曰：“贵而无位，高而无民，贤人在下位而无辅，是以动而

有悔也。”“不出户庭，无咎。”子曰：“乱之所生也，则言语以为阶。君不密则失臣，臣不密则失身。几事不密则害成，是以君子慎密而不出也。”子曰：“作《易》者，其知盗乎？《易》曰：‘负且乘，致寇至。’负也者，小人之事也；乘也者，君子之器也。小人而乘君子之器，盗思夺之矣。上慢下暴，盗思伐之矣。慢藏诲盗，冶容诲淫。《易》曰：‘负且乘，致寇至。’盗之招也。”

呜呼！予学《易》至此章，乃知圣人忧世之心如此，其深且至也。何也？不有其所有，而尽以其所有者，发之于《易》故也。夫圣人之所有者安在乎？曰：此性之所见者是也。此性之所见，而伊尹之所谓先觉也，有是先觉，故以觉后觉为己任，此圣人忧世之心也。然则见天下之赜，见天下之动，圣人之先觉其在兹乎？故《易》象与爻由是而立焉。然则圣人区区于立象与爻，何也？曰：为天下后世之言动设也。使天下后世言无过言、行无妄动，即是象与爻而有得焉。此则圣人作《易》之本心也。夫事物之理，寓于幽微深远之地者，天下之赜也；兆于纷错杂揉之地者，天下之动也。圣人皆有以见之，明若观火，故三奇之乾以天而形容之，三耦之坤以地而形容之，以至震雷、巽风之类，其所以形容之者，莫不各当其所拟。而凡物之宜然者，如马、如牛、如龙、如鸡之类，各得其所取之象，《易》之有象，其是之谓欤？会逢其适而于时为通，若乾之九二，出潜离隐，则为天下文明之时；若观之六四，观国尚宾，则为利用宾于王之时。凡此之类，圣人洞观其然，而典礼于以行焉。所谓典礼者，时然而然，不失乎天之所秩、天之所叙者云尔。圣人又虑夫人之昧夫此也，而系之辞焉，而曰如此则吉，反此则凶，分别剖断，明以告之，《易》之有爻，其是之谓欤？夫象之所言者，天下之至赜也。如言“田获三狐”“载鬼一车”之类，近于恢诡谲怪，宜若可恶也，而圣人之意则于此乎尽，故不可恶。爻之所言者，天下之至动也，如言上下无常，变动不居之类，而其相推相易宜若可乱矣，而吉凶之理则于此而断，故不可乱。

张横渠曰："《易》语天地阴阳情伪，至隐而不可恶也。诸子驰骋说辞，穷高极幽，而知德者厌其言。故言为非艰，使君子乐取之为贵。"苏东坡曰："刚柔相交，上下相错，而六爻进退于其间，其进退屈伸不可必也，而顺之则吉，逆之则凶，此可必也。故至变之中，有常守焉，不可乱也。""拟之而后言"，拟是象而言也。象，物象也，拟是而言则言有物矣。"议之而后动"，议是爻而动也。吉凶趋避之理已断于爻，议是而动则动惟厥时矣。言有物而动惟时，则语默动静皆中于道，此则拟议之功也，其成变化乎何有？盖变化者，易也；易也者，天也。吾之言动有契于易，是乃契于天也，故曰"拟议以成变化"。然则，予前之所谓圣人作《易》，立象与爻，为天下后世言动设也，其是之谓乎？吾夫子既述古人立象与爻之意，遂举《易》中七爻以实其说。故中孚九二、同人九五，则述君子之言动；大过初六、谦之九三，[①]则述君子之谦谨；乾上九之亢，反乎谦者也，则申《文言》之辞以警之；节初九，能以谨密而无咎也，又设其不能谨之辞以戒之；至解六三，小人之不知谦谨，而肆为暴慢者也。故圣人直语之曰："作《易》者，其知盗乎？"无非为天下后世之言动设也。

夫君子修身于幽隐之间，而其应也见于千里之远，其几甚微，其应甚博，此所以不可不致其谨也。故圣人以居其室，出其言善与不善，以示其戒。然曰言而继之以行者，盖言行者表里之符也，故后文有曰"不出户庭，无咎"，而曰"乱之所生也，则言语以为阶"。信乎！言也

① 大过初六、谦之九三，宋刊本作"大过初二、谦之六三"。

者，其行之表欤？枢机之为物也，其所系甚微也，然而一发则昏明中否随之，故曰“荣辱之主”也。孟子曰：“不诚未有能动者也。”又曰：“至诚而不动者未之有也。”吾之言行一无可愧，而诚之所格宁有远迩上下之间乎？此所以能动天地也。夫言行至于动天地，此所谓拟议以成变化者也，夫所谓君子之道出处语默是也。同人六二，居柔守静于下，而有或处或默之象；九五体阳履刚于上，有或出或语之象，宜若不同矣，然中直之诚得于同人之先，此所谓二人同心也。故能断去九三、九四之二刚而终之以相遇焉，故曰“其利断金”。夫言者，心之声也，心之同则言亦必同矣，故其臭味相感，无上下远近之间，故又曰“同心之言，其臭如兰”。此爻所以有“后笑”之说。

大过初六，当刚过之世，一柔在下而无忤于物，可谓能自谨也，故有“藉用白茅”之象。犹之置器于地，既安且平，则亦可已矣，又藉之以茅焉，其无咎也固宜，故曰“慎[①]之至也”，谓其当大过之时，而能过于慎也。夫天下之物，以其微薄也而弃之，则所谓物之贵重者亦安所资。盖贵者以贱为本故也，故曰“茅之为物薄，而用可重也”，又曰“慎斯术也以往，其无所失矣”。然则谨而勿失，初六有焉，夫大过初六则过于慎，故曰“慎之至也”。谦之九三则过于厚，故亦曰“厚之至也”，且伐其劳、德其功，此岂胸中之有所蓄者然邪？苟无所蓄则猥薄甚矣，若夫谦厚之君子则不然。吾虽有劳，若未始有劳也；吾功虽成，若未始成功也。非能降己以下人者，未易至此。故圣人推明其内之所蓄，则曰德，言乎其盛矣；又详观其外之所形，则曰礼，言乎其恭矣。夫谦之九三，处人下之上，有成功之劳，或不能致其谦恭以守此高位，安能获有终之吉乎？惟能过于谦厚，此圣人深予之也。知

① 慎，原作“谨”，据《周易》原文改，下同。

圣人深予乎谦之九三，则知圣人深戒乎乾之上九，可知也。何也？亢者，谦之反也，九三致恭存位，而上九则贵而无位；九三万民服也，而上九则高而无民；九三能以功下人，而上九则贤人在下位而无辅。此九三所以谦而有终，而上九所以亢而有悔也。

言语阶乱，从古而然，故曰“言者行之表也”。当节之初，“不出户庭”，则非特身不出也，言亦不出也。夫言不出，则其密也可谓谨矣。苟失此戒，则君焉必至于失臣，臣焉必至于失身，几事必至于害成。此谨节之道，必当于其初而致之意焉，是故前文所以有枢机之谕也。

《易》之作也，亦岂直为知盗而设邪？特曰谦谨既失则有暴慢之行，而不免于盗之见侵也。故解之六三，上慢下暴则为“盗之招”，圣人所谓知盗者如此而已矣。孟子曰：“祸福无不自己求之者。”解之六三，所谓自求其祸也。夫三在人下之上，高位也，六以阴很处之，非所宜据也。故爻有“负且乘，致寇至”之说，而《系辞》以小人谥之。原其所以然者，非他也，有暴慢而无谦谨故尔。夫藏之慢也是为诲盗，容之冶也是为诲淫，诲之者，招之也，然则，人之言动其可不致其谨乎？此圣人之作《易》，必欲天下后世拟象而言、议爻而动者，盖虑其失或至于此也。予故曰：圣人作《易》立象与爻，为天下后世之言动设也。噫！人之言动其可不致其谨乎？

大衍之数五十，其用四十有九分。而为二以象两，挂一以象三，揲之以四以象四时，归奇于扐以象闰。五岁再闰，故再扐而后挂。天数五，地数五，五位相得而各有合。天数二十有五，地数三十，凡天地之数五十有五，此所以成变化而行鬼神也。乾之策二百一十有六，坤之策百四十有四，凡三百有六十，当期之日。二篇之策，万有

一千五百二十，当万物之数也。是故四营而成易，十有八变而成卦。八卦而小成，引而伸之，触类而长之，天下之能事毕矣。显道神德行，是故可与酬酢，可与佑神矣。

《易》有自然之理，斯有自然之数。是理也，一定而不易，故是数也，奇则为奇，耦则为耦，亦一定而不易。是理也，相因以为用，故是数也，奇以耦成，耦以奇成，亦相因以为用。是理也，运行而不穷，故是数也，始则有终，终则有始，亦运行而不穷。然则数生于理，理寓于数，数之所生，理之所在也。故《易》于此取天地之数，以为大衍之数焉。所谓天地之数者，一、三、五、七、九，此天数五也，积而二十有五；二、四、六、八、十，此地数五也，积而为三十。合二十有五与三十，是为五十有五。圣人曰：是五十有五数也，运之于天地万物之间，固足以成变化而行鬼神也，然本此数以作《易》，则容有龃龉而不合者，故即天地之数而去其五，以为大衍之数焉。然去之者，非其去之也。数始于一，备于五，小衍之而为十，两其五也；大衍之而为五十，十其五也，则五者在其中矣。王辅嗣曰："衍天地之数，所赖者五十也。"是也。然数有体有用，一者数之体也，体则不动，四十有九者，用也，用则见于分二、挂一、揲四、归奇之际。辅嗣又曰："其用四十有九，则其一不用也，不用而用以之通，非数而数以之成，斯易之太极也。"是也。是数也，则于其揲蓍焉见之，揲蓍之法，以四十九蓍分之左右[①]手而为二，分而为二之后，乃于左手中取一蓍挂于小指。既挂一矣，先以左手之蓍四四而揲之，归其所揲之余而扐之；复以右手之蓍四四而揲之，亦归其所揲之余而扐之。再扐之后，复挂一焉。故三揲而一爻成，十八揲而六爻成。凡爻之或阳或阴，皆

① 宋刊本无"右"。

以所揲之余或多或少者而为候。故初揲之余者，不五则九；再揲、三揲之余者，不四则八。四、五为少，八、九为多。三少为老阳，三多为老阴，二多一少为少阳，二少一多为少阴。老阳九也，老阴六也，少阳七也，少阴八也。设若于此四十有九之数，加一减一，皆不成揲，此大衍五十之数所以必用四十有九也。然揲蓍之法，必曰象两、象三、象时、象闰者，以言圣人立法，未尝不循夫天理之自然，而非伪为云尔。故《易》之作以阴阳为宗，曰"象两"云者，以言象阴阳二气之分也。曰"象三"云者，以言二气之分有阴有阳，必有阴阳之中故也。曰"象四时"云者，以言二气既分，中者为春、秋，极者为冬、夏故也。曰"象闰"云者，以言积四时以成岁，更三岁而为闰。闰也者，生于日月合朔、周天不尽之气，故以归奇之数象之。然置闰之法，十九岁七闰，凡三岁闰者一,五岁闰者二，故大率五岁再闰，又以再扐而象之。庄周氏曰"《易》以导阴阳"，亦是意欤?

夫大衍之数既本于天地之数，故复以天地之数继之。天数五，地数五，以言天地之数奇耦之分也。五位相得而各有合，又言天地之数奇耦之合也。张横渠曰："一二[①]相间，是相得也；各有合，以相对合也。如一六、二七、三八、四九也"。《太玄》亦曰："一六为水，二七为火，三八为木，四九为金，五十为土。"天数二十有五,五其五也；地数三十,六其五也，此亦分而言之也。凡天地之数五十有五，此又合而言之也。天地之数，不离乎五十有五，故二气之有盈有虚，四时之或生或杀，万物之出机入机，皆本诸此，此变化由是数而成也。所谓"行鬼神"者，如《月令》所谓"孟春之月，其帝少昊，其神勾芒"之类是也。是故，或执规司春，或执衡司夏，或执矩司秋，或执权司冬，

① 二，原作"三"，据《横渠易说》改。

此鬼神由是数而行也。程河南曰:“《易》说鬼神，便是造化也。”又曰:“变化言功，鬼神言用。”

揲蓍之法，得五与四，是为老阳。其为策数一爻三十有六,四九之积也，故为乾之策。得九与八，是为老阴，其为策数一爻二十有四，四六之积也，故为坤之策。以六爻计之，乾爻六,一爻三十有六策，则二百一十有六者，三十有六而六之也。坤爻六,一爻二十有四策，则百四十有四者，二十有四而六之也。以乾、坤六爻之策而计之，故曰“凡三百有六十”，三百有六十之策与期之日适相当焉，故曰“当期之日”。以上、下二篇之策而计之，凡爻本诸乾而称九者一百九十有二，本诸坤而称六者亦一百九十有二。夫阳爻一，其策三十有六，以三十有六乘一百九十有一则得六千九百一十有二策；阴爻一，其策二十有四，以二十有四乘一百九十有二则得四千六百单八策。二篇总筭则得万有一千五百二十策矣。夫数自一积而为十,十积而为百,百积而为千,千积而为万，自然之理也，与万物之数适相当焉，故曰“当万物之数”也。于象两、象三、象时、象闰则谓之“象”；于当期之日、当万物之数，则谓之“当”，言各有旨也。营者，求也。用蓍之法，以四而揲之；成易之数，以四而求之。是故老阳数九,四而求之，其策三十有六；老阴数六,四而求之，其策二十有四。至于少阳数七，亦四而求之，其策二十有八；少阴数八，亦四而求之，其数三十有二。阴阳老少，六爻之本也，故曰“四营而成易”。若夫乾坤之策三百有六十，而二篇之策万有一千五百二十，亦以四而求之。故乾阳爻六，六九五十有四,四而求之则二百一十有六；坤阴爻六,六六三十有六，四而求之则百四十有四。以乾之五十有四，合坤之三十有六，为九十焉，亦四而求之则三百有六十。而二篇之策，阳爻一百九十有二，其数一千七百二十有八；阴爻一百九十有二，其数一千一百五十有二。总而言之，二千八百八十，亦四而求之，则万有一千五百二十也，凡此皆求之以四而得之，此《易》之书所以成于四营也。谓之“十有八变而成卦”，则三变而一爻成，积而至于十有八变而卦成可知也。夫《易》始于八卦，方其八卦之未重也，屯、蒙、师、讼之类，隐然而未形。当是时也，《易》之大业未底于悉备，故曰“小成”。及夫引而伸之，重而为六十有四，故触乎其类而长之，近取诸身，远取诸物，凡天地之内百物不废，而治心、修身、齐家、理国之道随取而足，圣人所以垂法立教者，亦于此乎尽，谓之“天下能事毕矣”，信乎其毕矣。

故夫“显道神德行”，此《易》之能事也。而其为效也，见于“酬酢而佑神”。夫神之不显者道也，今而曰“显道”，则所谓“阐幽”也；显而不神者德行也，今而曰“神德行”，则所谓“微显”也。《易》之为《易》也，在显亦秘，在微亦彰，此其用之为妙也。惟其如是，故即其显者而言之，有应对事物之功，未尝不暸然而明，故曰“可与酬[①]酢”；即其神者言之，有助成神化之妙，未尝不窅然而幽，故曰“可与佑神”。呜呼！孰谓夫圣人本天地之数以作《易》，其功用一至于是乎？

子曰：“知变化之道者，其知神之所为乎。”《易》有圣人之道四焉：以言者尚其辞，以动者尚其变，以制器者尚其象，以卜筮者尚其占。是以君子将有为也，将有行也，问焉而以言，其受命也如响，无有远近幽深，遂知来物。非天下之至精，其孰能与于此？参伍以变，错综其数。通其变，遂成天地之文；极其数，遂定天下之象。非天下之至变，其孰能与于此？易无思也，无为也，寂然不动，感而遂通天下之故。非天下之至神，其孰能与于此？夫《易》，圣人之所以极深而研

① 酬，原作“酧”，据《周易》原文及宋刊本改。

几也。唯深也，故能通天下之志；唯几也，故能成天下之务；唯神也，故不疾而速，不行而至。子曰“易有圣人之道四焉”者，此之谓也。

前章言易寓于数，此章言圣人之道寓于易。所谓易者，变化是也；所谓变化者，神之所为也。特患人不之知尔，欲知易之神，舍变化之道，何由而知之？故曰：“知变化之道者，其知神之所为乎。”辞也、变也、象也、占也，此四者，易之变化也。苟知此道，则神之所为举可知矣。圣人之道亦不外是，故曰“《易》有圣人之道四焉”。夫是非当否、各当所指者，《易》之辞也，以言者尚《易》之辞，则言必有法；趋避取舍不可或泥者，《易》之变也，以动者尚《易》之变，则动必中度；形容物宜有不可掩者，《易》之象也，以制器者尚《易》之象，则器必适用；吉凶祸福各以类应者，《易》之占也，以卜筮者尚《易》之占，则占必知来。凡此无非神之所为也。故圣人尚焉，尚之者明此道以垂法立教，以觉天下后世之不知乎此者也。“是以君子将有为也，将有行也，问焉而以言，其受命也如响，无有远近幽深，遂知来物。”此言尚《易》之辞与《易》之占也。“参伍以变，错综其数。通其变，遂成天下之文；极其数，遂定天下之象。”此言尚《易》之变与《易》之象也。夫君子于将有为、将有行之时，未知是非当否之所在，可不稽《易》以致其决乎？问焉而以言，求决于《易》也。向使《易》之辞也，非圣人之所尚，君子又乌知以言而问之？然问焉而以言，苟非以吾之精一之诚，深知《易》之为可信，则虽有问焉徒问也。今而曰其受命于《易》也，如响之应声，是必有以默契乎《易》，而不专在于言语问论之间也。不然，何以来物之在于远近幽深也。举无不知，曾无毫发之间邪？故曰“至精”。

朱子发曰：“精之又精，谓之至精。参伍以变者，纵横十五，天地五十有五之数也，错之为七、八、九、六，总之为三百六十。以天地观之，阴阳三五，一五以变，为候者七十二；二五以变，为旬者三十六；三五以变，为气者二十四。三百六十五日周而复始，故乾之策三十有六者，三六而又二也；坤之策二十有四者，二六而又二也。三其二十有四与二其三十有六，皆七十二，三其七十有二为二百一十有六，得乾之策；二其七十有二为百四十有四，得坤之策。三画之卦三变而反，六画之卦五变而复，通六、七、八、九之变，则刚柔相易，遂成天地之文。极五十有五之数，则刚柔有体，遂定天下之象。非成文不足以成物，变之又变，谓之至变。夫有行始于有为，有为始于有思。有思有为者，人也；无思无为者，天也。谁能有思有为，而无于人之累乎？其惟《易》而已。《易》有思者，本于无思；有为者，本于无为。合五十有五之数，本于太极，寂然无声，其一不动，万物莫不会乎！其中有物感之，散为六、七、八、九之变，而天下之所以然者，无乎不通，所谓'远近幽深，遂知来物'，乃其一也。精者精此者也，变者变此者也，神之又神，谓之至神，精故可以穷深，变故可以与几。夫《易》，圣人体之以极深研几者也。天下之志，藏于无形，非推见至隐者，其能尽通乎？而《易》，至精者也；天下之务，其来无穷，非曲得所谓者，其能成乎？而《易》，至变者也；疾而速，行而至，有思有为者皆然，而《易》至神也，不疾而速、不行而至者，极深研几之效，莫知其然而然也，故曰'《易》有圣人之道四焉'。"子发所释可谓著明矣。

天一，地二，天三，地四，天五，地六，天七，地八，天九，地十。子曰："夫《易》何为者也？夫《易》开物成务，冒天下之道，如斯而已者也。"是故圣人以通天下之志，以定天下之业，以断天下之

疑。是故，蓍之德，圆而神；卦之德，方以智；六爻之义易以贡。圣人以此洗心，退藏于密，吉凶与民同患。神以知来，知以藏往，其孰能与此哉？古之聪明睿知、神武而不杀者夫？是以明于天之道，而察于民之故，是兴神物以前民用。圣人以此斋戒，以神明其德夫。是故，阖户谓之坤，辟户谓之乾。一阖一辟谓之变，往来不穷谓之通。见乃谓之象；形乃谓之器；制而用之，谓之法；利用出入，民咸用之，谓之神。是故，易有太极，是生两仪，两仪生四象，四象生八卦，八卦定吉凶，吉凶生大业。是故，法象莫大乎天地，变通莫大乎四时，县象著明莫大乎日月，崇高莫大乎富贵。备物致用，立成器，以为天下利，莫大乎圣人。探赜索隐，钩深致远，以定天下之吉凶。成天下之亹亹者，莫大乎蓍龟。是故，天生神物，圣人则之；天地变化，圣人效之；天垂象，见吉凶，圣人象之；河出图，洛出书，圣人则之。《易》有四象，所以示也；系辞焉，所以告也；定之以吉凶，所以断也。《易》曰“自天佑之，吉无不利。”子曰：“佑者，助也。天之所助者，顺也；人之所助者，信也。履信思乎顺，又以尚贤也。‘是以自天佑之，吉无不利’也。”

此章复言易寓于数，圣人本之以作《易》，而其功用见于经纶世变，垂其法于将来。天人之理不外乎是，若有以相之，故终举大有上九爻辞而曰“自天佑之，吉无不利”也。呜呼！圣人用《易》之功若此其至乎！“天一，地二，天三，地四，天五，地六，天七，地八，天九，地十。”程河南、张横渠及前辈皆云当在“天数五，地数五”之上，[①]简编失其次也。而横渠又曰：“圣人之于书亦不欲并以一说尽，虑人易知后则不复研究，故或在此说，或在彼说，要终必见，但俾学

① 当在天数五地数五，宋刊本作“天数五当在地数五之上”。

者潜心。”以是知前辈谈经，可谓不苟矣！夫自天一以至天五，此天地生数也；自地六至地十，此天地成数也。河南云：“既有上五者，斯有下五者，二五合而成阴阳之功，万物变化，鬼神之用也。”朱子发亦曰：“万物在天地间，不离乎五十有五之数，圣人虽不言，其能逃乎？”夫《易》之为《易》，非有他也，于物则开之，明其所以然也；于务则成之，因其所当然也。举天下之大，无出乎是道之覆冒，此所谓“冒天下之道”也。朱子发曰：“冒天下之道者，日月所照，霜露所坠，舟车所通，凡有血气者，必待此道而后覆冒。”此言是也，易之为易，如斯而已，舍此孰谓之易乎？故曰：“易何为者也。”又曰：“如斯而已者也。”

圣人于此道者，则用之以经纶世变。故天下之志若未易通也，易有开物之道，圣人尽之，则天下之志无适而不通。天下之业若未易定也，《易》有成务之道，圣人尽之，则天下之业无适而不定。方其天下志之未通、业之未定也，趋舍之方、动定之际，伥伥然适从之无所，疑孰甚焉？及夫天下之志以圣人而通，天下之业以圣人而定，其胸中之所欲为与日用之所当然者，了然而无疑，伊谁之功邪？实圣人有以断决其疑以致是也，故又曰“以断天下之疑”。凡其所以然者，皆圣人有得于《易》而然也，故继之以蓍卦之德与六爻之义。凡物圆则运，方则止。夫运而有无穷之用者，是必有所谓至神者存也，故曰“蓍之德，圆而神”；止而有一定之体者，是必存诸我者固已无所不知矣，故曰“卦之德，方以知”。蓍之为用，六、七、八、九，惟其所为而人无与焉，非神而何？卦之既设，上下、内外，有不可易而理实寓焉，非智而何？若夫六爻之为义，则变易以示人，使人知吉之可趋、凶之可避，而无或秘之说，此所谓“易以贡”也。韩氏曰：“贡，告也。六爻变易以告吉凶。”张横渠曰：“圆神故能通天下之志，方知故能定天下之业，爻贡所以断天下之疑。”夫心也者，酬酢万物之君也。心有所累，则酬酢万物也不能扩然而大公。是心也，不能扩然而大公，则亦异于易矣。夫无思无为、寂然而不动、感而遂通天下之故者，易也。圣人以此蓍卦六爻，洗去夫心之累，则是心也扩然而大公。

易即吾心也，吾心即易也。用能退藏于密，而不穷之用默存于我焉。程河南曰：“密乃用之源，圣人之妙处。”又曰：“道乃形而上者，形而上者即密也。”然则退藏于密，此即《易》之所谓“无为，寂然不动”也。夫妙用之源默存于圣人之心，则发而为用也，酬酢万物而不穷。故夫乐以天下，忧以天下。而天下之民，吉在所趋也，圣人惟患其不吉；凶在所避也，圣人惟患其或凶。忧患在民，而圣人以为己之忧患也，故曰“吉凶与民同患”，此即《易》之所谓“感而遂通天下之故”也。神，蓍之德也，吉凶隐于未形，圣人神以知来，则神在圣人，而不专在乎蓍矣；知，卦之德也，吉凶显于既著，圣人知以藏往，则知又在圣人，而不专在乎卦矣。故《系辞》至此，侈言圣人之神知，而曰“其孰能与于此哉？古之聪明睿知、神武而不杀者夫”。夫谓之聪明睿知，则卦之知非圣人其孰能与之？谓之神武不杀，则蓍之神非圣人其孰能与之？圣人之德无乎不备如此，宜吾所谓蓍卦之神知咸在圣人，而不专在乎蓍与卦也。耿希道曰：“其曰神武不杀何也？布昭圣武不免于杀者，将以使人之知惧也。今神以知来，则未然之祥见于其先，知以藏往，则已然之戒存乎其后，然岂待杀而后知惧哉！”荀子曰：“怠慢剽弃，则照之以灾祸。”此之谓也。

夫天人之理备于《易》，而《易》之神知又备于圣人，则夫在天与人者圣人宜无不知。故夫福善祸淫者，天之道也，圣人明其所必然。

为善得福、为恶得祸者，民之故也，圣人察其所由致，而惟恐斯民之用或至于昧其所趋，故假是蓍龟之神以发明人心之神。夫神无乎不在，在人，则为人心；在物，则为神物；在天地之道，则为易；在易，则为阴阳之不测；在圣人，则为圣人之妙用。方是神之在物，为蓍、为龟，尚弃而未用也。人曰，此枯茎尔、朽骨尔。不知其为神也，圣人从而兴之，而易由此兆焉。人见圣人之兴之也，亦惟圣人之从，而得其所谓如是而吉、如是而凶也。而遂至于趋吉若渴、避凶若热，而曰此圣人之前知也，而不知此神物之前知也，特圣人为能兴之，以为前民之具焉尔。然圣人如之何而兴之也？亦曰：圣人以此神物，斋戒致敬，以神明乎神物之德，使斯民凡有作用，亦皆斋戒致敬，不敢忽此神物。咸知其德之为神明，而信其所以告我之吉凶也，此之谓兴神物也。前言蓍之德圆而神，则斋戒以神明乎神物之德者，虽由于圣人而兴，是神物之德者实神物之固有焉。神物固有是德，圣人虽不欲斋戒以神明之，夫何以前民用乎？所谓前民用者，神之所为也，故下文历言乾坤、变通、象器与法，而极于民咸用之神。夫谁能出不由户？户，一也，阖则为坤，此斯民之用隐于无用也；辟则为乾，此斯民之用见于有用也。一阖一辟为变，此又斯民之用不可以拘于一也；往来不穷为通，此又斯民之用不可以有所穷也。然于阖辟变通之中，何者为斯民之用乎？曰：是理也，见者为象，形者为器，器制为法，圣人体易以经纶世变而垂其法于将来者，无越乎此。故斯民利用此道，而见于出作入息之间，凡所资以为生养之利者，孰不用之？而莫知其用之所以然者，此即予前所谓在人、在物、在天地、在易、在圣人之神也。噫！语至于此，孰谓《易》为无用之说也？

自“易有太极”至“易有四象”，复申言圣人是兴神物以前民用之旨。朱子发曰："极，中也。太极，中之至欤？四象八卦具而未动，谓之太极，易有太极，四十有九合而为一乎？在人则喜怒哀乐未发是也。"濂溪周先生曰："太极动而生阳，动极而静，静极而生阴，阴极复动，互为其根。分阴分阳，两仪立焉。"朱子发曰："阴阳匹也，故谓之仪。"凡物有中，则有上下，有上下则有左右前后，有左右前后则有四方，有四方则有四维，而八卦在是矣。此自然之理也。张横渠曰："一则神，两则化。"故太极者一也，倍一而二，而仪分上下，故曰生两仪。倍二而四，而象分四方，故曰生四象。天之东象龙，西象虎，南象鹑，北象龟，此皆象也。倍四而八，而八卦以成，故曰"生八卦"，此易生生之理然也。卦者，挂也。挂此理以示人，而吉凶有一定之说，故又曰"定吉凶"。夫易始于八卦，因八而八之，则其为卦也为六十有四。天道之消长，万物之盛衰，人事之得失，古今之治乱，皆不逃乎八卦所定之吉凶，则《易》之大业又生于八卦所定之吉凶矣。故《易》之为书也，广大悉备若不可以一言尽也，而其说则不离于示人以吉凶趋避之理而已矣。惟圣人入乎吉凶之域，故能与民同患，而立大功业于天下，则圣人之大业即易之大业也。夫惟易与圣人其大业一也，故下文继之以六莫大之说，其所以为易与所以为圣人者兼言之。夫成象之谓乾，效法之谓坤，万物在天地间，孰不具乾坤之法象？然语其法象之大者，莫大乎天地。易穷则变，变则通，通变之理人事之终始也。然语其变通之大者，莫大乎四时。凡物有是形容之可拟者，孰无是象？具是貌象而不可掩者，孰无是明？然语其象之悬于天，明之著乎

物者，莫大乎日月。天地、四时、日月，此易之所以为易也。然非其有是位，则易之道不行；非其有是人，则易之道不明。故继之以

“莫大乎富贵”与“莫大乎圣人”。夫天下之物，亦有所谓崇且高者矣，然语其操是利势以令天下，而能使天下莫吾违者，非富有四海、贵为天子不足以与此，故曰“莫大乎富贵”。天下之人，亦有所谓以是物为是用者矣，而其用不足以利天下，语其备百物、致民用、立为成器，而使天下共利之为悦者，非聪明睿智之圣人不足以与此，故曰“莫大乎圣人”。然则《下系》论十三卦，制器必曰伏羲氏、神农氏、黄帝、尧、舜氏者，此所谓有是位又有是人也。夫器用之制，圣人所以使天下由此趋事而赴功，以享其所谓利也，而天下或不能惟利之趋焉，此建立卜筮在圣人犹不可以已也。且天地之机、鬼神之奥，藏于幽赜隐伏深远之地，必欲探取之、搜索之、钩出之，从而坐致之，使吉凶未形之象无不定，亹亹不已之绪无不成者，其用又孰大乎蓍龟者乎？此上文所谓以前民用必在于是兴神物也，然则以莫大之圣人处莫大之富贵，立成器以利天下，兴蓍龟以前民用。则莫大之天地，斯与之合其德；莫大之四时，斯与之合其序；莫大之日月，斯与之合其明；莫大之蓍龟，斯与之合其吉凶。于以通天下之志，定天下之业，断天下之疑，圣人寔优为之。此予前所谓圣人之大业即易之大业也，不其然乎？

“天生神物，圣人则之。”此又申言，圣人有取于蓍龟之象数，以为《易》之象数也。“天地变化，圣人效之。”此又申言，圣人有取于四时之变通，以为《易》之爻也。“天垂象，见吉凶，圣人象之。”此又申言，圣人有取于日月之悬象，以立《易》之象也。“河出图，洛出书，圣人则之。”此又申言，圣人有取于天地之法象，以画《易》之卦也。夫神物也、变化也、垂象也、图书也，此天地所以示乎人也，圣人与民同患，独无以示于人乎？故天以象数寓于蓍龟之神物，以示乎人，而圣人乃则此象数以为《易》之象数，以示乎人。天地之变化见于四时之运动，以示乎人，而圣人乃效此变化以为《易》之六爻，以示乎人。天垂日月五星之象而吉凶见焉，以示乎人，圣人乃象此垂象而为《易》之吉凶，以示乎人。天地以龙图、龟书出于河洛而自然之法象在焉，以示乎人，而圣人乃则此法象，而为八卦之画，以示乎人。曰“则”云者，《易》之象数即蓍龟图书之象数，其则不相远也。曰“效”云者，效于六爻之动，故《经》曰“爻者效天下之动也”。曰“象”云者，象其所以然者也，故《经》曰“象也者，像也”。天地之所以示人者，圣人皆有取焉而作《易》，以示人，故有所谓四象焉。四象在物，为木、火、金、水；在方，为东、西、南、北，在时，为春、夏、秋、冬，而在《易》，则为元、亨、利、贞。然《易》之示人者，有其象而无其辞，则知其说者亦鲜矣。故必系其辞以告之以四象之所以然，又从而定之以吉凶，曰如此必吉、如此必凶，断之于一言之下，而使之不昧其所趋焉，此圣人与民同患之本旨也。

夫圣人明于天之道，察于民之故，而大易以兴，则天人之理咸备于圣人矣，孰能违乎？故《系辞》至此，乃引大有上九之爻辞，以赞述圣人之所以有天人之助。夫天人之理，信顺是也。天之理行乎自然，故所助者顺也。人之心以诚相感，故所助者信也。履此之信而思乎顺，则尽其所以在人者，而不忘乎在天自然之理，又能以此道而尚乎贤，此大有上九所以“自天佑之，吉无不利”也。夫大有，盛治也。大有上九，盛治之极也。当盛治之世，六五之君信以发志，则所履者信也。柔顺处中，则所思者顺也。上九刚德在上，而六五下之，则所尚者贤也。人君当盛治之极，备此三德，此所以能保极治之盛欤？故曰：“是以自天佑之，吉无不利。”圣人作《易》以经纶世变，垂法将来，而天人之理咸备于我，故天人之助无以异于大有之上九矣。

子曰：“书不尽言，言不尽意。然则圣人之意，其不可见乎？”子曰：“圣人立象以尽意，设卦以尽情伪，系辞焉以尽其言，变而通之以尽利，鼓之舞之以尽神。”乾坤其易之缊邪？乾坤成列，而易立乎其中矣。乾坤毁，则无以见易。易不可见，则乾坤或几乎息矣。是故，形而上者谓之道，形而下者谓之器；化而裁之谓之变，推而行之谓之通；举而错之天下之民，谓之事业。是故，夫象，圣人有以见天下之赜，而拟诸其形容，象其物宜，是故谓之象。圣人有以见天下之动，而观其会通，以行其典礼，系辞焉以断其吉凶，是故谓之爻。极天下之赜者，存乎卦；鼓天下之动者，存乎辞；化而裁之，存乎变；推而行之，存乎通；神而明之，存乎其人；默而成之，不言而信，存乎德行。

此章乃言圣人作《易》，自以尽言、以尽意至于以尽神，或明理，或明用，而易无乎不尽；自谓之道、谓之器至于谓之事业，或为精，或为粗，而易各有所谓；又自存乎卦、存乎辞至于存乎德行，或在此，或在彼，而易无乎不存。然始言“书不尽言，言不尽意”，而终之以“默而成之，不言而信”，则是易也夫，岂空言云乎哉？由其有言而契之以不言，则得圣人所以有望于天下后世之意矣。程河南曰：“言贵简，言愈多，于道未必明。”杜元凯云：“言高则旨远，辞约则义微。”大率，言语须是涵养而有余意。所谓：“书不尽言，言不尽意。”夫书不能尽难喻之言，言不能尽难传之意，圣人之意终不可见于天下后世乎？然意之所寓，虽不可以言尽，而可以形容求之者，则象是也。如孟子答问之言，多假于譬喻，凡此皆立象也。故以震为雷，则动之意尽；以兑为泽，则说之意尽。象一立，虽无俟于多言而意自尽矣。君子、小人之所以异者，情与伪之别也。故卦以阴消阳长为君子小人之道，卦一设而情伪皆不可掩，如复“见天地之心”，则其情尽矣；如姤“女壮，勿用取女”，则其伪亦尽矣。或系之辞，或系之爻，告之以吉凶，导其所指归，此圣人不能已之辞也。辞一系，则向之所谓难喻之言亦尽矣。尽意、尽情伪、尽言，此圣人作《易》以明理，而无不尽之理也。至于利，则是理之见于用也。神，则是用之不可知也。

夫自干至未济，六十四卦之相授受；自乾之初九至未济之上九，三百八十四爻之相变易，所谓变而通之也。夫易，穷则变，变则通，变而不通则复穷矣，非利也，故终曰“变通以利言”。六爻之间尽吉凶趋避之利，非变而通之畴克尔邪？横渠曰：“辞不鼓舞，不足以尽神。”盖圣人于天下之动，效之以爻，而系之以辞，发挥旁通，洞极微隐，故能尽利、尽神。此圣人作《易》以明用，而无不尽之用也。夫象立而卦设，卦设而辞系，以至变而通之，鼓之舞之，凡此皆易之形于可见也。究其底蕴，则自乾坤始，故曰“乾坤其易之蕴邪”。盖方其作《易》之初也，三奇为乾，乾阳也，象乎天而位乎上；三耦为坤，坤阴也，象乎地而位乎下。上下成列，则六十有四卦，三百八十有四爻，刚柔变化之理、君子小人之道、吉凶悔吝之辞，皆寓于乾坤奇耦之中。乾坤不画，则是易也，何自而见之？故曰：“乾坤毁，则无以见易。”盖乾坤者生之本也，乾坤不画，则易不可见，而乾坤生生之功安得而不息邪？夫惟不息，则乾坤既画，易自此而见矣。故形而上者则谓之道，道也者，无方无体，所以妙是器也；形而下者则谓之器，器也者，有方有体，所以显是道也。然道外无器，器外无道，其本一也。故形而上者与形而下者，皆谓之形，则易之形见，盖有不可掩也。化而裁之，推而行之，举而措之，是又易之见于用也。夫道降而为器，化而裁之，则是器也有所指别，而名体各异，故谓之变；推而行之，则是变也无所凝滞，而运用不穷，故谓之通。举是变通之用，而措之天下之民，使之各尽其所以相生相养之道，故谓之事业。道也、器也、变也、通也、事业也，此易之为易，或精或粗，而各有所谓。

程河南曰："易因爻象论变化，因变化论神，因神论人，因人论德行，大抵通论易道，而终于'默而成之，不言而信，存乎德行'。"故《系辞》又申前章之言，曰："是故夫象，圣人有以见天下之赜，而拟诸其形容，象其物宜，是故谓之象。圣人有以见天下之动，而观其会通，以行其典礼，系辞焉以断其吉凶，是故谓之爻。"而继之以卦辞变通，终之以其人与德行，圣人之意岂无待乎？夫圣人见天下之赜而立其象，然非是卦，则天下之赜于何而极之？见天下之动而立是爻，然非是辞，则天下之动于何而鼓之？故天下之赜至无形也，圣人立是象以象之，又设是卦以囿是象，而穷极是赜，则天下之赜无所逃矣，故曰"极天下之赜者，存乎卦"。天下之动不一也，圣人立是爻以效之，又系其辞以断是爻，而鼓舞是动，则天下之动亦无所逃矣。故曰："鼓天下之动者，存乎辞。"前言"化而裁之谓之变，推而行之谓之通"，此复言"化而裁之存乎变，推而行之存乎通"者。盖言圣人作《易》，化而裁之，则存乎卦爻之变；推而行之，则存乎卦爻之通。然则卦象爻辞者，易之书也；变通者，易之道也。即是书以明是道，又存乎人焉。然曰"神而明之"者，以言此非口耳之余习也，是必以此心之神而明夫易之所以然。如复之初九，则存乎颜子；明夷之六五，则存乎箕子；革与明夷，则存乎汤武与文王也。夫惟如是，则易即我也，我即易也。默而成之，不言而信，则卦象爻辞又何有焉？故夫卦象爻辞之所云者，即吾之德行也。程河南曰："譬之赞《易》，前后贯穿，都说得是有此理。然须'默而成之，不言而信，存乎德行'处，是所谓自得也。"

卷二十九

系辞下

八卦成列，象在其中矣；因而重之，爻在其中矣；刚柔相推，变在其中矣；系辞焉而命之，动在其中矣；吉凶悔吝者，生乎动者也；刚柔者，立本者也；变通者，趋时者也；吉凶者，贞胜者也；天地之道，贞观者也；日月之道，贞明者也；天下之动，贞夫一者也。夫乾，确然示人易矣；夫坤，隤然示人简矣。爻也者，效此者也。象也者，像此者也。爻象动乎内，吉凶见乎外。功业见乎变，圣人之情见乎辞。

《上系》首章述圣人作《易》之意，而终之以乾坤之易简，《下系》首章亦然。故圣人欲人知变以成功业，即圣人因易简以成德业也。夫伏羲始画八卦，八卦成列，则天、地、山、泽、雷、风、水、火八物之象在于八卦之中。因此八卦以一至八,六位成章，则九、六二爻又在重卦之中矣。刚即九也，柔即六也，九、六相推，所以为变，则九六之变又在刚柔之中矣。圣人从而系之以辞而命之于人，使知吉凶之所以然，而明其趋舍焉，则趋舍之动又在乎爻辞之中矣。

是故大者为吉凶，小疵为悔吝，皆生乎动。濂溪周先生曰：“吉凶悔吝，生乎动。”噫！吉一而已，动可不谨乎？易之本也，本于乾坤之刚柔，是刚柔立易之本也。易之本一立，则乾坤阖辟之变，往来不穷之通，自此而为八卦，自此而为六爻。惟变所适，而六十四卦之序各以时成，故曰“趋时”。所谓趋时者，亦欲人辨其吉凶而为之趋舍尔，故又继之以“吉凶者，贞胜也”。夫至不一者，天下之动也，吉与凶是也，欲一天下之动，非是贞不能胜之。天地、日月所谓动，物之尤大者也，皆不离乎是贞。则是贞也，万物本之以成体，所谓动中之不动者也。故夫变通趋时者，乃其动也；刚柔立本者，乃其不动也。天地之道变化无穷，可谓动矣，然上下之位不变动也，故曰“贞观”。日月之道往来不息，可谓动矣，然昼夜之常不变动也，故曰“贞明”。孰谓天下之动，非是贞以为之体，孰能一之？乾曰“贞固足以干事”是也。夫《易》之作也，本于乾坤之刚柔。迨夫刚柔相推，有爻有象，既动夫内，有吉有凶，功业以成，则变通趋时之谓也。是故，乾德至刚，确然而健，示人为君、为父、为夫之道，可谓易矣；坤德至柔，隤然而顺，示人为臣、为子、为妇之道，可谓简矣。爻之立也，效此易简而已；象之立也，像此易简而已。谓自刚柔健顺之外，初无他事故也。爻与象动夫一卦之内，则吉与凶见乎其外。惟能入吉凶之域，而不昧于吉凶者，则知趋舍之变，而功业由此而成矣。人其可以不知变乎？未能知变，此圣人不能已之情，又见乎其辞之所命，而曰如此则吉、如此则凶。然则，圣人示人以辞，亦不外乎乾坤易简之理而已矣。

天地之大德曰生，圣人之大宝曰位。何以守位曰仁，何以聚人曰财。理财正辞、禁民为非曰义。古者包牺氏之王天下也，仰则观象于天，俯则观法于地，观鸟兽之文，与地之宜，近取诸身，远取诸物，于是始作八卦，以通神明之德，以类万物之情。作结绳而为网罟，以

佃以渔，盖取诸离。包牺氏没，神农氏作，斲木为耜，揉木为耒，耒耨之利，以教天下，盖取诸益。日中为市，致天下之民，聚天下之货，交易而退，各得其所，盖取诸噬嗑。神农氏没，黄帝、尧、舜氏作，通其变，使民不倦；神而化之，使民宜之。易穷则变，变则通，通则久。“是以自天佑之，吉无不利”。黄帝、尧、舜垂衣裳而天下治，盖取诸乾坤。刳木为舟，剡木为楫，舟楫之利，以济不通，致远以利天下，盖取诸涣。服牛乘马，引重致远以利天下，盖取诸随。重门击柝，以待暴客，盖取诸豫。断木为杵，掘地为臼，臼杵之利，万民以济，盖取诸小过。弦木为弧，剡木为矢，弧矢之利，以威天下，盖取诸睽。上古穴居而野处，后世圣人易之以宫室，上栋下宇，以待风雨，盖取诸大壮。古之葬者，厚衣之以薪，葬之中野，不封不树，丧期无数。后世圣人易之以棺椁，盖取诸大过。上古结绳而治，后世圣人易之以书契，百官以治，万民以察，盖取诸夬。是故，易者象也。象也者，像也。彖者，材也。爻也者，效天下之动者也。是故，吉凶生而悔吝著也。

前章言圣人作《易》，以垂万世之教；此章乃言圣人用《易》以致天下之利。夫“立天之道曰阴与阳”，则天之于物，独阴不能生，独阳亦不能生；“立地之道曰柔与”，刚则地之于物，独刚不能生，独柔亦不能生。此天地之德，合二气以成大也。“立人之道曰仁与义”，故圣人所以配天地而王天下者，亦有仁义而已矣。夫王天下者，必有是位，而后是德行焉，故圣人“大宝曰位”。孟子曰：“不仁而在高位，是播其恶于众也。”播其恶于众，则众必离，而是位也不可以守，故曰“何以守位，曰仁”。仁，德也。财，仁德之用也。孟子曰：“徒善不足以为政。”故又曰：“何以聚人，曰财。”程河南曰：“富者众之所归，惟财为能聚人。”夫天地之生万物，乃所以养人也。天地生财以养人，而圣人为天地主，财以为君，能使夫人仰事俯育、养生丧死，各得其宜，而无乖争之失者，非是义不可也。盖义也者，乃所以辅仁也。理财，如所谓作网以佃渔、作耒耜以耕耨、致民聚货以交易之类是也。正辞，如所谓易结绳以书契、百官以治、万民以察是也。禁民为非，如所谓重门击柝以待暴客，弦弧剡矢以威天下是也。朱子发亦曰：“义所以为仁，非二本也。”

古之圣人，如包牺氏、神农氏、黄帝、尧、舜氏皆得其道也，故下文继之以十三卦之制作焉。然八卦始于包牺，重卦成于文王。当牺、农、黄帝、尧、舜之时，重卦未立，而有十三卦之制作，何也？盖三才既设，此理已具，圣人有以见天下之赜，故通变以宜民。是理也，邵尧夫所谓“画前有《易》”是也，吾夫子发明之尔。夫法象莫大乎天地，圣人作《易》必本于天地，故曰“仰则观象于天，俯则观法于地”。然天地之法象，散于万物而聚见于吾身，无所不观，无所不取，而后易之理无遗矣。故又曰：“观鸟兽之文与地之宜，近取诸身，远取诸物。”耿希道曰：“仰观象于天，则所以画乾者得矣；俯观法于地，则所以画坤者得矣。”然乾，纯刚也；坤，纯柔也。刚柔未杂也，观鸟兽之文而知刚柔之相杂，于是乾坤相索而六子生焉。又观地之宜而知刚柔之异齐，于是乾坤六子犹父子之殊体、兄弟之异才焉。圣人观象于天，观法于地，观鸟兽之文与地之宜，而八卦之理得矣。又近取诸身，而首、足、耳、目之属无不契；远取诸物，而水、火、山、泽之属无不契。俯仰纵横，远近合矣，于是始作八卦也。八卦作，则不可测知之妙与无所终穷之变，可见于此，故曰“以通神明之德”。近取诸身，则以一身可以知八物，远取诸物，则以八物可以知万物，故曰

“以类万物之情”。

包牺之世，其俗饮血而茹毛也，然与禽兽争一旦之命，圣人闵焉。故网罟之设，而以结绳为之，使之渔鱼于川、佃兽于山，而免山川之害，此之为制则取之离也。盖离为目，目目相附，网罟之象，而其义则丽也，言以网罟佃渔而禽兽丽之也。神农氏时，民厌鲜食，圣人于是教之耕殖，斲木为耜，揉木为耒，而兴耒耜之利，其所以取诸益者，盖益之为卦合震、巽以为体。震、木也；巽、亦木也。故或斲之，或揉之，斲云者，欲其适宜也；揉云者，欲其能直也。而耒耜之利兴，而后其益无穷矣。夫有菽粟者或不足于禽鱼，有禽鱼者或不足于菽粟，此又懋迁有无之不可以已也。日中者，万物相见之时也；市者，致民聚货以相交易之地也。噬嗑之为卦也，合离、震以为体，离明在上，则日中也；震动于下，则为市也。《杂卦》曰：“噬嗑，食也。”交易而退，各得其所，则食货流通无有余不足之异矣。朱子发曰：“唐虞氏时，洪水之患，庶民鲜食，然后教民稼穑，懋迁有无，化居其道，万世一揆。”夫食货既备，则斯民饱食逸居。苟无尊卑、上下之分以示之，则强弱相陵，斗争攘夺，与禽兽无异矣。此黄帝、尧、舜氏所以用通变之道，使天下之民无有倦怠之心，而服勤以事其上。至于通变之道，民皆由之而不知，则又各得其宜矣。夫通变之道本于易，易也者，生生不穷之谓也，故曰“易穷则变，变则通，通则久”。圣人通变之道而至于久，此斯民之所以不倦，所以宜之也。故举大有上九之爻辞曰“是以自天佑之，吉无不利”，以言君民上下至此皆吉且利也。夫当此之时，所以通变之道何也？亦曰：使斯民自别于禽兽而已。故取乾坤一定之尊卑，而垂衣裳以示之。乾在上为衣，坤在下为裳，斯民也得于观感，则上下之分定，而强弱相陵、斗争攘夺之祸息矣。天下胡为而不治乎？又况神农氏时，与民并耕而食、饔飧而治，至是尊卑位定，君子小人各有所职，则上下无不辨之分，韩氏曰“垂衣裳，以辨贵贱”是也。自此而下，皆黄帝、尧、舜之所为也。涣、随二卦，舟车之用也。盖自上古，山无蹊、泽无梁，至是则刳木为舟、剡木为楫，以通诸川。刳云者，欲其中虚也；剡云者，欲其末锐也。涣之卦，上巽下坎。巽，木也；坎，水也。木行水上，有舟楫之象，而涣之《彖》亦曰“利涉大川”。乘木有功也，故涣有济险之义，而圣人取之。上古牛未穿，马未络，至是则服牛乘马，以通诸涂。服云者，以其能引重也；乘云者，以其能致远也。随之卦，上兑下震。兑，说也；震，动也。动而说，随有车马之象，而随之上六亦曰“拘系之，乃从维之”。故随有随人之义，而圣人取之。川涂既通，则暴客之来不免有意外之虑，于是重其门以防之，击其柝以警之，此圣人待暴客之道也。

豫之为卦，有逸豫之义，又有备豫之义，逸豫则不知戒，备豫则知戒尔。坤为阖户，则为重门；震木处上，则为击柝。盖震为木，又为雷，以木而遇雷则有震击之声也。此圣人取以为备豫之道，亦以示逸豫之戒也。朱子发曰：“知耒耜而不知杵臼之利，则利天下者有未尽，故教之以杵臼之利，盖取小过。知门柝而不知弧矢之利，则威天下者有未尽，故教之以弧矢之利，盖取诸睽。”小过之卦，上震，动也；下艮，止也。上动有杵之象，下止有臼之象。郑氏少梅曰：“震以卯木而在上，艮以寅木而在下，二卦中分之，断木也。艮为土而木克之，掘地也。”睽之卦，上离下兑，其《彖》曰“火动而上，泽动而下”，又曰“二女同居，其志不同行”，而其《象》则曰“君子以同而异”。夫圣人之制弧矢也，何所取乎？亦取其所以同而异之义云尔。夫弧与矢，其机未之发也，两者相丽，未尝不同；及其既发也，则所谓弧者不离乎吾之掌握，而所谓矢者已在百步之外矣，此以同而异也。《易》之所谓睽者如此，又况睽也者，乖争之谓也；弧矢也者，圣人所以定乖争也。曰弧矢云者，欲其劲且直也。剡之义，亦与剡木为楫之义同。

栋宇之制，所以逸人之生；棺椁之制，所以逸人之死。此皆器用之大者，上古朴略之风，至是而无存矣。郑氏少梅曰："栋宇必固其基，故大壮下累四阳以为基，此圣人所以有取于大壮也。棺椁必坚其中，故大过中存四阳以坚其中，此圣人所以有取于大过也。"大壮外震，震，动也，风雨漂摇之义；大过内巽，巽，入也，殡葬入土之义。此皆养生送死自然之理。郑氏又曰："八卦之位分于八方，而震巽二木、乾兑二金、坤艮二土、坎离一水一火分于四维，两不相合，两相合者惟震巽之木、乾兑之金也。"而书契之作，取两相契合之义以代结绳，不取震巽而取乾兑者，终始之道也。八卦始乾而终兑，兑与乾俱为金，两相符合，而又适相会于西北。西北为天庭，夬，决之象，夬曰"扬于王庭"是也。百官以治、万民以察之理于是乎，在此书契所以取诸夬也。又曰："由历代圣人制器而观之，则易之道无非象矣。何则？天之所垂者象也。"天有弧矢之象，有杵臼之象，有天网天市之象，有天庭天田之象，无一而非象，圣人所制之器岂非像其象邪？惟像其象，故六十四卦未画之前，其道已备矣。

圣人画卦之后，又有一圣人出焉，为《彖》辞以系之。而曰："所以为彖者，制器像象之材也。爻也者，效制器像象之动也。"使悟《易》者莫不因其材而效其动，则吉凶悔吝岂不明白乎哉？

阳卦多阴，阴卦多阳，其故何也？阳卦奇，阴卦耦。其德行何也？阳一君而二民，君子之道也。阴二君而一民，小人之道也。

《易》曰："憧憧往来，朋从尔思。"子曰："天下何思何虑？天下同归而殊涂，一致而百虑，天下何思何虑？日往则月来，月往则日来，日月相推而明生焉。寒往则暑来，暑往则寒来，寒暑相推而岁成焉。往者屈也，来者信也，屈信相感而利生焉。尺蠖之屈，以求信也。龙蛇之蛰，以存身也。精义入神，以致用也。利用安身，以崇德也。过此以往，未之或知也。穷神知化，德之盛也。"《易》曰："困于石，据于蒺藜，入于其宫，不见其妻，凶。"子曰："非所困而困焉，名必辱，非所据而据焉，身必危。既辱且危，死期将至，妻其可得见邪？"《易》曰："公用射隼于高墉之上，获之无不利。"子曰："隼者，禽也；弓矢者，器也；射之者，人也。君子藏器于身，待时而动，何不利之有？动而不括，是以出而有获。语成器而动者也。"

子曰："小人不耻不仁，不畏不义，不见利不劝，不威不惩。小惩而大诫，此小人之福也。《易》曰'屦校灭趾，无咎'，此之谓也。""善不积，不足以成名；恶不积，不足以灭身。小人以小善为无益，而弗为也；以小恶为无伤，而弗去也。故恶积而不可掩，罪大而不可解。《易》曰：'何校灭耳，凶。'"子曰："危者，安其位者也；亡者，保其存者也；乱者，有其治者也。是故君子安而不忘危，存而不忘亡，治而不忘乱，是以身安而国家可保也。《易》曰：'其亡其亡，系于包桑。'"子曰："德薄而位尊，知小而谋大，力小而任重，鲜不及矣。《易》曰：'鼎折足，覆公餗，其形渥，凶。'言不胜其任也。"子曰："知几其神乎？君子上交不谄，下交不渎，其知几乎？几者，动之微，吉之先见者也。君子见几而作，不俟终日。《易》曰：'介于石，不终日，贞吉。'介如石焉，宁用终日，断可识矣。君子知微知彰，知柔知刚，万夫之望。"子曰："颜氏之子，其殆庶几乎？有不善未尝不知，

知之未尝复行也。《易》曰：‘不远复，无祇悔，元吉。’”“天地絪缊，万物化醇。男女搆精，万物化生。《易》曰：‘三人行则损一人，一人行则得其友。’言致一也。”子曰：“君子安其身而后动，易其心而后语，定其交而后求，君子修此三者，故全也。危以动，则民不与也；惧以语，则民不应也；无交而求，则民不与也。莫之与，则伤之者至矣。《易》曰：‘莫益之，或击之，立心勿恒，凶。’”

十三卦论圣人之制作，而继之以十一爻，论君子小人之道。吾是以知易之为《易》，无非为经纶世变而作也。噫！此非吾夫子，其孰能发而明之以至于此乎？阳卦，一奇而二耦也，故曰“多阴”；阴卦，一耦而二奇也，故曰“多阳”。圣人曰：此其故何也？盖曰：其故在于奇耦也。阳卦奇，震、坎、艮是也；阴卦耦，巽、离、兑是也。圣人又曰：此其德行。何也？盖曰：其为德行，在于一与不一也。一者何也？曰：阳之为卦，二民共事一君，一也，故为君子之道。不一者，何也？曰：阴之为卦，二君共争一民，不一也，故为小人之道。盖《易》以阳为君，以阴为民；阳为君子，阴为小人。是故十一爻之所论，无非君子小人之道也。咸之九四，君子之道也。咸之卦德曰：“咸，亨，利贞。”而九四则曰：“贞吉，悔亡。”盖咸道贵亨，而所以亨者贞也。

“憧憧往来”，此心有不一之思也。此心所以有不一之思者，何也？咸道欲其亨也，咸道欲其亨而未亨，故其《象》曰“未光大也”。若尔之所思一出于正，则所感者大，其孰不惟尔思之从也哉？此则亨矣，故曰“朋从尔思”。而《彖》亦曰：“天地感而万物化生，圣人感人心而天下和平。”然则，天地、圣人之所以感，一于正而已矣。“天下何思何虑”云者，以言天下万物何所思、何所虑也，朋从夫尔之思而已矣。使九四之思一出于正，则天下之万物，虽趋舍殊涂，好恶百虑，皆惟尔正之是适。故曰“同归一致”，而又申之曰“天下何思何虑”，盖确言天下万物朋从夫尔之思也。而或者必曰，九四憧憧然或往或来，以有思之私心而感物，则感道狭矣。故思之所及者，有以致朋类之从；思所不及者，其能使之从欤？殊不知帝尧之所以光宅天下者，特以聪明文思；而文王之所以圣者，亦本于思齐。孰谓思可无乎？又况圣人以此心感人，心无思则木石尔，奚感之云？日月寒暑之相为往来，此则以言万物之理，或往或来之不一也。宁不由憧憧往来，此心有不一之思乎？然虽或往或来之不一也，而有所谓同归一致者存。故日月往来之不同，而同于生明；寒暑往来之不同，而同于成岁。明生而岁成，此感道之所以亨也。感道欲其亨，虽欲不往不来，可乎？往者其势屈，来者其势信。此势也，乃其理也，天下万物孰能逃此乎？夫苟不往不来，则感道息矣，奚利之云？故往来屈信，相为感召，而利由此生焉。而九四之《象》亦曰：“‘贞吉悔亡’，未感害也。”以言未感则类于木石，而利何从而生乎？故为感道之害。尺蠖、龙蛇之屈蛰，所谓屈也，然其屈也，乃所以求信；其蛰也，乃所以存身。盖不屈且蛰，则信不可求而身不能存。感道之在物也如此，而况于人乎？况于圣人乎？神之外无人，人之外无神，神之与人特有隐显之异尔。凡吾平日所谓宜然之事者，致其精一之诚，以至于自然而然，此入神也，于以致用则用无非神矣。身必资于用，用必资于身，身与用特动静之异尔。凡吾平日所谓当然之用者，泛应曲当，无适不利，而吾之身若无与焉，此安身也，于以崇德则德积诸身矣。此全内外之道，而感道之所以亨也。吾之所知者，知此理而已，舍此理而往，又何知乎？此尔之思一出于正也。夫精义以入神，则能穷神也，于神无隙而可入，安能穷神哉？利用以安身，则能知化也，吾身或有所累而不得安，安能知化哉？存神过化全尽于我，则上下与天地同流，以此感人，则殆如天地之感，而化生之德无以形容其盛矣。困之六三，此则小人之道也。《易传》[1]曰，石，坚重之物也，而非阴柔之才所能胜也，往而犯之，只自困尔。故曰“非所困而困焉，名必辱”，谓九四、九五二刚之坚重不可犯也，而三犯之以取困也。蒺藜，蔓草之有角刺者。不正之人，滥乘非据而处正人之上，岂所安也？故曰“非所据而据焉，身必危”，谓九二之刚中岂可乘也，而三乘之，非其所安，犹藉刺负芒然也。夫六三所以轻犯二刚，以取困者，徒以上六吾配故也。六三阴也而居阳，自以为阳也，而求配乎上六。而上六阴虚，宫则是也，而非其妻，故曰“入于其宫，不见其妻，凶”。小人轻进妄动，无与亲合，危极困辱如此，岂吉祥之征也哉？故不免于凶祸也。《系辞》于此又言其所以凶也，而曰“既辱且危，死期将至，妻其可得见邪”，盖甚之也。

解之上六与噬嗑之初六，皆君子所以待小人也。《易传》[2]曰，解之上六解之功已成，故极言解悖之道。夫隼，鸷悍之禽也，所谓上慢而下暴，六三之象也。解之六爻，惟三与上各处一卦之上而非其应，故上以震动之极而尤在诸爻之上，于位则正，于势则便，于器则成，于时则宜，以正而去不正，获之盖无难者。

仁义，人性之所固有也；劝惩人君之大权也。亡其所固有者，而至于必待劝且惩者，此失其良心之民也。是故，耻畏之心不存，则劝惩之术不得已而施焉。施之于早，则噬嗑初九是也，小人蒙福多矣。

①《易传》，指《童溪易传》。

② 同上。

若夫失是，则此虽小人之罪，而上之人亦不能无失焉，然而圣人教人不以此义为言，而曰善恶之积云者，圣人之意可知也。夫圣人之意何在乎？曰：上之人以至于用刑、用戮者，此非我之本心也，皆自汝致之，吾不得已而应之云尔。此圣人之心，即天地之心也，何疑焉？“善不积不足以成名，恶不积不足以灭身。小人以小善为无益而弗为也，以小恶为无伤而弗去也，故恶积而不可掩，罪大而不可解。”此初九“屦校灭趾”所以无咎，而上六“何[①]校灭耳”所以凶也。否之九五与鼎之九四，其所以为安危之虑者，甚相反也，此又可以见君子小人之情状。夫安其位则危，保其存则亡，有其治则乱，此必至之验也。君子知其然，故此心常存不亡之念，宜其身获其安，而国家由之而可保也。鼎之四则异于是，不自知其德之薄、智之小、力之少，而任至重之寄，宜其不免于倾覆之凶也。

若夫豫之六二则不然，何者？以其能知几也。惟夫知几，则当豫之时不屈己以狥人，而无上交之谄，不屈人以狥己，而无下交之渎。存诸我者无毫发之失，故圣人叹之曰“知几其神乎”，又曰“其知几乎”，而美之曰“君子知微知彰，知柔知刚，万夫之望”。夫几之为言，事之初也，于事之初而能豫知之，此《中庸》之所谓“前定”也。吾之所知者，不在于临事之后，此所谓动之微、吉之先见也。非神而何？惟与乎神则见几而作，不俟终日，断然而识此几矣。夫所谓知几者，天下之理日彰者，常寓于至微；至刚者，常始于至柔。知几之君子，则无不知也，其所以无不知者何也？豫之六二，居坤之中，静中之静也。震在乎外，动作万变，而吾之此心安然而无事，此万物之理皆于静中得之。故在爻有“介于石”之象，虽有多智之万夫，其孰不

① 何，宋刊本作“荷”。

仰望乎我，而取之以为法乎？殆庶几乎者，此颜氏子其人也，故继之以复之初九。夫君子之道在于善，小人之道在于不善。惟颜子，知其善也，则拳拳服膺而弗失之；知其不善也，则非惟未尝不之知也，而又知之而未尝复行焉，此所谓不二过也。圣人安得不以复之初爻而予之？《上系》曰："默而成之，不言而信，存乎德行。"此非颜氏之子，其孰能当之？

君子小人之道，即天地之阴阳也。故在《易》则为阴阳之卦，然其本一也，所谓一者何也？"天地絪缊，男女构精"是也。夫惟天地阴阳二气相合而絪缊，则万物由此而化醇，致一之谓也；男女阴阳二气相合而构精，则万物由此而化生，亦致一之谓也。所谓致一之说，则损之六三详而明之。

《易传》[①]曰，夫兑之三爻，皆志于益上，然初九、九二则以刚应柔。而六三则以柔应刚，故三人同行而语其自损之至者，则六三是也，故曰"损一人"，是一人也独往以应上。故艮兑相合、男女构精，而尽天地交感之义，成万物化育之功矣，此谓得其友也。盖六三者，兑之主；而上九者，艮之主。少男、少女阴阳相配，夫妇之道贵于专一，若三人行则疑所主矣。故曰："一人行，三则疑也。"

夫君子小人之道不难知也。君子之动也，安其身而后动；小人之动也，则危以动焉。君子之语也，则易其心而后语；小人之语也，则惧以语焉。君子之交也，则定其交而后求；小人之交也，则无交而求焉。君子修此三者，故全其在己与其在人者，而小人无一焉，宜其莫之与也。吁！莫之与固无害也，而伤之者至，则又岂特莫之与也？故益之上九有"莫益之，或击之"之辞，是何也？立心勿恒之故也。

①《易传》，指《童溪易传》。

噫！人之心其可以勿恒矣乎？以是言之，则此章所谓君子小人之道于是乎判矣。

子曰："乾坤其易之门邪？乾，阳物也。坤，阴物也。阴阳合德，而刚柔有体，以体天地之撰，以通神明之德。其称名也，杂而不越。于稽其类，其衰世之意邪？"夫《易》彰往而察来，而微显阐幽，开而当名。辨物，正言，断辞，则备矣。其称名也小，其取类也大。其旨远，其辞文。其言曲而中，其事肆而隐。因贰以济民行，以明失得之报。

此章复言《易》之作也，本诸乾坤，学《易》者当自乾坤而入，故曰"乾坤其易之门邪"。夫万物，以气，则不离乎阴阳；以形，则不离乎刚柔。大而为天地，妙而为神明。其见于《易》之书也，名称万端，杂然不一，其能越于乾坤也哉？此乾坤所以为易之门邪？夫阴阳之气相与合德，则通隐显而为一也，故曰"以通神明之德"。刚柔之形各有定体，则体万物而不遗也，故曰"以体天地之撰"。撰，所以造物也。《易》自伏羲画之，文王重之，夫子赞之，皆本于乾坤而稽考其类。故大而天地，微而事物，莫不悉备。观象、系辞，视上古为尤详，此其故何也？盖世既下衰，人不知道，不顾理之顺逆、时之否泰，倒行逆施而昧夫吉凶之所以然。故圣人不得已诏之以是书而不厌其详，此圣人作《易》之本意也，故曰"其衰世之意邪"。

且夫人之所以昧夫吉凶者，以其心之有二，而所见之不一也。此圣人作《易》，所以因其二，以济民行，而明得失之报以示之，使之勿二尔心也。然《易》之所以明得失之报以示人者，盖天下之理，往者吾能彰之，使人稽其所以然；来者吾能察之，使人逆其所未然；显者吾能微之，使人有所不敢玩；幽者吾能阐之，使人无或有所蔽。开明此理而寓之于其书，故当夫称谓之名，辨夫阴阳之物，正夫告戒之言，断夫吉凶之辞。以此书载此理，则圣人所以示人者无不备矣。故夫所称之名虽小，而取类则大，如曰牛、曰马而上比天地，岂非取类也大乎？所寓之旨虽远，而其辞则文，如元、亨、利、贞。吾求其旨，则天地之四时、人心之四端实在于是，以训释求之，则曰“善之长”“嘉之会”“义之和”“事之干”，其辞岂不文乎？“见豕负涂，载鬼一车”等语诡怪不经，可谓曲矣。而《象》则曰“群疑亡也”，此乃中理之言也。包羲之网罟，神农之耒耜，万古而下，其事显然而肆，其谁不之知也？然取之离、取之益，非吾夫子不能发而明之，岂非隐乎？呜呼！易之为《易》也，如此，此其所以能明得失之报，以示人也。

卷三十

系辞下

易之兴也，其于中古乎？作《易》者其有忧患乎？是故，履，德之基也；谦，德之柄也；复，德之本也；恒，德之固也；损，德之修也；益，德之裕也；困，德之辩也；井，德之地也；巽，德之制也。履，和而至；谦，尊而光；复，小而辨于物；恒，杂而不厌；损，先难而后易；益，长裕而不设；困，穷而通；井，居其所而迁；巽，称而隐。履，以和行，谦，以制礼；复，以自知；恒，以一德；损，以远害；益，以兴利；困，以寡怨；井，以辩义；巽，以行权。

前章言“于稽其类，其衰世之意”，此章复言“《易》之兴也，其于中古乎？作《易》者其有忧患乎”。而继之以九卦之德，至于再，至于三而不能已也。吾以是知易之为《易》，圣人不特为衰世之民而作也，亦圣人自蹈衰世之忧患而作也。文王羑里之囚是矣，孔子赞《易》及此，其亦涉衰周之难乎？夫六十四卦之卦德，皆圣人之德，此章特言九卦者，盖言文王当时之事也，使文王之在当时无有是德，其能脱于忧患之域乎？故后章亦曰：“《易》之兴也，其当殷之末世、周之盛德邪？当文王与纣之事邪？”文王之德始见于羑里之囚，是履虎尾涉患难，为文王进德之基，故曰“履，德之基也”；又以谦德顺事于纣，有事君之小心，而曾无犯上之举，则持循于己者，盖有所执守而然也，故曰“谦，德之柄也”；文王至此，君子之道长矣，出入无疾，朋来无咎，而阴虚不能害，天地之心即我之心也，故曰“复，德之本也”；自此受命作周，而周家王业愈固而不可拔，故曰“恒，德之固也”；又自此虞芮质厥成；江汉被其化，损以修政，益以裕民，故曰“损，德之修也”“益，德之裕也”。困之《彖》曰：“困而不失其所亨，其惟君子乎？”以言非君子，则当刚揜之时不免于困矣。文王经历忧患，至此而亨于西土，三分天下有其二，君子小人之辨其在此时乎？故曰：“困，德之辩也。”文王养人之功至此不穷，往来井井，咸即有周而无适彼之思。故曰：“井，德之地也。”终焉上顺天心，下顺人心，申命从事而大勋集于其子，武王盟津之会，八百诸侯听其命而不违，故曰“巽，德之制也”。

虽然，履所以为德之基者。盖和而至也，苟不和而至，其能脱羑里之囚乎？谦所以为德之柄者，盖尊而光也。苟不尊而光，则当此之时，其能亨而有终乎？复所以为德之本者，盖小而辨于物也。苟不小而辨于物，则一阳来复，君子之势尚微，其不为阴虚所害乎？恒所以为德之固者，盖杂而不厌也。文王与纣之时，仁暴并施，善恶相胜，可谓杂矣，而帝迁明德，串夷载路，天命人心至此有归，无有厌斁夫文王者，故曰“恒，杂而不厌”。损所以为德之修，益所以为德之裕者，盖先难而后易与长裕而不设也。文王[1]治内治外之政，始于忧勤，终于逸乐，则损以修政，岂非先难而后易乎？《关雎》之化行，则贤人众多；《鹊巢》之化行，则庶类繁殖。则益以裕民，岂非长裕而不设

① 王，宋刊本作“武”。

乎？不设云者，文王有自然之化，而非容心于其间也。困所以为德之辩者，盖穷而通也。夫困者，刚为阴所揜也。羑里之难可谓穷矣，而文王于此时则穷而通也，故曰“困而不失其所亨”。井所以为德之地者，盖居其所而迁也。以言非文王求于下民，惟民归于文王也。苟非居其所而迁，则文王亦有心于求下民矣。惟井也，居其所而不舍，此养人之功所以变迁而不穷也。巽所以为德之制者，以言称而隐也。称者，扬也；隐者，入也。巽之为卦，二阳在上，扬也；一阴在下，入也。故巽为风，风之为物，鼓动万物，莫见其迹，而君子之德风也。由文王至于武王，风化之行厥惟旧哉！此四方莫不听命，而不知其所以然也，非巽称而隐而何？

夫惟履，和而至，故可以和行，说应乎乾，履虎不咥，此和行也。谦，尊而光，故可以制礼，裒多益寡，称物平施，此制礼也。复，小而辨于物，故可以自知，不善未尝不知，知之未尝复行，此自知也。恒，杂而不厌，故可以一德，久于其道，天下化成，此一德也。损，先难而后易，故可以远害，而损之卦德曰“利有攸往”。益，长裕而不设，故可以兴利，而益之卦德亦曰“利有攸往”，以言当损而损，当益而益，无往而非利也。若夫困穷而通，则致命遂志而已矣。夫何怨云？故曰“困以寡怨”。伯夷、叔齐困孰甚焉，然彼之志未尝不遂也。故夫子以为“求仁而得仁，又何怨”，圣贤之设心大抵[①]如此。井，居其所而迁，则或居也、或迁也，命也，有义焉。故于以辨义，舍井焉不可，此圣人之德不可以人不我求之为不足，人必我求之为有余也。巽，称而隐，故可以行权。盖权也者，所以称物也，其或抑或扬，皆欲当夫时中而已矣。是理也虽称而隐，非可与权者不知也，故孔子亦

① 抵，原作“抵”，据宋刊本改。

曰“可与立，未可与权”。然则，权也者，即文王之所以为文，武王之所以为武也。吾夫子之于九卦也，凡三致其意如此，学者其可不刳心矣乎？

《易》之为书也，不可远，为道也屡迁。变动不居，周流六虚，上下无常，刚柔相易。不可为典要，唯变所适。其出入以度，外内使知惧，又明于忧患与故。无有师保，如临父母。初率其辞，而揆其方，既有典常。苟非其人，道不虚行。

《易》之为书也，原始要终，以为质也。六爻相杂，唯其时物也。其初难知，其上易知，本末也。初辞拟之，卒成之终。若夫杂物撰德，辩是与非，则非其中爻不备。噫！亦要存亡吉凶，则居可知矣。知者观其彖辞，则思过半矣。二与四，同功而异位，其善不同，二多誉，四多惧，近也。柔之为道，不利远者，其要无咎，其用柔中也。三与五，同功而异位，三多凶，五多功，贵贱之等也。其柔危，其刚胜邪？

《易》之为书也，广大悉备。有天道焉，有人道焉，有地道焉，兼三才而两之，故六。六者非他也，三才之道也。道有变动，故曰爻；爻有等，故曰物；物相杂，故曰文；文不当，故吉凶生焉。

此章言《易》之为书也，凡三致其意焉。大抵皆论六爻有不一之用，于以明《易》之道以示人也。夫《易》之为书也，奚可远求云乎哉？而布在此书者，不过六爻之用云尔，舍六爻而求易，则为道远矣。夫六爻之用，易之道也，其为用也不一，故为道也屡迁。屡迁云者，变动不居，周流六虚，上下无常，刚柔相易，不可为典要，唯变所适，此所谓屡迁也。夫居则不变动，六虚位是也，所谓初、二、三、四、五、上也；变动则不居，周流于六虚，位之间是也，所谓九与六也。九在某卦，或居初、三、五之阳位，或在二、四、上之阴位；六在某卦，或在二、四、上之阴位，或居初、三、五之阳位，或上或下之不常其居，故曰“上下无常”。此之爻以九居初，刚也，而彼之爻则以六居初，是以柔易刚也；此之爻以六居二，柔也，而彼之爻则以九居二，是以刚易柔也。或刚或柔，无一定之主，故曰“刚柔相易，不可为典要”。其所以然者，盖唯变之是适云尔，此其道所以屡迁也。易之道如此，苟非知所戒惧之人，即其所以然者而见于躬行，则亦道自道尔，人自人尔，道岂能虚行乎？盖道待人而后行故也。故圣人之作此书也，于其出入之际，以度内外，欲使夫人之知所戒惧以躬行是道焉。其出入云者，以八卦之内外言之也，出者自内而之外，入者自外而之内。于其出入之际以度内外，则知消息盈虚之变，出处进退之际，盖有所不可逃者，此所以能使人之知惧也。然此书之作，又明夫人之所当忧患，与其所以致忧患之故者，详悉以告之，则夫人至此鲜有不知惧者矣。知惧之心油然而生，则虽无师保，不迩父母，而不敢有自肆之心焉，以其知内外之惧，明忧患之故也。初，初爻也。六爻之理，其初难知。故此书之作也，于其初爻也，率其所以然之辞，而后揆之以一卦之方，则一卦之体立矣。故曰“既有典常”，下文所谓“初辞拟之，卒成之终”是也。方其刚柔之相易也，则不可为典要。初辞既率，而一卦之体立，则向之所谓刚柔相易者，又不离乎一卦之内矣。岂有不典常乎？此易之道，虽曰变易也，而能垂万世不易之法欤？然则，是道也，苟非其人，其能躬行是道，而无负于圣人所以垂法之意欤？故曰：“苟非其人，道不虚行。”

《易》之为书也，原始要终以为质也，如上文所谓“初率其辞，而揆其方”是也。是书之作，于其初也，而原其始于其上也，而要其终以为一卦之体质。体质既立，则六爻之所谓九与六者，相杂于一卦之内。盖有是时则有是物，时在卦也，物在爻也。如复之时，则有初九；姤之时，则有初六是也。初爻在下时，物之未著也，故曰“难知”；上爻在终时，物之已著也，故曰“易知”。如乾之初，有潜龙之象，此难知也，至上则为亢龙矣，岂不易知乎？咸之初，有咸其拇之象，此难知也，至上则咸其辅颊舌矣，岂不易知乎？何者？卦有终始、事有本末故也。唯其难知也，故圣人于初爻之辞，拟之而后言，故曰“初辞拟之”；惟其易知也，故圣人卒而成之，以终尽其义，故曰“卒成之终”。凡此论六爻之初、上者然也。若夫揉杂刚柔之物，撰成一卦之德，使是与非各得其辩①，则非二、三、四、五之中爻，不能尽此义也，故曰“非中爻不备”。然则刚柔之物既杂，则有存亡吉凶之判。而《易》之存亡吉凶之理，圣人又于彖辞而明之。彖辞既作，则一卦之德由此而撰矣。其在《易》也，岂复有难知之患？噫！亦要其存亡吉凶，则居可知矣。又曰：“智者观其彖辞，则思过半矣。”夫惟如是，故圣人又即中爻而有同功异位之说。二与四俱柔也，故其功同；卦分内外，故其位异。若以其善论之，则又有多誉、多惧之不同。何者？远于君者其势伸，故多誉；近于君者其势屈，故多惧。是以乾之九二有见大人之利，而九四则不免于或焉。月望日则蚀，臣近君则屈，理势然也，故四多惧而曰近也。“柔之为道，不利远者。”此则言以二之柔，宜非致远之才，今也多誉，何也？盖以其要，在于用柔中而无咎，故多誉也。咎者，誉之反也。既无咎，则其多誉也，宜矣。三与五俱刚也，故其功同；卦分内外，故其位异。三多凶、五多功者，以其有贵贱之等也。三既多凶，则比之五也，不复言其善之不同，以其无善之可录

① 辩，宋刊本作“辨”。

也，故圣人贱之。又曰“其柔危，其刚胜邪”，圣人若曰三之所以无善之可录，而取贱于人者，盖谓以其柔居此位，则不当位而危，以其刚居此位，则其过刚而胜故也。然则所谓“杂物撰德，辨是与非，非中爻不备”，于此盖可见矣。存亡吉凶之理，岂曰难知矣乎？虽然多誉多惧、多凶多功，六十四卦凡为中爻者，未必尽然，今也云尔，何也？特从其多者言之尔。

夫是书之作，人皆知其有所谓六爻也，然而未知其故也。故圣人于此，又言天地与人之道不越乎是，而六爻变动而有是吉凶之异者，此非圣人之私智也。故曰:“《易》之为书也，广大悉备。有天道焉，有人道焉，有地道焉，兼三才而两之，故六。六者，非他也，三才[①]之道也。”夫《易》以六爻兼三才而两之，故六爻以五与上二画为天之道而居上，盖立天之道曰阴与阳，上则阴而五则阳故也；以初与二二画为地之道，而居下，盖立地之道曰柔与刚，二则柔而初则刚故也；以三与四，为人之道而居中，盖立人之道曰仁与义，而三与四则仁义之用也。《易》之为书，三才之道无所不有，故曰“广大悉备”。分而言之，则大者，天也；广者，地也；悉备者，则处诸天地之间者是也。而《上系》亦曰：“夫《易》，广矣大矣。”而继之以“备矣”之辞。若曰，远则不御者，天也，故曰“大”；迩则静而正者，地也，故曰“广”；天地之间者万物也，故曰“备”。与此所言无异义也，然则六爻之为义，此其故也。而三才之道，实寓乎其中矣，岂有他哉？夫爻之为义，则亦取其效三才之道，有所谓变动云尔。爻有刚柔之等，即于九、六焉见之。物，即上文所谓时物也。九、六相杂而成交错之文，则或刚或柔，有不可揜。若夫文之不当，或以阳居阴而吉，或以阴居阳而凶，又或以阴居阴、以阳居

① 才，宋刊本作“材”。

阳，而有吉有凶。凡此之类，皆所谓文不当也。此圣人因“故六”之辞而有及于“故曰爻”“故曰物”“故曰文”“故吉凶生焉”，以详明夫六爻之所以然也。学者于斯，其可忽诸？

《易》之兴也，其当殷之末世，周之盛德邪？当文王与纣之事邪？是故其辞危。危者使平，易者使倾，其道甚大，百物不废。惧以终始，其要无咎，此之谓易之道也。夫乾，天下之至健也，德行恒易以知险。夫坤，天下之至顺也，德行恒简以知阻。能说诸心，能研诸侯之虑，定天下之吉凶，成天下之亹亹者。

是故，变化云为，吉事有祥，象事知器，占事知来。天地设位，圣人成能，人谋鬼谋，百姓与能。八卦以象告，爻象以情言，刚柔杂居，而吉凶可见矣。变动以利言，吉凶以情迁。[①①]

是故，爱恶相攻而吉凶生，远近相取而悔吝生，情伪相感而利害生。凡《易》之情，近而不相得则凶，或害之，悔且吝。将叛者，其辞惭；中心疑者，其辞枝；吉人之辞寡；躁人之辞多；诬善之人，其辞游；失其守者，其辞屈。

呜呼！予学《易》至《下系》之末章，感慨窃叹，而益知圣人所以兴《易》之意也，是何也？不有所丧则无所兴故也。夫穷则变，变则通，通则久，易之道也。世道不丧于殷之末世，则是《易》也，吾知其未必兴于有周盛德之主矣。虽然，天下之事，有本有末，有盛有衰。本末者，世运之终始也；盛衰者，主德之明暗也。本末相禅，盛衰相轧，此文王与纣之事然也。当是时也，《易》虽欲不兴，可乎哉？吾又知其必兴于此时也。故前文亦曰：“《易》之兴也，其于中古乎？”“作《易》者其有忧患乎？”夫惟圣人之作《易》，于其有是忧患而作也，故其辞亦不得不危，大凡人之涉世处事也，危其危则无危，故《易》于此，危者使平，如所谓“栽者培之”是矣；易其危则必危，故《易》于此，易者使倾，如所谓“倾者覆之”是矣。以乾九三重刚而不中，可谓危矣然。以惕惧自处，则虽危无咎。处豫之初，阴弱居下，可谓易矣。然以逸豫而鸣，则志穷而凶。是道也，散在天地之内，物物皆然，不特人如是也。上而日月之明晦、寒暑之往来，下而草木之荣谢、虫鱼之生死，莫能逃此本末盛衰之理，故得时者昌、失时者亡，其在人主，则文王与纣之事是也。故曰：“其道甚大，百物不废。”虽然，天人有交相胜之理，吉凶无不可求之道，知其说者，则可以有安而无危，有存而无亡，不在乎他，在乎终始以致其惧而已。然则《易》之辞所以危者，盖欲人之知惧也，惟能知此则无过咎，易道之要莫要于此。呜呼！此文王所以有是盛德而脱羑里之难也。

夫文王之盛德即前章所谓九卦之德也，合九卦之德以为文王之盛德，而文王盛德之本则又本诸乾坤，故又以乾坤之德行继之。夫所谓乾坤之德行者，易简是也，有得于乾坤易简之德行，以为吾之德行，则天下险阻艰难无不尽知之矣。且夫德行之贵于有常也，久矣，无常不可谓德行。乾之德无时而不易，故曰“恒易”；坤之德无时而不简，故曰“恒简”。然乾坤之德行所以恒易恒简者，以其至健至顺也，使乾之健、坤之顺而不极其至，则所以为德行者讵能恒乎？孔子曰：“中庸之为德也，其至矣乎？民鲜能久矣！”夫有是至德而鲜能久者，斯民之无恒心也，若圣贤则不然，故《上系》之首章其论易简也，以可久可大为贤人之德业。惟恒易、恒简，故能说诸心；惟知险、知阻，故能研诸侯之虑。易简者我心之所固有，优游涵泳，其味无穷，能无说乎？险阻在前，忧虑疚怀，往来于中，能无所研乎？研，究也。诸侯，谓文王也。而诸家皆以侯之一字为衍字，误矣。夫险阻者易简之反，而说心亦研虑之反也，文王当殷之末世，倘非有得于乾坤之易简以说吾此心，其能处困厄之世而脱羑里之难乎？不能脱羑里之难，非所谓乾坤之至健至顺也。又倘非于险阻艰难无不尽知，以研吾此虑，其能推吾历涉患难之道，以与民同患而兴《易》乎？不能与民同患而兴《易》，亦非所谓乾坤以易简示人之意也。故又继之曰："以定天下之吉凶，成天下之亹亹者。"

夫《易》有爻有象，爻象也者，所以效天下之易简也。故爻象动乎内，吉凶见乎外，功业见乎变，则定天下之吉凶、成天下之亹亹者，皆易简之为也。使存诸我者不易且简，则吉与凶之不齐，固未易定，而亹亹者之无穷亦未易成也。变化，天道也；云为，人事也。圣人以天道人事本无二理，故其兴《易》也，即人事以明天道，非舍人事别有所谓天道也。《上系》曰："拟之而后言，议之而后动，拟议以成其变化。"是也。故于此而曰变化云为，一天人也。夫天下之吉凶与天下之亹亹者，即人事也，而圣人定之成之，则以天道律人事也。人有言而云、有动而为，无往而非天道，则得圣人所以兴《易》之意矣。且夫人之事有得夫《易》之吉事欤？则必有上天所降之祥。人之事有得夫《易》之象事欤，则必知圣人所制之器。人之事有得夫《易》之占事欤，则又知远近幽深之来物。凡此皆天道也，孰谓天道人事之为二乎？夫惟天道人事之无有二也。故天地设位于上下，而圣人成能于两间，此乾坤之德所以全尽于圣人也。所谓人谋，即成天下之亹亹者是也。所谓鬼谋，即定天下之吉凶是也。天人合一，幽显无遗，则百姓日用于是道之中者，莫不乐推而不厌矣。故即其能以与圣人，以为圣人之能，成其能故也。

朱子发曰："伏羲氏始画八卦，不言而告之以象者，至简易也。后世圣人演之而为六十四卦，有爻有象，以人情变动言之于其辞，知险阻也。且八卦成列，刚柔杂居，吉凶已可见矣。然道有变动，变则通，通则其用不穷。所以尽利者，不可不言也。故变动以利言，吉凶以情迁，巧历之所不能计也。圣人惟恐迁之而失其正矣，故爻象以情言。变动者何？情伪之所为也，人之情伪难知矣，以情相感则利生，以伪相感则害生。近不必取，远不必舍，则悔吝生。爱恶不一，起而相攻，则吉凶生。吉凶生而悔吝著，情伪其能掩乎？是则情伪相感也，远近相取也，爱恶相攻也。爻有变动也，有利害斯有悔吝，有悔吝斯有吉凶，吉凶以情迁也。悔吝者何？凡《易》之情，阴阳相求，内外相应，近而不相得则伪，不可久，物或害之，害则凶将至矣。悔吝者，利害吉凶之界乎？害之而悔，则吉且利矣。吝之而不悔，则凶圣人不得不以利言之，而使之远害也。故曰：‘圣人之情见乎辞。’然则何以知其情伪邪？考其辞可矣。将叛者，其心愧负，故其辞惭。中心疑者，其心惑乱，故其辞枝。吉人守约，故其辞寡，躁人欲速，故其辞多。诬善之人妄，故其辞游。失其守者穷，故其辞屈。吉人辞寡，以简易知之也。五者反是，以知险知阻而知之也。简易则吉，险阻则凶。其辞虽六，其别则二，情伪而已矣。《上系》言：‘易简而天下之理得矣。’《下系》终之以‘易简而知险知阻’，故曰‘同归而殊涂，一致而百虑’。”

说卦

昔者圣人之作《易》也，幽赞于神明而生蓍，参天两地而倚数，观变于阴阳而立卦，发挥于刚柔而生爻，和顺于道德，而理于义，穷理尽性，以至于命。

昔者圣人之作《易》也，将以顺性命之理，是以立天之道曰阴与阳，立地之道曰柔与刚，立人之道曰仁与义。兼三才而两之，故《易》六画而成卦。分阴分阳，迭用柔刚，故《易》六位而成章。

天地定位，山泽通气，雷风相薄，水火不相射，八卦相错。数往者顺，知来者逆，是故《易》逆数也。雷以动之，风以散之，雨以润之，日以烜之，艮以止之，兑以说之，乾以君之，坤以藏之。

帝出乎震，齐乎巽，相见乎离，致役乎坤，说言乎兑，战乎乾，劳乎坎，成言乎艮。万物出乎震。震，东方也。齐乎巽。巽，东南也。齐也者言万物之絜齐也。离也者，明也。万物皆相见，南方之卦也。圣人南面而听天下，向明而治，盖取诸此也。坤也者，地也，万物皆致养焉，故曰致役乎坤。兑，正秋也，万物之所说也，故曰说言乎兑。战乎乾。乾，西北之卦也，言阴阳相薄也。坎者，水也。正北方之卦也，劳卦也，万物之所归也，故曰劳乎坎。艮，东北之卦也，万物之所成终，而所成始也。故曰成言乎艮。

神也者，妙万物而为言者也。动万物者，莫疾乎雷；桡万物者，莫疾乎风；燥万物者，莫熯乎火；说万物者，莫说乎泽；润万物者，莫润乎水；终万物始万物者，莫盛乎艮。故水火相逮，雷风不相悖，山泽通气，然后能变化，既成万物也。

乾，健也；坤，顺也；震，动也；巽，入也；坎，陷也；离，丽也；艮，止也；兑，说也。

乾为马，坤为牛，震为龙，巽为鸡，坎为豕，离为雉，艮为狗，兑为羊。

乾为首，坤为腹，震为足，巽为股，坎为耳，离为目，艮为手，兑为口。

乾，天也，故称乎父；坤，地也，故称乎母。震一索而得男，故谓之长男；巽一索而得女，故谓之长女；坎再索而得男，故谓之中男；离再索而得女，故谓之中女；艮三索而得男，故谓之少男；兑三索而得女，故谓之少女。

乾为天，为圜，为君，为父，为玉，为金；为寒，为冰；为大赤；为良马，为老马，为瘠马，为驳马；为木果。坤为地，为母，为布；为；为吝啬；为均；为子母牛；为大舆；为文；为众，为柄；其于地也为黑。震为雷，为龙，为玄黄；为旉；为大涂；为长子；为决躁；为苍筤竹；为萑苇；其于马也，为善鸣，为馵足，为作足，为的颡；其于稼也，为反生，其究为健，为蕃鲜。巽为木；为风，为长女；为绳直，为工；为白；为长；为高；为进退；为不果；为臭；其于人也，为寡发，为广颡，为多白眼；为近利市三倍；其究为躁卦。坎为水，为沟渎；为隐伏；为矫輮；为弓轮；其于人也，为加忧，为心病，为耳痛；为血卦，为赤；其于马也，为美脊，为亟心，为下首，为薄蹄，为曳；其于舆也，为多眚；为通；为月；为盗；其于木也，为坚多心。离为火，为日，为电；为中女，为甲胄，为戈兵；其于人也，为大腹；为乾卦；为鳖，为蟹，为蠃，为蚌，为龟；其于木也，为科上槁。艮为山，为径路，为小石；为门阙；为果蓏；为阍寺；为指；为狗，为鼠，为黔喙之属；其于木也，为坚多节。兑为泽；为少女；为巫；为口舌；为毁折，为附决；其于地也，为刚卤；为妾；为羊。

序卦

有天地，然后万物生焉。盈天地之间者唯万物，故受之以屯。屯者，盈也。屯者，物之始生也。物生必蒙，故受之以蒙。蒙者，蒙也，物之稺也。物稺不可不养也，故受之以需。需者，饮食之道也。饮食必有讼，故受之以讼。讼必有众起，故受之以师。师者，众也。众必有所比，故受之以比。比者，比也。比必有所畜，故受之以小畜。物畜然后有礼，故受之以履。履而泰然后安，故受之以泰。泰者，通也。物不可以终通，故受之以否。物不可以终否，故受之以同人。与人同者，物必归焉，故受之以大有。有大者不可以盈，故受之以谦。有大而能谦必豫，故受之以豫。豫必有随，故受之以随。以喜随人者必有事，故受之以蛊。蛊者，事也。有事而后可大，故受之以临。临者，大也。物大然后可观，故受之以观。可观而后有所合，故受之以噬嗑。嗑者，合也。物不可以苟合而已，故受之以贲。贲者，饰也。致饰然后亨则尽矣，故受之以剥。剥者，剥也。物不可以终尽剥，穷上反下，故受之以复。复则不妄矣，故受之以无妄。有无妄，然后可畜，故受之以大畜。物畜然后可养，故受之以颐。颐者，养也。不养则不可动，故受之以大过。物不可以终过，故受之以坎。坎者，陷也。陷必有所丽，故受之以离。离者，丽也。

有天地然后有万物。有万物，然后有男女。有男女，然后有夫妇。有夫妇，然后有父子。有父子，然后有君臣。有君臣，然后有上下。有上下，然后礼义有所错。夫妇之道，不可以不久也，故受之以恒。恒者，久也。物不可以久居其所，故受之以遯。遯者，退也。物不可以终遯，故受之以大壮。物不可以终壮，故受之以晋。晋者，进也。进必有所伤，故受之以明夷。夷者，伤也。伤于外者，必反于家，故受之以家人。家道穷必乖，故受之以睽。睽者，乖也。乖必有难，故受之以蹇。蹇者，难也。物不可以终难，故受之以解。解者，缓也。

缓必有所失，故受之以损。损而不已必益，故受之以益。益而不已必决，故受之以夬。夬者，决也。决必有遇，故受之以姤。姤者，遇也。物相遇而后聚，故受之以萃。萃者，聚也。聚而上者谓之升，故受之以升。升而不已必困，故受之以困。困乎上者必反下，故受之以井。井道不可不革，故受之以革。革物者莫若鼎，故受之以鼎。主器者莫若长子，故受之以震。震者，动也。物不可以终动，止之，故受之以艮。艮者，止也。物不可以终止，故受之以渐。渐者，进也。进必有所归，故受之以归妹。得其所归者必大，故受之以丰。丰者，大也。穷大者必失其居，故受之以旅。旅而无所容，故受之巽。巽者，入也。入而后说之，故受之以兑。兑者，说也。说而后散之，故受之以涣。涣者，离也。物不可以终离，故受之以节。节而信之，故受之以中孚。有其信者必行之，故受之以小过。有过物者必济，故受之以既济。物不可穷也，故受之以未济。终焉。

杂卦

乾刚坤柔，比乐师忧。临观之义，或与或求。屯见而不失其居，蒙杂而著。震，起也；艮，止也。损益，盛衰之始也。大畜，时也；无妄，灾也。萃聚而升不来也，谦轻而豫怠也。噬嗑，食也；贲，无色也。兑见而巽伏也。随，无故也；蛊，则饰也。剥，烂也；复，反也。晋，昼也；明夷，诛也。井通而困相遇也。咸，速也；恒，久也。涣，离也；节，止也。解，缓也；蹇，难也。睽，外也；家人，内也。否泰，反其类也。大壮则止，遯则退也。大有，众也；同人，亲也。革，去故也；鼎，取新也。小过，过也；中孚，信也。丰，多故也；

亲寡，旅也。离上而坎下也。小畜，寡也；履，不处也。需，不进也；讼，不亲也。大过，颠也。姤，遇也，柔遇刚也。渐，女归待男行也。颐，养正也。既济，定也。归妹，女之终也。未济，男之穷也。夬，决也，刚决柔也。君子道长，小人道忧也。